普通高等教育"十一五"国家级规划教材

高职高专经济管理类专业基础课精品教材系列

公共关系与实务

（第二版）

张 亚 主 编

李碧云 舒 莉 刘晓波 副主编

科学出版社

北 京

内 容 简 介

本书针对高职高专教学实际需求，以培养既具有一定公共关系理论知识，又具有较强实际动手能力的应用型人才为着眼点，根据系统性和全面性相结合、实用性和可操作性相结合、科学性和先进性相结合的原则，详细介绍了公共关系概论、公共关系的历史、公共关系的职能与原则、公共关系的主体、公共关系的客体、公共关系的传播、公共关系的工作程序等基本概念和原理以及公共关系实务、公共关系专题活动、公共关系社交礼仪、公共关系语言艺术等实务知识。

本书既适合大专院校和专业培训的教学需要，也可作为成人教育、函授、自学考试及在职人员的自学用书，还可供职业技能鉴定、职业资格考试参考用书以及公共关系爱好者参考。

图书在版编目（CIP）数据

公共关系与实务/张亚主编. —2 版. —北京：科学出版社，2011
（普通高等教育"十一五"国家级规划教材·高职高专经济管理类专业基础课精品教材系列）
ISBN 978-7-03-030950-1

I. ①公…　Ⅱ. ①张…　Ⅲ. ①公共关系学-高等职业教育-教材
Ⅳ. ①C912.3

中国版本图书馆 CIP 数据核字（2011）第 079057 号

责任编辑：田悦红 / 责任校对：王万红
责任印制：吕春珉 / 封面设计：蒋宏工作室

科学出版社 出版
北京东黄城根北街 16 号
邮政编码：100717
http://www.sciencep.com

百善印刷厂 印刷
科学出版社发行　　各地新华书店经销

2004 年 8 月第　一　版　　开本：787×1092　1/16
2006 年 7 月修　订　版　　印张：24 3/4
2011 年 5 月第　二　版　　字数：563 000
2016 年 12 月第十九次印刷

定价：39.00 元
（如有印装质量问题，我社负责调换〈百善〉）

销售部电话 010-62134988　编辑部电话 010-62138978-8007（HF02）

第二版前言

随着我国公共关系事业的迅速发展，公共关系教育也取得了长足进步。目前，全国很多大专院校或开设了公共关系专业，或开设了公共关系课程，可见，公共关系学科建设已取得了引人瞩目的成绩。

本书根据高职高专人才培养目标、教学特点和学生学习的需求来安排体系、构架和布局，力求内容具有系统性和广泛性，理论适度、够用，实训具有可操作性和多样性。在编写体例上注重体现素质教育和创新能力培养，做到知识、能力和素质协调发展。内容深度适宜，具有实际使用价值和可操作性，符合认知规律性，富有启发性，以技术和技能为导向带动理论阐述，突出应用性人才培养特点，这样既可有效提高学生的实践动手能力，又体现了高职高专应用型人才的培养目标和规格定位。

本书在参考和吸收同类教材精华的基础上，体例设计新颖，符合教学规律，具体说明如下：

- "学习目的"——明确学习目标，提高学习针对性。
- "主要概念和原理"——提炼需要掌握的基本范畴和知识点，解决重点难点，概括简明，重在提纲挈领。
- "案例导入"、"案例分析"——从感性认识到理性认识，以经典案例引出理论知识。
- 正文中间穿插有"即问即答"和"相关链接"——方便教师在传授专业理论知识时，加强与学生之间的课堂交流，适时引导学生、调整气氛，突出互动性，激发潜能灵感，刺激学习兴趣，提高学生课堂注意力，活跃课堂学习气氛，扩大学生的相关知识面。
- "小结"——对知识进行了总结和归纳，强化学习记忆。
- "知识掌握题"——告诉学生应该掌握的本章知识。
- "自测题"——测试学生对本章知识的掌握程度。
- "知识应用与课堂讨论题"——对案例进行讨论、分析，这样可以培养学生独立分析、思考问题和口头表达的能力，创造平等交流的机会，营造融洽的学习气氛，让学生在讨论中互相启发，取长补短。在讨论过程中，教师对所讨论的问题应该做到心中有数，要引导学生集中讨论中心问题，防止漫无边际的讨论或走题。讨论中观点不一定统一，只要有理有据，允许多种不同观点存在，教师不要出面裁判是非，切忌简单宣布所谓"标准答案"。
- "情景模拟题"——让学生扮演案例材料中当事者的角色，引导他们进入特定的情景，进行"情景体验，现场模拟"。在案例的选择上应注意"现实性、生活性、趣味性"，有利于同学们在案例背景材料的基础上，结合现实生活的经验进行分析。

● "实践训练题"——教师让学生带着专业的理论知识参加社会实践，走出课堂，调查研究，参与策划和组织活动，通过社会实践这个载体，让学生找到成就感。运用所学的公共关系理论知识，撰写调查报告。用身体去学习，得到的是知识；用头脑去学习，得到的是理性思维；用心灵去学习，得到的是感悟。

● "课下补充参考资料"——为学习积极和有余力的学生提供更多自学的空间。

本书既适合大专院校和专业培训的教学需要，也可作为成人教育、函授、自学考试及在职人员自学参考用书，还可作为职业技能鉴定、职业资格考试参考用书，以及公共关系爱好者的读物。

本书大纲由主编张亚拟定，体例由张亚设计，李碧云、舒莉、刘晓波任副主编。各章编写分工分别是：李碧云负责第一、二章，曾雪玫负责第三、四章，张亚负责第五、九章，胡旸负责第六章、何莉萍负责第七章，舒莉负责第八章，刘晓波负责第十章，罗常华负责第十一章。全书由张亚修改、总纂和定稿。

在本书编写过程中，广泛参考了国内外相关书籍，借鉴和吸收了其他同行和教材的内容和研究成果，限于篇幅，不能全部列出，在此一并致谢。

由于编写时间仓促，编者水平有限，不足之处在所难免，恳请同行专家和广大读者不吝赐教，提出宝贵意见，予以批评指正，以便改进。

修订版前言

公共关系作为一种新兴职业、一门新兴学科，于 20 世纪初起源于美国。随着我国改革开放的深入和市场经济的发展，公共关系于 20 世纪 80 年代初进入中国内地，到 21 世纪在中国已得到广泛的应用。

公共关系学是一门研究组织与公众之间相互传播沟通的行为、规律和方法的学科。它是传播学、管理学、社会学、心理学等多学科相互交叉、融合而产生的一门综合性、应用性的新兴学科。

本书介绍了公共关系的概念、特征、历史、职能、原则、主体、客体、传播、程序等基本概念和原理，以及主体型和功能型公关、公关专题活动、公关文书、公关语言艺术、公关交际和公关礼仪等实务。

公共关系学涉及传播学、市场营销学、管理学、心理学、广告学、、经济学、社会学、语言学等一系列学科。本书注重将这几门学科融会贯通，更好地体现完整的知识体系，系统地介绍了公共关系的相关理论和实践艺术，本书充分吸收本学科最新研究成果和吸收海内外最新教科书的相关内容，并突出公共关系中的重要内容和新内容。

本书注重理论的逻辑性，更强调实务的可操作性，力求选材合理、内容丰富、结构新颖严谨、叙述深入浅出。本书注重操作能力培养，根据编者教学体会，每章在安排基本知识练习题的同时，均安排了综合案例分析及模拟训练题，具有操作性，不仅适合理论教学，而且利于模拟训练。

本书既有利于教学，也有利于自学，可作为各类高职高专院校营销类、管理类、经济类、秘书类等相关专业的教材，也可作为各类企事业单位公共关系、市场营销和管理类工作人员的培训和参考读物。

本书大纲由主编张亚拟定，刘晓波、曾雪玫、宋利平任副主编。各章的编写人员分别是：宋利平和李碧云合编第一、二章，曾雪玫合编第三、四章，张亚编写了第五、九章，胡旸编写了第六章，何莉萍编写了第七章，舒莉编写了第八章，刘晓波编写了第十章，罗常华编写了第十一章，陈平祥编写了第十二章。全书由张亚修改、总纂和定稿。

本书在编写过程中，引用和参考了国内外有关书籍和资料，在此一并表示诚挚的感谢。由于编者水平有限，书中难免有不足和疏漏之处，敬请有关专家、学者和广大读者不吝批评指正。

第一版前言

中国公共关系的实践和教学已走过了 20 多年的历程，许多公共关系学的教材和书籍已经面市，但专门针对高职高专教学需要的教材还不是很多。本书是为适应新形势高职高专教学需要而编写的，期望通过本教材的学习使学生达到既掌握一定公共关系理论知识，又具有较强实际动手能力的应用型人才的教学目的。本书介绍了公共关系的概念、特征、历史、职能、原则、主体、客体、传播、程序等基本概念和原理，以及主体型和功能型公关、公关专题活动、公关文书、公关语言艺术、公关交际和公关礼仪等实务。

本书在编写上突出以下三个方面的特色和特点：

1．系统性和全面性相结合。本教材既具有条目的系统性，又具有内容的广泛性，由浅入深，循序渐进。通过学习本书，学生可系统全面地掌握公共关系基本知识、原理、方法和技能。编写过程中注意理论"够用为度"，语言简明扼要。

2．实用性和可操作性相结合。本书重在实务的指导和培训，将案例融入相关理论，并对案例进行分析，编排上各章末有小结，并附有练习题；为培养学生独立分析、思考问题和口头表达的能力，每章后配上与本章内容相关的1~2个案例，列出案例思考讨论题；为培养高职高专学生实际动手能力，每章后列出1~8道模拟训练题。既提高了学生的实践动手能力，又体现了高职高专应用型人才的培养目标和宗旨。

3．科学性和先进性相结合。本书力求吸收最新的理论研究成果，融入各位参编教师长期在教学第一线的教学体会和成果，使本能适应高职高专教育新形势的需要。

本书既适合大专院校和专业培训的教学需要，也可作为成人教育、函授、自学考试以及在职人员自学教材。

本书大纲由主编张亚拟定，刘晓波、曾雪玫、宋利平任副主编。各章的编写人员分别是：宋利平和李碧云合编第一、二章，曾雪玫合编第三、四章，张亚编写了第五、九章，胡旸编写了第六章，何莉萍编写了第七章，舒莉编写了第八章，刘晓波编写了第十章，罗常华编写了第十一章，陈平祥编写了第十二章。全书由张亚修改、总纂和定稿。

在本书编写过程中，我们广泛参考了国内外的教材和书籍，借鉴并吸收了其他教材的内容和同行的研究成果，限于篇幅，除少数文献我们在书末列出之外，不能全部列出，在此一并致谢。

由于编写时间仓促，编写水平有限，错误之处在所难免，恳请广大读者批评指正。

目　录

第一章　公共关系概论

学习目的

通过本章学习，要求达到：

知识目标：了解公共关系学研究对象、方法和意义；

素质目标：熟悉公共关系与相关学科的关系；

技能目标：掌握公共关系的概念、特征和构成要素；

能力目标：能够运用所学公共关系概念和理论，观察、分析现实公共关系等问题。

主要概念和原理

公共关系　公共关系的构成要素　公共关系的基本特征　公共关系学科特点

公共关系是社会组织与其他相关大众之间的各种关系的综合表现，通过人际沟通与大众传播，组织在公众中交流信息，协调关系，树立良好形象，实现组织与公众的共同利益的经营管理艺术。

案例导入

公共关系就在身边

为了进一步弘扬"奉献、友爱、互助、进步"的志愿服务精神，巩固"百优"品牌，在新时期不断深化和推进学雷锋活动，让同学们更深刻的了解雷锋精神的实质含义，在实践中体验雷锋精神，增强集体凝聚力，构建和谐社会。2008 年 3 月 19 日下午 2 点，成都电子机械高等专科学校工商管理系 2007 级旅游与酒店管理三个班的同学，响应校团委的号召，在班主任助理姚伟同学及三个班班长的带领下，同学们开展了以"弘扬雷锋精神，建和谐文明社会"为主题的志愿者活动。40 余名同学来到了成都市郫县敬老院，为老人们送去了水果、衣物等物品，同时还为老人们洗衣服，扫地及陪他们聊天，给他们修剪指甲等活动。志愿者们发扬了不怕苦、不怕脏的光荣传统，展现了大学生尊敬老人的优良作风和高度社会责任感。

（资料来源：成都电子机械高等专科学校网站. 2008-3-21. 15:23:23）

案例分析

"公共关系"一词是个舶来品，源自英文的 Public Relations。Public 一词可译作"公共的"、"公开的"，也可译作"公众的"。Relations 则宜译作"关系"。因此，中文表述可称为"公共关系"，也可称为"公众关系"。其实公共关系离我们并不遥远，很多公共关系活动就发生在我们身边，甚至我们还亲自参与了，如这一案例就是如此，只不过我们在参与时并没有说明这就是公共关系活动。

第一节　公共关系的概念和特征

一、公共关系的概念

（一）公共关系的定义

公共关系是一种社会关系。在社会交往中，国家、组织、个人之间的联系一般可以分成三个层次：一是宏观层次，即以国家为主体与人或组织发生的联系，可称为国家关系；二是中观层次，即以社会组织为主体与人或其他组织发生的联系，可称为公共关系；三是微观层次，即以个人为主体与他人发生的联系，可称为人际关系。对于宏观层次的国家关系与微观层次的人际关系，从古到今已有很多精深的研究。但作为中观层次的公共关系则研究不多。而以社会组织为主体的公共关系，在现代社会中又是普遍存在的，所以对公共关系的研究具有重大的现实意义。

自从 20 世纪初诞生了第一家公共关系公司，20 世纪 20 年代出版了第一部公共关系专著，对现代意义上的公共关系的开发与研究已有 100 年的历史。但人们对公共关系的认识还存在着很多不一致的地方，这集中表现在对公共关系的定义上。目前，国内外已正式公开过的公共关系定义不下几百种，较有代表性的定义大致可以分为以下几类。

1. 管理职能说

管理职能说强调的是公共关系的管理功能。在国外流行的公共关系定义中，最有代表性的美国著名公共关系学者雷克斯·哈罗博士提出的定义即属于这一类："公共关系是一种独特的管理职能。它帮助一个组织建立并维持与公众之间双向的交流、理解、认可与合作；它参与处理各种问题与事件；它帮助管理者及时了解公众舆论，并对之作出反应；它明确并强调管理部门为公众利益服务的责任；它作为社会变化趋势的监视系统，帮助管理者及时掌握并有效地利用社会变化，保持与社会变化同步；它运用健全的、正当的传播技能和研究方法作为主要的工具。"

这个定义是哈罗博士受美国公共关系教育基金会的委托，在研究分析了 472 个不同的公共关系定义以后提出来的。在说明公共关系的主要功能和作用方面，这个定义被公认为是最全面、最详尽的，被各国所认可。

美国学者斯科特·卡特利普、阿伦·森特和格伦·布鲁姆也认为："公共关系是这样一种管理功能：它确定、建立和维持一个组织与各类公众之间的互益关系。"

国际公共关系协会的定义是："公共关系是一种管理功能。它具有连续性和计划性。通过公共关系，公立的和私立的组织、机构试图赢得同他们有关的人们的理解、同情和支持——借助对舆论的估价，以尽可能协调它们自己的政策和做法，依靠有计划的、广泛的信息传播，赢得更有效的合作，更好地实现它们的共同利益。"

在国内学者中，王乐夫等的定义也认为："公共关系是一种内求团结、外求发展的经营管理艺术。它运用合理的原则和方法，通过有计划而持久的努力，协调和改善组织机构的对内对外关系，使本组织机构的各项政策和活动符合于广大公众的需求，在公众中树立起良好形象，以谋求公众对本组织机构的了解、信任、好感和合作，并获得共同利益。"

2. 传播沟通说

传播沟通说突出的是公共关系的传播与沟通的属性。

国外学者有的定义："公共关系就是一个组织为了达到与它的公众之间相互了解的确定目标而有计划地采用一切向内和向外的传播沟通方式的总和。"

还有人定义："公共关系就是运用有说服力的传播去影响重要的公众。"

《大英百科全书》的定义："公共关系是旨在传递关于个人、公司、政府机构或者其他组织的信息，以改善公众对他们的态度的一种政策和活动。"这个定义的重心在说明公共关系是一种信息传播工作。

国内学者有的这样定义："公共关系是一个组织运用各种传播手段，在组织与社会公众之间建立相互了解和信赖的关系，并通过双向的信息交流，在社会公众中树立起良好的形象和声誉，以取得理解、支持和合作，从而有利于促进组织本身目标的实现。"这个定义的内容较全面，并且有一点非常明确，即公共关系目标的实现，需要"传播手段"与"双向的信息交流。"

无论是在国外还是在国内，"管理职能说"与"传播沟通说"是两种影响最大的公共关系定义。

3. 组织形象说

组织形象说强调公共关系的宗旨在于塑造组织的良好形象。持有这种定义的多见于国内学者。最近几年，这类定义的影响越来越大。

例如，"公共关系是用传播手段塑造组织自身良好形象的艺术。"又如，"公共关系是社会组织为了塑造组织形象，通过传播、沟通手段来影响公众的科学与艺术。"

4. 关系、活动说

关系、活动说把公共关系看作是一种社会性、公众性的关系或活动。例如，美国普林斯顿大学资深公共关系教授蔡尔兹的定义："公共关系是我们所从事的各种活动、所发生的各种关系的通称，这些活动与关系都是公众性的，并且都有其社会意义。"

即问即答 1.1

公共关系就是人际关系吗？

英国公共关系协会的定义是："公共关系的实施是一种积极的、有计划的以及持久的努力，以建立和维护一个机构与其公众之间的相互了解。"这个定义中的"努力"，实际上就是一种公共关系活动。

5. 实务描述说

严格地说，实务描述说倾向于公共关系实务的描述，它们并不是真正意义上的定义。它们对于公共关系含义的表述是不完整的，往往只是强调或突出公关实务的某一点而已。

各种不同的公共关系定义从不同的角度去揭示公共关系的本质属性，都有其合理性。人们对公共关系本质的认识的统一还需要有一个过程。同时，公共关系又涉及不同的学科领域和不同的实践领域，公共关系定义的多样性也源于公共关系含义的丰富性与实践的广泛性。因此，这些不同的定义对于人们正确理解与全面把握公共关系丰富的含义都会产生积极的作用。

综上所述，公共关系的定义可作如下表述：公共关系是社会组织与其他相关公众之间的各种关系的综合表现，通过人际沟通与大众传播，组织在公众中交流信息，协调关系，树立良好形象，从而有利于实现组织与公众的共同利益的经营管理艺术。

（二）公共关系的基本含义

公共关系的定义所揭示的是公共关系的本质属性。但公共关系本身所蕴藉的含义是非常丰富的。如果从更广阔的视野予以考察，公共关系的内涵还可以有多层面的开拓。

1. 公共关系是一种状态

公共关系状态是指一个社会组织与其相关公众的关系状态和舆论状态，即该组织在公众心目中的现实形象的总和。公共关系状态是客观存在的，任何组织或个人都处在一定的公共关系状态之中。

公共关系状态是与公共关系活动紧密地联系在一起的。一个组织为了改善或发展公共关系状态，必定要开展一系列的公共关系活动。现有的公共关系状态是组织开展公共关系活动的基础，而公共关系活动的结果，又必然会形成新的公共关系状态。

任何组织都必须正视自己与公众的公共关系状态，因为它制约着组织的生存与发展。但人们对公共关系状态的认识，却有不自觉与自觉、无意识与有意识的区别。只有当人们自觉地、有意识地认识到公共关系状态的重要性的时候，公共关系状态才能成为科学研究的对象，人们也才能通过一系列卓有成效的公共关系活动去形成良好的公共关系状态，从而使组织获得更多更好的生存与发展的机会。

2. 公共关系是一种观念

公共关系观念是一种影响和制约着组织的经营政策和管理行为的哲学，它不仅能促使有声有色的公共关系活动的健康发展，而且还潜移默化地渗透到管理者日常行为的各个方面。公共关系观念包括组织的形象观念、公众观念、信息观念、传播观念、整体观念和服务观念等。

自觉地树立与完善公共关系观念，是开展公共关系实务工作的核心。因此，不论是专业的公共关系人员，还是组织的管理者都应具备强烈的公共关系观念。用这些公共关系观念来指导公共关系实践，便成了组织的一种行为规范与准则；而把这些公共关系观念系统化，便构成了现代公共关系的理论框架与基础。

3. 公共关系是一种技能

公共关系作为一种方法、一种技术，是指一种运用传播与沟通手段去影响公众、树立形象的专业技能。它包括人际沟通、大众传播、复合式传播等形式，语言沟通、文字沟通、非语言沟通等方法，印刷媒体、电子媒介、实像媒介等技术。运用现代信息社会的各种传播与沟通的手段与技术去建立和完善组织与公众之间的良好关系，是公共关系活动的重要内容。

对于一个组织来说，公共关系是一种管理职能和经营艺术。组织开展公共关系活动的最显著的特点即在于它的技巧性。同样是文字沟通的广告文案设计、实像媒介的橱窗陈列、复合式传播的新闻事件策划，构思上却有俗套与创新之别，其效果也大相径庭。可以说，公共关系的技巧性决定着公共关系活动的成败。

因此，高度重视各种传播媒介和沟通方法的特点和作用，研究它们在公共关系中的应用方式及其艺术技巧，就构成了公共关系实务的实质性内容。而掌握与运用传播与沟通的艺术技巧，也成了对公共关系人员的一个基本要求。

4. 公共关系是一种职业

美国的公共关系职业开始于 1903 年，艾维·李开办了世界上第一家宣传顾问事务所，成为从事公共关系职业的第一人。现代公共关系职业化由此发端。中国的公共关系职业开始于改革开放以后。20 世纪 80 年代初，深圳、珠海等地一些三资企业中的宾馆、酒店按照国外的管理模式建立了公共关系部，从此引进了公共关系的职能与职业。

1999 年 5 月我国正式出版发行的《国家职业分类大典》中，把公共关系职业列入第三类，这标志着国家已正式承认公共关系这一行业。公共关系职业名称为公共关系人员，简称公关员。公共关系职业定义为："专门从事组织机构公众信息传播、关系协调与形象管理事务的调查、咨询、策划和实施的人员。"公共关系职业的等级分为初级、中级与高级公共关系人员三种。公共关系的职业化，已遍及服务行业、各类企业与事业单位。无论是在国外还是在国内，公共关系都被视为一项充满智慧与充满活力的事业。在我国，公共关系作为一种新兴的职业，更被誉为"朝阳产业"。随着公共关系实践的深化与公共关系业务的拓展，一批受过高等教育、具有良好理论素质、业务素质与心理素质的中青年将会成为公共关系事业的中坚，而公共关系职业也将会在社会上受到更高的礼遇与尊敬。

即问即答 1.2

公共关系是一种职业吗？

5. 公共关系是一种文化现象

公共关系被理解为当代社会的一种文化现象，具体包括以下三层意思。

1）作为中观层次的组织，公共关系会形成一种组织文化。这种组织文化是以组织的价值观念和管理理念为核心的思维方式和行为规范的总和。它包括组织的目标和理想、领导作风和风格、组织的历史传统和优秀人物、组织的职业道德和礼仪规范等内在因素，以及这些因素的物化表征，如组织的徽记、代表音乐、代表色、服饰、旗歌等外在因素。组织文化对组织的内部员工具有很强的影响力与渗透力，它能满足员工的精神需求，激发员工的潜在质能，促使员工把实现个人价值与组织的生存发展联系起来，从而在组织内部形成整体的认同感与强烈的团体精神。

2）公共关系在宏观层次与微观层次上能营造浓厚的人文氛围。公共关系的职业定义是：专门从事"信息传播、关系协调与形象管理"的工作。这种工作性质不仅直接作用于组织，而且也会对社会、对个人造成间接的影响。社会学家指出，只有一部分矛盾是由利益冲突造成的，更多的矛盾则是由于缺乏沟通而形成的。如果整个社会或社会上的每个人都懂得通过信息交流进行沟通，协调关系，从而化解矛盾与危机，整个社会就会出现"人和"的融洽氛围。如果人人都重视维护国家形象、个人形象，整个社会的文明程度就会大大提高。由此可见，公共关系有利于优化社会环境与提高个人素质，有利于创造人文精神与营造人文氛围。

3）公共关系的最终目的是"实现组织与公众的共同利益"。这是一个"双赢"的概念，也是一种"要使自己发展必使他人也同时得到实惠和效益"的思想。为此目的，组织与公众必须相互适应，共同发展，于是，"真诚、理解、合作、互惠"便构成了公共关系的深层蕴藉。

二、公共关系工作的对象、任务和内容

（一）公共关系工作的对象和任务

公共关系工作的对象是公众，主要包括内部公众和外部公众两个方面。从总体上讲，公共关系工作是做人的工作，其任务就是引起公众的注意，培养公众的好感，激发公众的参与热情，建立融洽的公众关系，使公众理解、信任、支持社会组织的各项工作，所以说公共关系工作的对象是公众。公众是指可能或已经与社会组织构成利害关系的个人、群体或者其他社会组织。社会组织的存在与发展都离不开公众的支持，公众的舆论和态度在相当程度上决定着社会组织的前途和命运，应该说，公众是社会组织发展的基本环境。各种社会组织的基本公众环境是相同的，但是由于社会组织性质上存在差异，其目标公众不尽相同。营利性组织的目标公众是顾客公众，而互益性组织的目标公众是内部公众，公益性组织的目标公众则是社会大众。

公共关系遵循市场导向原理，市场导向的实质是公众导向。在市场导向原理指导下，公共关系应该调查和满足公众需要，引导公众养成有利于社会组织的生活方式。公共关系是一项特殊的做人的工作，但并不仅仅是为了做公众的思想工作、心理工作。做好公众的思想工作、心理工作，这只是基础。公共关系工作的主要任务是通过有效的举措影响公众的心理世界，来建立、协调和发展公共关系。现代企业发展史研究表明，企业的未来发展与市场开拓，不仅受制于质量工作、科研开发工作等传统意义上的企业制约因素，而且受制于企业公众队伍的大小。尤其是当产品的质量、生产的规模效应已发展到极限、产品之间没有明显差异的时候，公众队伍的性质和规模将直接决定企业的发展前景。这是公共关系工作致力于建立和发展公众关系的根本原因。

建立和发展公众关系的前提是社会组织与公众之间存在一致性。也就是说，社会组织提供的优质产品和优质服务，正好是公众感到迫切需要的内容，这种利益机制上的一致性，联结着社会组织与公众，形成融洽的公众关系。公共关系人员要自觉地运用市场营销理论和社会营销理论，积极调查、寻找公众的需求，根据公众的需求调整社会组织的产品和服务项目，从根本上促使社会组织与公众保持一致，以结成广泛的公众关系。

（二）公共关系工作的内容

公共关系是社会组织行为体系中的一个子系统，具有相对独立性，其日常工作主要是了解公众的需求、愿望和态度，分析社会组织内外环境的变化趋势，预测社会组织决策的影响，实施公共关系活动方案，策划各种宣传活动和沟通活动，举办各类专题活动，处理各种危机事务等。根据公共关系工作内容的特性，公共关系工作内容一般分为以下三个层次。

1. 开展业务专题活动

开展业务专题活动包括接待、交往、宣传、服务、促销、文化和危机管理活动，分别称为接待型公共关系工作、交往型公共关系工作、宣传型公共关系工作、服务型公共关系工作、促销型公共关系工作、文化型公共关系工作和危机管理型公共关系工作。这是公共关系工作最基本也是最低层次的项目内容。

社会组织的发展，需要良好的员工关系、顾客关系、社区关系、政府关系、新闻媒介关系和合作者关系，这是公共关系工作的重要内容。公共关系人员运用各种接待工作艺术和人际交往技巧，与公众进行信息沟通和情感交流，不断扩大和完善公众队伍，直接为社会组织建立良好的公众关系。从这个意义讲，任何社会组织都离不开接待型、交往型公共关系工作。

作为一项宣传性职能，公共关系要经常策划和组织专题宣传活动，传播社会组织的信息。公共关系宣传，主要是指利用各种机遇，通过巧妙策划，召开记者招待会、新闻发布会、策划新闻事件、制作社会组织的媒介系统（如公司网站、公司广播电台、公司闭路电视、厂报、黑板报、简报等），向内部公众和外部公众传播信息，制造和引导舆论，扩大社会组织的影响。"一句话一张照片"，很多人都记得这个公共关系传奇：2000年，英特尔公司副总裁欧德宁访华并与当时 TCL 公司的高层人士吴士宏和杨伟强做礼节性会面，而 TCL 公司的公共关系人员当时就策划了"一句话一张照片"——"一句话"是要让欧德宁亲口说出"TCL 家庭数字化的思路与英特尔的发展战略是一致的"，"一张照片"即欧德宁与吴杨二人的合影。当晚，这"一句话一张照片"在互联网上传遍，第二天被各种媒体广泛转载。这一经典案例，为杨伟强赢得了"奔4少帅"的美誉，而 TCL 电脑也一夜之间成为镁光灯下的宠儿。2001年是我国的申奥年，利用这个天赐良机，爱立信通过其形象代言人瓦尔德内尔在报刊上充满感情地向我国公众诉说："我爱北京，申奥成功！中国是我的第二故乡，衷心祝愿北京2008年申奥成功。"雀巢（中国）有限公司策划开展"新北京·新奥运，大家一起来描绘"的百万少年盼奥运千米长卷绘画创作活动。此外，宝洁、摩托罗拉等国际化大公司纷纷打起支持北京申奥的大旗。这些都属于宣传型公共关系。应该说，宣传型公共关系在塑造社会组织的良好形象过程中具有特殊的作用。没有宣传，也就无所谓现代意义上的公共关系了。

公共关系是社会组织与公众之间以利益关系为纽带的一种社会关系，它强调的是互惠互利、平等相待和共同发展。作为公共关系主体的社会组织，其决策方针、产品（包括物质产品和精神产品）、服务和活动过程都要尊重和满足社会与公众的需求，符合社会利益和公众利益，有的时候为了社会组织的长远目标，甚至还要牺牲眼前利益，满足公众正当合理的要求。公共关系效益要有利他性，但这种利他性并不否定公共关系效益的利己性，即公共关系还有为社会组织服务的一面，为社会组织的生存和发展创造良好的条件，促进社会组织基本目标的实现。力求社会组织与公众的共同发展，平衡、协调社会组织与公众间的利益关系，辩证地处理彼此之间的利益要求，这是公共关系艺术化的具体表现。公共关系工作就是要寻找公众与社会组织之间利益上的共同点，建立平等互利的合作关系，使社会组织和公众在友好的气氛中共同得到利益上的满足。因此，在实际工作中，社会组织需要本着平等互惠、共同受益的"双赢"规则，经常开展服务型公共关系工作，以此完善社会组织的人格形象。

公共关系是一种功利性的投资行为，无论是传播信息还是开展服务，都应该服从于社会组织总目标的需要。对于企业来说，其总目标就是通过商品的销售实现赢利。只有拥有一流的促销，增强企业的市场开拓能力，企业产品才能转变为商品，并由商品转变为消费品，产值才能尽快转变为销售额，最终实现投资利润。公共关系作为企业组织行为体系中的一个方面，与其他行为一样，也要渗透于促销之中，这样，才能充分体现出公共关系的价值功效。因此，营利性社会组织必然需要促销型公共关系工作。

即问即答 1.3

公共关系的目的就是要赢利吗？

社会组织在发展过程中，由于决策失误、操作失误和管理失误以及公众的误解等，会出现各种各样的危机事件，有时还会形成极其不利的社会舆论，破坏社会组织形象。危机事件不可能完全杜绝，只能尽量降低发生频率，尽量降低影响。世界上管理优秀的跨国企业，如可口可乐公司、通用汽车公司等，曾经都遭遇过危机事件。因此，社会组织需要具备强烈的危机管理意识和危机资源开发意识，积极开展危机管理型公共关系工作，及时消除危机事件对社会组织的影响，维护社会组织良好形象。

相关链接 1.1

百度被黑事件

2010 年 1 月 12 日早上 7：00 左右，搜索引擎网站百度（www.baidu.com）突然出现无法访问故障，域名无法正常解析。至 9：30，太原、天津、郑州、烟台、长沙、成都、沈阳等全国各地均出现百度无法正常访问现象。10：45，百度官方表示：由于 baidu.com 的域名在美国域名注册商处被非法篡改，导致百度不能被正常访问，公司有关部门正在积极处理，以保障百度能够正常访问。自 11：00 起，各地网络开始恢复对百度的正常访问。12：51，对于百度被黑事件，CEO 李彦宏在百度贴吧上，以

"史无前例"表达了自己对于事件的震惊。当日下午6点，百度发表正式声明，称目前已经解决了大部分登录问题。对于部分中国网友基于义愤报复性攻击其他外国网站的做法，百度称"我们并不鼓励这样的做法，请大家保持冷静"。

事件点评：

作为国内最大的网络搜索平台，百度的突然被黑显然在网民中引起轩然大波。从应对角度来看，百度方面的做法近乎完美：在第一时间对事件作出回应；快速运用技术手段对问题进行技术处理；迅速制订应急方案，积极引导广大网友使用www.baidu.com.cn进行正常搜索；CEO李彦宏借助于网络发表自己对于此事件的看法，消除广大网友的猜疑与疑虑；而对于广大网友克制性的提醒，显示了百度的大度与事件应对的全局观。如此系统的危机应对策略，保障了问题的顺利解决，得到了广大网友的好评。

（资料来源：http://www.chinavalue.net/Wiki/ShowContent.aspx?TitleID=410486）

2. 塑造社会组织的整体形象

塑造社会组织的整体形象，即导入、推行 CI 战略。这是公共关系工作较高层次的项目内容。

CI 是英文 corporate identity 的简称，意思是企业识别。CI 战略是指从经营哲学、组织文化、员工工作规范、礼仪要求、营销战略、广告宣传、文化仪式乃至建筑物外观设计等方面，对社会组织进行全方位的规划和包装，以内在统一、外观一致的手法强化社会组织的整体观，从而有效地塑造良好的形象。

从 CI 战略的产生契机来看，它主要是作为强化广告、公共关系专题活动的宣传效能而出现的，是作为市场经济格局发生重大变革条件下的广告新生长点的形式而登上时代舞台的，因此在 CI 战略得以推广的初期，其设计对象就是企业视觉形象，力图通过标准色、标准字、标准图案的艺术化运用，强化企业宣传作品的冲击力。这是 CI 战略的第一个发展阶段，即视觉形象阶段。

但是，整合统一的视觉形象作品虽能引起公众一时的高度注意，具有较强的视觉效能，但并不能解决公众对于某一个品牌的信赖问题。为此，CI 战略的设计人员跳出局部性设计的视野，重点进行品牌形象的塑造，CI 战略由此进入品牌形象设计阶段。

在实际工作中，对于企业整体而言，品牌形象并不具有根本性的规范机制，不能带动企业所有商品、服务的行销，于是人们又开始探索具有规范机制的企业形象宣传方式，形象设计的对象涉及企业整体，从目标战略形象、文化理念形象、企业行为形象、员工形象到视觉形象，为企业进行全方位的形象策划与宣传服务，CI 战略进入企业形象设计阶段。

随着市场竞争的日益强烈，人们认识到企业的竞争优势，不仅依赖于企业自身，而且还取决于企业所属特定行业。如果某一行业不能为公众所接受，那么企业无论如何也是难成气候的。在这种背景下，CI 战略设计的视野也就随之得以拓展，其设计对象又有了新的延伸，即行业形象成为 CI 战略的设计内容。相对于企业形象，行业形象是一个中观性的形象问题，其设计对象是某一个特定的行业。在设计行业形象的过程中，设计人员力图挖掘出该行业的共同特点，对行业形象进行总体定位，并设计出相应的行业整体营销策略、整体质量、整体服务水平等，使本行业在公众心目中具有较大的存在价值，进而达到维护行业形象、保护本行业所有企业利益的目的。

从发展趋势来看，企业的竞争实力直接依赖于企业所在地的"地区形象"、"地区优势"。为了推动地区经济、科技、社会的综合发展，一些颇具战略眼光的政府官员率先借助现代 CI 战略理论策划地区形象、区域形象，地区形象、区域形象成为 CI 战略设计的新对象。地区形象是指关于一个地区整体化的风貌和精神，塑造独特的地区形象，不仅有利于推动社会主义精神文明的建设，强化所在地区的内聚力、外引力，而且还有利于提高所在地区、城市的知名度、美誉度，进而从整体上增强所在地区所有企业的市场竞争实力，推动社会全方位、立体化的发展。例如，2004 年川西的一些城市大规模的"城市风貌改造工程"。

地区的发展是不平衡的，地区形象是需要"龙头"的，"龙头"就是地区内的重要城市。"龙头"城市作为地区形象的代表，是地区形象的主要标志，只有拥有"龙头"形象的地区，其形象才能真正具有现实意义，才可能深入公众的心灵。从某种意义上看，"龙头"城市形象就是地区形象。例如，说到华东地区，就会想起上海、南京、苏州、杭州；而说到西北地区，就会想起西安、兰州等；说到"珠三角"地区，就会想起深圳、广州等，这些城市已成为所在地区的形象代表。在范围上，地区形象是十分广泛的，不可能进行全方位策划。为了节约投资，凸显集约化效应，在策划地区形象时，人们开始把地区内的重要城市作为策划对象，即城市形象成为策划的重要对象，这进一步扩大了CI 战略策划的范围。例如，2004 年 3 月，"成都名片"的寻找：美国著名制片人比尔·爱恩瑞夫的"成都 3 天寻踪'东方伊甸园'之旅"在市民中引起巨大反响和一场大讨论，而此时著名学者子德的《中国·成都——东方伊甸园》的文章，对"东方伊甸园"与成都进行了大量对比，认真考证，旁征博引，最后得出成都就是"东方伊甸园"的结论，从比尔的寻踪之旅到子德文章引发的大讨论，可以肯定，"成都就是东方伊甸园"这一概念已经名正言顺。"东方伊甸园"成为成都的最新形象。

从上面的分析中可以看出，CI 战略设计的对象从视觉形象、品牌形象、企业形象到行业形象、地区形象、城市形象，在不断地扩大，呈现出多元化的发展趋势。当然，CI 战略设计的主体对象仍是企业形象，表现为 CI 型公共关系工作。

3. 充当社会组织的高层次智囊角色

为各类组织提供公共关系顾问、诊断、咨询和策划服务，这是公共关系工作最高层次的项目内容。

11

现实生活中，有些决策者基于过去成功的决策经历，在经验效应支配下，认为"儿子是自己的好"，盲目沿用经验，最后全盘皆输，以致"在哪里站起又在哪里跌倒"。为了杜绝这种现象，决策者应该相信"三个臭皮匠胜过一个诸葛亮"、"当局者迷，旁观者清"，积极引入"外脑"，公共关系人员就是"外脑"资源。公共关系人员在工作中收集到的信息比较丰富，又经过系统的企业经营、策划业务培训，在客观上能够为社会组织提供决策信息，协助决策者确定目标，制订和优选方案，使社会组织的各项工作达到最优化状态。当然，这一层次的工作由于涉及面广，要求比较高，一般的公共关系人员是无法胜任的。但是，从发展趋势来看，这也是公共关系工作的一项基本业务，表现为咨询型公共关系工作。

三、公共关系的构成要素

公共关系不论是指"状态"，还是指"活动"或是指"管理职能"，都必须有三个构成要素，即主体、客体和中介。

（一）社会组织公共关系的主体

社会组织是指按一定的目的、任务和形式建立起来的社会群体或社会集团。任何一个社会组织都存在于一定的物质环境和文化环境之中，社会组织与环境的相互作用是一种客观存在，从公共关系的角度看，社会组织是行为的主体，应该而且必须按照自己的既定目标来策划各种旨在影响环境和适应环境的公共关系活动。这种主体性的发挥在很大程度上依赖于组织的公共关系部门和公共关系人员。同时，这种主体性还表现在其公共关系目标与组织总目标的完全一致上。

（二）公众公共关系的客体

公众是指因面临某个共同问题而形成的与组织发生相互影响、相互作用的各种社会群体或个人。

公共关系所指的公众，与日常生活中的"群众"、"大众"等不同，有着特定的含义。它是"面临相同问题"的群体或个人，是与组织有某种直接或间接关系的，是具体而非一般广义的社会大众（如顾客、职工、竞争对手、新闻媒介、社区等）。它是社会组织实施公共关系工作的对象，是公共关系活动的承受者。没有公众，公共关系工作就无异于无的放矢。

即问即答 1.4

公众与社会大众是一回事吗？

相关链接 1.2

本田的眼光

在现代社会中，影响企业发展的各种因素越来越多，能否及时发现和识别与组织发展相关的公众对象，意义十分重大。按照传统观念，美国的环保运动与日本的工业是没有什么关系的，因此，1975年有几个美国环保主义者到日本去谈论汽车废气问题时，就受到了日产、丰田这些大汽车公司的冷落。但是，直到1963年才开始生产第一批汽车的本田公司，其总裁却独具慧眼，他从这些人的活动中发现了有用的信息。为此，该公司派人把这批人请到公司，热情款待，奉为上宾，并请他们给设计人员讲解环保主义者的要求及美国国会1970年通过的净化空气法案的内容。在这一基础上，本田公司开始了新型汽车的设计，确定的设计目标要突出"减少排废"和"节省汽油"这样两个优势。本田的新产品——主汽缸旁有一辅助汽缸的"复合可控旋涡式燃烧"汽车面世一个月后，就遇上了第一次石油危机。本田汽车凭借排废少、省汽油的优势，一举打进美国市场，公司总裁因此赢得了"日本福特"的声誉。

（资料来源：http://wenku.baidu.com/view/80e67dabd1f34693daef3e0f.html）

今天，信息、物质和能源已经被喻为现代经济和社会发展的三大支柱。把信息作为资源来认识，是企业取得巨大发展和成功的基本要求。本田公司成功的重要的一点就是注重信息的多维性和全面性。公共关系基本原理告诉人们：社会公众是多维的、有机的，即企业的公众不仅是与企业发生直接业务往来的团体和个人，而且包括与企业并行的竞争者、与企业进行经营活动居于同一空间的社区公众，超然于企业之外或企业之上的政府部门及进行整个社会传播活动的大众媒介机构——新闻单位等。社会公众相互作用、相互制约，共同构成企业的经营环境。因此，社会公众对企业的影响，不仅是直接的影响，而且是通过作用于其他社会公众进而作用于企业的间接影响。所以，公共关系的信息采集是多维的和全面的。本田公司设计生产"减少排废"、"节省汽油"新型汽车的决策，就是综合本田汽车消费者信息、立法信息及能源信息等三方面信息而做出的。

（三）传播和沟通公共关系的中介

传播是指人与人之间、人与社会组织群体之间、社会组织之间借助于语言文字和其他各种载体，直接或间接地进行思想、感情、信息的传递行为和活动。社会组织要想吸引公众、影响公众，改变公众的态度，通常所采用的手段和方法，就是传播沟通。公共关系的传播沟通是双向的，即主体为了达到某种目的，将信息传播给客体，同时客体又将信息反馈给主体。传播是联结公共关系主、客体不可缺少的构成要素；传播是公共关系的活动方式和工作过程。为协调关系而开展传播活动，是公共关系特殊性的表现，离开了传播活动就没有公共关系。超出了用传播手段来协调各种关系，也不属于公共关系。由于公共关系所面对的公众具有一定的深度和广度，因此公共关系的传播活动也表现为多层次性。

四、公共关系的特征

1. 客观性

公共关系是不以人的意志为转移的客观存在，普遍地存在于社会组织的环境中。任何社会组织的生存与发展，都离不开公共关系的影响和制约，也都毫不例外地有意和无意地在进行公共关系工作，以维护和改善现有的公共关系状态，塑造良好的社会组织形象。

2. 公开性

公共关系主张社会组织与社会公众的双向沟通，即通过提高社会组织的透明度，来增进社会公众对组织的了解、理解、支持与合作。同时，公共关系活动是在法律、法令和政策允许的范围内进行的，以公开的手段、方式和渠道阐述组织的方针、政策和行为，以实现公共关系目标。

3. 普遍性

从应用角度来看，公共关系具有普遍性的特征。公共关系是一种通过塑造形象来吸引公众，争取公众的艺术。不论是组织、群体或是个人，只要能正确运用公共关系艺术，就能使该组织发展壮大，该群体受益，而个人也会成功。

4. 艺术性

社会组织面临的社会公众复杂多变，拘泥于一种公共关系模式，是无法适应复杂多变的公众需求的，即使同一公众在不同的时期，其需求也有区别。因此，有效的公共关系活动必然渗透着创造性的思维、针对性的模式、技巧性的方式方法。一句话，社会组织应该在科学理论和原则的指导下，讲究具体方式方法的策略性、技巧性，以其艺术的形式和手段达到最佳的客观效果。

5. 情感性

从本质上说，公共关系是社会组织与社会公众之间关系的综合表现，但又在一定程度上表现为人与人之间的关系与交往。由此，情感因素渗透于公共关系的全过程，甚至左右着公共关系活动的进程与成果。公共关系强调以"信任他人，关心他人"为宗旨，在其活动中重视情感上的沟通、联结、融洽，创造良好的组织气氛。从这一点来看，有人把公共关系活动比做感情投资是不无道理的。

6. 战略性

公共关系的基本方针是着眼于长期计划，着手于平时努力。"愚者赚今天，智者赚明天"，任何一个组织要建立和巩固良好的社会形象，都不是一蹴而就的，必须付诸系统、全面、有计划、连贯、坚持不懈的艰苦努力和扎实的公共关系工作。试图一次活动就能立竿见影，是不符合客观实际的。同时，公共关系要求理顺长远利益与眼前利益、整体利益与局部利益、大利益与小利益的关系，依据组织的长远利益、整体利益，确定公共关系活动的内容及其过程，达到公共关系的目的。

相关链接 1.3

丑陋玩具风靡全美

美国艾士隆公司董事长布希耐有一次在郊外散步，偶然看到几个儿童在玩一只肮脏并且外表丑陋的昆虫而爱不释手。布希耐突发异想：市面上销售的玩具一般都是形象优美的，假若生产一些丑陋玩具，又将如何？于是，他让自己的公司研制一套"丑陋玩具"，并迅速推向市场。结果一炮打响，"丑陋玩具"给艾士隆公司带来了巨大收益，并使同行们也受到了启发，于是"丑陋玩具"接踵而来。例如，"疯球"就是一串小球上面，印上许多丑陋不堪的面孔。又如，橡皮做的"粗鲁陋夫"，长着枯黄的头发、绿色的皮肤和一双鼓胀且带血丝的眼睛，眨眼时发出非常难听的声音。这些丑陋玩具的售价虽然超过正常玩具，却一直畅销不衰，而且在美国掀起了一阵行销"丑陋玩具"的热潮。

（资料来源：http://pyrb.dayoo.com/html/2008-06/26/content_237787.htm###）

第二节　公共关系学的研究对象、方法和意义

一、公共关系学的研究对象

（一）公共关系学的学科特点

1. 应用性

公共关系学是一门实用性很强的学科。作为一门新兴学科，公共关系学的发展速度很快，传播面极广。公共关系学具有管理功能、传播沟通功能、社会交往功能，这些都是其社会活动的表现。从另一角度看，公共关系学又是社会组织参加社会竞争的一门艺术、一种手段。从诸多方面看，公共关系学显示出鲜明的应用性特点。

2. 连续性

公共关系学作为一门新兴的学科，虽然其学科体系内涵并不十分丰富，但其外延很广，与之相关的交叉学科众多。例如，管理学、经济学、市场营销学、心理学、信息学、传播学、广告学、行为学、美学等。

3. 多维性

公共关系学的多维性，首先，表现在公共关系活动的层次不同，具体从事公共关系工作的人员所在的组织的类别、性质不同，对公共关系人员的要求也就不同；其次，表现在公共关系功能上的多维性，如沟通功能、管理功能、搜集信息、决策咨询、服务功能、社交功能等；再次，其学科的多维性也表现在研究方向和方法上，不同的研究者，根据自身的经济和见解，有着不同的着眼点，他们都用自己认为正确的观点、完善的体系来构建公共关系学。

4. 综合性

公共关系学是多学科综合发展的产物，它的科学性是建立在多种学科理论高度渗透、高度综合的基础上的，是在经营管理学、市场营销学、大众传播学、社会心理学、组织行为学等有关学科的基础上，综合广告、交际、传播等技术手段所形成的一门综合性较强的学科。

（二）公共关系学的学科性质

对公共关系学学科性质的认识，目前尚无完全统一的看法，国内外较为流行的观点有以下三种。

1）公共关系具有管理的职能，是社会组织的管理行为，它反映了现代经营理论和管理理论的时代特征。因此，公共关系属于管理学的范畴，公共关系学是现代管理学的一个构成部分。

2）公共关系是一种社会关系，本质上是一种社会组织的行为，强调这种公众性、社会性的行为的主体是组织。因此，公共关系学是社会学或组织行为学的分支学科。

3）公共关系是一种传播活动，必须遵循传播规律，重点是研究如何运用现代传播学的理论和方法在组织管理过程中与公众进行传播与沟通问题。因此，公共关系学是现代传播学的一个应用分支。

这三种观点，都有一定的合理性，分别强调了公共关系的管理职能、行为主体和传播手段三个方面，各有其侧重点，但都不够完整。作为一个体系尚不完善，正在蓬勃发展的新兴学科，对其性质的认识有很多见解是很正常的，这需要人们作更深入的研究。

（三）公共关系学的研究对象

公共关系学作为一门综合的新兴学科，它的逻辑起点与核心是组织及其公众，即组织与赖以生存的社会环境的关系。例如，斯科特·卡特李普等在《有效公共关系》一书中所讲的："公共关系是研究一个组织在其所处的社会环境中与其他组织、群众与个人之间的关系。"这一矛盾贯穿于公共关系学学科体系的始终。因此，公共关系学的研究对象，包括公共关系史、公共关系理论和公共关系实务三部分。

1. 公共关系史

公共关系作为一种客观的社会现象，作为人类的一种朴素的思想和不自觉的活动，在古代社会就早已存在。这种原始的、处于盲目状态的"公共关系"经历了一个极其漫长的史前阶段。真正意义上的公共关系则是以现代社会的发展为基础，以公共关系走向职业化、学科化为标志的。学习公共关系发展史，主要是探索公共关系的历史源流，分析公共关系发展过程中的历史事实，研究公共关系产生与发展的历史原因，通过揭示其历史轨迹，总结其历史经验，寻求其历史发展的规律，为现实的公共关系实践提供有益的借鉴。

2. 公共关系理论

公共关系理论可以分为基础理论和核心理论两大类。

公共关系的基础理论主要是指有关公共关系外围的理论。它涉及社会学、心理学、传播学、新闻学、舆论学、广告学、经济学、市场学、管理学、行为科学等基础学科和应用学科。这些学科的许多理论不是公共关系理论"本身"，但公共关系必须加以研究，因为公共关系学是在这些众多学科基础上形成的一门综合性、交叉性的边缘应用学科。基础理论是公共关系理论研究的重要组成部分，是新兴的边缘交叉学科面临的一个现象。

公共关系的核心理论主要是指公共关系本身的理论体系，包括公共关系的概念、公共关系结构三要素及环境、公共关系的职能和原则、公共关系的类型、公共关系过程的基本模式等内容。核心理论是公共关系学理论研究的主体部分，它反映了公共关系学学科的质的规定性，是研究公共关系理论的重点。

3. 公共关系实务

公共关系实务，又称为公共关系业务，是公共关系学的应用部分，其内容最为丰富、精彩。现今国内外的一些有影响的公共关系专著，都以很大的篇幅来阐述公共关系实务。公共关系实务的研究，成了公共关系学研究的主要内容。

公共关系实务的内容十分广泛，主要有：根据组织的总体目标来确定公共关系的具体目标；收集和处理与组织相关的各种信息；编制工作程序和制订工作计划；选择媒介，组织各种形式的传播活动；对公共关系活动结果进行评估。另外，还有公共关系机构的建设与公共关系人员的职业培训，这决定着上述各项工作的成败。

公共关系实务的一个显著特点，就是要求内容要具体化。以组织各种形式的传播活动为例，这些活动可以具体地包括：撰写新闻资料和新闻稿件，制作新闻电影和电视录像，举行新闻发布会，策划具有新闻价值的事件，组织研讨会、座谈会或参观访问，举办各类庆典活动、图片或实物展览活动、赞助活动、社会公益活动、文娱体育活动或联谊活动，策划组织领导人的演讲会或报告会，制作公共关系广告等。

二、公共关系学的研究方法

1. 遵循"实践第一"的研究方法

公共关系学是一门实用性很强的学科，实践方法是其最基本的方法。一个社会组织的公共关系活动，只有坚持实践第一的观点，才能正确理解组织自身与社会、公众的相互作用，对各层次的公众需要作出符合实际的判断，从正确的判断中确定组织公共关系的长期目标和短期目标，选择适当的公共关系途径和方法，采取最佳的公共关系技巧。

2. 坚持"一切从客观事实出发"的研究方法

公共关系活动是主体与客体信息双向交流的过程。公共关系人员必须客观真实地了解内外部公众的意见和倾向，客观真实地向他们传播本组织的计划、政策和行动方案，以取得公众的信任和支持，建立和发展良好关系。因此，在公共关系学的研究中，必须具有求实的态度，实事求是地研究组织的公共关系现象，不断进行去伪存真的工作。

3. 提倡"洋为中用"的研究方法

要科学地吸收国外公共关系的理论和经验。公共关系学起源于美国，发展于发达的资本主义国家。洋为中用，就是要注意研究分析国外公共关系的理论，特别是要积极引进和消化国外公共关系的操作技术理论和方法，使其为我国公共关系理论和实践服务。

4. 系统观察与分析的研究方法

研究公共关系学必须全面地思考问题，系统地综合各种情况，切忌简单化和片面性。由于公共关系是一门多学科交叉的综合性学科，客观上要求公共关系学的研究必须多侧面地、立体式地、全方位地观察公共关系现象，还要借助相关学科的研究成果，综合利用现代科技手段，使公共关系活动取得最佳效果。

三、学习和研究公共关系的意义

改革和发展是当今世界的主旋律，世界各国在政治、经济和文化等多方面都相互联系、相互影响，任何一个国家和企业都不可能超越于世界政治和经济之上而完全独行其事，所以大力发展公共关系是时代发展的需要，是改革开发的需要，也是建设民主政治和提高各项工作效能的迫切需要。

1. 有利于我国的对外开放，有利于密切我国和世界各国之间的关系，促进中国经济融入世界经济的新环境

当今世界是开放的世界，国家之间的经济文化联系日益密切，交往日益频繁，关系日趋复杂，竞争和制约日趋加剧，和平与发展的需要日益增强。由于中国经济的迅速发展，使国际社会不能无视中国的存在和发展。但是，相互合作必须建立在互惠互利的基础上，为此，我国必须正确地开展公共关系活动。

对外开放的目的是要获得各国政府和人民对我国改革和发展事业的理解和支持，引进国外的先进技术、设备、人才和资金，为我国的现代化建设服务。因此，我国必须在了解世界的同时，让世界也能了解自己，并在了解的基础上建立良好的合作关系，为了推动改革开放，密切我国同世界各国人民之间的关系，创造良好的国际环境，促进我国经济步入世界经济的大环境。

2. 有利于我国经济体制的改革，增强企业活力，促进市场经济的发展

由于改革带来了社会生产和生活的深层发展，人们的生活质量逐渐提高。因此，整个社会要求政府机关和各企事业单位的组织、管理、指导、服务、协调、监督、保卫等职能都要有与之相适应的发展；同时，也要求提高政府及各行各业的管理效率，增加透明度，以更好地为广大人民服务。《中共中央关于经济体制改革的决定》指出：要坚定不移地按照为人民服务和精简、统一、效能的原则改造机关作风，提高工作人员的素质。

党的十二届三中全会以来，我国广泛开展了以增强企业活力、实行政企分开为中心环节的经济体制改革。企业由行政机关的附属物变成了相对独立的商品生产者，由面向政府按指令性计划生产或只产不销变成了面向市场、按社会需要生产。政府由保姆变成了宏观调控者，由直接插手企业的产、供、销变成了宏观指导、协调服务；由单纯依靠行政命令指挥生产变成运用经济的、法律的和必要的行政手段指导生产。同时，公共关系手段也可以将企业的意见、要求和困难反馈回来，形成双向的信息交流。这样既保证企业真正成为相对独立的经济实体，成为自主经营、自负盈亏的商品生产者和经营者，具有自我改造和发展的能力，又保证政府对企业的宏观指导、管理、调节、检查和监督，最终达到双方的相互理解、相互适应。可见，公共关系活动对于深化经济体制改革，增

强企业活力，促进市场经济的发展具有重要意义。

3. 有利于政治体制改革、建设民主政治，促进管理民主化

随着经济体制改革的深入，政治体制改革也被提上了议事日程，政治体制改革的内容之一就是加强民主和法制建设。民主的核心是人民当家做主，真正享有各项公民权利，享有管理国家和企业的权利。这就需要在政府和人民群众之间架起一座畅通无阻的桥梁，建立起民主的信息交流关系。

4. 有利于协调各种关系，创造良好的社会关系环境，提高管理效能

随着社会的发展和科学的进步，现代社会生活和社会管理日益复杂，特别是在改革开放和建设市场经济体制的过程中，这种情况更为明显。在错综复杂的社会关系中，各种组织处于核心地位，它与方方面面都有着立体化的关系。运用公共关系的理论和方法，及时与各个方面沟通，有助于缓和冲突、协调关系，创造一个良好的内外关系环境。

第三节　公共关系（学）与相关范畴或学科辨析

公共关系这一概念传入我国已有 30 多年的历史，但许多人对它的性质、功能、手段等还只是一知半解，因此在使用公共关系这一概念或开展公共关系工作时，往往会出现许多偏差和失误，所以有必要将公共关系（学）和与其相关范畴或学科进行区分。

一、公共关系与宣传

宣传是社会组织为了取得公众对其实施的政策、行动的理解和支持而采取的一系列活动。公共关系要塑造组织形象，扩大组织影响，引起公众的注意，进而引导公众的行为，也要开展宣传活动，并且要利用人们在宣传活动中积累的各种理论、经验、技术和技巧；同样，宣传活动为了适应现代社会的发展，也要不断吸收公共关系的新内容、新方法，才能把宣传工作建立在更加科学的基础上，才能不断提高宣传效果。公共关系与宣传活动两者的区别有以下几个方面。

1）形成的历史不同。宣传活动是伴随着古代文明社会的产生而出现的一种社会行为；公共关系则是现代社会的产物。

2）活动内容不同。宣传活动的绝大部分工作都是围绕"说"字下工夫；公共关系的工作不仅要在"说"字上下工夫，更要重视在"做"字上下工夫。

3）工作准则不同。宣传活动既可能奉行实事求是的准则，也可能奉行唯宣传者主观需要为目的的准则；公共关系则只能奉行尊重事实、实事求是的准则。

4）行为特征不同。宣传活动偏重于单方面诱导式的影响、灌输；公共关系则必须注重双向的交流和沟通。

即问即答 1.5

公共关系即宣传活动吗?

二、公共关系与庸俗关系

庸俗关系是一种非正常的、不健康的、被歪曲了的、庸俗化的人际关系。其目的是为了个人或小团体得到一点好处或是得到一种不正当的优待。这种关系的双方是一种以损公肥私、侵占他人利益及危害社会利益为前提的合作关系,是一种赤裸裸的私利关系,它和公共关系有着本质的区别。

1. 两者产生的社会基础不同

公共关系是商品经济发达、信息传播迅速而广泛、现代经济活动空前活跃的产物。在市场竞争十分激烈的条件下,谁拥有公众,谁就能在竞争中取胜,使商品竞争转向对公众的竞争,而对公众的竞争实质上就是组织形象的竞争。所以,公共关系的实质就是组织形象竞争的手段和艺术。

庸俗关系是在社会生产力低下、商品经济不发达、物质供应不充裕、服务不充分的社会条件下产生的一种不良的社会现象,它是某些人"拉关系"、"走后门"、以权谋私、损公肥私的行为。

2. 两者的观点主张不同

公共关系主张以诚相待、实事求是、互惠互利、眼光远大。它借助于诚实无欺、双向传播沟通的手段,将组织利益、公众利益、社会利益有机地结合在一起。公共关系主张做任何事情都以有利于组织形象的塑造为原则。

庸俗关系主张凡事以"我"为中心,弄虚作假,不顾事实,只顾眼前利益,急功近利思想特别严重,根本不顾及所在组织的形象。

3. 两者运用的手段不同

公共关系运用大众传播工具进行信息传播,是公开的活动。

庸俗关系则是暗地里搞个人私下交易,请客送礼,吃吃喝喝,相互利用,是一种偷偷摸摸、躲躲闪闪的庸俗行为。

4. 两者的利益获得者不同

公共关系的主体是组织,公共关系活动是为了组织的生存、发展和强盛而进行的双向交流、双向沟通的过程,受益的是组织。

庸俗关系有时也代表组织，但由于将组织的关系变成了个人的私下交易，其最终结果是个人受益、组织受损。

5. 两者社会效益不同

公共关系是一种公开的经营管理艺术，是现代社会文明化的表现，它主张人与人之间、组织与组织之间都要以诚相待，使整个社会更加和谐、友善、文明、进步。

庸俗关系由于是一种私下的、虚假的、只要获取私利或不正当利益就可以不择手段的活动，易于造成各种矛盾，使社会失去平衡、失去标准、道德沦丧，严重污染社会风气，使社会文明程度下降。

三、公共关系学与管理学

公共关系与现代企业管理既有联系又有区别。科学的管理，是以人的根本利益为前提，进行科学的组织和指挥，以发挥人的潜能，提高效益。公共关系则是以公众的利益为基础而进行的一系列有目的、有意识的控制行为的活动。对内要求团结协作，协调发展；对外要求合作、支持，化阻力为动力。因此，公共关系从理论上和实践上与管理都存在着密切的联系。

有效的公共关系是现代管理成功的前提条件，也是现代管理的重要职能之一。之所以说公共关系是现代管理的手段，是因为公共关系给组织带来的效益不是那么迅速、明显和直接。它的表现手法委婉含蓄，实现目标是间接的。

公共关系职业的产生是为了解决矛盾，因而与管理有着密切的关系。

1. 两者相似之处

管理主要是对组织内部的管理。

公共关系既对内也对外，所以有人说公共关系是传播管理、形象管理、企业无形资产的管理。管理学的许多新理论已经引入公共关系学，公共关系学的思想、方法也已经引入管理学。

2. 两者不同之处

公共关系既对内也对外，外部公众相对于内部公众数量更多，是公共关系的重点。公共关系对内主要管理信息流，辅助管理组织人员。

管理主要对内，对外从逻辑上讲是不能管理的。站在管理的角度，它有许多管理对象，如人、物、财、信息。组织内的一切都属于管理的领域。而公共关系只负责一部分，不直接管理建厂房、抓质量、进货、核算……公共关系可以给管理以新的视角、新的动力，是一种新的管理思想、管理技巧，但管理学与公共关系学不能画等号。

四、公共关系学与传播学

公共关系与传播有着密不可分的关系，公共关系实践离不开传播，公共关系职业源于传播，最早的公共关系专家就多是记者、传播专家。公共关系专业在它的发源地美国也都设在传播系。自从公共关系传到我国以来，就有人一直坚持公共关系是传播的"子学科"、公共关系属于一种传播行为，因而有"传播说"的提法。

传播作为公共关系的前身，与公共关系既有联系又有区别。传播学与公共关系的联系主要是在技术手段与方法上，而主要区别有以下三个方面。

1）在目的上，传播重传达信息；公共关系重塑造形象、联络情感、协调关系。

2）在对象上，公共关系的对象一般是特定的公众；传播则面向公众。

3）在活动方式上，公共关系重在策划活动，要求艺术性强，每次都要创新；传播重在媒介，特别是大众传播媒介，要求科学性强，要有一定的重复率效果。

相关链接 1.4

1036——传播五环

广东电台"城市之声"员工为台庆5周年设计了一个方案：立足将"城市之声"5周年台庆与申办奥运活动相结合，通过电子表传播媒介，传达"城市人盼奥运"的"城市之声"电台的时代强音，并把这一理念传遍全世界。

围绕"一首歌曲——五个'1036'系列活动"策划主题进行"城市之声"5周年台庆活动。"一首歌曲"就是以都市人热心申奥为主题，在活动中，它将作为一条主线贯穿整个台庆活动始终。"五个'1036'"意指与主题有关的5个系列活动：1036个5岁的孩子亲手画制的图画；1036米长的都市人亲笔签名横幅；1036个市民支持申奥的声音；1036封孩子亲手寄出的信；1036张录有主题歌的CD光盘，在送给1036名市民时，传递"城市之声"支持申奥的热诚。活动的实施与网络活动相结合，从而扩大影响与传播的范围。

（资料来源：http://www.scopen.net/puzhuan/xdjyjs/read_zsxy.php?FileID=49838）

五、公共关系与广告

1. 公共关系与广告是交叉学科

在实践中，几乎所有大的公共关系公司都兼做广告业务，大的广告公司也兼做公共关系业务。公共关系与广告将会逐渐趋同，虽然它们会沿着各自的方向继续深化一些东西，但总的趋势是特定指向的信息传播。

2. 公共关系与广告的相近之处

1）都源于传播学。在许多高校，公共关系与广告这两个专业还都归属于传播系。

2）都以传播为主要工作手段。

3）与传播学的另一个分支新闻学不同，公共关系与广告都不属于"政府的喉舌、官方的工具"，公共关系与广告都是受聘于特定的雇主，向特定的公众传递特定的信息。

3. 公共关系与广告的不同之处

1）从主体上看，公共关系范围大，广告范围小。公共关系的主体，可以是政府，也可以是企业；可以是营利性组织，也可以是非营利性组织；可以是工商企业，也可以是医院、学校、文艺、宗教团体。广告在绝大多数情况下是为营利性组织，是为企业服务的，虽然政府、企业有时也做少量的公益广告，但即便是公益广告，企业也往往是从公共关系的角度考虑来做的。

2）从手段上看，广告种类少，公共关系种类多。广告的四大手段是广播、电视、报纸、杂志，另外还有路牌、灯箱、现场吊旗等。公共关系则可以利用人类传播的一切手段，如人际传播，组织传播，大众传播，有声的、无声的传播形式等。公共关系传播的一大特点是通过各种活动来塑造形象，可以通过人际沟通来达到公共关系目标，而广告则主要靠媒体。广告花费较多，而公共关系活动可能在日常支出中即完成，或以小的支出获得大的回报。公共关系最重要的手段之一是制造一个事件来策动新闻，而这些事实的传播往往比广告效果还好、还可信。

3）从目标公众上看，广告窄，公共关系宽。广告主要向组织外的公众传播，公共关系既对内部又对外部。

4）从传播目的上看，广告倾向于短期的、具体的、易于界定的，公共关系倾向于长期的、整体的、宏观的、不易界定的。"广告是让人买我，公共关系是让人爱我。"当然，有些公益广告及公共关系广告也是希望公众爱组织，但这多是与公共关系交叉的部分。广告大多数情况下是宣传产品，讲述产品的功能、性质、优惠条件、优惠活动期限，有的还有价格；而公共关系则更多的是为组织整体塑造形象，不涉及具体的价格、产品功能，是不受时间限制的。

5）从评价上看，广告重具体效果，公共关系重整体效果。广告是"广而告之"，告诉到了就完成了第一步。再往深层次讲，一个产品广告做出三个月，有人来买，就是好广告；没人来买或没多少人知道，销量没变化，就会认为广告是失败的（虽然也可能有产品本身的问题，但即使同样糟糕的产品，不同的广告效果，其销量也会不一样）。公共关系活动的评价不是以短期变化，甚至不是以销量来衡量的。例如，一家五星级宾馆为山区希望小学捐了一笔款，这所学校的孩子不会因此就来住店，宾馆仅仅是向公众证明了其有责任感、有爱心，是这个社会中的一员，仅仅是树立这样一种形象。当然，好形象迟早会带来好效益。

相关链接 1.5

10 万美元寻找主人

某公司宣传其新型保险柜的卓越功能，登出这样一则广告：

"10 万美元寻找主人！本公司展厅保险柜里存放有 10 万美元，在不弄响警报器的前提下，各路豪杰可用任何手段拿出享用！"

广告一出，轰动全球。前往一试身手的人形形色色，有工人、学生、工程师、警察和侦探，甚至还有不露声色的小偷，但都没有人能够得手。各大报纸连续几天都为此事作免费报道，影响很大。这家公司的保险柜的声誉随之大增。

（资料来源：http://zhidao.baidu.com/question/17867665.html）

六、公共关系与人际交往

人际交往是指人与人之间使用语言媒介而进行的联系与相互影响，它是人类实践活动的重要组成部分。

公共关系与人际交往两者之间既有联系又有区别。

（一）公共关系与人际交往的联系

1. 人际交往是公共关系活动的基础

公共关系的主体是社会组织，然而具体的公共关系活动的实施者仍然是个人。代表主体的是个人，代表客体的也是个人，离开具体人，公共关系活动是无法展开的。在进行公共关系活动或处理某一公共关系事件时，往往都离不开主体、客体双方的代表会晤、接洽、商谈，并代表各自的组织进行信息交流、感情沟通，进而促进公共关系目标的实现。这些公共关系活动都必须以人际交往为基础。人际交往为公共关系主体提供信息，并不断增加信息量，提高信息质量，加快主体获取信息的速度。通过人际交往，公共关系关主体可以获取对其自身形象的信息反馈，从而调整主体行为，沟通与客体之间的关系，增进主客体之间的感情。

2. 人际交往是公共关系活动必不可少的手段

公共关系活动需要吸收人际交往的技巧，使之与其他技术和手段有机地结合起来，充实和丰富公共关系活动，提高公共关系成功率。由于人际交往针对性强，感情色彩浓，信息真实，反馈迅速，因而它对增进双方理解、加深友谊、消除误解具有得天独厚的优点。

（二）公共关系与人际交往的区别

1. 两者活动的范围不同

人际交往仅限于人与人之间以语言为媒介的相互影响，而公共关系活动范围就广泛得多。人际交往是公共关系活动的手段之一，但不是公共关系活动的全部。

2. 两者活动的主体不同

公共关系主体是组织或个人，人际交往主体是个人。尽管公共关系活动中代表组织的也是个人，但他代表着一定的组织利益，代表组织的个人开展人际交往，是为了达到组织的公共关系目标。

3. 两者的性质不同

公共关系是建立在一定的正当利益基础上的一种正当的利益关系，公共关系活动是为了协调组织与公众间的正当利益关系。人际交往活动则是以一定的血缘、地缘、业缘、事缘等联系在一起的，他们之间不一定存在利益关系。

4. 两者的职能不同

公共关系是现代社会组织经营管理的一种手段，具有管理职能。人际交往主要是协调双方关系，联络感情，增进了解，满足需要。

七、公共关系与市场营销

市场营销是指企业为满足消费者需求，把商品和服务从生产领域和流通领域转移到消费者手中的一系列活动。在实践中，许多企业将公共关系作为重要的促销策略，借助公共关系与消费者进行感情沟通，使得传统的"硬性推销"向现代的"软性推销"转变；同时，公共关系的许多具体活动形式也要与营销的具体活动结合在一起，如组织形象的宣传往往是与组织生产经营的商品和服务的宣传联系在一起，组织与公众的良好关系往往要通过组织向公众提供的优质的商品和服务才能得以实现。但公共关系与市场营销之间有着明显的区别，主要表现如下。

1）应用范围不同。公共关系的应用范围比市场营销要广得多。市场营销是企业独有的一种经济活动，而公共关系应用于包括企业在内的一切组织。在企业中，市场营销只是企业经营管理的一个方面，而公共关系贯穿于企业管理的全方位、全过程；市场营销的对象主要是消费者，而公共关系的公众对象除消费者之外，还有政府公众、社区公众，等等。

2）任务不同。市场营销的任务只是销售商品和服务；公共关系的任务则是协调组织与公众的关系。

3）着眼点不同。市场营销的着眼点主要是组织的经济效益，公共关系的着眼点既有组织的经济效益，又有组织的社会效益。当这两种效益发生暂时冲突时，公共关系从组织的长远发展着眼，往往更注重组织的社会效益。

小　结

本章主要介绍了公共关系的概念和特征。公共关系是社会组织与其他相关公众之间的各种关系的综合表现，通过人际沟通与大众传播，组织在公众中交流信息，协调关系，树立良好形象，从而有利于实现组织与公众的共同利益的经营管理艺术。

从总体上讲，公共关系工作是做人的工作，其任务就是引起公众的注意，培养公众的好感，激发公众的参与热情，建立融洽的公众关系，使公众理解、信任、支持社会组织的各项工作，因此，公共关系工作的对象是公众。

根据公共关系工作内容的特性，公共关系工作内容一般分为三个层次：第一层次，开展业务专题活动；第二层次，塑造社会组织的整体形象；第三层次，充当社会组织的高层智囊角色，为企事业单位提供公共关系顾问、诊断、咨询和策划服务。

公共关系的构成要素：主体、客体、中介。

公共关系的基本特征：客观性、公开性、普遍性、艺术性、情感性和战略性。

公共关系学的学科特点：应用性、连续性、多维性和综合性。

关于公共关系学学科性质，国内外较为流行的观点有三种：①属于管理学的范畴，公共关系学是现代管理学的一个构成部分；②公共关系学是社会学或组织行为学的分支学科；③公共关系学是现代传播学的一个应用分支。

公共关系学的研究对象，包括公共关系史、公共关系理论和公共关系实务三部分。

公共关系学的研究方法有：遵循实践第一的研究方法；坚持一切从客观事实出发的研究方法；提倡洋为中用的研究方法；系统观察与分析的研究方法。

公共关系（学）与相关范畴或学科有密切联系，本章对它们分别一一加以辨析。

知识掌握题

1. 如何理解公共关系的含义？
2. 学习公共关系的现实意义是什么？
3. 公共关系的特征是什么？
4. 公共关系学研究的对象是什么？
5. 公共关系对组织有哪些帮助？
6. 简述公共关系与人际关系的联系与区别。

自测题

1. 公共关系的行为主体是（　　　　）。

  A．个人   B．公众   C．组织   D．群众

2．公共关系的客体是（   ）。

  A．组织   B．公众   C．传媒   D．个人

3．公共关系的学科特点是（   ）。

  A．应用性 B．连续性 C．多维性 D．综合性

4．公共关系的构成要素是（   ）。

  A．主体   B．客体   C．群众   D．中介

知识应用与课堂讨论题

绿色麦当劳

  环境污染和恶化问题正引起世界各行各业的关切和重视。全球闻名的快餐王国麦当劳也积极、主动地加入环境保护者的行列。

  在美国，从20世纪70年代起，速食业已有饱和之说，但麦当劳（快餐食品）却以其无坚不摧之势风行世界，几乎无处不受欢迎。时过境迁，到了1988年，麦当劳因其每天都制造垃圾——废弃的包装物，又逐渐成为环保人士攻击的对象。

  麦当劳采用的是"保丽龙"贝壳式包装。这种包装既轻又保温，且携带方便，是速食业理想的包装。但这种包装难以处理，加之外带食用的比例过高，废弃包装物的清理就成了威胁环境的问题。富有环保意识的人们，尤其是年轻的一代纷纷地向其总公司寄来了抗议信。公司当局意识到这些抗议将威胁到企业未来的生存，而且包装可以说是速食业的灵魂，速食业致力于包装的开发，其重要程序并不亚于菜单的本身。

  许多企业面对环保问题，应付的办法不外乎是推、拖、拉，但麦当劳没有这样做。它得罪不起消费者，不仅必须有所行动，而且要公开地做。为了平息抗议，它不得不寻求环保人士的协助。1990年8月，麦当劳和"环境防卫基金会"（EDF）签署了一项不寻常的协定。EDF是美国一个很进步的环保研究及宣传机构。

  麦当劳之所以寻求EDF的协作，是因为当其拟定环保政策时，发现环保的复杂程度远远超过其认识。起初，麦当劳以为主动回收废弃的贝壳包装，似乎就能平息消费者的不满。1988年，麦当劳在10个店铺做过小试验，证实将贝壳包装回收再制成塑料粒子作为他用，技术上是可行的。但翌年将此设计扩大到1000个店铺时，却出了问题，主要是其外带量是店内量的6~7倍，这么大量的废弃物已非麦当劳所能控制。另外，在店内食用的、废弃的包装物虽然可以回收，但清理工作十分麻烦。回收不是灵丹妙药，特别是美国有些城市已全面禁止使用贝壳包装。

  在实在很难满足不同环保目标要求的情况下，麦当劳不得不寻求外援，与EDF携手合作。

  在与EDF合作之初，麦当劳领导层人士还期待着在美国的8500家店铺全面实施回收来解决包装问题，但EDF确信减少包装才是治本之道。

麦当劳至此决心改弦易辙，宣布取消贝壳包装，代之以夹层纸包装。随后麦当劳自己还进行了一项研究，发现贝壳包装从制造到废弃的全过程，耗费的天然资源比夹层纸包装大。夹层纸包装虽然无法回收再制，但不像贝壳那样蓬松，其储运与丢弃所占的空间只是贝壳的 1/10。整个研究得出的结论是：减废比回收更重要。

取消贝壳包装只是整个环保努力中的一个小进步，主要的成就还是在实现环保目标上。为了实现环保计划，双方同意按减废、重复使用、回收再制的顺序进行。在减废上从 3 个方面着手：一是减少包装；二是减少使用有损环境的材料；三是使用较易处置，能物化成肥料的材料。

（资料来源：http://wenku.baidu.com/view/bd269d2acfc789eb172dc823.html）

思考：

1）有人说"绿色形象是现代企业的巨大财富"，结合本案例谈谈你对此话的理解。
2）从公共关系的角度分析本案例的成功之处。
3）如何提高我国企业"绿色"公共关系的意识？

情景模拟题

1. 情景介绍

一名新任县长上任后，发现设在政府办公室内的公共关系科整天忙于迎来送往、交际应酬等琐碎之事。他决心改变这种情况。在他提议下，县班子讨论决定把公共关系科独立出来，由主管副县长直接领导，负责县政府的公共关系管理工作。一段时间后，秘书告诉他：政府里的人说"公关科，公关科，离开吃喝没事做！"县长找来公共关系科科长，科长说"没办法，人家都认为公关就是如此"。县长也困惑了。

2. 模拟训练

1）同学们可自由组合或由指导老师组合成若干小组，分别扮演县长、秘书、公共关系科长商讨应对策略。
2）每一小组推出 1 名代表上台发表演讲，公共关系科长职责和工作内容主要是什么？
3）表演结束后请全班同学分别给各小组评分。

项目 \ 得分	优（90～100分）	良（80～89分）	中（70～79分）	及格(60～69分)	不及格（60 分以下）
回答内容					
演讲水平					
回答技巧					
效果					

4）最后由指导老师进行点评和总结。

实践训练题

项目：随机采访社会各类公众对公共关系的认识和看法。

1. 实训项目

通过随机采访社会各类公众对公共关系的认识和看法，了解社会公众目前认为公共关系到底是做什么的，公共关系对组织和个人有何用，了解社会公众目前对公共关系的评价。

2. 实训目的

通过随机采访社会各类公众对公共关系的认识和看法，了解社会公众目前认为公共关系到底是做什么的，公共关系对组织和个人有什么作用，了解社会公众目前对公共关系的评价。

3. 实训内容

1）随机采访社会公众对公共关系的认识和看法。
2）整理社会各类公众对公共关系的评价。

4. 实训组织

把全班同学分成几大组，各个组分别到闹市区、政府机构、所在学校、媒体、企业和居民小区等单位调查。

5. 实训考核

1）要求每位学生写出调查报告或小结。
2）要求学生填写实训报告。其内容包括：①实训项目；②实训目的；③实训内容；④本人承担任务及完成情况；⑤实训小结。
3）教师评阅后写出实训评语，将实训体会在全班交流。

【课下补充参考资料】

廖为建. 2001. 公共关系学. 北京：高等教育出版社.

席迎春，王丽英等. 1997. 现代企业公共关系. 郑州：河南大学出版社.

中国公共关系协会. 2007. 最佳公共关系案例. 北京：清华大学出版社.

第二章 公共关系的历史

通过本章学习，要求达到：

知识目标：了解公共关系的产生和发展；

素质目标：熟悉公共关系产生的条件；

技能目标：掌握公共关系的发展趋势；

能力目标：能运用公共关系产生的条件，分析、研究公共关系今后的发展前景。

主要概念和原理

公共关系产生的条件   公共关系的工作方法   古代公共关系的特点   现代公共关系的发展趋势

公共关系是人类社会进步的一种表现形式，它有其自身发展的过程。

公共关系是现代社会的产物，是人类社会发展进步的一种必然现象。与世界上任何事物一样，公共关系也有一个从萌芽到成熟，从低级到高级的发展、演变过程。公共关系作为一种客观存在的社会关系和社会现象，具有久远的历史，而它作为一种专门化的社会职业和一门学科，其发展至今不过近百年的时间。20 世纪初，公共关系作为一种专门职业而萌芽，20 世纪 20 年代，公共关系就成为一门新的学科。随着市场经济的发育和成熟、政治民主化浪潮的日益高涨，以及大众传播技术的不断发展，公共关系已经越来越成为现代社会不可缺少的一种普遍现象和社会活动。

案例导入

公共关系需要出奇制胜

20 世纪 80 年代初，南京长江机器制造厂新开发出一种蝙蝠牌电扇。当时，在我国的电风扇市场上，已有 3000 家生产厂家在激烈竞争。蝙蝠牌电扇较之于其他名牌产品来说，还是一个"小字辈"。它还没有参加全国性的质量评比活动，消费者对它也很陌生。

在这种情况下，如何使蝙蝠牌电扇迅速打开市场，在消费者中建立自己的形象呢？该厂有关人员经过认真分析与研究，认为如果采取常规的实施手段，如在媒介上大做广告或派推销人员直接到全国各地进行推销，恐怕即使花上很多的宣传费用也很难奏效。于是，他们决定采用出奇制胜的战术，打破常规，别出心裁地租用了南京一家比较大的商场的橱窗，让蝙蝠牌电扇在橱窗里昼夜不停地运转，并在橱窗内醒目地写着"自1981年4月10日起连续不停地运转，请您计算一下，现在已经运转了多少小时"。这种旨在"转给你看"的传播方式，立刻吸引了许多消费者的眼球。当他们发现这台电扇确实昼夜不停地运转而没有中断时，对蝙蝠牌电扇的质量就确信无疑了。很快，蝙蝠牌电扇首先占领了南京市场。随后，南京长江机器制造厂的有关人员对这次宣传活动进行了认真的总结。他们认为，要想使蝙蝠牌电扇在其他地区与城市树立形象，建立信誉，也可以采取同样的宣传攻势与手段。于是，他们又在全国其他城市如法炮制，如在广州租用了一家有名的商场的橱窗，在北京的西单百货商场也租用了一个橱窗，让蝙蝠牌电扇夜以继日地转动，以引起消费者的注意。后来，蝙蝠牌电扇果然成为家喻户晓、备受消费者青睐的名牌产品。

（资料来源：http://www.manaren.com）

案例分析

公共关系活动，无论其规模是大还是小，都需经过认真的筹划并创造性地加以实施。在激烈竞争的市场上，如果采用多种媒介进行"轰炸"式的宣传，蝙蝠牌电扇也不是不可以在市场上占有一席之地的。但南京长江机器制造厂的公共关系人员并没有这样做，他们"独辟蹊径"，在实施中采用了"转给你看"的策略。他们之所以这样做，并不一定是因为缺少必要的宣传经费，更重要的是，他们能够深刻地揣摸出顾客的心理，这就是：再好的电扇也不能做摆设，必须要转，而且要转得好。正是基于此，他们选择了最直接的、具有最终说服力的传播方式——实物展示，取得了最快捷的沟通效果，赢得了消费者和公众，并在公众中树立起蝙蝠牌电扇的美好形象。

"转给你看"的实物展示的传播方式，虽然不如大众传播媒介的影响面大，但在全国各大城市流动型公众较集中的商业区，均用同一种方式展示蝙蝠牌电扇的优良性能，可通过流动型公众的人际交往进行二次传播，形成有口皆碑的宣传效果，这又是大众传播媒介所做不到的。

所以，在公共关系工作中，采用"出奇制胜"的实施手段，往往会取得意想不到的好效果。当然，这要求公共关系人员要有较强的创造性意识，还要对组织的现状与环境有精辟的认识和分析。

第一节　公共关系的发展阶段

一、公共关系史前史

客观地说，公共关系作为一种社会关系和社会现象，自古以来就一直存在着。它是伴随着人类社会交往活动的出现而出现的，与人类社会的历史一样悠久。尽管现代意义上的公共关系形成于 20 世纪，但它的思想，类似于公共关系的活动早就问世了，人们可以把它称为"准公共关系"。所谓"准公共关系"，是就其性质而言的，也就是说，社会组织的这种公共关系状态和活动同现代意义上的公共关系比较相似，但它完全是自发的和盲目的，当时人们并没有意识到它就是公共关系，是后人用现代公共关系的眼光去审视历史而得到的认识。

（一）世界公共关系史前史

纵观历史，早在古代埃及、古巴比伦、古希腊、古罗马，统治者一方面用武力，一方面用舆论手段来控制社会，处理与民众的关系。统治者们都曾动用大量的金钱和人力去营造寺院、陵墓，塑雕像、写赞美诗等，用精湛的艺术手法描述他们的英雄业绩，树立他们的声誉，宣扬自己的伟大和神圣的身份，也传播生产知识。他们具有强烈的"公共关系意识"。

利用宣传材料去影响公众的观点或行动，可以追溯到人类文明出现的最早阶段。考古学家在伊拉克发现了一份距今 3790 多年的农业公告，其内容是告诉农民如何播种、如何灌溉、如何对付田鼠、怎样收获庄稼等，类似现代社会某些农业组织发布的农业公告。在 2300 年前，古希腊著名学者亚里士多德在其《修辞学》一书中就指出了传播者的可信性，认为要使用动情的呼吁影响公众，并把修辞看作是争取和影响听众思想与行为的艺术。在古罗马，人们则认为，"公众的声音就是上帝的声音。"恺撒认识到，要获得公众的支持，就必须以自己的思想去影响他们。他在被派往高卢统率军队作战过程中，经常派人把他和军队的情况写成报告送往罗马。这些报告使用公众易于接受的语言，生动感人，经常在罗马广场被人们传诵。那本载述恺撒战绩的纪实史书《高卢战记》使恺撒最后赢得了古罗马人的拥戴。英国的准公共关系活动起源于许多世纪以前。当时的英国国王认为，大法官应该成为"国王意识的保护者"，而且意识到政府应与教会、商人和手工业者这三种人加强联系，注意调整这些人与政府之间的关系。17 世纪，英国天主教成立了传道总会，"宣传"一词便应运而生了。

（二）中国公共关系史前史

中国是文明古国，"公共关系"的思想与活动可以追溯到有文字记载的远古时代。

统治者的"公共关系"活动在商代就已产生，部族首领已认识到民意和利用民意的重要性。在盘庚迁都的故事中，盘庚在三次演说词中都提出"朕及笃敬，恭承民命"，证明他已懂得顺民意，得民心，办事要向民众说明原因，才能实现自己的愿望。

中国古代在收集民意、利用民意的技术方面也有相当大的发展。大禹为治水曾"合诸侯于涂山"，协商后终于得到大家的支持，才得以指挥千军万马完成了治水的壮举。

周朝时，宫廷已有"采诗"制度，目的之一就是以此来体察民情民意。《左传》中的"子产不毁乡校"，体现了舆论监督和知识分子与政权间的双向沟通。

秦国的商鞅利用"徙木赏金"的"人为事件"来取信于民，表明变法改革的决心，在民众中树立了可信赖的形象。

中国古代的说服传播技术、技巧相当发达，已成为制造舆论和协调各种社会关系的重要手段。春秋战国时期，诸侯纷争，出现了许多周游列国、四处游说、宣传各自主张的"士"，他们的职责就是树立各国君主的形象，协调各诸侯国之间的关系，为其君主谋求军事和政治上的发展和壮大。例如，在著名的"合纵"和"连横"的斗争中，苏秦和张仪在诸侯国之间所从事的游说、宣传、劝服和沟通工作，维持了十几年和平，成为"三寸不烂之舌，胜于百万雄兵"的典型案例。

即问即答 2.1

《水浒》中的景阳冈前酒店招牌"三碗不过岗"算是公共关系宣传吗？

（三）古代公共关系活动的特点

无论是古代的中国还是古代的外国，人类早期的准公共关系活动不能等同于现代意义上的公共关系，充其量只能是现代公共关系的雏形。具体来讲，这一漫长时期的准公共关系活动具有以下几个方面的特点。

1）从程度上讲，古代的准公共关系活动，带有明显的自发性和盲目性，有的甚至带有浓厚的宗教迷信色彩，缺乏自觉性和科学性。

2）从范围上讲，古代的准公共关系活动，仅局限在社会政治领域，带有强烈的政治功利色彩和伦理色彩。这是因为当时的生产力水平低下，经济关系比较简单，市场发育不全，所以这样的活动较少涉及经济领域。

3）从传播上讲，当时的社会组织主要不是靠真实地报道、靠提供更多真实的信息来影响舆论、影响公众，而是借助舞蹈、诗歌、雕塑、建筑、戏曲等艺术形式及人际口头传播为主要手段来实施准公共关系活动。

尽管人类早期的准公共关系活动与现代公共关系活动从根本上来说还不能等量齐观，然而在一定程度上，这些活动及思想为现代公共关系的发展奠定了基础，在公共关系学史上还是有其应有的地位和作用的。

二、公共关系的职业化阶段

19世纪末20世纪初，美国经济得到了高速发展，垄断代替了自由竞争，社会财富日益集中在少数大企业、大财团手里。他们一心追求最大利润，无视公众利益，采用种种不可告人的手段积累财富。同时，他们又对于来自公众的呼声及来自政府、劳工、舆论的压力，都置之不理。他们竭力对新闻界封锁消息，掩盖企业内部的丑行。他们采取的原则是：让公众知道得越少越好。当时的铁路大王威廉·范德比尔特在接受记者采访时，竟破口大骂："让公众见鬼去吧！"这一切引起了公众的强烈不满。

这个时期的美国新闻界，有一批受过正规教育的、追求社会公正与平等的年轻人加入进来。在一段时间内，以这些年轻记者为代表的新闻界，专门搜集、报道工商业巨头们的丑闻，揭露他们的不法行径和不道德的商业行为，从而掀起了一场现代新闻史上著名的"揭丑"运动，又称"扒粪"运动。仅仅从 1903～1912 年这 10 年间，报刊揭露企业丑闻的文章就多达 2000 多篇，此外还有一些宣传小册子和漫画作品，政府也不断地对这些大企业施加压力。一时间，这些大企业声名狼藉，经营也陷入困境。他们再也无法对来自公众和新闻界的批评视而不见了。而一些具有远见的企业家，也开始意识到，能否得到社会公众的支持，是一个企业生存的关键。于是，他们纷纷向新闻界请教，试图主动地采取措施，协调企业与公众之间的利益冲突，公共关系职业也因此应运而生。

1903 年，美国记者艾维·李在纽约与乔治·帕克一起开办了"宣传顾问事务所"，这是现代公共关系诞生的标志。虽然 1900 年乔治·迈克尔利斯在波士顿开办了第一家事务所；1902 年，威廉·史密斯在华盛顿也成立了一家"公共关系公司"，艾维·李的事务所只是第三家，而且仅存在了 4 年，但是他的事务所最有影响，最有公共关系色彩，并且具有最明确的目标。因此，人们一般把艾维·李事务所称为第一家专门从事公共关系事务的公司。

艾维·李开办的事务所专门为企业和其他组织机构提供新闻代理服务，并协助企业与公众建立良好的关系。艾维·李认为，企业要获得良好声誉就要消除与外界的隔绝，把封闭的"象牙塔"变成透明的"玻璃屋"，同公众进行沟通，达到理解与合作，从而促进企业的发展。1906 年，艾维·李作为大企业主乔治·贝尔的代表处理一次煤矿工人罢工事件。他发现矿工领袖约翰·米歇尔向记者们提供了全部事实，但贝尔拒绝与新闻界合作，甚至拒绝与西奥多·罗斯福总统对话。艾维·李说服了贝尔与其合伙人改变政策。他大胆邀请新闻界人士，让他们提出问题，并坦率地回答问题，不掩盖事实真相，使问题得以解决。

这一年，艾维·李发表了著名的《原则宣言》，该宣言说："这不是秘密的新闻机构，我们的全部工作都公开进行。我们的宗旨是提供新闻，这不是广告公司，如果您认为我们提供的材料送给广告业务部门更适当的话，那就不要采用。我们的材料是准确的。我们迅速地提供任何有关问题的详尽的细节。任何编辑在直接核对任何事实时，将受到最令人愉快的帮助。简言之，我们的计划是，代表企业和公共事业机构，公开而坦率地向美国新闻界和美国的公众迅速而准确地提供他们需要了解的、有关公众利益和有价值的资料。"《原则宣言》的发表，标志着"公众应该知情"的时代的来临。后来，艾维·李还被洛克菲勒财团与宾西法尼亚铁路公司等聘为公共关系代理人，为其处理了危机，重塑了形象。艾维·李也由于在这一领域的卓越贡献，被称为"公共关系之父"。

三、公共关系的学科化阶段

真正促使公共关系工作走向系统化、科学化的重要人物，则是美国著名的公共关系理论家和实践者爱德华·伯纳斯。他 1912 年从康乃尔大学毕业后即从事新闻工作，1913年受聘为福特汽车公司公共关系部经理，被誉为"开企业承担社会责任之先河"。他为该公司策划并实施了一系列旨在发展公众福利及社会服务的计划，大大提高了该公司在公众及社会中的影响力。1919 年，他和夫人多丽斯·弗莱希曼在纽约开办了公共关系公司。1923 年，伯纳斯在纽约大学首次开设了公共关系课程，并于同年和夫人弗莱希曼一起合作出版了第一本公共关系著作《公众舆论的形成》。书中阐明了公共关系的范围、功能、方法、技巧及社会职责。1928 年，伯纳斯完成了《舆论》一书。1952 年，他又撰写了一本教科书《公共关系学》。伯纳斯把公共关系的理论和基本方法结合起来，形成了一个较完整的学科体系。

伯纳斯认为，企业仅仅向公众说真话是不够的，他们不仅要为社会及公众所了解，更重要的是必须在决策前研究公众的喜好，研究公众对企业或组织的要求和期望，在确定公众价值观和态度的基础上，再进行有组织的宣传工作，以迎合公众的需要，即"投公众之所好"。这是伯纳斯思想的重要部分。

有关伯纳斯技巧最轰动的事例发生在 1929 年。为了庆祝爱迪生发明灯泡 50 周年，伯纳斯策划了"灯光 50 周年"纪念活动。10 月 21 日，世界上许多公共事业公司都在同一时刻停电一分钟，向爱迪生致敬，以示纪念。胡佛总统和许多名流要人还出席了宴会，使整个庆祝活动达到了高潮。由于这次活动声势浩大，美国邮政决定为此发行一枚 2 美分的纪念邮票。"灯光 50 周年"纪念活动被认为是伯纳斯的重大成就之一，显示了有效的公共关系活动的潜在能量。

伯纳斯为公共关系职业化和科学化作出了极为突出的贡献，他使公共关系从一种社会现象和活动，上升为一门学科。

第二节　公共关系产生的条件

公共关系产生于 20 世纪初的美国，它是当时美国及其他资本主义社会的基本矛盾及经济、政治、科学技术、文化等诸条件综合的结果，是社会发展到一定阶段的必然产物，是社会文明进步的必然结果。

一、经济条件：市场经济取代小农经济

公共关系产生的经济条件主要表现为集团化生产的出现，社会生产分工的加剧，商品经济的高度发展，特别是买方市场的形成。

人类社会经历了几次大的分工，分工推动了生产力的发展，但也增加了各行业之间

的相互依赖与制约；分工越细，寻求合作的愿望就越强，因此，对于发展生产力而言，寻求合作也就与产生分工一样必然与迫切。

同时，这种社会的分工和组织的分化不仅仅表现在经济生产领域，它还使人们所处的环境更加复杂多样，人与人之间的关系也逐渐变得更加复杂和多元化，整个社会也在不断地发生分化。一方面，人与人更加隔膜、难以相互理解；另一方面，人又是一种社会动物，离不开社会，离不开合作，为了适应这种社会环境，人们就必须更加自觉主动地协调人与人之间、组织与组织之间的相互关系，需全方位地协调与合作，这样，社会才能得以正常运行与发展。公共关系就是适应了这一历史发展的客观需求而产生的，并且一经产生就取得了突飞猛进的发展。

商品经济对公共关系的需求可以从以下几个方面得到体现。

1）商品经济的高度发展呼唤着协作。商品经济以市场为轴心形成了极广泛的分工与协作。为了在竞争中取胜，商品生产者的分工也越来越细，专业化程度也越来越高，商品生产者所拥有的一切都必须从市场购进，生产出来的一切物质产品与精神产品又必须在市场上售出。因此，仅仅有细微的分工还不行，他们必须考虑跨行业、跨地区的合作，需要公共关系这样的综合性新学科来协调各方面的关系。

2）商品经济的高度发展需要和谐的社会环境。因为商品经济条件下，生产完全是为了交换，商品交换关系的通畅与稳定对于生产者来说生死攸关，因此，他们渴望能够有商品交换之外的另一种力量来支持他们的事业，来保护和改善商品的交换关系，形成一个相对安定和谐的社会发展环境。公共关系也就随着这种需求从传统的传播活动中"分离"出来，专门为组织与公众建立安定和谐的社会生存环境。

3）买方市场的形成、消费市场的成熟增加了对公共关系的迫切需求。在生产力尚不发达的时期，市场产品的需求大于供给，是卖方占完全优势的"卖方市场"，这时，他们根本不会考虑公共关系的问题。随着生产力的发展，市场上产品"供过于求"，形成"买方市场"。消费者可以根据个人喜好灵活地选择任何一种他们看中的商品。为了吸引和留住消费者，销售者便会想办法有效地维护买卖双方的联系，最大限度地争取广大公众的理解、信任、支持与合作。因此，了解消费者、研究消费者、与消费者建立密切的联系并赢得公众的支持，就成了商品生产者与销售者生存、发展的重大课题，公共关系就成了企业生死攸关的关键环节。

即问即答 2.2

市场上的"促销活动"是一种公共关系活动吗？

二、政治条件：民主政治取代专制政治

社会政治生活的民主化是公共关系赖以产生和发展的社会政治条件。

从封建社会进入资本主义社会是人类社会民主化进程中的一个重要里程碑。封建社会的政体特点主要体现为独裁、专制、世袭三个方面，其政治生活的特征表现为"民怕官"。

与封建社会相反，资产阶级革命后推行共和制、立宪制，变独裁为民主，变专制为共和，变世袭为民选，这就带来一系列根本性的变化。这些变化使公众地位上升，其影响主要是通过纳税制与选举制来实现的。

由于实行纳税制，纳税人有权了解政府的政治运作情况，政府则有义务将政府事务的决策与运作情况定期向纳税人公布与报告，接受纳税人的监督。

由于实行选举制，一方面要求民众精心挑选能真正代表他们意志的人去行政、执政，民众不仅有选举权，而且有知情权、议政权、监督权，要求政治有透明度；另一方面，被选举者为了登上"宝座"或保住"宝座"，就不能不注意与社会各界公众搞好关系。唯有这样方能拉选票、保住官位。这是政治上促进公共政治生活民主化的动因。

在这种民主政治的社会氛围中，政治生活的特征表现为"官怕民"，民众的地位发生了根本性的变化。

三、文化条件：由"理性"转向"人性"

人性化就是尊重人的价值，通过满足人的合理需要特别是优势需要激发人的积极性和创造性。从公共关系角度来看，人性化时代主要指两个方面，一是人性化管理；二是人性化经营。

人性化管理的出现有一个发展过程。在资本主义初期，企业家为了实现投资利益的最大化，提高生产效率，受泰罗管理思潮的影响，往往推行理性管理模式，根据时间与动作的关系，设置标准化的管理制度，要求员工无条件地遵循。在纯粹理性管理支配下，员工成为机械化生产的一个零配件，失去了必要的自由，失去了人格尊严。员工因此反而变得消极了，甚至出现怠工现象。于是一些学者帮助企业家寻找新的管理模式，梅奥的人性化管理理论便应运而生。人性化管理理论的实质就是尊重人性，通过人群关系的改善，调动员工的积极性和创造性。从某种角度来看，企业内部公共关系的基础是人群关系，其目的也是改善人群关系。企业的人群关系不是一般意义上的人际关系，而是以实现企业总目标为导向、以向心力和凝聚力为支柱的业缘关系。企业内部公共关系工作，就是通过改善人群关系，来提高员工的向心力和凝聚力的。可以说，当代企业内部公共关系的许多做法，均直接或者间接得益于人性化管理概念，是人性化管理理论的深化。

人性化经营的出现也有一个发展过程。在资本原始积累时期，由于社会管制的相对落后，公众维权意识的相对薄弱，文明经营观念还没有深入人心，一些企业经常愚弄公众，欺骗顾客，所以有"无商不奸"之说。后来随着社会的发展，企业经营者不得不接受"顾客是上帝"的经营观念，开始推行顾客导向经营模式和顾客满意策略即 CS （customer satisfaction）策略，尊重公众人格，保护顾客利益，探索企业与公众"双赢"的发展机制。公共关系也就是公众关系，其根本在于强化经营中的关系网络，借助关系网络的协调与开拓，增强企业的市场影响力，并最终实现投资利益的最大化。这些做法是人性化理论在经营中的巧妙运用，所以说人性化经营理论是公共关系的哲学基础。

相关链接 2.1

公共关系要注重感情投资

中国有句古语："得人心者得天下"。这句话不论是在历史还是在现实中一直透出智慧的光芒。中国帝王术的经典著作《贞观政要》，在开篇就记载了李世民的一段话："为君之道，必须先存百姓，若损百姓举其身，犹割股以啖腹，腹饱而身毙。"《三国演义》中也生动地叙述了刘备的一个故事：刘备被曹操打得大败，但他不听众将的劝说，冒着被曹操追上的危险，扶老携幼带着全城的百姓出逃，甚至看着百姓落难的痛苦情景时，还惭愧得掉下了眼泪。因此，刘备虽吃了败仗，但赢得了民心，爱民如子正是这些大英雄得天下之本。作为组织者，如果有人问：世界上什么投资回报率最高？你如何回答。日本麦当劳的社长藤田田所著畅销书《我是最会赚钱的人物》中谈到，他将他的所有投资分类研究回报率，发现感情投资在所有投资中，花费最少，回报率最高。藤田田非常善于感情投资。他每年支付巨资给医院，作为保留病床的基金。当职工或家属生病、发生意外，可立刻住院接受治疗。即使在星期天有了急病，也能马上送入指定的医院，避免在多次转院途中因来不及施救而丧命。有人曾问藤田田，如果他的员工几年不生病，那这笔钱岂不是白花了？藤田田回答："只要能让职工安心工作，对麦当劳来说就不吃亏。"藤田田还有一项创举，就是把从业人员的生日定为个人的公休日。让每位职工在自己生日当天和家人一同庆祝。对麦当劳的从业人员来说，生日是自己的喜日，也是休息的日子。在生日当天，该名从业人员和家人尽情欢度美好的一天，养足了精神，第二天又精力充沛地投入到工作当中。藤田田的信条是：为职工多花一点钱进行感情投资，绝对值得。感情投资花费不多，但换来员工的积极性所产生的巨大创造力，是任何一项别的投资都无法比拟的。

（资料来源：http://blog.hr.com.cn/?uid-247943-action-viewspace-itemid-62142）

四、技术条件：大众传播超越个体传播

公共关系产生的科学技术条件主要是大众传播与现代通信手段的发展。公共关系的基本工作途径就是大众传播媒介及企业自身的各种传播媒介，强调整体市场传播战略的运用。因此，大众传播媒介的普及及公众对它的高度信任，为现代企业推广企业形象

战略思想，强化公共关系宣传意识奠定了良好的物质基础。

在现代社会中，科学技术日新月异，信息传播飞速发展，从报纸、杂志、电报、电话、广播、电视到光导通信、卫星转播、互联网络……无不具有极高的传播广度、速度、深度与高保真度，并且费用低廉。崭新的传播媒介迅猛发展，甚至超出人们的想象。瞬息万变的信息同时变得"瞬息可悉"。例如，全世界的人可以同时看世界杯足球赛、看奥运会比赛，也可以同时看到赛场上的企业广告。现代化的手段使世界范围内大规模的信息沟通和交往成为可能，也就为公共关系事业的大发展提供了必要的技术保障与方法。

即问即答 2.3

公交车上的宣传广告是大众传播还是个体传播？

第三节　当代公共关系的发展

一、公共关系在国外的兴起与发展

（一）美国公共关系的繁荣

美国是现代公共关系的发源地，也是公共关系走向世界的策源地。

第二次世界大战期间，各国公共关系的重点主要放在如何赢得战争上。美国成立了战时政府公共关系机构——战时新闻局，培养了 75 000 名公共关系人才，并把他们派到美国的军队及盟军中去，在海外还设立了该局的分部。战争成为加快美国公共关系向全世界传播的重要契机。而此时，工商界也重新审视了自己的生存战略，不少企业主动配合战时需要，以求取得企业利益与国家利益一致的发展。由于战争期间需大量做广告的商品减少了，工商界便倾力研究公共关系。继 1939 年《公共关系季刊》出版之后，1944年《公共关系新闻》（周刊）出版，1945 年《公共关系杂志》（月刊）出版。这些刊物的出版对普及、加深人们对公共关系的认识起到了很大的推动作用。

第二次世界大战后，美国各种公共关系协会纷纷成立。1948 年，由美国公共关系理事会与国家公共关系顾问协会合并成立的美国公共关系协会，到 1984 年年底已有 11 400名会员、91 个地方分支机构。1954 年，该协会又制定了《公共关系人员职责规范守则》，作为维护公共关系信誉和职业道德的"行业法律"。此外，美国还出现了不少全国性的公共关系专业协会，涉及政府和各行业。这一时期公共关系机构及公共关系从业人员发展也非常快，到 1985 年美国公共关系从业人员已达 15 万人之众；1980 年美国前 500 强企业中，有 436 家（占 87.2%）设立公共关系部。公共关系已经深入到美国绝大部分领域，使其成为世界上公共关系事业最发达的国家，也为世界各国树立了榜样。

（二）世界公共关系的发展

公共关系不仅在美国得到了发展，而且在世界各地都得到了广泛的传播和普及。早在20世纪20年代公共关系就已传入英国，并逐步向西欧各国扩张。第二次世界大战以后，欧洲各国及战败国在战后重建时纷纷效仿美国的经营方式和管理方法，"公共关系"也被作为一种有效的经营手段而引进。起初人们还不能确信其作用，但随着时间的推移，人们在实践中慢慢发现了公共关系的巨大效能和潜力，在短短的时间里，公共关系行业迅速从美国走向世界。1955年，国际公共关系协会在伦敦成立，第一批会员便来自世界上20多个国家和地区，目前其会员已发展到90多个国家和地区。

法国在第二次世界大战后的建设复兴过程中，发现对公众和职工家属开放工厂或企业往往能收到意想不到的经济和社会效果，能很好地树立企业形象，提高知名度。为此，法国的工商企业纷纷拟定参观计划，积极与社会团体及教育机构保持密切联系，加强与所在社区的关系。后来德国、意大利等国也推广了这一做法，以博取大众的好感与支持。

20世纪60年代初，西欧各国还将公共关系运用于国际间的经济交往。例如，意大利航空公司首航日本的前3个月，就开展了一系列的公共关系活动，召开记者招待会，发布首航消息，介绍意大利著名的画家、诗人等，并让媒体充分报道，极大地提高了意大利航空公司在日本民众中的知名度，顺利地开拓了对日本的航线业务。

日本是亚洲首先引入公共关系的国家。1931年，日本出兵占领中国东北三省，受到世界各国的谴责而退出国际联盟。日本为争取国际舆论的支持，派人到处活动、做宣传，最后找到一家叫高尔德的公共关系公司承接并代为制订一个公共关系计划，就这样"PR"（公共关系）一词在日本流传开来。1949年，日本全国地方政府专管传播的官员云集东京，举办了历时3个月的公共关系讲习班。以后日本电器通用广告公司首任公共关系部主任田中宽次郎在日本开创了"公共关系广告"这一新的广告形态。1957年后，公共关系作为一种独立的行业在日本发展起来。目前，日本有公共关系专业机构40家，营业额达7亿日元以上的有10家。公共关系的引入和发展，已成为促进日本经济腾飞的重要因素之一。

1959年，泛美公共关系联盟在墨西哥首都墨西哥城成立，1965年，在希腊雅典召开的第三届国际公共关系大会又通过了《国际公共关系协会大会行为规则》，1975年，在肯尼亚首都内罗毕举行了第一届全非公共关系工作会议，1978年，在墨西哥召开的国际公共关系大会上通过了著名的《墨西哥宣言》。

近年来，随着信息技术、生物工程技术的发展，引发了知识经济的浪潮。互联网络技术、传播技术的突飞猛进，为传统的公共关系行业注入了新的内容，也为公共关系行业的创新发展提供了新的机遇。一大批有识之士已经认识到，公共关系将在这场经济革命中不断汲取营养，调整运作方式，在经济和社会发展中发挥至关重要的作用。

二、公共关系在中国的发展

（一）公共关系在中国兴起和发展的历史必然性

在中国历史上准公共关系活动和思想有着丰富的内容，而与市场经济相适应的现代公共关系的兴起和发展，则是与 20 世纪 80 年代以来中国实行改革开放、发展市场经济密切相关的，有它的客观必然性。

1. 是实行改革开放政策的需要

党的十一届三中全会以后，改革开放成为中国的基本政策，要求中国的经济发展向世界先进水平看齐，因此一切有利于中国经济进步的事物都为中国经济发展所接纳。

1）在经济体制改革方面，企业要转变经营机制和观念，改善管理，增强活力，提高效益，需要公共关系的协调。企业要多方面掌握经济信息，作出科学决策，提高竞争力，需要公共关系发挥耳目喉舌作用，并通过传媒宣传组织形象。

2）在政府体制改革方面，为了加强和完善社会主义民主，正确处理和协调各种不同社会组织、社会群体之间的矛盾和利益，需要并且可以引进公共关系进行沟通、协调、化解矛盾，加强监督，减少失误，改善党群关系，促进安定团结和社会合作。

即问即答 2.4

中国消费者协会每年举行的"3·15"活动属于公共关系活动吗？

2. 是发展社会主义市场经济的需要

1992 年，建立社会主义市场经济体制的目标的确立，使得企业有了更大的自主权，也面临着巨大的挑战。企业必须从计划经济体制中走出来，面向市场，扩大组织间的联系，必须协调好与内部公众、消费者、供应商、股东、政府部门、宣传媒介、社会环境、竞争对手等一系列前所未有的复杂关系，增强凝聚力和吸引力，调动员工的积极性，这就需要发挥公共关系的职能。同时，企业在激烈的市场竞争中，不仅产品的质量要好、价格要合适，而且还要面临售后服务、企业与产品的知名度、美誉度、品牌、形象、CIS（企业形象识别系统）战略等一系列无形资产的较量和一系列的"软竞争"，也需要借助公共关系来实现这些目标。企业作为市场竞争的主体必须适应市场经济的要求，而市场经济则呼唤着公共关系。

3. 是建设社会主义精神文明的需要

1）要通过公共关系调整心态，优化社会环境，扭转社会风气，推动社会组织尊重社会整体利益，做到经济效益与社会效益一致，处理好组织内部与外部的关系、组织发展与生态平衡的关系，赞助社会上有关的文化、教育、福利事业，倡导新型的人际关系，遵纪守法，尊重公德。

2）公共关系还有一个重要的作用，就是要参与遏制腐败斗争。党和政府正在加强党风廉政建设，反腐倡廉，应通过公共关系功能，加强舆论监督，揭丑曝光，惩恶扬善，净化灵魂，净化社会，维护社会发展的正常秩序。

相关链接 2.2

天津市政府为人民办实事

20世纪80年代，天津市政建设步伐迟缓，人民群众生活存在许多实际困难，"坐车没有走路快，自来水腌咸菜，临建拆得没有搭得快"，群众意见很大。市政府决心为群众办实事，一件一件地解决落实，说到做到，样样兑现。1983年，首先为市民办了10件事，从1984年开始每年坚持为城乡人民办20件实事，到1989年已办了130件。例如，新建、改建了3000万平方米的住宅，等于解放以来前30年建房总数的3倍，使一半以上的家庭改善了居住条件和居住环境；花两年时间完成了民用气化工程，使民用炊事煤气化的普及率高居全国之冠；花1年零四个月，完成了震惊中外的引滦入津工程，一扫天津人喝咸水的历史；新铺成都市道路2137千米，建起由十来座立交桥和中环线外环线构成的"三环十四射"的城交道路网络，等等。广大人民群众对市政府、市领导的满意程度达92%~99.4%，形成了心齐气顺、政通人和的社会政治局面。

（资料来源：http://www.mdiapower.cn）

4. 是经济全球化的需要

改革开放使中国结束了长期与西方国家隔绝的状态，21世纪之初，中国又加入了世界贸易组织，这标志着中国的对外开放发展到一个崭新的历史阶段。中国经济参与国际竞争与合作的广度和深度将不断拓展，国际间的交流与合作将日趋紧密，这就更需要借助公共关系技能，采取有效政策引进技术、人才，改善投资环境，吸引外资，同时努力扩大中国企业的对外投资和跨国经营，促进中国经济的发展与繁荣。

（二）公共关系在中国的发展

20世纪50年代初，中国香港设立了公共关系部；20世纪60年代初，中国台湾全面推行公共关系管理；20世纪80年代初，公共关系进入中国内地，并迅速被人们了解和接受。

1. 中国公共关系实务的引进与发展

1980年，中国在广东省设立了深圳、珠海、汕头三个经济特区。不久，这些特区的部分三资企业中的宾馆、酒店按照国外的管理模式设立了公共关系部，引进了公共关系职能。以后，广州、北京、上海等经济发达城市的一些中外合资宾馆、饭店也相继建立了公共关系部。1984年4月，北京长城饭店公共关系部成功策划了美国时任总统里根访华期间在饭店举办答谢宴会的公共关系活动，让长城饭店家喻户晓，向国人展示了公共关系的魅力。

1984年，广州白云山制药厂率先成立了公共关系部，开创了中国内地企业公共关系之先河，他们每年拨出产值的1%作为"信誉投资"，开展卓有成效的公共关系活动，当时媒体争相报道，一时间在中华大地掀起了"公共关系热"。

1985年，美国最大的国际公共关系公司之——伟达公司在北京设立了办事处。1986年7月，中国环球公共关系公司成立，这是中国内地最早的专业化公共关系公司。此后，越来越多的组织认识到了公共关系的重要性，纷纷成立公共关系部或设立专职公共关系人员。20年来的公共关系运作，为中国树立了一大批名牌企业，公共关系也创造了一系列奇迹，积累了一批有中国特色的经典案例。

进入20世纪90年代，随着企业改革的深化，公共关系在名牌战略中的角色定位，CIS战略的导入，为企业提升形象、刷新企业面貌、积累无形资产、创造整体效益等工作的开展提供了值得借鉴的系统的思路和方法。一些企业以引入CIS为切入点，强化企业经营管理，取得了很好的效果。例如，广东"太阳神"集团通过导入CIS，使它由一个小型的乡镇企业在短短几年内一跃成为国内保健品市场中声名卓著的大型企业集团。1995年以来，一浪高过一浪的对公共关系职业化、规范化、科学化的呼唤，显示了中国企业公共关系正在向高层次发展。在这一过程中，也涌现出许多国有大中型明显企业，诸如上海石化、四川长虹、青岛海尔、江苏春兰等。

随着市场经济的深入发展，各行各业也先后引进了公共关系。一些城市和地区也将公共关系应用到城市形象战略上，中国的党政部门也开始重视研究和利用公共关系。

1999年5月，国家劳动和社会保障部正式出版发行了部颁《国家职业分类大典》（以下简称"职业大典"），公共关系正式列入《职业大典》之中，这标志着中国已正式承认公共关系这一行业。

1999年1月4日，劳动和社会保障部正式批文决定成立国家职业资格工作委员会公共关系专业委员会。委员会制定了公共关系职业标准，编制了《公关员职业培训与鉴定教材》，并于1999年9月正式出版，2000年开展公共关系员的培训与考核工作。

2. 公共关系教育为中国培养了大批公共关系专业人才

1985年，深圳大学传播系创办了中国内地第一个公共关系专业，1985年，在广东和北京也举办了各种公共关系培训班、报告会，一批大专院校相继开设公共关系课程与公共关系专业，1994年，原国家教委批准广东中山大学正式试办4年制本科公关专业。目前，我国的公共关系教育已经走向正规化、系统化、多层次化，有高层次的"公关"学士和研究公共关系方向的硕士、博士、博士后，也有培养公共关系专业人员的自学考试、夜大、电大培训等形式；有公共关系专职人员培训、资格证书培训，也有内部厂长、经理、党政干部与公共关系师培训。目前，我国已有 1000 多所高校开设公共关系课，几十所高校开设公共关系专业。

1989 年 12 月，全国高等院校公共关系教学研讨会在深圳举行，会上推出了经过研究讨论的教学大纲、教学计划。随后，先后在杭州、兰州、北京、武汉召开了二至五届的全国公共关系教学理论研讨会，对我国的公共关系教育起到了积极的推动作用。各种层次的研讨和公共关系教育为中国培养了大批公共关系人才，为我国公共关系事业的发展准备了人力资源。

3. 公共关系理论研究推动了公共关系实践的深入开展

1984 年 2 月，《经济日报》在报道广州白云山总厂的公共关系经验时，就发表了《研究社会主义公共关系》的社论，启发人们研究创建中国社会主义条件下的公共关系，1987 年，中国公共关系协会成立之后，又为此做了不懈的努力。

1990 年，中国公共关系协会在河北新城召开了全国第一届公共关系理论研讨会，议题是"公共关系与社会发展"。1991 年 5 月，中国公共关系协会在北京召开全国公共关系工作会议，对公共关系事业的发展进行总结并交流经验。党和国家领导人李瑞环、薄一波在贺词中充分肯定了我国公共关系事业取得的成绩，明确指出了公共关系事业的发展方向和根本任务，这在当时是对公共关系事业的一个巨大的推动。同时由中国公共关系协会、北京公共关系协会、深圳大学大众传播系、《公共关系》杂志、《公共关系导报》、《公共关系报》、《北京公关报》联合举办"中国十大杰出企业公关评优活动"，树立了一批成功的典型，总结出一批行之有效的经验。

继新城会议之后，中国公共关系协会每年组织一次全国性公共关系理论研讨会，这些会议紧扣中国的国情，对公共关系的基础理论、应用理论和前沿科学进行了有益的探讨，有力促进了我国公共关系理论的深入研究。

1992 年 7 月，中国公共关系协会学术委员会在山东召开了"中国公共关系特色初探"研讨会，1993 年又在北京怀柔召开了"中国公共关系特色再探讨"研讨会，并继而推出具有中国特色的《中国公共关系教程》。

1997 年，第一届中国海峡两岸公共关系理论暨实务研讨会在台湾地区召开，两岸公共关系学者和业内人士共同研讨公共关系理论与实践问题，开创海峡两岸公共关系合作之先河，对推动两岸公共关系理论与实务的发展起到了里程碑的作用。

据不完全统计，中国目前公开发行的行业杂志有《公共关系》与《公关世界》，出版公共关系方面的图书五六百种，此外还有涉及公共关系方面的大量论文、调研报告，我国公共关系事业的发展速度是非常快的。

4. 公共关系的组织建设

1986 年 11 月，中国第一家公共关系协会——上海公共关系协会成立，1987 年 5 月，全国性的公共关系团体——中国公共关系协会在北京成立。此后，全国各省、市、自治区陆续成立了公共关系协会。1991 年 4 月，中国国际公共关系协会成立，促进了中国公共关系事业的国际化。

中国企业中的公共关系部在引进和借鉴国外公共关系部经验的前提下，逐步探索出一些适合中国国情的组织结构形式，社会上还出现了一批各种类型的公共关系公司、事务所等，还有一些企事业单位采取聘任公共关系顾问或公共关系专家、策划团等形式推动本单位的公共关系事业。

我国的公共关系 20 年来可以说是发展迅速、成绩斐然，无论是理论研究、公共关系实务，还是公共关系教育，都令世界刮目相看。中国国际公共关系协会提供的数据显示，2001 年度中国内地公共关系市场（不包括港澳台地区）年营业总额已达到 20 亿元人民币，全行业具有 3 个以上长期客户、员工人数超过 20 人的专业公共关系公司数目估计超过 100 家，全国专业公司的从业人数可能超过 10 000 人。

三、现代公共关系发展的基本趋势

公共关系是一种"继往开来、与时俱进"的工作，对时代变化和科技发展极为敏感。由于它直接接轨于市场经济和新经济，并且具有知识密集、技术密集、智能密集的特性，客观环境的迅猛发展必然带来公共关系的快速发展，因此公共关系的革新速度极快。

（一）公共关系的多元化发展

在深化市场经济建设，迎接新经济发展的时代，需要强化公共关系的现代化进程，以充分发挥公共关系的先导产业作用。

随着社会的整体发展和人们对公共关系运作机制的不懈探索，公共关系事业必将朝着现代化、多元化方向发展。

1. 公共关系目标的形象化与宣传氛围的文化性

公共关系工作除了直接的商品促销功能外，主要在于商品形象、企业形象的整体塑造，形象策划、品牌宣传是公共关系的根本任务。大量成功案例表明，企业利用公共关系塑造形象取得的商业效果，比一般广告直接推销商品更加有效。面对全球化，我国企业与国际知名企业的差距固然很大，但是其中最为重要的差距在于品牌形象，我国企业相对弱势的品牌制约了商品的销售，市场难以形成规模经济优势。1999 年，我国 520 户国家重点企业的销售收入总额仅相当于世界 500 强的前两家（即通用汽车和沃尔玛）的销售收入之和。我国汽车工业有 120 多家企业，但产量仅相当于国外一个中等汽车公司的产量。借助公共关系策略打造我国企业的品牌，成为当务之急。为了有效地塑造形象，公共关系宣传作品和公共关系活动中所展示的氛围、文化色彩越来越浓，文化融合、文化包装、文化装饰也逐渐成为策划公共关系的常用手段，公众的文化生活、文化事件都成为公共关系创意的基本素材，文化型公共关系工作模式也应运而生。企业形象与企业文化的有机结合，成为现代公共关系发展的方向之一。

相关链接 2.3

"三高"为中国申奥放歌

2001 年 6 月 30 日晚，昔日皇家禁苑中乐声翩翩，弦歌阵阵。世界著名三大男高音歌唱家在紫禁城午门广场联袂演出，在"6·23 国际奥林匹克日"掀起北京申奥活动的高潮。时任国务院副总理李岚清和数万热情的中外观众一同观赏了这场精彩的演出。

当晚 3 位"歌剧之王"身着黑色燕尾服，站在紫禁城古老红墙之间的舞台上神采奕奕，他们演唱了近 30 首脍炙人口的歌剧选段或歌曲。从卡雷拉斯的《我知道这个花园》，到多明戈的《星光灿烂》，到帕瓦罗蒂的《今夜无人入睡》，洪亮且有穿透力的歌声，赢得了在场 3 万名观众的热烈掌声。

昔日这里曾经钟鼓齐鸣，如今西方歌剧在这里缭绕；昔日皇帝曾在这里议政，如今 3 位西洋音乐大师在这里纵情高歌。东方建筑的神韵与西方艺术经典在这里得到了完美的交融，古老的紫禁城在一个充满激情的夜晚被唤醒，改革开放的中国以一场东西文化交融的音乐盛会，向世界展示他们积极走向世界的宽阔胸怀。

紫禁城午门广场，"歌剧之王"帕瓦罗蒂、多明戈和卡雷拉斯畅情演绎音乐盛典，取得了空前的成功，音乐会电视直接可覆盖全球 110 多个国家和地区的 33 亿观众。

（资料来源：http://www.docin.cn/p=70188）

2. 公共关系意境的现实化与心理联想的理想化

目前，在公共关系创意过程中，特别强调取材于公众的日常生活，立足于平凡，从平凡的日常生活中提炼主题，根据人们生活中的平凡事件（如生日庆祝、结婚仪式、走亲访友、结婚周年庆祝、节日欢庆及学习、工作等）形成创意，然后再策划出带有浓烈现实性、平凡性的活动，赢得公众的认同。公共关系工作的这种"平凡机制"（既来源于平凡，又表现为平凡，进而影响公众的平凡之心）是早期公共关系所没有的。公共关系表现的意境虽然具有平凡性和现实性的特点，但是由于其宣传氛围的艺术化处理和愉快幸福的心理暗示，它又能使公众产生美好的心理联想，从而进入一种超越琐碎生活，近乎幻境的感觉之中，获得愉快的体验。公共关系意境上的现实化与联想机制的理想化，是接近公众、影响公众的基础。

3. 公共关系工作手段的智能化与立意的情感化

现代公共关系一方面依赖于高新技术（尤其是电脑设计技术、音响技术、摄影技术、网络传播技术），另一方面又紧紧抓住人们的情感生活，策划出以高科技、情感化为包装形式的公共关系宣传作品和活动。这些宣传作品和活动，不仅能以高新技术赋予公众一种全新的视觉影响，而且能以情感有效地冲击公众的心理生活，从而产生强大的宣传效果，形成轰动效应。

4. 公共关系战略的 CI 化与宣传的系列化

现代公共关系从总体规划到具体设计，都趋向于 CI（企业形象识别系统），强调整体性和统一性，力图从主题上、内容上、时间上、空间上、媒体上、方法上形成规模效应，以强大的一体感冲击公众的视觉、听觉等感觉器官。与此同时，在具体操作上，通过内在的相对标准化，力图借助一系列的"格式化"宣传作品和"模式化"宣传活动，全方位地影响公众。在 CI 总体指导下，开展一系列公共关系宣传活动，这是现代公共关系的重要特色之一。

5. 公共关系宣传方式上的娱乐化与实效上的服务化、咨询化

一般而言，公众是出于娱乐需求而参与公共关系活动的，他们希望公共关系活动能给自己带来休闲与娱乐，因此许多公共关系活动往往以游戏、娱乐的形式出现，表现出鲜明的娱乐色彩。同时，公共关系活动在满足公众娱乐需求的基础上，还策划大量的服务项目，主动为公众提供各种服务，涉及售前服务、售中服务、售后服务和社会公益服务。这种服务型公共关系活动，既满足了公众的心理要求，又帮助他们解决一些实际问题，因此深受公众欢迎，能够产生良好的公共关系宣传效应。

6. 公共关系宣传媒介的主导性作用与公共关系活动的多样化

公共关系工作的主要途径是大众传播媒介，没有大众传播媒介就不可能有现代意义上的公共关系。大众传播媒介在公共关系工作中始终发挥着主导性作用。同时，公共关系还常常策划一些辅助性的宣传活动，通过活动进一步强化媒介的宣传效应。一般而言，公共关系都是媒体宣传与活动宣传的有机结合，两者相互补充，形成宣传阵势，所以能创造出强劲的宣传力。

7. 公共关系业务的渗透化与影响机制的场景化

就实质而言，公共关系没有只属于自己的"专门业务"，它只有与科研开发、生产管理、经营管理和市场营销等工作有机结合，渗透到企业各项具体业务之中，才能体现出自己的实际价值。公共关系的服务领域也不是虚设的，都与公众的学习、生活、工作

相关联，只有渗透到公众日常生活之中，才能有效地影响公众。无论从内部来看还是从外部来看，公共关系策划的业务，都有渗透化的趋势。由于具有渗透化的特点，公共关系对公众施加宣传影响的时候，又表现出场景化的特点，即选择具体的生活、工作场景，在公众的活动场所、生活空间中开展宣传，而不是刻意营造虚幻性的剧情对公众施加影响。渗透化与场景化的结合，使公众感到公共关系活动既有实用价值，又有可信度，从根本上确保公共关系目标的实现。

8. 公共关系宣传的舆论化与相互关系的亲情化

公共关系的主要途径是大众传播媒介，它追求轰动效应，因此有可能也有必要策划、发起社会舆论，通过设置议题，力图借助社会舆论强化公共关系的宣传主题，表现出强烈舆论化特点。在发起舆论引导广大公众的基础上，社会组织还要利用各种人际交往技巧，主动与公众联络，借助情感投资策略，创造情意融融的交往局面，强化社会组织与公众之间的情感联系，使彼此之间的关系不仅具有利益上的一致性，而且具有浓烈的亲情色彩，公众因而更加依赖社会组织。宣传的舆论化，容易产生面上的轰动效应和辐射效应，而关系上的亲情化，又容易形成心理上的点射效应，这正是公共关系所追求的理想境界。

相关链接 2.4

美国亨氏集团的母亲座谈会

美国亨氏集团与我国合资在广州建立婴幼儿食品厂。但是，生产什么样的食品来开拓广阔的中国市场呢?筹建食品厂的初期，亨氏集团做了大量调查工作，多次召开"母亲座谈会"，充分吸取公众的意见，广泛了解消费者的需求，征求母亲对婴儿产品的建议，摸清各类食品在婴儿哺养中的利弊。之后进行综合比较，分析研究，根据母亲们提出的意见，试制了一些样品，免费提供给一些托幼单位试用；收集征求社会各界对产品的意见、要求，相应地调查原料配比，他们还针对中国儿童食物缺少微量元素、造成儿童营养不平衡及影响身体发育的现状，在食品中加入一定量的微量元素，如锌、钙和铁等，食品配方更趋合理，使产品具有极大的吸引力，普遍地受到中国母亲的青睐。于是亨氏婴儿营养米粉等系列产品迅速走进千千万万中国家庭。

(资料来源: http://www.news.net/58876.shtem)

（二）公共关系工作方法论的丰富与发展

公共关系事业虽然呈现出了现代化的趋势，但在我国现代化的公共关系工作方法与早期的公共关系工作方法处于交替使用之中，总的格局是现代意义上的公共关系跟不上市场经济和新经济形势发展的需要，显得有些被动；简单模仿海外公共关系的做法也屡见不鲜；而有些我国不擅长的现代公共关系工作方法恰恰是市场经济和新经济迫切需要的。

公共关系是一门艺术，更是一门科学，既需要科学的指导思想与策划理论，又需要巧妙的策划技巧。公共关系的性质是战术性的操作活动，比较注重技巧层面的总结。但是如果仅仅局限于技巧层面，那么公共关系策划就会失去发展所需的理论营养。在实际工作中，应该立足于公共关系策划需要，不断吸收、引进相关学科的理论知识，以科学的理论来指导公共关系策划，这样才能增强公共关系活动的科学性和实效性，推进公共关系的现代化进程，提高公共关系工作的艺术水平。

1. 引进市场营销学理论，加强公共关系的实效性

强化公共关系策划的理论基础，必须引进、消化现代市场营销学的理论知识。没有必要的市场营销学理论，不懂得现代市场营销的基本命题与范畴，就不可能策划出具有规模效应和可持续化效应的公共关系活动。

市场营销理论作为公共关系的基础性理论学科，对公共关系策划整个过程的工作，既有方法论上的指导意义，又有具体操作上的规范意义。

进行公共关系活动策划时，应该自觉地遵循市场营销学的基本原理，如顾客中心理论、市场细分理论、市场定位理论、营销组合理论、市场需求管理理论等，从战略上保证具体操作层次上的公共关系活动的科学性。就顾客中心理论而言，其指导意义是十分显著的。在一般的经营者看来，企业公共关系活动要为商务促销服务，就是把企业现存的产品推销给公众，企业有什么产品，就推销什么产品。这种企业中心论的策划观，显然是违背市场营销学理论的，在实践中也是行不通的。促销不是强迫公众购买他们并不需要的商品，而是引导顾客进行消费。企业公共关系活动推介的商品信息，从质量、品种、价格、特色、式样、规格到品牌、服务诸方面，都应该充分尊重公众的消费意愿，把顾客的需求摆在中心位置。这样，企业才能真正实现占领市场、扩大销量的目的。又如，市场细分原理要求企业分析公众市场时，应该拟定科学的标准，对目标公众进行分类，根据目标公众的特性，策划出具有针对性的公共关系活动。如果这类公众的消费品位比较高，那么公共关系活动的主体性方案就应该是具有文化品位、能够给顾客带来社会地位感的内容；如果目标公众的消费心态具有明显的非理性化特点，如青少年公众，企业应该策划游戏性强、心理情感意义浓厚、带有狂热色彩的公共关系活动；如果目标公众是理性的消费者，公共关系活动方案应该以实实在在的让利、赠品内容为主。由此可见，企业进行公共关系策划时，必须遵循市场营销学的基本理论与原则，这是公共关系活动科学化、实效化的理论保障。

策划公共关系活动的具体方案时，企业也要遵循市场营销学的基本原理，自觉运用产品策略、价格策略、渠道策略和促销策略等方面的知识，以提高公共关系活动的科学性和艺术性。

相关链接 2.5

"请留心你家的后窗"

20 世纪 50 年代，好莱坞影片《后窗》曾风靡香港，该片描写了一个脑部受伤的新闻记者，在家养伤时闲极无聊，便买来一架望远镜，每日坐在屋子里从对面楼层的后窗窥视住户的家庭隐私，从而卷入了一场隐私案。影片上映后，香港人竞相观看，形成了"后窗热"。这时，香港的一家生产百叶窗的企业成功地抓住了这一事件。他们在报上连续刊登题目为"请留心你家的后窗"的销售广告，其生意一下兴隆起来。

（资料来源：http://www.sohu.cn/20/topic）

2. 引进文化学理论，提升公共关系活动的文化品位

文化学就是研究人类文化形象及其发展规律的科学，涉及的范围十分宽广。现代公众随着生活水平的提高，越来越注重消费品位问题，讲究文化韵味。公众去吃肯德基，并不仅仅是吃鸡块，而是去吃"美国文化"，文化在公众心目中具有越来越重要的作用。在这种背景下，文化成为企业的"经营教科书"、开拓公众市场的敲门砖，公共关系活动越是具有文化性，就越具有市场影响力。"文化搭台，公关唱戏"成为基本的策划模式，"经营上成功，文化上繁荣"成为理想化的境界。引进文化学理论，提升公共关系活动的文化品位，成为推动公共关系现代化的重要措施。

即问即答 2.5

"5·12"汶川大地震后，都江堰景区推出了"道解都江堰"大型实景演出，这算是"文化搭台，公关唱戏"吗？

3. 引进心理策划方法，加强对公共关系心理效能问题的解决能力

公共关系通过一系列活动对公众心理施加影响，使公众在心里持久地对社会抱有好感，形成相互认同的机制和积极合作的气氛。为此，公共关系必须着眼于公众的心理过程，包括认知过程、情感过程和意识过程等。在这个意义上，公共关系是一种心理影响工作，它离不开公众心理的影响和互动。公共关系只有真正触动了公众的心灵，产生较大的心理冲击力时，才能够引起注意—培养好感—产生欲望—采取行动，才能发挥作用，即"心动之后才能行动"。因此，引进心理策划方法，强化公共关系的心理效能，就显得更为必要了。

4. 引进预测学方法，加强对公共关系未知领域的调查与分析

预测学方法是指人们运用一定的知识、经验和手段，对事物的未来或未知状况预

先作出推测或判断的方法。它能给人以主动权，帮助人们事先把握事物的发展状况。策划公共关系需要对未来实施活动方案的必要条件、充分条件进行科学分析，否则就会失效。在这个方面，公共关系策划再也不能盲目地"摸着石头过河"，不能迷信"车到山前必有路"，更不能笃信"山重水复疑无路，柳暗花明又一村"，而要培养科学的市场预测意识。引入预测学方法，对于科学预见社会和公众的未来发展趋势、强化公共关系战略设计、提高公共关系策划的针对性与有效性、推动公共关系的持续创新具有特殊的作用。

5. 引进整合营销传播方法，加强对时空跨度大的宏观性、全局性公共关系活动的策划

公共关系策划涉及多方面的社会现象和公众现象，其内部也存在着如何有机整合的问题，需要引进整合营销传播方法。整合营销传播是英语 integrated marketing communications 的译文，简称 IMC。所谓整合营销传播，是指将与市场营销有关的一切活动一元化，具体包括 3 个方面的要求：一是把公共关系、广告、促销等市场经营活动统一到 CI 战略之中，创造出企业特色化的市场经营风格；二是公共关系活动自身围绕特定的主题理念，形成相对完整的活动体系，创造出自己的活动特色；三是用统一的信息符号对公众进行宣传，强化企业经营活动的整合力。引入整合营销传播方法后，可以强化策划公共关系活动的系统意识、有序意识、动态平衡意识、反馈意识，从而制作出较高水准的公共关系宣传作品，开展具有一流水准的公共关系活动。

6. 引进设计美学方法，加强对公共关系宣传作品的设计

公共关系活动需要大量广告宣传作品，成功的宣传作品是优秀的艺术作品，要有浓厚的美学色彩。但是，公共关系宣传作品的绘制艺术毕竟不是纯艺术创作，带有市场营销色彩，注重的是大众审美情趣，因此引入设计美学方法，借助基本的电脑广告设计软件技术，进行公共关系宣传作品创作，这对于公共关系的发展是极其有益的。

7. 引进全球化思维方法，增强公共关系的国际化机制

全球化是一种社会思维，表现在经济中就是经济全球化。经济的全球化，使得世界经济与其他方面的联系都加强了，互动效应更加明显了。经济全球化的表现就是贸易自由化、投资自由化、生产国际化、金融全球化，使商品和服务的国际沟通高度自由化，追求国际间生产要素的最优配置，实现世界经济的持续发展。加入 WTO 意味着全球化进程的加速，国内市场也就是国际市场了，同时也可以运行 WTO 机制"自由"地开拓国际市场。公共关系需要引进全球化思维，放在世界范围而不仅仅是中国市场范围内分析和判断各种问题，根据"Think globally, act locally"（全球化策划，本土化执行）原则，策划符合总体战略设计要求和目标市场文化特性的公共关系活动和宣传作品，强化公共关系的实效。

小　结

公共关系作为一种客观存在的社会关系和社会现象，具有久远的历史，而它作为一种专门化的社会职业和一门学科，其发展至今不过近百年的时间。20世纪初，公共关系作为一种专门职业而萌芽，20世纪20年代，公共关系就成为一门新的学科。公共关系的发展经历了3个阶段：公共关系史前史、公共关系的职业化阶段和公共关系的学科化阶段。

公共关系产生是有条件的，在经济上是市场经济取代小农经济；在政治上是民主政治取代专制政治；在文化上是由"理性"转向"人性"；在技术上是大众传播超越个体传播。

美国是现代公共关系的发祥地，也是公共关系走向世界的策源地，第二次世界大战后，美国各种公共关系协会纷纷成立，现在公共关系已经深入美国绝大部分领域，使其成为世界上公共关系事业最发达的国家。公共关系不仅在美国得到了发展，而且在世界各地都得到了广泛的传播和普及。

20世纪80年代，我国实行改革开放以后，公共关系在我国得到兴起和发展。它的兴起和发展有其客观必然性：实行改革开放政策的需要；发展社会主义市场经济的需要；建设社会主义精神文明的需要；经济全球化的需要。公共关系在我国的发展首先表现为公共关系实务的引进与发展；其次是公共关系教育为我国培养了大批公共关系专门人才；再次是公共关系理论研究推动了公共关系实践的深入开展；最后是公共关系组织的建设。

现代公共关系发展的基本趋势表现为公共关系的多元化和公共关系工作方法论的丰富与发展。

知识掌握题

1. 古代公共关系活动的特点是什么？
2. 现代公共关系产生的条件是什么？
3. 中国为什么要搞公共关系？
4. 现代公共关系发展的基本趋势是什么？
5. 艾维·李对公共关系的发展有哪些贡献？

自测题

1. 公共关系作为一种职业和一门学科，最早产生于（　　）。
   A. 法国　　　　　B. 美国　　　　　C. 奥地利　　　　D. 英国
2. 公共关系学学科的创始人是（　　）。
   A. 史密斯　　　　B. 唐纳德　　　　C. 艾维·李　　　D. 伯纳斯

3．中国级别最高的公共关系组织——中国公共关系协会，成立的时间和地点是（   ）。

    A．1985 年，广州   B．1987 年，北京

    C．1986 年，上海   D．1987 年，天津

4．现代公共关系发展史上的第一本公共关系专著是（   ）。

    A．《公共关系学》   B．《舆论》   C．《有效公共关系》   D．《公众舆论的形成》

知识应用与课堂讨论题

长城饭店的日常调查

北京长城饭店是 1979 年 6 月由国务院批准的全国第三家中外合资合营企业。1983 年 12 月试营业，是北京 6 家五星级饭店中开业最早的饭店，是北京第一座玻璃大厦，北京 20 世纪 80 年代十大建筑之一。随着改革开放的深入发展，北京新建的大批高档饭店投入运营，饭店业竞争日益加剧。长城饭店能在激烈的竞争中立于不败之地，成为京城饭店的佼佼者之一，除了出色的推销工作和优质服务外，饭店管理者认为公共关系工作在塑造饭店形象上发挥了重要的作用。

一提到长城饭店的公共关系工作，人们立刻会想到那举世闻名的里根总统的答谢宴会、北京市副市长证婚的 95 对新人集体婚礼、颐和园的中秋赏月和十三陵的野外烧烤等一系列使长城饭店名声鹊起的专题公共关系活动。长城饭店的大量公共关系工作，尤其是围绕为客人服务的日常公共关系工作，源于它周密系统的调查研究。

长城饭店日常的调查研究通常由以下几个方面组成：

1．日常调查

1）问卷调查。每天将表放在客房内，表中的项目包括客人对饭店的总体评价，对十几个类别的服务质量评价，对服务员服务态度评价，以及是否加入喜来登俱乐部和客人的游历情况，等等。

2）接待投诉。几位客务经理 24 小时轮班在大厅内接待客人反映情况，随时随地帮助客人处理困难、受理投诉、解答各种问题。

2．月调查

1）顾客态度调查。每天向客人发送喜来登集团在全球统一使用的调查问卷，每日收回，月底集中寄到喜来登集团总部，进行全球性综合分析，并在全球范围内进行季度评比。根据量化分析，对全球最好的喜来登饭店和进步最快的饭店给予奖励。

2）市场调查。前台经理与在京各大饭店的前台经理每月交流一次游客情况，互通情报，共同分析本地区的形势。

3．半年调查

喜来登总部每半年召开一次世界范围内的全球旅游情况会，其所属的各饭店的销售经理从世界各地带来大量的信息，相互交流、研究，使每个饭店都能了解世界旅游形势，站在全球的角度商议经营方针。

这种系统的全方位调研制度，宏观上可以使饭店决策者高瞻远瞩地了解全世界旅游业的形势，进而可以了解本地区的行情；微观上可以了解本店每个岗位、每项服务及每个员工工作的情况，从而使他们的决策有的放矢。

综合调查表明，任何一家饭店，仅仅有较高的知名度是远远不够的，要想保持较高的"回头率"，主要是靠优质服务，使客人满意。怎样才能使客人满意呢？经过调查研究和策划，喜来登集团面对竞争提出了"宾至如归方案"。计划中提出在 3 个月内对长城饭店上至总经理，下至一般服务员进行强化培训，不准请假，合格者发证上岗。在每人每年 100 美元培训费基础上另设奖金，奖励先进。其宗旨就是向宾客提供满意的服务，使他们有宾至如归的感觉。随着这一方案的推行，饭店的服务水平又有了新的提高。

（资料来源：http：//www.gole.com.hk/search?q=%E5%9）

思考：

1）如何理解公共关系工作常态化？

2）长城饭店在公共关系调查方面对我们有何启示？

3）如果你是一位总经理，你认为还应从哪些方面来做好日常的公共关系工作？

情景模拟题

1. 情景介绍

成都 6 旬大爷公交车上争座位

小吴是成都市红星路 35 号创意空间部落一位女白领。2010 年 9 月 16 日上午 8 时 15 分左右，她在桂溪公交站坐上 49 路车去上班。当时车上没有座位，她一直靠车门位置的单排座站着。大约 20 分钟后，车到章灵寺，在这里等车的王大爷上了车。上车后，王大爷一直靠在单排座第一排。车到了新南门，单排座第二排的人下车了。小吴说，当时她正靠座位站着，突然一个急刹车，自己就顺势坐到了座位上。小吴坐下后，王大爷不声不响，一屁股坐到了小吴大腿上！车过了新南门车站后，坐在后排的乘客邓兰君突然听到前边有女孩在喊："起来！起来！"循声望去，她看到一位大爷坐在小吴腿上，虽然小吴一直喊其起来，但大爷却一动不动。"我听到他说'就是不起来！'"邓兰君说。小吴很生气，但面对一位男人坐在大腿上，她还是有些害怕，只是喊对方起来。旁边人见状，纷纷让王大爷站起来。坐了大概一分钟后，因为众人指责，王大爷从座位上站起。这时，小吴赶紧站起来，躲到过道上抓着栏杆站着。据目击者称，王大爷虽然坐到了座位，但他一直指责小吴不懂尊敬老人，抢他座位。感到委屈的小吴回骂道："你凭啥坐在我一个女娃娃大腿上嘛？""老怪物，老都老了不受相！"邓兰君说，小吴说完这句话，王大爷突然站起，一耳光扇在小吴右边脸上，小吴右脸立即肿起几个指头印，右眼睑也肿起来了。车上的人都喊起来了："你这老头，咋打人家女娃娃喃？！"这时，车正在经过红星路下穿隧道，小吴拿起手机，拨通了110，眼泪不停流："我在 49 路车上，有人打我……"而王大爷却说："那你也打我一耳光嘛！"大约 9 时许，车到了红星桥，民警赶到，司机将车停下。在书院街派出所，民警详细听取了双方以及证人陈述，并组织双方进行调解。王大爷表示，自己愿意向小吴道歉。小吴的男友随后赶到派出所，看到王大爷还辩解，冲上去要教训他，但被小吴拉住。10 时许，接受道歉后，小吴和男友离开，他们没有要求对方赔偿，也没要求对方带去医院检查。但他们走后，王大爷从派出所出来后告诉记者，道歉只是口头上道歉，事情实际上是小吴挑起的。"她报警，要给个台阶下。"他说。但律师告诉记者，这种情况下如果打人者没有取得被打者原谅，是可以处以拘留的。

2010 年 9 月 16 日下午，此事出现在天涯论坛成都版。

网友纷纷指出，王大爷看起来并不老，更不衰弱，没有给他让座的理由。网友"有时唱歌"表示，现在很多老人，上车看到年轻人就抱怨不让座，但看起来却多强壮的，年轻人上班累，这些老人早上还来抢座位。

有些网友表示，经常看到一些老人认为年轻人让座天经地义，但给老人让座本身是给衰老的人让座，而不是给强壮的老人让座。"如何确定该不该让，要看对方身体状况。"

也有网友表示，见到老人也不让座的年轻人，确实也有。一位网友表示，自己曾经给一位老人让座，老人一把按住他，说马上就下了，年轻人辛苦些。但后来老人几站都没下车，让这位网友感动不已。

（资料来源：http://www.tianya.cn/publicforum/content/funinfo/1/2248112.shtml）

2. 模拟训练

1）同学们可自由组合或由指导老师组合成若干小组，分别扮演小吴、王大爷、小吴的男友、公交车乘客、社会公众等，各组分别讨论各自观点。

2）每一小组推出 1 名代表上台发表演讲，阐述各组各自观点。

3）表演结束后请全班同学分别给各小组评分。

项目 \ 得分	优（90～100 分）	良（80～89 分）	中（70～79 分）	及格（60～69 分）	不及格（60 分以下）
回答内容					
演讲水平					
回答技巧					
效果					

4）最后由指导老师进行点评和总结。

实践训练题

项目：走访或观察你所在组织的领导（如学校校长、院长、系主任）。

1. 实训项目

通过走访或观察你所在组织的领导（如学校校长、院长、系主任），理解公共关系的概念。

2. 实训目的

走访或观察你所在组织的领导（如学校校长、院长、系主任），理解公共关系的概念。

3. 实训内容

1）走访或观察你所在组织的领导（如学校校长、院长、系主任），了解他们一天的工作。

2）你认为他（她）的哪些工作属于公共关系工作？

4. 实训组织

把全班同学分成几大组，各个组分别走访或观察学校校长、院长、系主任。

5. 实训考核

1）要求每位学生写出访问报告或小结。

2）要求学生填写实训报告。其内容包括：①实训项目；②实训目的；③实训内容；④本人承担任务及完成情况；⑤实训小结。

3）教师评阅后写出实训评语，将实训体会在全班交流。

【课下补充参考资料】

弗雷泽·P. 西泰尔. 2004. 公共关系实务. 8版. 梁浃洁，罗惟正，江林，译. 北京：机械工业出版社.

居延安. 2001. 公共关系学. 2版. 上海：复旦大学出版社.

斯科特·卡特里普，艾伦·森特，格伦·布鲁姆. 2002. 有效的公共关系. 明安香，译. 北京：华夏出版社.

第三章　公共关系的职能与原则

学习目的

通过本章学习，要求达到：

知识目标：了解公共关系的职能；

素质目标：熟悉公共关系的原则；

技能目标：掌握公共关系的职能和原则的方法和技巧；

能力目标：能够运用所学公共关系的职能和原则的概念和理论来观察、分析和处理现实公共关系问题。

主要概念和原理

收集信息　咨询建议　沟通协调　塑造形象　教育引导　诚实守信　互利互惠　双向沟通　全员 PR　开拓创新　长期坚持

公共关系的职能是公共关系在组织中应发挥的作用和应承担的职责。从根本上讲，公共关系的职能就是调动一切可以调动的力量，运用各种手段，塑造良好的组织形象，赢得良好的生存环境，促进组织的生存发展，使组织在激烈的竞争中取胜。公共关系的原则是指社会组织在开展公共关系活动中必须遵循的准则和所要达到的基本要求。公共关系工作复杂而又烦琐，要想在千头万绪、错综复杂的公共关系工作中把握方向，就必须掌握一些搞好公共关系的基本原则，这些原则可以说是进行公共关系活动的指南。

案例导入

立木为信与烽火戏诸侯的对比

战国时，秦国的商鞅在秦孝公的支持下主持变法。当时处于战争频繁、人心惶惶之际，为了树立威信，推进改革，商鞅下令在都城南门外立一根三丈长的木头，并当众许下诺言：谁能把这根木头搬到北门，赏金十两。围观的人不相信如此轻而易举的事能得到如此高的赏赐，结果没人肯出手一试。于是，商鞅将赏金提高到 50金。重赏之下必有勇夫，终于有人站起将木头扛到了北门。商鞅立即赏了他 50金。商鞅这一举动，在百姓心中树立了威信，而商鞅接下来的变法很快就在秦国得到了推广。新法使秦国渐渐强盛，最终统一了中国。

而同样在商鞅"立木为信"的地方，在早它 400 年以前，却曾发生过一场令人啼笑皆非的"烽火戏诸侯"的闹剧。周幽王有个宠妃叫褒姒，为博取她的一笑，周幽王下令在都城附近 20 多座烽火台上点起烽火——烽火是边关报警的信号，只有在外敌入侵需召诸侯来救援的时候才能点燃。结果诸侯们见到烽火，率领兵将们匆匆赶到，弄明白这是君王为博妻一笑的花招后又愤然离去。褒姒看到平日威仪赫赫的诸侯们手足无措的样子，终于开心一笑。5 年后，西夷犬戎大举攻周，幽王烽火再燃而诸侯未到——谁也不愿再上第二次当了。结果幽王被杀于骊山下，褒姒也当了俘虏。

（资料来源：http://zhidao.baidu.com/question/37245794.html）

案例分析

一个"立木取信"，一诺千金；一个帝王无信，戏玩"狼来了"的游戏。结果前者变法成功，国强势壮；后者自取其辱，身死国亡。可见，"信"对一个国家的兴衰存亡起着非常重要的作用，同理诚实守信对一个组织和个人也同样重要。

第一节　公共关系的职能

公共关系的职能是公共关系在组织中应发挥的作用和应承担的职责。从根本上讲，公共关系的职能就是调动一切可以调动的力量，运用各种手段，塑造良好的组织形象，赢得良好的生存环境，促进组织的生存发展，使组织在激烈的竞争中取胜。在长期的公共关系实践活动中，公共关系的职能可以基本概括为收集信息、咨询建议、沟通协调、塑造形象和教育引导。

一、收集信息

管理就是决策，而决策的好坏，首先取决于信息的收集与分析的好坏。在"情报成功就等于竞争胜利"的今天，关注信息管理已成为企业的一大要务。只有及时准确地收集信息，了解社会环境信息，才能使组织收集信息、监视环境、反馈舆论、预测趋势、评估效果，以帮助组织对复杂、多变的公众环境保持高度的敏感性，维持组织与整个社会环境之间的动态平衡。

即问即答3.1

收集信息是否越多越好？

（一）收集信息的内容

收集信息的职能要求公共关系人员具备信息意识，注意随时收集有关组织的信息。

1. 与组织形象有关的信息

公共关系首先要注意与本组织的形象评价有关的各种信息。这些信息涉及公众对组织的政策、产品、行为等方面的印象、看法和态度。

（1）产品形象信息

产品形象信息主要包括消费公众对产品和服务的质量、价格、性能、款式、包装和用途等主要指标的反映，同时也包括对产品和服务的优点和缺点两个方面的反映和建议。产品形象是组织与消费公众之间发生关系的最根本原因，它与社会组织的生存发展直接相关，因此公共关系必须优先注意这产品形象信息的采集。

（2）组织形象信息

组织的整体形象，还反映在公众对组织其他要素的评价上。这些要素主要包括：①公众对组织机构的评价。例如，组织机构的设置是否合理、完善，运转是否灵活，办事效率是否高，以及对领导能力、创新意识、组织氛围等的评价。②公众对组织管理水平的评价。公众对这方面的评价主要有：经营方针是否正确；组织的发展目标是否合理；市场预测是否准确；用人是否得当等。③公众对组织人员素质的评价。对组织各类人员的评价内容包括基本素质、工作能力、观念意识、人际关系、服务态度等。

2. 组织的内部信息

收集组织内部的基本信息，是为了通过了解组织的现状、组织在内部公众心目中的形象，发现组织的决策失误或内部公众对组织的误解，以帮助组织修正政策、改变措施。组织的内部信息包括：组织的历史、组织的目标、组织的政策与措施、组织的贡献、组织的经营情况及组织的无形资产。在组织发展的不同历史时期，组织内部信息的收集各有其侧重点。例如，在组织的初创期，信息收集的重点是组织的目标；在组织的高峰期，信息收集的重点是组织的历史和组织对社会的贡献；在组织的衰退期，信息收集的重点又是组织的政策与措施，以帮助组织认清危机产生的根源，堵塞漏洞，弥补过失。

3. 组织环境中的各种社会信息

公共关系需要为组织监测竞争环境的发展变化，监测社会变化的趋势，注意社会的政治、经济、文化、科技、军事、时尚潮流、民俗民情、舆论热点等各方面的情报动态，分析其对组织的各种直接或潜在的影响，以充分利用环境中的有利因素，避免不利因素，使组织与社会环境的变化保持动态平衡。

公共关系要特别重视对竞争环境的监测。在这个战略制胜的时代，战略研究的关键是在对竞争环境、竞争对手和组织自身的调研的基础上，分析并识别未来的机遇和挑战，分析和识别自身的优势和劣势，从而形成自己的战略思想和目标。进入世界 500 强的美国企业 90%都设有竞争情报部，如 IBM、微软、陶氏科宁、可口可乐等公司的竞争情报系统不仅能监视竞争对手的动向和环境的变化，还具有对环境的早期预警功能，使他们能够应对各种变化的环境和竞争对手，在竞争市场上捕获商机，赢得竞争的主动权。

（二）收集信息的原则

1）广泛性原则。是指凡与组织有关的信息资料，无论直接或间接，都要尽可能搜集。

2）客观性原则。是指所收集的信息必须客观地记载对象、时间、地点、事件等。

3）科学性原则。是指对搜集的资料必须采用科学的方法进行加工整理和分析。

4）连续性原则。是指所收集的信息能连续地反映事物发展的全过程及其规律性，尽可能连贯。

5）时效性原则。是指对组织内外部的有关信息，特别是有关竞争对手的信息要及时、准确地进行收集。

（三）收集信息的方法

收集信息的方式和方法是多种多样的。直接的信息来源，可以通过社会调查，运用科学的手段和方法，对有关社会现象进行有目的、有系统的考察；也可以直接听取公众的反映，主要有接待来访者和投诉者、现场面谈、专题采访、追踪调查等形式。间接的信息来源主要是借助传播媒介，重视新闻媒介的社会舆论，注意听取有关专家、政府相关部门、上级相关部门及同行的建议和意见；也可以充分利用各种活动、会议，如学术交流会、演讲会、展览会、座谈会、宴会等收集信息。

相关链接 3.1

数据收集：零售业上演生死时速

陈某任职于国际某著名化妆品企业的中国区分公司，短短几年时间里，他带领团队在中国发展了大量的零售终端：有几乎超过 2000 家的化妆品专柜和超过 5000 人的促销人员团队。在终端为王的竞争环境中，为数众多的终端也使其公司获得了 20 亿元年销售额。但在竞争压力面前，陈某越来越头疼于终端数据回馈的拖沓和不精确性，也有感于团队不能有效根据市场一线动态更改完善营销策略，对竞争对手进攻的反应比较迟缓，许多一线城市的市场份额在不知不觉中就被蚕食。一次偶尔的沟通机会，让这一问题具有了解决的可能性。朋友向他推荐了终端数据收集工具——零售通。虽然陈某对它一无所知，但在朋友的介绍下，他开始联系厂家了解零售通。经过一段时间了解和样板市场的试用，陈某开始向自己的整个营销团队倡导应用零售通这一数据搜集工具。实施后，陈某完成一次全国销量数据的统计周期，从原来的 4 周，到现在的半小时，压缩时间超过了 1440 倍，而库存下降超过 15%，同时，陈某有效了解了市场上竞争对手的动向，在竞争对手有大动作之前，他的团队总能得出较为合理的应对措施。零售通的成功运用，大大改善了公司供应链的响应速度，节约了大量的人力和通信成本，公司的投资回报率大大提高。商战时代，速度制胜。零售业如何向数据要效益，必须做到即时采集和快速反映，这就急需一种吻合时代发展需要的新型信息通道。在营销实践中，人们经常会碰到下面这样的问题：销售人员如何定员最为合理？如何配备促销资源？如何准确了解销售量？如何快速获取市场信息？如何有效地对业务人员的工作进行检查？如何确切了解产品在销售通路中的流动状态？诸如此类的问题，对企业数据收集的能力提出了较高的要求。但是，当前的现实情况是：在与各零售终端的信息采集与反馈上，绝大多数企业还是沿用了传统的纸面交流。而企业传统多级信息反馈手段的缺陷是显而易见的，这种方式会因逐级放大的信息误差和信息滞后而不再适应个性化需求的经济时代。因为不准确、不及时的信息反而易使企业陷入决策失误的陷阱。随着信息化进程，这种传统方式的弊端显而易见：信息汇总周期长，汇总后需层层上报至总部，需要专人处理数据及会影响数据质量，等等。目前，许多企业的渠道客户与企业之间互不信任，不愿意共享商业信息。各自为了追求利润的最大化，甚至出现了渠道客户联盟与企业对抗的现象。在竞争激烈的现代商业社会里，企业之间的竞争已经变成了供应链效率的竞争。零售渠道的信息采集效率问题也益发成为制约许多企业发展的瓶颈。关键是，企业拿什么与其竞争？中国零售业现在急需通过一种工具或手段，来获取每天各地的销售实况，并及时掌控市场状况以便进行企业预测和制订生产计划，提高供货及时率，降低库存积压。

（资料来源：http://article.pchome.net/content-253771.html）

二、咨询建议

咨询建议是公共关系最有价值的职能，公共关系也被称为"咨询业"或"智业"。1978 年，在墨西哥召开的世界公共关系大会上提出的公共关系定义，着重强调了公共关系咨询建议、参与决策的职能。公共关系咨询建议，就是指公共关系专业人员向决策层和各管理部门提供有关公共关系方面的意见和建议，从而使决策更加民主化、科学化、系统化，促进组织形象更加完善，与公众的关系更加和谐。

即问即答 3.2

咨询建议属于高层次的公共关系工作吗？

咨询建议的内容很多，具体包括以下几个方面的内容。

（一）关于企业奋斗目标的咨询建议

任何一个企业要发展都必须有一个合理的奋斗目标，这是组织一切活动的立足点和出发点。而组织目标的制定，必须建立在充分地调查研究主客观因素（即外部环境和内部环境），掌握大量信息的基础上。为企业奋斗目标的制定提供咨询建议是公共关系的重要职能。公共关系部门及人员不仅要听取内部员工的合理化建议和咨询专家学者的论证意见，要对政策、法规，政治、经济、文化等形势进行了解和分析；还要进一步对市场状况，竞争对手状况及市场动态进行预测，掌握社会环境变化趋势，为组织制定组织目标提供客观的、有价值的信息咨询和科学的、有实践意义的建议，使制定的目标既能够反映组织发展的要求和员工的利益，又符合社会公众和整体环境的需求。

（二）对社会组织提供产品形象的咨询建议

产品形象是组织形象的客观基础，只有产品被接受并受欢迎，组织存在的价值才能得到社会的认可。因此，公共关系人员首先应该通过各种渠道了解用户对企业产品质量、性能、包装、商标等方面的不同意见和要求，进行综合分析，反映给企业有关部门，以便不断地改善和更新产品；其次要了解市场的需要和公众的消费心理，为有关部门提供产品市场状况和发展趋势的咨询建议；最后要了解竞争对手的产品在社会公众、社会舆论、消费者心目中的形象，以了解本企业产品所具有的优势、潜力及不足。

（三）对社会组织知名度和美誉度方面的咨询建议

对社会组织知名度和美誉度方面的咨询建议主要是在收集到社会组织形象方面的信息后，公共关系部门对社会组织在公众心目中的形象、地位，进行认真的、实事求是的分析，形成真实可靠的全方位的社会组织形象评估，然后向领导提供咨询建议，改善或强化原有的社会组织形象。特别是在组织出现"形象危机"的时候，公共关系部门应当在第一时间为决策层提供有关事件的全部信息并提出建设性意见，通过公共关系活动的开展，转变社会舆论，引导社会公众，以维护组织的形象。由于企业在不同公众心目中的形象往往不是完全一致的，因此，对组织知名度和美誉度的咨询，就不能仅仅根据少部分人的意见而定，更不能凭自己想当然，而应本着实事求是的态度，采用科学的方法，对各方面的意见进行认真的比较和综合性的评判，以使组织的知名度和美誉度得到准确的判断。

（四）关于公众心理的咨询和预测

关于公众心理的咨询和预测包括两方面的内容，一是要分析和研究公众的心理活动，把握公众的各种态度和意向；二是在长期观察和积累的基础上形成对公众心理变化趋势的分析意见，结合社会组织的目标，向决策层作出通报。由于时代的发展，民族习惯的不同以及经济条件、地理环境、文化、传统、观念的不同，消费者的心理也必然不同。同时，由于社会环境的变化，公众的心理状态也会随之发生变化。如果在公众心理已发生变化时，社会组织仍按照旧目标和经营模式运行，那就会破坏组织与公众的关系，从而损害组织的形象。因此，公共关系人员应当熟悉和掌握消费者的这些心理，并研究和预测这些心理因客观环境的变化将发生什么样的发展和变化，由此了解社会消费趋向，通过向决策者和其他部门人员提供咨询，以制定产品发展战略，对产品进行周到的设计和销售服务。

相关链接 3.2

上海市公安局召开警察公共关系咨询座谈会

和谐警民关系建设是上海公安机关"三大建设"的重要内容之一，受到上海市公安局党委的高度重视和关心。2009 年以来，上海市公安局围绕推进和谐警民关系建设，在机制体制上作出了重大调整，成立了由市公安局局长张学兵担任组长的警察公共关系领导小组，下设警察公共关系领导小组办公室，各公安分局政治处设警察公共关系科，专职负责公共关系的实施，并制定了《关于进一步加强警察公共关系的若干规定》（以下简称"规定"）。

2009 年 8 月 5 日下午，应上海市公安局的邀请，上海市公共关系协会会长毛经权教授、副秘书长生健红、谢沪生及周智强、朱佳、马犁、沈顺辉等有关方面专家参加了警察公共关系咨询座谈会。市公安局政治部副主任叶海坚女士、市公安局政治部宣传处处长鞠焰、副处长竺嘉政、警察公共关系办公室主任赵宇等领导参加会议。

座谈会专门就上海公安机关如何进一步深化警察公共关系听取社会各界专家学者的对策建议，并就制定《规定》征询修改意见，以寻求专业部门的理论支持，吸取工作经验。座谈中，与会专家从专业部门、企业公共关系及公众的角度对如何开展警察公共关系各抒己见、讨论热烈，并结合公共关系实例对警察形象的塑造与传播、危机舆情的应对、公共关系活动的策划、社会资源的整合、公共关系知识的培训等方面提出了宝贵的意见建议。

上海市公共关系协会毛经权会长认为，上海公安机关建立公共关系专职部门是一次重大的突破，上海公安部门的公共关系传统由来已久，但是总体来说，警察对公共关系的了解还很不够，需要加强宣传普及公共关系知识。此外，毛经权会长还对《规定》草案提出了具体修改意见。

会议还对《规定》中的警察公共关系组织架构、主要职能进行了讨论。对公关关系的实施计划、危机处理、建立网络警务室和公共关系工作数据库、完善新闻发言人制度等提出了具体的建议。

最后，上海市公安局政治部副主任叶海坚女士指出专家们的意见进一步为市公安局警察公共关系的开展启发了思路，开阔了眼界，并表示将借鉴一切可以借鉴的成功经验，以转变工作理念，寻求工作方法上的突破，切实推动和谐警民关系建设。

（资料来源：http://www.chspra.com/view_news.asp?ID=500&ClassID=2&Lx=2）

三、沟通协调

公共关系活动的过程，主要是指组织与公众之间进行信息传播与沟通的过程。通常社会生活中所讲的"沟通"是指信息的往来传递；协调是指在沟通的基础上，经过调整达到"彼"与"此"的和谐平衡与共同发展。

公共关系学中讲的沟通协调是组织与其公众在信息传递的基础上相互认识，并据此调整其中的不合理因素，对内以提高组织的向心力、凝聚力；对外以争取公众的好感和支持，为组织的生存和发展奠定"人和"的基础。曾任 GE 总裁的杰克·韦尔奇说："企业在信息时代生存，没有顺畅的沟通就谈不上敏锐的应变。我们希望人们勇于表达反对意见，尊重不同的观点，这是我们化解矛盾的方法。真实的沟通是一种态度和环境，它是所有过程中最具互动的，其目的在于创造一致性，进而帮助我们组织制订计划。"

（一）沟通协调的内容

公共关系的沟通协调，一般分为内部沟通协调与外部沟通协调。

即问即答3.3

公共关系的外部沟通协调比内部沟通协调更重要吗？

1. 内部沟通协调

组织内部关系是组织生存和发展的基础。组织内部形成了团结一致的融洽关系，就能激发员工的士气和工作热情。一个"内耗"严重的组织，既不会有活力，也不会有出色的表现。

协调内部关系，首先，要协调内部人际关系。这包括领导层之间的关系、员工之间的关系和上下级之间的关系。领导是组织的核心，领导层要相互理解、相互支持、相互补充，才能给组织的发展带来祥和的气氛。彼此信任、和谐的员工关系是组织凝聚力和积极性的源泉。古谚道："上下同心，其利断金。"上情下达，下情上达，民主的管理方式和宽松的人际关系是组织增强其竞争力的重要途径。其次，要协调组织内部各管理部门之间的关系。组织各部门由于工作内容不同、出发点不同，或由于有些部门从局部的情况和利益出发，不可能照顾到全局的利益，导致部门之间工作步调不一致的状况时常发生。因此，需要协调好各部门的关系，发挥部门合作的整体优势。

2. 外部沟通协调

外部关系的沟通与协调，是指沟通与协调组织与外部环境及外界公众的关系。世界是普遍联系的，任何一个组织要发展都必然同一些组织和公众发生这样或那样的矛盾，进而影响到组织目标的实现。在这种情况下，就需要领导和具体工作部门步调一致，做好协调工作，及时处理发生的问题，以求得公众的谅解和支持，为组织的发展创造良好的外部环境。

协调外部关系，首先，要处理好组织与各类有直接业务来往的企业的关系。诸如顾客与用户关系、原材料与能源供应关系、产品的销售网络关系、运输部门的关系、银行信贷及投资关系、教育、科技部门的关系等，以保证组织日常人、财、物与技术的正常运转。其次，要妥善处理好组织与各种权力制约部门之间的关系。例如，政府各职能管理部门（如工商管理局、税务局、审计局、商检局、环保局、市政局、公安局、司法部门及海关等），还有目前体制下存在的各业务主管部门，组织要争取这些职能管理部门的理解和支持。再次，要主动建立和发展各种非专业性的社会关系。例如，新闻媒体关系、社区关系、社会名流关系、社会团体关系、民间组织关系等，尽可能地扩展公共关系网络，广结善缘。最后，要与消费者保持良好的关系，妥善处理组织与消费者的纠纷。

（二）沟通协调的意义

沟通协调的重要意义，简单地说，可以概括为"内求团结、外求发展"。"内求团结"是指沟通协调能创造组织内部团结和谐的气氛，使整个组织的员工互相协作，共同奋斗，对组织有归属感和荣誉感。"外求发展"是指通过积极开展对外活动，促进组织和外界的密切联系和广泛合作，为组织创造良好的外部环境。

1. 沟通协调可以增强组织的凝聚力

对于一个组织来说，不论是管理者与全体员工的关系，还是组织内部各部门之间的关系，都要在充分的信息交流的基础上保持和谐状态，提高组织的向心力、凝聚力。公共关系重视内部关系的协调，通过建立和完善组织内部的各种传播沟通渠道和协调机制，促进组织内部的信息交流，做到上情下达，下情上达，横向联系，分享信息，从而为组织创造良好的内部人事气氛。

2. 沟通协调可以建立和谐的外部环境

一个组织面临的外部关系多种多样。公共关系人员通过各种交际手段和沟通方式的运用，广结人缘，开拓关系，为组织的生存与发展调和各种社会矛盾，争取社会各界谅解，减少各种社会障碍，增加各种有利的机会，创造和谐的外部环境，从而使组织获得更加良好的生存发展空间。

3. 沟通协调有助于树立良好的社会组织形象，增强组织竞争力

良好的组织形象并非一蹴而就自然形成，除了组织不断提高自己的内在素质外，还需要组织长期坚持不懈地精心培育和沟通与顾客、股东、媒介、政府等方面的关系。只有在主动协调各种关系的基础上，不断增进公众对组织的了解，促使其产生好感和心理认同，才能逐步在公众中建立起良好的组织形象。只有在组织树立了良好的组织形象的基础上，组织才能赢得消费者的信任和支持，从而在竞争中居于优势地位。

1986年，大亚湾核电站工程建设正处于基础开挖阶段时，苏联切尔诺贝利核电站发生了震惊世界的核事故，许多公众开始怀疑甚至反对建造大亚湾核电站；一些香港反核人士更是借此组织所谓百万人签名反对建设大亚湾核电站的请愿活动，一些新闻媒体也为之推波助澜，大亚湾核电站的工程建设和中国核电的发展面临严峻的考验。从那时开始，开展和做好对香港公众的公共关系工作成了公司整个公共关系工作的重要任务。香港回归前，大亚湾核电站与我国政府在港的唯一官方机构——新华社香港分社建立密切联系，坚持请新华分社给予指导，坚持主动汇报大亚湾核电站的建设和生产运行情况。还与其合作伙伴建立了热线联系渠道，做到及时沟通，正面引导，减少误差；双方定期举行公共关系协调会，通报公共关系工作情况，分析当前形势和任务，制定相应的策略、措施和双方合作的内容。为了更好地加强与香港公众的沟通，发挥香港各界知名人士的影响力和号召力，经国务院批准，公司邀请香港各界知名人士和专业人士参加，于1988年成立了广东大亚湾核电站核安全咨询委员会（从2001年开始更名为广东大亚湾核电站、岭澳核电站核安全咨询委员会，简称安咨会）。安咨会是大亚湾核电站安全问题与香港公众沟通的专责机构，每年定期举行会议，向委员们汇报核电站建设和生产运行情况。委员们以其特殊的身份，发挥"名流效应"，使香港公众客观地了解大亚湾核电站工程建设和生产运行中核安全方面的情况，加强了沟通和理解。使公众认识到核电是一种安全可靠、清洁的能源，为核电获得公众的广泛支持，建立良好的社会环境奠定了坚实的基础。

相关链接 3.3

公共关系：沟通创造价值

——从中海油并购优尼科失败引发的思考

在一个信息流通迅速的开放式时代中，企业面对复杂社会环境及诸多关系群体，要以什么样的方式传达信息、传达什么样的信息显得非常重要。良好的沟通能力可以使企业的运营更加顺利——从中海油并购失败看企业沟通能力的重要性。2005年8月3日，中国海洋石油有限公司正式宣布撤回对美国优尼科石油公司的收购要约，从而正式退出了与雪佛龙公司持续整整40天的收购竞争。在此次并购优尼科的过程，中海油遇到了超乎想象的政治干扰，来自美国国会及媒体的强烈政治质疑使此次纯商业并购变得错综复杂。尽管中海油做了种种努力，甚至拟聘请权威人士在美国进行游说，但最终考虑到巨大的政治风险，还是决定退出此次并购。一次纯商业性的并购为什么会受到如此多的阻力？当回顾事件的整个过程时会发现，非商业性因素压倒商业性因素：来自美国国会及媒体的反对性意见使中海油并购之路阻力重重。对于中海油而言，国际化并购之路最大困难不在于资金、技术或资源整合能力，而是如何面对复杂的国际市场环境及与众多的利益关系团体进行良好的沟通。

在当下这个信息流通迅速的开放式时代中，能否与外部团体进行良好的沟通是任何一家企业都不容忽视的。如果说生产成本等有形成本是工业时代企业运作产生的必然成本，那么沟通成本则是信息时代所产生的特定成本：企业面对复杂社会环境及诸多关系群体，要以什么样的方式传达信息、传达什么样的信息、如何才能让目标群体最有效地接收到信息，这是许多企业所头疼的问题，而为此所花费的金钱、时间与精力就是沟通的成本。

公共关系正是为解决企业与关系群体之间沟通的问题而诞生的。美国著名管理学者柯林斯的《基业长青》一书指出，每一家能成就百年基业的卓越企业，无一不是沟通上的高手。在一个敞开式的商业社会，任何一家企业的成长不可能是沿着单一直线型的轨道发展，即每一家企业所面对的商业环境不再只是客户、供应商、销售商等单一产业链上的合作伙伴，而是还必须与产业链之外的政府、媒体、竞争对手、银行等相关团体打交道，将企业良性信息传达给他们，也接受他们回馈的意见，企业才能在良好的市场环境中得到支持与发展。只要任何一方的关系处理失当，就有可能招致严重的后果：微软公司刚进入中国时，由于与中国政府的关系处理不当，对普通民众又摆出盛气凌人的姿势，召来全国媒体与舆论一片口诛笔伐之声，不仅令微软的产品在中国推广屡屡受阻，也给微软的企业形象造成了严重的负面影响。

在企业发展历史中，企业领导者对公共关系的重视与利用，让企业自始至终保持着与利益群体的良好沟通。这种沟通畅通无阻令企业获得坚定的支持与良好的发展环境。反之，那些倒闭的企业除了管理不善之外，很重要的原因就是沟通不善：企业的良性信息无法有效传达给目标客户，而企业的负面信息却无法自我把控引导。雀巢危机、光明危机的越演越烈，都是企业与外界沟通不善的反面教材。

无论是中国移动的"沟通从心开始"还是摩托罗拉的"沟通无限"，从许多企业的商业运作中可以看到，越来越多的企业意识到沟通对于一个企业的重要意义。沟通是无时无刻的，沟通也是一种全方位的价值创造过程。

在公共关系的协助下，企业与利益群体之间的良好沟通能创造以下价值。

1）客户信任的价值。一个以客户需求为导向、与公众有良好沟通的企业，必然能获得公众的高度信任，对企业的信任会直接转化对产品的信任，而产品的信任则是维持客户继续购买企业产品的保证。宝洁产品畅销百年，秘密所在之核心并非质量，而是在于客户对宝洁品牌的信任——宝洁出色的公共关系沟通技巧功不可没。在产品投放前，宝洁都事先经过严格的产品测试与消费者调查，同时通过消费者座谈会、随机访问、电话追踪等方式，多角度多方位了解消费者对产品的使用感受，虚心听取消费者反馈的意见，以认真负责的态度赢得客户的信任。

2）美誉度提升的价值。在企业诚信度不高的当下，企业美誉度的提升能够强化客户的信心。企业的无形资产不是企业"有什么"，而是企业在公众或舆论心目中"是什么"——一提起服务，消费者都知道海尔的"真诚到永远"及其良好的服务。事实上，海尔式的服务并非其他家电企业无法做到，而是其他家电企业的良好服务，无法做到像海尔一样家喻户晓深入人心，而海尔服务的美誉度得益其出色的公共关系沟通技巧。在其他家电企业只是将服务当成一种销售的配套时，海尔却通过公共关系的多种手段，如新闻公共关系、专题报道、宣传资料、消费者座谈会等形式，将其服务上升到具有形而上意义的企业行为，从而大大拔高服务的意义——这种高明的沟通方式，使海尔依靠着优质服务这个 USP（独特销售主张）建立起稳固的企业美誉度与优质品牌形象。

3）创造良好发展环境的价值。处于转型时期的中国市场存在许多不确定性，企业的发展面临着诸多有形无形的障碍，所以要获得稳步发展，除了企业自身的努力之外，政府的支持、社会的肯定、客户的认可都是使企业获得快速发展的巨大动力。企业沟通的目标就是要创造这种良好的发展环境。从某种角度上说，对顾雏军的被捕和格林柯尔系的败落，与顾雏军本人一向的狂妄自大及与外部团体恶劣的关系有一定因果牵连。可口可乐、联合利华等跨国巨头在进入中国之时，都十分重视公共关系的运用，他们通过捐助希望小学、绿化环境等一系列的公共关系活动，取得中国政府、媒体、公众的好感。这种做法既将企业的良性信息传达给中国社会，同时也是为企业本身创造良好的发展氛围。

4）强化内聚力的价值。一个企业的内聚力强弱，关键在于企业文化，而企业文化的最终形成是企业管理层与普通员工共同协调、融合、沟通的结果。

在人才流动率很高的 IT 业，蓝色巨人 IBM 却始终将其流动率保持在一个较低的水平，IBM 能够留住人才的法宝并非丰厚的薪酬——在业界中，IBM 的薪酬至多只能算是中等水平，但其企业的凝聚力却胜过许多同类的企业。IBM 的历届领导者都是公共关系的高手，他们不仅知道对外如何宣扬企业的优势，更懂得对内如何拢聚人心：在公共关系的协助下，领导者通过横向与纵向的沟通方式，以内部培训、开展员工交流会、出版内部刊物、设立总裁信箱等方式，强化领导层与员工、员工与员工之间的沟通，以提升员工对企业的认知与认同，最终使企业形成强大的内聚力。

生产创造有形价值，沟通创造无形价值，而企业的总价值提升就依赖此两者的增量——这就是公共关系主导未来商业策略核心所在。

（资料来源：http://www.365u.com.cn/WenZhang/Detail/Article_37314.html）

即问即答 3.4

组织的有形资产和无形资产相比，有形资产更重要吗？

四、塑造形象

"形象"一词的本意，是指人与物的形态、相貌、外观等。公共关系中的组织形象，是指公众对社会组织的整体印象和评价，是社会组织的表现和特征在公众心目中的反映。良好的组织形象，对于一个社会组织来说，是一笔无形的财富，可以使社会组织获得更好的发展条件和发展环境；可以为社会组织的各种服务和产品创造出优良的营销环境；可以为社会组织吸引人才、集中人才提供优越的条件；也有助于社会组织寻求可靠的原材料和能源供应客户，增加投资者的信心，求得稳定而优惠的经销渠道，增进周围社区对组织的了解。

（一）组织形象的构成要素

组织形象的构成要素主要有产品形象、经营形象、员工形象、领导形象、文化形象、标识形象等。

1）产品形象。是指通过组织的产品或服务所反映出来的组织形象，它包括产品或服务的质量、性能、包装、商标等方面的形象。产品形象是组织形象的基本要素，公众直接通过产品或服务了解一个组织，组织通过产品去争取公众。产品形象是整个组织形象的客观基础。

2）经营形象。是指通过组织的经营管理活动所展现的形象，它包括组织的经营作风和管理效率、组织信誉、组织的社会责任、技术开发和营销谋略，以及人事制度、就业条件、职工福利、价格策略、售后服务，等等。

3）员工形象。是指通过组织成员所展现出来的形象，包括组织拥有的人才阵容，以及各类员工的文化水平、敬业精神、价值追求、精神风貌、品行、素质、作风、能力、态度、仪表等。

4）领导形象，是在领导者与社会公众广泛接触的过程中形成的，是领导者个人内在素质和能力的外在化，是社会公众对领导者的价值理念、气质、品德、能力等方面所形成的整体形象和综合评价。领导者树立形象的过程，也就是公众对其实施领导、履行职责进行评判的过程。

5）文化形象。是指通过组织文化要素展现出来的形象。组织的特定文化体现着组织形象的特定风格。文化形象包括组织的价值观念和管理哲学、组织的历史与传统、组织的榜样人物、职业意识与职业道德、组织的口号、训诫、厂歌、厂旗、厂服、各种宣传品等方面的形象。

6）标识形象。是指通过标志和其他可视系统所展现的组织形象。标识是组织形象的标志，能够帮助公众识别和记忆组织的形象。标识形象包括组织的名称、产品的品牌、商标或徽标、广告主题词和典型音乐、特定的字体和色彩、包装的设计、宣传品的格调及建筑风格和环境建设等方面的形象。

（二）塑造组织形象的方法

要树立良好的组织形象，可以从两方面着手：一是扩大组织的知名度；二是提高组织的美誉度。

组织的知名度是一个组织的机构、产品或服务为公众所知晓、了解的程度，这是评价组织"名气"大小的客观尺度。知名度是组织开展各项活动的前提，公共关系工作必须根据组织的发展目标和特定公众，制订出完整的计划，实施有效的活动，进而加强组织与社会各界的联系，扩大组织的影响，提高组织的知名度。扩大知名度的方式包括扩大产品的知名度、扩大组织机构的知名度和扩大组织领导者的知名度等。扩大组织机构的知名度就是要求组织加强宣传，以各种传播媒介为工具，围绕某个特定主题向公众有意识地传播有关信息，向公众介绍自己，表白自身，以增加社会公众对组织机构的了解程度。为达到此目的，可综合运用各种传播方式，如发新闻稿，举行记者招待会、信息发布会、新产品展览会、经验或技术交流会，进行公共关系活动，广告宣传，开展公益活动、发行公共关系刊物和制作各种视听资料、制作板报和发表演讲等宣传。

组织的美誉度是一个组织获得社会公众的接受、信任和赞许的程度，这是评价组织社会影响好坏程度的指标。组织的美誉度是社会组织最宝贵的无形财富，世界上一些优秀企业，如可口可乐、奔驰、IBM 公司等，无一不具有很高的美誉度。美誉度是组织生存和发展的基础，在现代社会的激烈竞争背景下，公共关系工作应将提高组织的美誉度作为其主要任务。提高组织的美誉度包括提高产品或服务的美誉度、提高组织整体的美誉度和及时消除"形象危机"三个方面，尤其重要的是提高组织整体的美誉度。

提高组织的美誉度，特别要注意对危机公共关系的处理。这种方法是在组织的公共关系严重失调、组织形象受到严重损害的时候，公共关系部门采取一系列有效措施，做好善后处理工作，配合组织其他部门改造被损害的形象，挽回组织声誉，重建组织形象的方法。处理危机一般面临两种情况：一是由于外在的某种误解、谣言甚至人为的破坏，损害了组织的形象。面对这种情况，公共关系部门应该迅速查清原因，公布真相，澄清事实，配合法律部门和舆论部门采取措施，纠正或消除损害组织形象的因素；同时也表明自己工作的某些不周到之处，恳求公众谅解，并进一步表明本组织对公众的诚意与合作精神。二是确实由于内在的不完善造成的，责任来自主观方面，如因产品质量下降、服务不周、工作失误、污染环境、管理不善等而引起公众对组织的不满。面对这种情况，组织及公共关系部门应主动出面承担责任，向有关公众赔礼道歉，同时设法暂时降低本组织的知名度，尽量控制影响面，迅速地将外界舆论反馈给决策层和有关部门，准确分析公共关系失调的原因和影响，提出纠正的措施，协助有关部门解决实际问题，并利用各种公共关系方式，向传播界和社会公众公布纠正的措施和进展情况，争取尽可能快地平息风波，恢复信任。

一个组织的知名度高，美誉度不一定高；知名度低，美誉度不一定低。因此，组织要塑造良好的组织形象，就必须同时提高知名度和美誉度。

（三）塑造形象，创造形象力

形象力是通过塑造和传播优秀组织形象而形成的一种对组织内外公众的凝聚力、吸引力、感召力和竞争力，是隐含在组织生产经营活动背后的一种巨大的潜在的力量，是组织新的生产力资源。如果把组织的物资、设备、技术与人员管理比做组织管理过程中的"硬件管理"，那么，形象力资源的开发与管理则形成组织管理中的"软件管理"，它渗透到硬件管理过程中，为其提供动力。具体来说，组织的形象力在经营管理过程中具有以下独特功能。

1）价值定位功能。组织形象力根源于组织的价值观，是组织获得成功的理念精髓。而组织价值观是在组织的长期发展过程中，经历了一系列的成功与失败的磨砺后逐渐确立的，根植于每个员工的头脑中，成为每个人的共同目标和信念，它是组织形象力形成的先决条件。形象力一旦形成，就会反过来发挥价值导向作用，成为强化组织价值观的一种力量，它明确无误地告诉每一位员工组织倡导什么，反对什么，从而形成组织特定的价值取向。

2）融资、筹资功能。组织的发展离不开资本的筹集，而组织良好的形象代表着组织的综合实力和信用等级，可以增强投资者的安全感和信任感，从而获得金融界的支持和股民的信赖，形成良好的融资、筹资能力。有人提了这样一个问题：假如可口可乐公司一夜之间化为灰烬，第二天会发生什么事情？答案是全世界的金融巨头将争先恐后地向可口可乐公司贷款，因为大火可以烧掉其有形资产，但烧不掉它在人们心目中的良好形象。由此可以看出形象力可以转化为组织的资本，具有融资、筹资能力。

3）扩张发展功能。优秀的组织形象必然蕴涵优秀、独特的组织文化，无形的组织文化附在实际产品的价值之上，有利于消费者的认同，同时可以赢得合作伙伴，使组织在联合、收购、兼并等资产扩张方面取得事半功倍的效果。

我国桑德公司在实行公共关系战略中，坚持创新文化公共关系取得惊人的业绩。在深圳召开的首届国际高新技术成果交易会期间，桑德公司，独具匠心，运用文化公共关系。在大会召开之前，桑德公司组织全国众多的书法大师，并将巨幅字画悬挂在深圳市区50多栋高层建筑上。以其格调高雅、形式新颖的文化魅力，吸引了众多的中外传媒，得到了许多国外投资者的关注，成为会议上最大的新闻和最醒目的广告王牌。不久，香港中远公司就与桑德公司达成协议，拟投资数亿元支持桑德公司的环保项目。

即问即答 3.5

只要吸引公众注意的公共关系活动就是成功的公共关系活动吗？

五、教育引导

公共关系的教育引导职能主要反映在两个方面：一是对组织员工素质的培育和提高；二是对社会公众进行教育和引导。

（一）公共关系对组织员工素质的培育和提高

公共关系的一个职能就是传播公关意识，传播公共关系的思想和技巧，进行知识更新。通过公共关系活动，可以培养和提高员工各方面的素质和能力。

1. 注重个人形象的观念

公共关系是塑造组织形象的艺术，它灌输给每一个人有关形象的意识，使人们由注重组织形象进而注重个人形象。它引导员工不仅注重衣着整洁、精神饱满、举止得体等方面的外在形象；更注重员工学识修养、个性心理、气质风度方面的内在气质，让员工学会武装自己和展现自己。

2. 尊重他人的观念

公共关系强调"顾客第一"、"公众至上"等工作原则，以尊重公众的意愿，满足公众的需求为己任。因此，它能培养员工，"己所不欲，勿施于人"的思想品格，形成关心他人和尊重他人的意识。

3. 沟通协调的观念

公共关系强调沟通协调，协调的实质就是正确处理人际关系，使组织的内外关系融洽，各项工作和谐配合。因此，在公共关系工作中，它会把沟通、团结和合作意识灌输给每一个人，并教会员工与人沟通和合作的方法。

4. 诚信的理念

公共关系工作讲求实事求是和诚实守信，它引导员工学会以真诚和实事求是的态度来对待组织和个人，反对文过饰非、虚情假意和弄虚作假。这对改变当前的某些社会现状具有重要的意义。

5. 交际能力的提高

公共关系活动可以培养个人出色的交际能力。这种交际能力包括：掌握各种交际规范和礼仪；有良好的表达能力，善于进行各种沟通协调工作；有广泛的社交范围，等等。

（二）公共关系对社会公众进行教育和引导

人们常说"公众永远是对的"，这是从服务的角度将"正确"让给对方，但客观地讲，公众不可能永远正确，而是需要加以引导。这种引导主要体现在公共关系活动对社会互动环境和社会心理环境的优化上。

1. 优化社会互动环境

社会互动是指社会的横向关系，是社会上人与人、群体与群体之间的交往和相互作用。公共关系对社会互动环境的优化是通过沟通社会信息、协调社会行为、净化社会风气来实现的。

1）沟通社会信息。沟通社会信息是社会互动的一个基本内容，公共关系不仅为社会提供了沟通的渠道，而且为社会沟通创造了良好的氛围。

2）协调社会行为。社会互动不仅是双方信息的沟通，同时也是双方行为的交往。社会是由各部分公众组成的，其组成部分自然有着各自的利益追求。然而，社会毕竟又是一个整体，它需要团结合作、协调行动。公共关系通过向社会灌输强烈的环境意识和高度的责任感，以增进社会交往、促使团体合作等活动来促使社会行为得到协调。

3）净化社会风气。在社会互动过程中，互动双方一方面影响着社会风气；另一方面又直接受社会风气影响。社会风气的好坏可以通过社会互动反映出来。公共关系引导社会树立新观念，将公正、透明、信誉、互惠引进互动过程中，净化了社会风气。

2. 优化社会心理环境

任何个人都有合群的需要、情感的需要、交往的需要，如果这些需要得不到满足，就会导致个人心理失调。公共关系恰好可以给社会提供这样一种良好的关系氛围，它用真诚、广泛的社会交往帮助人们摆脱孤独和隔阂，帮助人们获得一种心理自控能力和心理释放能力，从而使社会心理环境得到优化。

相关链接 3.4

促销内衣闹市上演牛奶浴

2007 年 11 月 18 日中午 12 时许，成都百货大楼门口，某商家为自己的保暖内衣做宣传，将 200 多斤新鲜牛奶加热后倒进浴缸，让两位美女穿着他们生产的保暖内衣，在寒风凛冽的街头上演了一场活色生香的牛奶沐浴秀，引得过往市民纷纷驻足观看。据该品牌市场推广人员称，由于新推出的这款内衣是含有牛奶蛋白纤维的新型保暖内衣，所以他们才想到了以牛奶沐浴秀这样的方式来做宣传。但有市民也指出，牛奶是食品，用它来洗浴不免有挥霍浪费之嫌。而主办方说，他们将在活动结束后，把这些使用过的牛奶分给同事饲养宠物。

（资料来源：http://e.chengdu.cn/2007/11/18）

第二节 公共关系活动的原则

沟通协调内外部的关系和树立组织的良好形象，是进行公共关系活动的根本宗旨。而要实现这一宗旨，不仅需要组织在加强经营、搞好服务、提高产品质量、开展宣传活动等方面进行大量工作，而且要求这些工作必须置于正确的原则指导下。因为没有正确的原则指导，公共关系工作就会迷失方向，出现偏差和失误，达不到预期目的和效果。所以，要有效地开展公共关系工作，必须恪守以下基本原则。

一、诚实守信

诚实守信的原则有三层意思：一是指要尊重事实，实事求是；二是指要真诚；三是指要信守承诺。这就要求公共关系工作人员在其工作中必须以事实为基础，尊重客观事实，实事求是地、客观公正地从事公共关系活动。

即问即答 3.6

当组织面临不利的事实时，组织是否也应该坚持诚实守信的原则？

（一）尊重事实，实事求是

事实是传播的基础，公共关系人员的一项主要工作是传播沟通信息，所以公共关系人员必须了解并掌握有关信息的基本事实。对于事实的了解不能局限于表面现象，而应当通过去粗取精、去伪存真、由此及彼、由表及里的分析研究去把握事物的本质。只有抓住了事物的本质，公共关系人员才能向组织领导提供正确的决策依据，做好组织的咨询工作，才能使传播工作有的放矢，有效地向公众传递信息。

在把握了事物本质的基础上，公共关系工作人员要以实事求是的态度来对待事实。事情是怎样的，就怎样去认识它，传播它，不能报喜不报忧。著名的现代公共关系之父艾维·李在解决煤矿工人大罢工时，曾发表了对公共关系具有历史意义的《原则宣言》，其中就提出了公共关系讲真求实的原则，"将真情告知公众。"时至今日，这一原则仍然有效地指导着公共关系活动。1987年，苏联切尔诺贝利核电站爆炸，由于报道不及时，内容欠真实，引起了社会公众的种种猜测和非议，一时苏联政府在世界舆论面前陷入了困境。1979年三里岛核爆炸事件发生后，由于美国政府及时公布了事件真相，并动员了所有有关的研究单位、生产机构、厂家，摆事实、讲道理，播放了一系列核电站方面的电影，结果安定了人心，顺利渡过了"核爆危机"。

（二）真诚

真诚是公共关系人员的基本信条，它要求对公众真心相待，坦诚相见，不虚情假意，也不能搪塞敷衍。组织在货真价实、质高价优的同时，待公众以真诚、坦诚、诚恳，就能赢得公众的好感。即使在组织的产品略有瑕疵，服务稍有不周时，如果能对公众以诚相告，也容易赢得他们的理解。相反，如果组织在公众面前以假乱真、以次充好、文过饰非、虚情假意，势必会引起公众的反感与憎恶；即使一时骗得公众的信任，当真相被揭露之后，组织必然面临灾难性的后果。我国海尔"真诚到永远"，小天鹅"全心全意小天鹅"等，都是真诚公共关系理念的充分体现。公共关系工作中真诚主要表现在以下几个方面：公共关系人员为公众服务的态度应真诚，要让公众感觉到可信、可亲、可敬；公共关系传播的内容要真诚，特别是对组织的产品或服务的弱点、缺点等要真心诚意地、明白无误地告知公众；要真诚地接受公众的意见、投诉和抱怨。

1979 年 1 月，邓小平访美，受到国家首脑规格的热烈欢迎，时任美国总统卡特主持国宴。第一桌除总统之外，还有著名演员雪莉·麦克兰，她提到几年前（即"文革"期间），曾经访问过中国农村。她遇到一位正在田里种西红柿的教授，便问教授，是否觉得在偏远的乡下干这种体力活是一种损失，因为这样完全脱离了他在大学里的科研工作。那位教授说，正相反，他非常高兴和贫下中农在一起，从贫下中农那里可以学到很多东西。本来邓小平和麦克兰边说边笑，谈得很高兴，但邓小平听完麦克兰的话后，表情立即变得很严肃，邓小平说："那位教授在撒谎！"这使麦克兰大吃一惊。卡特当时也正在听着，他马上理解了邓小平的意思，就点头表示同意。在大国首脑举行的国宴上，以领导人的身份，敢于揭示"极左"，即这个在当时中国最大的阴暗面——诱使知识分子被迫说假话的弊病，表面看来，似乎是丢了中国的面子，其实不然。这不仅体现了一代伟人邓小平实事求是、有胆有识的风格，而且树立了中国政府敢于正视过失、勇于改正过失的魄力。

（三）信守承诺，信誉第一

信誉是指信用和名誉。一个组织遵守诺言，才具有一定信誉。组织的信用和声誉是在与社会公众的各种交往中形成的。信誉包括商品信誉和企业信誉，商品信誉是较低层次的信誉，只是企业技术、经济、管理等素质的综合反映；企业信誉是较高层次的信誉，它不仅是企业技术、经济、管理等素质的反映，也是企业作为社会成员履行社会责任的标志，是企业公共关系状况的反映。良好信誉是组织最重要的无形资产，是无价之宝、立足之本。一个组织要在激烈的竞争中立于不败之地，必须建立良好的信誉。良好的信誉，使得销售单位乐意推销其产品，消费者放心大胆地购买其产品；良好的信誉，也有利于吸引人才，形成内聚力；良好的信誉，还有利于吸引社会资金和各类中间商，为企业建立良好的社会生存环境。德国可·迈耶纺织机械制造公司对出售的产品，不仅在质量上有保证，还对国外购买企业进行技术培训，派出技术人员到进口方进行实地指导，以赢得更高的国外用户信誉。英国联邦上诉法院法官雷夫利在谈及企业信用管理和法律判决执行难时认为，在一个市场经济社会里，企业信用至关重要。

我国向来就有"货真价实、童叟无欺"的经营古训，而且我国的文化历来就有"重视名节"、"重义轻利"的传统。然而，在当今激烈竞争的市场经济中，总有一些商家见利忘义、不讲信誉、粗制滥造、假冒伪劣、偷税漏税，不惜以违反国家法律和坑害消费者利益来获取暴利，以牺牲长远利益和整体利益来获取近期利益和个别利益。2002 年，世界上最大金额的破产案——安然破产案，再一次将人们的眼光聚焦在信誉上。在经济环境和政治环境都充满着极大不确定性的今天，在"信用危机"几乎成为一个通病的今天，信守承诺、信誉第一已成为人们对企业经营者的第一素质要求。

相关链接 3.5

晏殊信誉的树立

北宋时期著名的政治家和文学家晏殊，14 岁被地方官作为"神童"推荐给朝廷。他本来可以不参加科举考试便能得到官职，但他没有这样做，而是毅然参加了考试。事情十分凑巧，那次的考试题目是他曾经做过的，得到好几位名师的指点。因此，他不费力气就从 1000 多名考生中脱颖而出，并得到了皇帝的赞赏。但晏殊并没有因此而洋洋自得，相反他在接受皇帝的复试时，把情况如实地告诉了皇帝，并要求另出题目，当堂考他。皇帝与大臣们商议后出了一道难度更大的题目，让晏殊当堂作文。结果，他的文章又得到了皇帝的夸奖。晏殊当官后，每日办完公事，总是回到家里闭门读书。后来皇帝了解到这个情况，十分高兴，就点名让他做了太子手下的官员。当晏殊向皇帝谢恩时，皇帝称赞他能够闭门苦读。晏殊却说："我不是不想去宴饮游乐，只是因为家贫无钱，才不去参加。我是有愧于皇上的夸奖的。"此时，皇帝又称赞他既有真实才学，又质朴诚实，是一个难得的人才。过了几年，晏殊得到提拔，并当了宰相。

（资料来源：http://zhidao.baidu.com/question/37245794.html）

二、互利互惠

所谓互利互惠的原则，是指组织在公共关系活动中，应当正确认识和处理主客体关系，摆正组织与公众之间的利益关系，与公众平等相待，树立在利他中利己、在利己中利他的自觉意识。公共关系活动的最终目的在于发展自己，但在企业竞争空前激烈、各类关系日益紧密的今天，完全不顾他人的自我发展是根本不可能实现的。因此，在公共关系工作中树立互利互惠的原则，对任何一个社会组织来说都是十分必要的。

（一）树立互利互惠的观念

树立互利互惠的观念，首先要正确认识和处理组织与公众之间的关系。

社会上有些人认为，组织与有利益关系的公众之间是一对不可调和的矛盾，例如，卖方希望赚更多的钱，而买方却想尽量地省钱，总有一方获利，另一方利益受损。其实，从长远的观点来看，双方完全可以达到"双赢"的利益状态，即你赢我也赢。因为，无论是从宏观上还是从微观上，无论是组织的整体公共关系战略还是某一具体的公共关系活动，只有组织满足了公众利益，才有可能实现自身的利益。即使是与同行竞争对手，也是互利互惠的。有句俗语，"自己吃肉绝不能让对手啃骨头"，说的就是这个道理。韩国三星公司在国际化经营中提出，将企业国际化经营中的利润一部分留给消费者，一部分留给销售与协作伙伴，一部分留给自己，以高品质、全方位服务培养更多的消费者。

（二）要正确对待和处理公众所提出的需求

对公众提出的要求，合理部分尽量予以满足，暂时不能满足的，在说明情况之后，努力创造条件给予满足，即使是完全不合理的要求，也应站在公众立场上考虑一下，耐心细致地向公众进行解释、说明，求得他们的理解、信任和合作。对于公众没有主动提出而组织又能满足的需求，组织的员工如能主动给予满足，则对于组织赢得公众的信任和赞誉、树立组织良好的形象有着重要的意义。

（三）互利互惠是以"利他"的方式来达到"利己"的目的

只要是在符合公众利益，对公众负责并被法律和道德所允许的前提下，互利就可以通过多种方式来实现。物质互惠，情感互悦，精神互助固然是互利；一方提供物质，另一方奉献情感也可能是互利；一方付出辛劳，另一方捧出敬意也可能是互利。问题的关键是双方在一定条件下各自需要什么。

"互惠"只有以公众利益为出发点，才能达到互利。组织必须向社会负责，要关心自身行为引出的问题。如果引起的问题有害于公众，有害于其他组织，那就要努力克服并认真加以解决。同时，一个社会组织能经常关注与自身行为无关的一般社会问题，从公共关系角度讲是很有意义的。

三、双向沟通

公共关系工作的双向沟通原则，是指一个组织在开展公共关系活动时，组织与公众互相传播、接收、反馈对方的信息，如对话、讨论等，从而使组织与公众互相影响、互相启发，最后达到相互理解和相互信任。组织与公众之间建立良好的公共关系过程，其实质是组织与公众之间相互理解和相互适应的过程，也即信息交流和信息反馈修正的过程。因此，组织在开展公共关系工作时，不能只是单纯地收集信息，为改善组织的决策和行动提供依据，还必须迅速、有效地把组织各方面的信息传播给相关公众，争取公众的了解和支持，与公众进行信息的双向交流，即双向沟通。

要将组织的有关信息及时、准确、有效地传播出去，争取公众对组织的了解和理解，公共关系可以从以下两方面着手。

（一）创造舆论，告知公众

向公众说明和解释组织的有关政策、行为和产品，争取公众的理解，促进公众的认同与接受。这是一种为组织创造和形成公众舆论的工作。当公众对组织缺乏认识和了解的时候，组织就需要主动地传播自己，介绍自己，促进公众的认知与了解。当组织的政策和行为与公众有关时，就需要满足公众的知情权、知晓权，主动作出说明和解释，消除公众疑虑，避免舆论的误解，让公众知道并正确地了解本组织。所有关系都是从了解开始的，不了解就谈不上理解、好感、信任与合作。因此，"告知公众"，形成舆论，是公共关系传播最基本的任务。

（二）强化舆论，扩大影响

运用种种现代媒介加强公众对组织的印象，深化公众对组织的了解，提高组织的社会知名度和美誉度，为组织及其产品推广形象，扩大影响，是公共关系传播的重要任务。当一个组织及其产品有了基本的公众印象及良好的评价之后，还需要注意坚持不懈地作宣传推广，不断维持、完善已经享有的知名度和美誉度，强化良好的舆论趋势，进而强化良好的社会公众形象。一个组织处于形象良好的状态时，传播投入的效益一般都能获得比较理想的结果；相反，如果忽略了传播工作，公众对组织的印象会逐步淡漠，良好的形象也会因为传播失误而受损。公共关系传播不能只造一时的舆论轰动，而应通过长期不断、潜移默化地传播渗透，不断加深公众对组织及其政策、产品、人员的良好印象。

在双向沟通中，要引入 PA（public acceptance）战略，即"公众接受性"、"公众认同性"。PA 工作是劝服、接纳的过程。通过准确、真实、全面、通俗地传播有关组织的信息，让公众及时、有效地接触到 PA 的传播，在公众的心理过程中形成同劝服意图相适应的特定的认知结构、动机结构和行动结构，从而接受组织、认同组织和信任组织。

双向沟通的原则，不仅立足于信息的相互交流，更注重于情感的相互沟通。相反，如果忽视了情感的相互沟通，那就会把以塑造企业形象、提高企业信誉为内容的企业公共关系工作，变为一种枯燥无味、缺乏人情色彩的单纯的"信息操作"过程。

即问即答 3.7

一个组织的公共关系形象只是组织公共关系部门的事情吗？

四、全员 PR

所谓"全员 PR（公共关系）"原则，即通过全员的公共关系教育与培训，增强全员的公共关系意识，提高全员公共关系行为的自觉性，加强整体的公共关系配合与协调，提高全员的公共关系积极性，形成浓厚的公共关系氛围与公共关系文化。这就要求组织的全体成员具有公共关系意识，按照公共关系的要求进行公共关系活动。换言之，当一个组织的全体人员都在做公共关系工作时，这个组织就进入了全员 PR 的境地。

一个组织的形象和声誉并不属于公共关系部门和专业公共关系人员，也不是公共关系部门和专业公共关系人员所能代表的，而是通过组织内所有人员的集体表现来体现的，是组织中每个人各自形象的总和。一个组织良好的公共关系是靠组织内部所有员工的共同努力建立的。如果组织中某一分子不注意自己的形象，也不注意保护组织或企业的形象，就像"一粒老鼠屎，坏了一锅汤"，损坏了整个组织的形象。

坚持"全员 PR"原则，就要求组织的全体成员都要树立公共关系观念和意识，自觉维护组织的形象和声誉。上至组织的最高领导，下至每一个成员都是有形无形的公共关系人员。一方面，不说有损组织形象和声誉的话，不做有损组织形象和声誉的事。虽然组织在社会中的形象和声誉是一个整体，但是，每个公众对组织的观察和认识，往往是从某个成员开始的，从某个局部入手的。因此，组织中任何一个成员不经意的话和事，都有可能损坏组织的形象和声誉。另一方面，要以自己的言行塑造组织的良好形象和声誉。组织中每一个成员的一举一动、一言一行，都代表组织向公众亮相，自己与公众打交道不是以个人身份出现的，而是作为一个组织整体形象中的一分子出现的。因此，时刻都要想到组织的形象和声誉，并不失时机地以自己的言行去塑造组织的良好形象和声誉。

五、开拓创新

公共关系活动是一种创造性的活动，它推崇的是标新立异、独辟蹊径、大胆创新和出奇制胜。不同组织的主客观条件是不一样的，即使是同一组织，由于其自身条件和环境的变化，公共关系的出发点和侧重点都会随之变化。因此，公共关系工作必须遵循创新原则。在激烈的竞争过程中，社会组织必须通过及时采集其他组织的有关信息，比较分析彼此的优劣，博采众长，为我所用，在竞争中独树一帜，富于特色和魅力，以求得自我发展。

对法国人来说，巴黎的利兹大饭店是他们的骄傲，一个世纪以来，它总是名列世界十大名饭店之列。它的创始人西撒·利兹的成功秘诀，就是他的思想总能不断创新。例如，伦敦的面包师傅星期日是从来不工作的，可英国人却吃惯了本国面包师傅制造的面包。西撒为了不给客人吃隔夜面包，他果断地从维也纳请来了一位糕点面包师傅，没出几个星期，伦敦的时髦人士便都迷上了维也纳面包。西撒还认为英国人用餐、吃完最后一口拔脚就走的传统与法国人的幽默和善言的作风格格不入。为了改变这种风气，他请来了年轻的维也纳乐队指挥约翰·施特劳斯在晚餐时奏乐。后来这位成为华尔兹乐曲之王的坐椅也成了该饭店的展览品，并招揽了许多奥地利游客。

相关链接 3.6

最有创意的"地球熄灯一小时"公益活动

由 WWF（世界自然基金会）导演的全球接力的熄灯秀——"地球一小时"公益活动已经上演了 3 年。从最早进入晚上 8 点半的斐济和惠灵顿开始，全球 24 个时区依次熄灯一个小时。这是地球停电休息的一小时，是黑暗中寻找光明的一小时，是地球人反思的一小时，是能够医治创伤的一小时，同时也是需要策划创意的一小时。"地球一小时"本身就是一个宏大的创意。2007 年，WWF 澳大利亚区的负责人 GregBourne 在电视中激动地向人们描述这个振奋人心的创意——"人们需要通过行动来表明，他们期待改变，政府才会采取行动"。悉尼市率先响应号召，当地数万户商家和 200 多万居民 3 月 31 日晚 7 时 30 分开始集体断电一小时，以引起人们对温室气体排放导致全球变暖的关注。天黑之后，悉尼歌剧院、悉尼海湾大桥等标志性建筑纷纷熄灯，来让"地球休息一小时"。这就是第一届"地球一小时"活动。2008 年 3 月 29 日晚上 8 点，从悉尼到南非、欧洲和北美，38 个国家的数百座城市加入其中，参与人数达到 5000 多万。2008 年 12 月 15 日，"地球一小时"活动在中国正式启动。2009 年 3 月 28，第三届"地球一小时"活动，WWF 曾经期望能有 10 亿人参加。开灯关灯本是很简单平常的动作，但是能够让 10 亿人同时关灯，并培养出一种熄灯精神，这是很多标语口号都做不到的。一个好的活动策划，应该是一个吸引人的集体游戏，能够让更多的人开心地参与。

（资料来源：http://www.lizhiwu.org/kjjd/20100323132.html）

六、长期坚持

公共关系工作是一项长期的、持久的任务，任何组织的良好形象都是建立在长期努力的基础之上的。成功的组织在开展公共关系活动时，总是着眼于未来，以长远的目光来确定目标，制定战略和政策。随着社会经济、文化的发展，公众的价值观和需求也必然发生相应的变化，他们对组织形象的评价标准也会随之不断地变化，期望值也会越来越高，因此，社会组织必须适应公众变化着的评价标准和期望值，不断地改造和更新自身的形象。

小　结

公共关系的职能是公共关系在组织中应发挥的作用和应承担的职责。公共关系的职能有收集信息、咨询建议、沟通协调、教育引导和塑造形象。①收集信息的职能要求公共关系人员具备信息意识，注意随时收集有关组织的信息。②咨询建议是公共关系最有价值的职能，公共关系也被称为"咨询业"或"智业"。③公共关系学中讲的沟通协调是组织与其公众在信息传递的基础上相互认识，并据此调整其中的不合理因素，对内以提高组织的向心力、凝聚力；对外以争取公众的好感和支持，为组织的生存和发展奠定"人和"的基础。④公共关系要树立良好的组织形象，可以从以下两方面着手：一是扩大组织的知名度，二是提高组织的美誉度。⑤公共关系的教育引导职能主要反映在两个方面：一是对组织员工素质的培育和提高，二是对社会公众进行教育和引导。

没有正确的原则指导，公共关系工作就会迷失方向，出现偏差和失误，达不到预期目的和效果。所以要有效地开展公共关系工作，必须恪守以下基本原则：①诚实守信是公共关系的第一原则，它包含三层意思：一是指要尊重事实，实事求是；二是指要真诚；三是指要信守承诺。②互利互惠的原则，是指组织在公共关系活动中，应当正确认识和处理主客体关系，摆正组织与公众之间的利益关系，与公众平等相待，树立在利他中利己，在利己中利他的一种自觉意识。③双向沟通的原则是指一个组织在开展公共关系活动时，组织与公众互相传播、接受、反馈对方的信息，如对话、讨论等，从而使组织与公众互相影响，互相启发，最后达到相互理解和相互信任。④全员 PR 的原则，即通过全员的公共关系教育与培训，增强全员的公共关系意识，提高全员公共关系行为的自觉性，加强整体的公共关系协调与配合，提高全员的公共关系积极性，形成浓厚的公共关系氛围与公共关系文化。⑤开拓创新的原则，即社会组织必须通过及时采集其他组织的有关信息，比较分析彼此的优劣，博采众长，为我所用，在竞争中独树一帜，富于特色和魅力，以求得自我发展。⑥长期坚持的原则是指公共关系工作是一项长期的、持久的任务。

知识掌握题

1. 公共关系的基本职能有哪些？请任选一种职能进行举例说明。
2. 公共关系收集信息包括哪些内容？
3. 什么是沟通协调？公共关系沟通协调有什么意义？
4. 什么是组织的知名度和美誉度？二者有什么关系？
5. 如何理解公共关系的教育引导职能？
6. 诚实守信原则主要有哪些内容？为什么要坚持这一原则？请举例说明。
7. 如何理解互利互惠原则？请举例说明。
8. 如何理解全员 PR 原则？请举例说明。

自测题

1. 下列不属于公共关系收集信息原则的是（　　）。
A. 广泛性　　　B. 主观性　　　C. 科学性　　　D. 连续性

2. 商标是属于（　　）。

    A．产品形象　　　　B．经营形象　　　　C．文化形象　　　　D．标识形象

3. 文化水平是属于（　　）。

    A．文化形象　　　　B．经营形象　　　　C．员工形象　　　　D．标识形象

4. 在（　　）原则中，要引入 PA 战略，即"公众接受性"、"公众认同性"。

    A．诚实守信　　　　B．互利互惠　　　　C．开拓创新　　　　D．双向沟通

知识应用与课堂讨论题

"冠生园事件"的公共关系失误

2001 年 9 月 3 日，中央电视台名牌节目"新闻 30 分"以"南京冠生园：年年出炉新月饼、周而复始陈馅料"为题将冠生园"陈年馅料做新饼"的恶行公之于世。新闻一出，世人哗然，想不到有近百年历史的老字号却会采用如此卑劣的手段来欺骗、蒙蔽消费者，据此推想下去，中国市场上信得过的月饼品牌又有几个呢？于是，消费者犹豫了，月饼市场萧条了，但是受到伤害最严重的似乎还是事故的始作俑者——食品厂，面对突如其来的危机，他们慌张失措，招架不及，等待他们的除了官司之外，似乎只有关门大吉的命运了。

冠生园遭遇的这场危机从根本上说是因为其产品质量确实存在严重问题，欺骗了消费者。但是，从危机公共关系的角度来看，在事件突发时刻，南京冠生园还是存在着把握自己命运的最后机会的。遗憾的是，企业的管理者缺乏起码的危机公共关系意识，企业中更找不到一份像样的危机公共关系计划，这使得他们错过了最后的机会。为什么这样说呢？因为在危机发生之后，企业的管理者处理危机，或者说是消极地对待危机的过程中，他们犯了几个基本的公共关系错误。

1. 公共关系沟通失败

在危机发生之后，企业的管理者无一例外地选择了沉默。据《北京青年报》报道，从 9 月 3 日，即新闻曝光的当天下午 1 点开始，记者就与南京冠生园食品有限公司联系，要求进行采访，但该公司的电话一直占线，记者最先打通的是该公司业务部的电话，但接电话的人在得知记者采访意图后，以业务忙为由，拒绝对此事进行评论，其后当记者再次拨通该公司办公室电话时，接电话的女士也以公司领导有事要处理，无暇接受采访为由，拒绝了记者的请求。从这样一段小小的报道中可以看出冠生园没能在危机发生的第一时间就站出来表明态度，而且这种"信息真空"的状况持续了近一周之久，直到 9 月 10 日，才有一份"致广大消费者的公开信"。由此不难得出这样的结论：是企业管理者的沉默与逃避进一步加剧了危机。

但"反应迟钝"还不是南京冠生园公共关系沟通失败的全部原因。除此之外，他们还忽略了与媒体和内部公众进行沟通的必要性。在旧馅月饼被曝光之后，南京冠生园一

直处在一个与媒体对立的位置。他们似乎只是将媒体视作"仇敌"，叫嚣着要将其中一些送上法庭，而没能主动与媒体联系，争取媒体的支持与同情，以至于全国的媒体上清一色地充斥着对南京冠生园不利的消息。而媒体最主要的作用就在于引导舆论，所以，站在媒体对立面的南京冠生园，也就必然站在了公众的对立面了。在"公开信"中，南京冠生园一直在呼唤公众的支持和理解，但是如果得不到媒体的支持，找不到将正面信息向外传播的渠道，这一切就只能是一句空话了。

同样，南京冠生园对其员工也采取了不闻不问的态度，没有人出来向他们说明公司目前的处境，将来的计划，以及面对危机他们应该做些什么，怎样做。员工们所等来的只有放假到10月底的停工通知，以及不知是否属实的公司即将解散的消息。公司的这种做法在每个员工心中都投下了"大难临头各自飞"的阴影。正是这种对未来的惶恐，使得员工们丧失了要与公司共渡难关的决心，以至于报纸上不断出现一些冠生园职工自报家丑的新闻。这最终导致了"冠生园丑闻"一波未平，一波又起，没有丝毫喘息的机会。

2. 公共关系角度错误

2001年9月10日发表的"致广大消费者的公开信"是南京冠生园公司针对此次危机公开发表的第一份书面材料。但就是这样的一封公开信，却被他们写成了"诉苦书"、"陈冤信"。在信中，南京冠生园矢口否认自己曾用去年的旧馅生产月饼，但是又拿不出任何证据来证明这一点，于是在信中的大多数地方，对旧馅的概念进行了偷换，将其辩驳的重点放到了"霉变"上，并拿出南京卫生部门的检测报告来证明他们的月饼绝大多数都是合格的。但是这种偷梁换柱的手法，却让消费者更加坚信了南京冠生园使用了陈年旧馅这一事实，于是，聪明的消费者不禁要反问"难道旧馅没有霉变就可以用作新月饼的原料吗？"除此之外，"公开信"还不断强调"旧馅月饼"在月饼行业内是一个人所共知的事实，那么消费者不禁又要问"难道别人都犯错，你就可以也跟着犯错吗？"由此可见，南京冠生园的公共关系活动找错了角度。在危机出现之后，他们始终站在自身的角度来看待问题，不能正视自己的错误，一味地想为自己开脱罪责，这使整封信读来都缺少"诚信"的感觉，再加上信中多处提及企业的功绩与历史，却丝毫不谈抱歉或懊悔，这让人不由自主地感到是老字号在倚老卖老，以至于更加怀疑南京冠生园的诚意了。

其实对消费者而言，只要南京冠生园拿不出强有力的证据证明它是无辜的，它的辩解就都是苍白无力的，也是没有必要的。消费者真正想要看到的是他们坦率承认错误，富有诚意地道歉，采取积极的挽救行动，以及对未来郑重的承诺。南京冠生园如果能站在消费者的角度考虑来创作这封"公开信"，也许能在一定程度上缓和与公众对立的局面。

3. 公共关系措施不力

确切地说，南京冠生园并没有采取什么目标明确、计划完备的公共关系措施来应对危机。后来，当冠生园月饼重上柜台时，它的旁边也只是多了一份卫生部门的检测报告而已。这显然是不够的，一份检测报告并不足以让消费者对产品报以信心。消费者希望看到更加富有诚意的行动，如全面回收旧月饼，请权威人士或机构发表讲话等。

思考：

1）从公共关系职能和原则的角度，分析南京冠生园的公共关系失误具体表现在哪些方面。

2）根据公共关系沟通协调的职能，南京冠生园在遭遇公共关系危机后应做哪些方面的沟通？怎么做？

3）南京冠生园在整个公共关系危机中违背了哪些公共关系原则？

4）根据所学知识，你认为在公共关系危机发生后，南京冠生园应怎样挽救组织的形象？

5）结合本案例，谈谈你对诚信在公共关系中的作用。

情景模拟题

1. 情景介绍

圣诞节联谊晚会策划

活动目的：一个人的欢乐单调而易逝，但如果一群人因为同样的理由同时释放发自内心的欢乐，这种欢乐将被无限制地放大，给一个理由，让一群人为这个理由而激动，为一次相聚而额手称庆，这就是我们的目的，圣诞，给了我们一个契机，一个可以相互渲染、一起宣泄的机会，让欢乐的铀元素向心运动，相互碰撞，为圣诞而欢呼！希望通过这次活动丰富同学的课余生活，让同学挖掘自己的潜力充分展示自己的才华，进而达到促进班级的文化氛围，推动融合班级师生情谊、展现班级的风采、扩大班级影响的目的。通过圣诞节晚会，营造出一种团结向上，青春健康，热爱生活的美好气氛。"圣诞晚会"作为一种极具亲和力的交流方式，给新同学们提供与学长们交流的平台，同时为新同学们提供了展现自己才华的美丽舞台，让他们的歌声、舞姿带给大家耳目一新的大学生活。

活动时间：12月24日晚上。

活动对象：全班同学或系、学院同学。

活动地点：学校礼堂或运动场。

活动主题：欢乐嘉年华、欢快圣诞夜。

活动形式：以互动游戏为主，表演节目为辅。

2. 模拟训练

1）同学们可自由组合或由指导老师组合成若干小组，分别为节目组、舞美组、音响组、游戏组、后勤组、机动组等，商讨策划创意。

2）每一小组推出 1 名代表上台发表演讲，阐述每个组的策划创意，回答其他同学的提问或质疑。

3）表演结束后请全班同学分别给各小组评分。

项目＼得分	优（90~100分）	良（80~89分）	中（70~79分）	及格（60~69分）	不及格（60分以下）
回答内容					
演讲水平					
回答技巧					
效果					

4）最后由指导老师进行点评和总结。

实践训练题

1．实训项目

走访学校周围某企业或学校的初训基地。

2．实训目的

通过访问该企业，进一步理解公共关系的原则和职能。

3．实训内容

1）了解该企业怎样遵守了公共关系原则，以及遵守哪些公共关系原则，来处理与公众的关系；

2）了解该企业如何发挥公共关系职能，来塑造企业形象。

4．实训组织

把全班同学分成几大组，各个组分别走访调查企业各相关职能部门。

5．实训考核

1）要求每位学生写出访问报告或小结。

2）要求学生填写实训报告。其内容包括：①实训项目；②实训目的；③实训内容；④本人承担任务及完成情况；⑤实训小结。

3）教师评阅后写出实训评语，将实训体会在全班交流。

【课下补充参考资料】

任焕琴．2007．商务公共关系学．北京：清华大学出版社．

曾琳智．2006．新编公关案例教程．上海：复旦大学出版社．

张岩松．2006．公共关系案例精选精析．北京：中国社会科学出版社．

第四章　公共关系的主体

学习目的

通过本章学习，要求达到：

知识目标：了解社会组织的概念和特征；

素质目标：熟悉公共关系组织机构的类型；

技能目标：掌握公共关系人员基本素质的要求；

能力目标：能够运用所学公共关系的主体概念和理论观察、分析现实公共关系问题。

主要概念和原理

社会组织　公众人物　公共关系部　公共关系公司　公共关系社团

社会组织是指人们为了合理、有效地达到特定目标,有计划、有意识地建立起来的一种有领导、有分工、有工作制度的社会机构。它包括一定的组织成员，明确而相对稳定的组织目标，规范的组织章程，以权威性的领导体系为核心的组织机构，以及与其相应的物质技术设备（包括活动场所等）。

案例导入

深圳市公安局警察公共关系处

2010 年 8 月 5 日，深圳市公安局警察公共关系处正式揭牌。该处在原有职能的基础上，增加了警察公共关系建设、舆情处置及构建警民和谐关系三项职能。深圳市委常委、公安局长李铭在揭牌仪式上说：随着媒体大众化的趋势日益明显，舆论监督、网络问政的力度越来越大，深圳公安也面临全新的挑战。警察公共关系处的成立不仅仅是名称的改变，更重要的是工作理念、工作机制和工作模式的转变。市公安局警察公共关系处正式挂牌，是深圳警队发展史上的一个里程碑，它将进一步加大警务运作的透明度，推动警方与新闻界之间的沟通，增进社会各界对警队的了解和沟通。新挂牌的警察公共关系处共增设了警察公共关系建设、舆情处置及构建警民和谐关系三项职能，负责策划、组织、指导、协调全局的警察公共关系建设，指导全局警察公共关系联络员队伍开展工作；负责公安机关与相关政府部门、人大、政协、社会组织、群众团体联络，拓展沟通交流平台，积极构建和谐警民关系；组织、协调、指导和管理全市公安机关的新闻发布工作，与各级媒体建立畅通的沟通渠道；完善网络发言人机制，通过现代网络传播手段，拓展网络沟通平台；组织、指导全市公安机关开展警营文化建设等工作。

（资料来源：http://sznews.oeeee.com/a/20100806/917532.html）

案例分析

警察公共关系处的挂牌，标志着深圳公安更加注重警民关系的建立，而这样一个职能的调整有利于社会的和谐。深圳其他政府职能部门也应该参照深圳公安的做法，将过去职能单一的宣传机构转变到建立公共关系的层面来。宣传处改名公共关系处，公安工作的角度进行转变，这样更加平等，更加亲民，这样的一个姿态，能够有效扭转少数人的一些偏见，或者部分不了解情况的群众看法。

第一节　社会组织

一、概念和特征

即问即答 4.1

是否只有社会组织才能成为公共关系的主体？

在现代社会中，存在着各种组织，如学校、医院、工商企业、军队、政党、政府机构，等等。各种各样的组织是社会存在的基础，而公共关系的主体就是社会组织。

对于社会组织的概念论述很多，如法国实证主义哲学家、社会学家奥古斯特·孔德认为，社会组织是"共同的社会契合"；英国社会哲学家斯宾塞认为，社会组织指"社会中经济、政治或其他部分的相互关系（包括综合与分化）"；美国早期社会学家库利认为，社会组织是指精神或社会生活的不同的单元；美国现代社会学家埃齐奥尼认为，组织是人们有意识地建立起来的追求实现特定目标的社会单位；美国中期管理思想家巴纳德认为，组织是两人或两人以上，用人类意识加以协调而构成的活动或力量系统。

即问即答 4.2

社会组织是人造系统吗？

根据现代组织理论，所谓社会组织，是指人们为了合理、有效地达到特定目标，有计划、有意识地建立起来的一种有领导、有分工、有工作制度的社会机构。它包括一定的组织成员，明确而相对稳定的组织目标，规范的组织章程，以权威性的领导体系为核心的组织机构，以及与其相应的物质技术设备（包括活动场所等）。

社会组织不等同于社会群体。社会群体（social group）有两种基本类型：初级群体和次级群体。库利在《社会组织》一书中指出，初级群体具有亲密的、面对面的合作等特征。初级群体一般来说是由以直接的、密切的和个人的方式相互作用的少数人组成，如家庭、邻里、游戏团体等。次级群体则是由为了某一特定目的，彼此间只是依照特殊的角色联系在一起的人所组成的。社会组织属于次级群体的范畴，它与初级群体的区别表现为以下四个主要特征。

1）组织是人们为了掌握社会权力而有意识地建立起来的，初级群体则是人们以血缘、地缘关系等为纽带自然结合而成的。

2）组织具有相对明确的目的或目标，初级群体则无明确的目的或目标。

3）组织由明确设置的功能位置和角色所构成，占据这些功能位置和角色（或者说职位）的个人是经常变动的，但这些功能位置和角色是相对稳定的，在初级群体中，人们所扮演的角色则是自然形成的。

4）组织中角色之间的关系由明确的规则所规定，而在初级群体中人们的关系则由不成文的、自然形成的规范所规定。

根据现代组织理论，从系统论的角度来看，还必须对社会组织作如下的理解。

1）组织是一个开放的系统，组织从其环境输入原料、人力、能源和信息，然后把这些东西转换或转化为产品、服务和信息，重新输送给不同的环境，也就是说组织与其环境是不断地相互影响的。

2）组织是由许多不断相互影响的子系统所组成的，这些子系统是依据不同的目的和职能来划分的，它们彼此之间存在着不同程度的相互依赖性。因此，一个子系统内所发生的变化很可能会影响其他子系统的行为。

3）组织存在于由一些其他系统（社会组织）所构成的动态环境之中。环境通过各种途径对组织及其子系统提出要求进行限制，因此，如果不考虑这些环境的要求和限制，不考虑组织应该怎样在短期、中期和长期内应付这些要求和限制，那么，就无法理解组织是怎样发挥其所有职能的。

总之，社会组织是一个由许多相互依赖的子系统构成的、具有多种功能和目标的、与其环境相互影响、相互作用的开放系统。

相关链接 4.1

社会组织的功能

1）整合功能。所谓整合，是指调整对象中不同构成要素之间的关系，使之达到有序化、统一化、整体化的过程。具体表现在组织的各种规章制度（包括有形的、无形的）对组织成员的约束，从而使组织成员的活动互相配合、步调一致。通过组织整合，一方面，可以使组织成员的活动由无序状态变为有序状态，另一方面，又可以把分散的个体黏合为一个新的强大的集体，把有限的个体力量变为强大的集体合力。这种合力不是 $1+1=2$，而是 $1+1>2$。显然组织整合功能的有效发挥有利于组织目标的实现。

2）协调功能。组织内部各职能部门、各组织成员尽管都要服从组织的统一要求，但是，由于他们各自的目标、需要、利益等方面得以实现或满足的程度和方式存在着事实上的差异性，因此，组织成员之间或组织的各职能部门之间必然存在一些矛盾和冲突。这就需要组织充分发挥协调功能，调节和化解各种冲突和矛盾，以保持组织成员的密切合作，这是组织目标得以实现的必要条件。

3）维护利益的功能。社会组织是基于一定的利益需要而产生的，不同的组织是人们利益分化的结果。组织利益与个人利益息息相关，正所谓"一荣俱荣，一损俱损"。维护利益功能的有效发挥能充分调动组织成员的积极性、主动性和创造性，提高组织的凝聚力，增强组织成员的向心力，从而顺利高效地实现组织目标。

4）实现目标的功能。组织目标的实现要依靠组织成员的统一力量，而这种统一力量的形成，需要组织整合和协调功能的有效发挥作为基础，以维护利益功能为动力，从而才能使组织实现目标的功能得以充分发挥。各种社会组织都是社会大系统的一个分子，因此，实现目标的功能既包括实现组织自身目标，同时也包括实现社会大目标。

当然，以上述及的四种功能并不是相互割裂的，而是作为一个系统发挥其作用的。值得注意的是，组织功能的正常发挥，要以健全的组织构成要素为基础。因此，加强组织自身建设，是充分发挥组织功能的基本前提。

（资料来源：http://www.hudong.com/wiki/%E7%A4%BE%E4%BC%9A%E7%BB%84%E7%BB%87）

二、类型

社会组织是多种多样的，每一种组织的性质、结构、功能和活动方式都不相同，依据一定的标准可将组织分成若干种类，比较有影响的分类方法有以下几种。

1. 以组织成员关系为标准来划分

西方社会学家和管理学家常常以组织成员关系为标准，将组织区分为正式组织和非正式组织。正式组织是指通过正规途径建立的组织，其成员关系比较确定和正规，活动有明确规定和严格要求，有健全的制度和完善的管理，如政党、政府、工厂、学校、教会、医院等。非正式组织是人们基于地理位置、兴趣爱好、亲戚朋友、工作关系等形成的非正式团体。在该团体中，人们形成共同的感情，进而构成一个体系，它在某种程度上左右着其成员的行为；但其活动规则不十分严格，参加和退出比较自由，如体育和其他娱乐性的俱乐部、旅游团体、业余兴趣小组等。

2. 以组织的社会功能为标准来划分

西方社会学理论中的结构——功能主义代表人物帕森斯以组织的社会功能为标准，将社会组织划分为以下四种类型。

1）以经济生产为目标的组织，如工厂、公司、饭店等。

2）以政治为目标的组织，如政府部门。

3）担负协调功能的整合性组织，如法院等。

4）担负教育功能模式的组织，如学校及文化机构等。

3. 以组织目标与受益者的关系为标准来划分

美国社会学交换学派代表人物彼得·布劳和斯科特以组织目标与受益者的关系为标准，将组织划分为以下四类。

1）互利组织。该组织目标的主要受惠者为其特定的组织成员，如党派、俱乐部、工会等。

2）营利组织。该组织通过与其他组织的竞争来提高效率，获取更多利润，它的受惠者首先是该组织的所有者，如工厂、商店、公司、银行、保险公司、旅行社等。

3）服务组织。这类组织的基本功能是服务，它的受惠者是与该组织直接接触的人，如医院、学校、律师事务所等。

4）公益组织。该组织的受益者是社会大众，不仅包括与该组织直接接触者，也包括没有接触的人，如军队、警察、税务机关、消防队等。

4. 以组织对其成员的控制方式为标准来划分

美国社会学家埃齐奥尼认为，社会上各种各样的组织，就像其他的社会实体一样，要求组织成员对组织服从。组织不能依靠组织成员自觉地献身于组织目标，或通过组织成员个人之间的相互影响这种非正式的控制系统来获得组织成员对组织的服从，而必须建立起正式的控制系统，用明确具体的奖惩制度予以保证。从这一观点出发，指埃齐奥尼把社会组织分为强制组织、功利组织和规范组织。所谓强制组织，是指用强迫的方法控制其成员的组织，如监狱、集中营、精神病院等；所谓功利组织，是指用报酬作为手段来控制其成员的组织，如工商企业等；所谓规范组织，是指组织对成员的控制以规范权力为主，成员的服从主要靠规范的内化，即自动遵守规范的组织，如教会等。

另外，美国社会学家卡普勒依据组织人数的多少将组织划分为小型组织、中型组织、大型组织、巨型组织。利特尔依据组织对环境的适应性将组织分为机械组织和有机组织等。这些都是较有影响的划分法。

国内学术界强调组织划分的标准主要是组织的性质，即这一社会组织区别于其他社会组织的质的规定性。社会组织的具体属性与组织的职能密切相关。从这一点出发，研究社会组织的类别实际上是研究组织所主要执行的社会职能。这样，社会组织大体上有以下几类。

1）经济组织。是人类社会最基本最普遍的社会组织。它担负着为人们提供衣食住行和文化娱乐等物质生活资料的任务，履行社会的经济功能，如生产领域的工厂、农场，流通领域的各种商业组织等。

2）政治组织。其特点是具有各种政治职能，如属于国家机构的立法、行政、司法等组织，各种军事组织，各种政党和政治性社团组织等。

3）文化组织。其特点是以满足人们的各类文化需求为目标，以文化活动为其基本内容，履行着文化和教育的功能，如文化艺术团体，各级各类学会、学术团体和科学研究团体等。

虽然社会组织可以大体上划分为经济组织、政治组织、文化组织三种基本类型，但是这种划分并不是绝对的。因为各种组织除了存在着各自不同的特点外，还有许多共同的地方，其中一些重要的因素是各类组织中共有的，而且是不可缺少的，区别只是在各类组织中所占的地位和所起的作用不同。经济、政治、文化这三个要素，在经济组织、政治组织、文化组织中任何一种组织都必须同时具备，缺一不可。

第二节 公共关系的组织机构

随着社会与经济的发展，现代社会需要有专门的组织机构来从事公共关系工作，公共关系的职业化特征也越来越明显。根据公共关系实践的历史和现状，可以将公共关系组织机构分为三类，即组织内部的公共关系部、社会上的公共关系公司和各类公共关系社团。

即问即答4.3

公共关系部、公共关系公司和公共关系社团分别由谁批准成立？

一、公共关系部

随着信息社会的发展与传播手段的进步，公共关系在组织中日益成为一种独立的管理职能。企业组织、事业单位和政府部门，开始设置公共关系工作机构，强化组织的公共关系功能。

（一）公共关系部的性质

1. 专业性

公共关系部的专业性主要包括以下两个方面。

1）公共关系工作是专业性很强的工作。美国公共关系系学者斯科特·卡特利普等三人在他们所著的经典著作《有效公共关系》一书中，将公共关系工作分为十大类：写作、编辑、与新闻媒介联系、特殊事件的组织与筹备、演讲、制作、调研、策划与咨询、培训和管理。可见，公共关系工作中包含了许多技术性很强，必须要经过专业训练才能胜任的工作，如新闻写作、广告设计、美工摄影、编辑制作等。

2）公共关系部的专业性还体现在从业人员的专业化，即公共关系部的工作人员应是受过一定专业训练、具有一定专业水准和能力的人。

2. 服务性

公共关系部的重要职能之一是信息和情报的收集与反馈。反馈信息的对象不仅仅只是组织的领导层或决策层，还应包括相关的各个部门。相应地，公共关系部咨询建议职能的作用体现也是面向组织内所有部门和公众的。因此，公共关系部具有服务性的特点，能够为组织内各个环节的下一步计划提供有价值的信息和情报。

3. 协调性

公共关系部的协调性有两层含义：一是指公共关系部本身在工作时应产生整体效应，即公共关系部内部各要素、各机构相互配合，融洽地共同完成一项目标。二是指公共关系部能充分发挥其沟通协调的功能。一方面在组织内部协调各种关系，共同实现组织的目标；另一方面则是协调组织与外部各类公众之间的关系，为组织营造良好的外部环境。

4. 自主性

公共关系部虽然应对组织内其他各部门服务，但是，它作为社会组织内的一个重要管理职能部门，也应有独立的地位，在一定的权限范围内，可以自主地开展公共关系活动。组织内的其他管理职能部门无权干涉它的工作，无权对它直接指挥，否则，公共关系部就无法完成既定的公共关系目标，发挥其应有的功能。

（二）公共关系部的基本职能

从工作性质上看，公共关系的职能是传播和沟通，即统筹管理组织有关传播沟通的业务，使组织传播沟通的目标和手段更加专业化，使组织的传播沟通工作具有更高的效率和效益，使组织的传播资源投入更加合理，产出更加理想。因此，公共关系部的职能目标和业务内容完全不同于其他的职能部门。

1. 收集信息

公共关系的重要职能之一就是收集信息。任何与组织有关的信息都是公共关系部收集的对象，公共关系部通过对组织内外部环境的密切关注和监测，收集、储存、甄别和处理各类对组织有利益关系的信息，这些信息和情报主要包括：社会政治、经济、文化的现状与变化；产品信息，如公众对产品的设计、包装、价格、质量、性能、用途等方面的反映，对该产品的优点、缺点的评价及如何改进等方面的建议；组织形象的信息，如公众对组织管理水平、服务质量、职工素质等评价；内部公众对组织的意见和建议，外部公众对组织方针、政策、行为的反映等；其他方面的信息，如竞争对手的情况、公众消费心理、购买动机、社会环境的变化趋势等；并对信息进行"去粗取精，去伪存真，由此及彼，由表及里"的加工提炼。公共关系部为组织建立了广泛而畅通的社会信息情报网络，使组织了解并掌握自己生存和发展的环境，有效地发挥组织"耳目"的作用。

2. 咨询建议

公共关系部在组织总体中扮演一种"边缘"、"中介"的角色，即处于决策部门与其他专业职能部门之间、组织与外部环境之间，担负着建立联系、沟通信息、咨询建议、策划组织、协调行动、辅助服务等责任，它是组织决策的"智囊团"和"参谋部"，因为公共关系部在收集、分析信息的过程中能够较全面地了解到组织当时所处的外部环境，以及组织已实施的各种措施所引起的反响。公共关系部除了要及时将各种信息分门别类地迅速反馈给组织的领导层和各职能部门外，还可以根据对信息情报的分析和预测，向组织提供决策的参考意见和方案，协助决策部门进行最后决策。这方面的具体工作有：为协调组织与环境的关系制定可供选择的行动方案，协助决策者分析和权衡各种方案的利弊得失，预测组织行为将产生的社会影响和后果，敦促和提醒决策者及时修正有可能导致不良后果的政策和行动等。

3. 传播沟通

组织的传播沟通活动职能化是现代信息社会的一个特点，信息传播沟通日益成为组织经营管理的专业手段。公共关系部不仅负责将外部环境中与组织相关的信息收集、反馈到组织，同时，还承担了把组织需要公布的信息传播给目标公众的任务。因此，公共关系部也是组织的宣传部。公共关系部负责向公众宣传、解释组织的政策和行为，通过组织各类展览、联谊会、信息发布会、记者招待会、交流会及各种专题活动，进行新闻宣传、信息传播，为组织建立良好的舆论环境，使组织的政策和行为能被公众所理解和支持。

4. 形象代表

公共关系部还担负着代表组织协调各种关系和进行社会交往的职责，是组织的"形象代表"。在组织内部，公共关系部要负责协助领导层沟通协调各部门之间、各员工之间的关系，解决工作分歧和各种利益冲突。在组织以外，公共关系部要通过多种途径妥善处理好组织和各外部公众的关系，如主动组织或参加一些社交活动，广泛接触社会各界，为组织广结善缘；又如在组织与外部公众产生矛盾或误解时，运用各种公共关系手段加以补救，努力消除外部公众对组织的不满情绪。在这些工作中，公共关系部既是组织原有形象的代表，又是为组织塑造更美好形象的使者，担负着双重职能，其根本目的就是要为组织创造良好的内部环境和外部环境。

5. 教育引导

组织形象和声誉是组织的无形资产，比资金、设备等有形资产更为珍贵、更为难得。良好的形象能使一个组织所拥有的实物资产增值，而不良的形象会使一个组织的有形资产贬值。公共关系部的教育和引导职能，就是教育组织成员重视公共关系工作，使他们懂得，公共关系与组织的生存与发展密切相关，它足以影响组织的形象和声誉，从而培养组织成员的公众意识和公共关系意识，并引导他们在各自的工作岗位上自觉地配合组织实现公共关系目标。同时，组织也应提供各种形式的培训，提高组织成员的公共关系技能，开展公共关系方面的评比和奖励。凡是为组织赢得了声誉的言论和行为都给予较高的评价和奖赏，凡是损害组织形象的言论和行为都应视作形象事故来认真处理。

（三）公共关系部的机构设置

1. 公共关系部机构设置的原则

对不同的社会组织而言，怎样组建公共关系部，应当根据当时的社会环境和自身的需要来统筹考虑。

（1）适应性原则

适应性原则是指公共关系部的规模大小应当同组织的规模、组织对公共关系工作的要求和组织的发展状况相适应。值得注意的是，公共关系部的规模并不是一经确定便不再更改，而是要根据组织情况的变化进行相应的调整。另外，组织一定要根据其所属地区的特点因地制宜地组建公共关系部，使公共关系部具有地区的适应性。

（2）针对性原则

针对性原则是指在组建公共关系部时，要根据不同的工作性质和不同的组织面对不同的公众来设置机构、安排人员，不一定采用某一固定的模式。不同类型的社会组织，面对的社会公众不同，如经济组织类型中的商店，它要考虑的是顾客；文化组织类型中的艺术团体，它要考虑的是观众；即使是相同类型的两个社会组织，尽管有一部分公众是共同的，也要进一步考虑到自己所面向的社会公众的特殊性。

（3）正规性原则

组织内部的公共关系部是组织的一个重要职能部门，其工作好坏，直接影响到组织的形象和声誉，甚至影响组织的兴衰。因此，必须从组织上和工作内容上保证它的正规性，把它纳入组织的正式编制，使它有正式的财务预算。正规性原则要求组织在开展公共关系工作时集中精力，必须有一个专职、精干的、高效的工作班子，绝不能凑合一个临时班子，有事就干，无事就散，把公共关系工作看作是可有可无或者随便什么人都可以做的"万金油"式的工作。

（4）精简性原则

最佳的机构，就是既能完成所担负的任务而又最为简单的机构。精简性原则包括以下两个方面内容。

1）人员不宜过多，要精干。一般来说，组织内部公共关系机构的人数，不能超过组织内部各管理机构的平均人数。

2）机构内部的层次不宜过多，一定要因事设职，因职设人，不搞内部的"小而全"，层次越多，隔层也越多，信息流通也就越慢，工作效率就会降低。

（5）相对独立性原则

社会组织内部的公共关系机构在组织—公众整体中处于"中介"地位。因此，社会组织在设立公共关系机构时应坚持相对独立性原则，即使公共关系机构相对独立于社会组织的"指挥链"（金字塔）之外。公共关系机构无权指挥本组织的任何其他部门，其他部门也无权对公共关系机构下达命令，干扰其工作。同时，公共关系机构又要和组织中的各层次、各部门保持密切接触，及时了解内外意见，并将各种意见反馈到最高领导和其他部门去。这样，能更好地发挥公共关系机构对组织内部各部门、组织与外界环境的协调沟通作用。

2. 公共关系部工作机构的模式

公共关系部的工作机构模式，按其隶属关系，可以分为以下几种类型。

即问即答 4.4

下列哪一种公共关系部的工作机构模式表明公共关系部在组织中的地位最重要？

（1）领导直属型

领导直属型是指公共关系部的负责人是由组织的最高领导人直接担任。这种类型充分体现了公共关系部在该组织中的重要作用，是最为理想的模式，如图 4.1 所示。

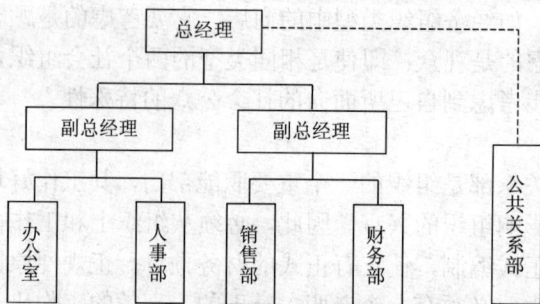

图 4.1　领导直属型

（2）部门并列型

部门并列型是指把公共关系部设置在与其他职能部门平行的位置，直接对组织的最高领导层负责。在这种类型中，公共关系部的负责人作为组织中层管理者的一员，有权参与组织的重大决策，同时也具有一定的权限，能独立自主地开展公共关系活动。部门并列型是采用得比较多的一种设置方式，如图 4.2 所示。

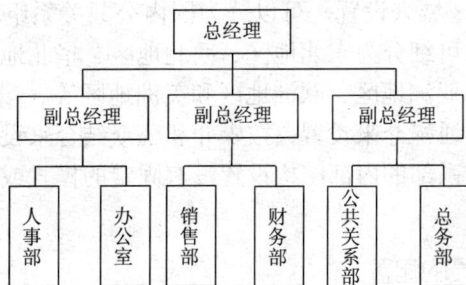

图 4.2　部门并列型

（3）部门所属型

部门所属型是指把公共关系部设置于组织某一职能部门之下的隶属结构类型。常见的部门所属型是公共关系部隶属于办公室、经营部门、销售部门或宣传部门等。在这种类型中，公共关系部隶属哪一个职能部门，公共关系就偏重哪一方面的职能，不能全面发挥公共关系部的作用，如公共关系部隶属销售部门，就偏重公共关系的促销功能；公共关系部隶属宣传部门，则偏重公共关系的传播功能，如图 4.3 所示。

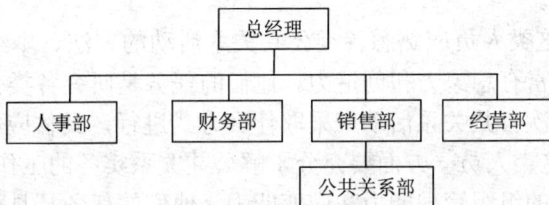

图 4.3　部门并列型

（4）职能分散型

职能分散型是指一些社会组织在机构设置中没有专门设置公共关系部，而是将公共关系部的职能进行分解，在其他部门中分别体现与公共关系部相关的公共关系职能，如在销售部门中设专人从事调查消费者对产品的意见和建议等信息收集工作，在宣传部门中设专人负责与新闻媒介联系等。

3. 公共关系部内部结构的设置

功能较全面的公共关系部应该包括编辑、广告、信息、员工关系、服务关系、消费关系、政府关系、媒介关系等科室。根据不同的需要和公共关系对象的不同，主要有以下三种设置方式。

1）按公共关系工作手段来设置，可以分为新闻报道组、编辑出版组、活动策划组、信息调研组和业务拓展组等。

2）按公共关系对象来设置，可以分为员工关系组、顾客关系组、媒介关系组、政府关系组和社区关系组等。

3）按公共关系工作区域来设置，可以分为国内公共关系组和国际公共关系组两大部分。国内公共关系组又可细分为东北地区、西北地区、华北地区和西南地区等，而国际公共关系组也可细分为亚洲地区、欧洲地区和美洲地区等。

除此之外，还有按沟通媒介来设置、按媒介和公众结合来设置、按公共关系过程来设置等多种方式。公共关系部的内部结构设置没有固定的模式或所谓的最佳模式，各种社会组织可灵活掌握。

（四）公共关系部人员的配置

一个完备的公共关系部应配备下列五类人员。

1）编辑、拟稿人员。这类人员需要有较强的文字写作能力。他们的任务是采写本组织的新闻，编辑组织内部的刊物、组织的年鉴、组织的年报等，并负责答复或解释公众提出的有关问题，拟写发言稿等。

2）调查、分析人员。这类人员需要掌握市场学、社会学等方面的知识，而且精于进行社会调查。他们的任务是主要负责调查公众的意见，听取公众的建议，分析公众对本组织的产品、商标等所持的态度，以及不同公众的态度所产生的原因，如何才能有效地同各类公众沟通等。

3）策划人员。这类人员应熟悉各类公共关系活动的方法、本组织情况，有丰富的公共关系工作经验，富有想象力和创造力。他们的任务是研究各类公众心理，分析整个社会环境，确定每一次公共关系活动应采取什么方式进行，具体应如何筹备安排等。

4）组织人员。这类人员一方面要充分了解公共关系实务的工作原则、方法、技巧，另一方面还要有足够的组织管理能力和应变能力。他们的任务是具体组织、管理公共关系活动。

5）其他专门技术人员。这类人员要求有"一技之长"，如摄影、美工、设计、演讲等。他们的任务是主要负责公共关系部的技术方面工作。

二、公共关系公司

（一）公共关系公司的产生

即问即答 4.5

公共关系的客体与公共关系的客户是一回事吗？

公共关系公司，也称公共关系顾问公司或公共关系咨询公司，是指由职业公共关系专家和各类公共关系专业人员组成，专门为社会组织提供公共关系咨询，或受理委托为客户开展公共关系活动的信息型、智力型、传播型的服务性机构。公共关系公司是随着公共关系作为一种职业的出现而产生发展起来的。1903年，被后人称为"现代公共关系之父"的艾维·李在美国开办了第一家具有公共关系公司性质的事务所。1920年，N.W.艾尔正式开办了第一家公共关系公司。到20世纪末，美国的公共关系公司已发展到2000多家。同时，世界各地也纷纷建立了各类公共关系公司。在我国，自1985年1月美国伟达公共关系公司在北京设立办事处以后，才逐渐出现这种新兴的专业公司。同年8月，美国博雅公共关系公司与中国新闻发展公司签约成立中国环球公共关系公司，这是我国第一家公共关系公司。随后，公共关系公司在我国蓬勃发展起来。公共关系公司为我国的公共关系事业开拓了新的前景。

相关链接 4.2

伟达国际公关顾问公司

伟达国际公关顾问公司（Hill & Knowlton）（以下简称"伟达公司"）是世界上拥有最大的国际办事处网络的公共关系公司。1927年，该公司由John Wiley Hill创建于美国俄亥俄州克里夫兰，是世界上最早的公共关系公司之一。它的中文名称意为"伟绩遍达"。伟达公司隶属于世界最大的传播机构之一——WPP集团，拥有全球最大的国际办事处网络，公司总部设于美国纽约，1998年，伟达公司的总收入2.06亿美元，在世界上排名第二。目前，伟达公司在全球五大洲37个国家有31个办事处，客户达1000多家，其中世界知名大公司占25%。《财富》杂志评选出的美国500家大公司中，35%是伟达公司过去和现在的客户。其中，前10名中有9家，前25名中有19家，前50名中有34家，前100名中有56家。该杂志划分的26个行业中，伟达客户在15个行业中名列第一，在11个行业中名列第二，在9个行业中名列第三。伟达公司曾与国际奥委会有过6年的合作，1997年，伟达公司协助雅典成功申办2004年奥运会，2005年，作为北京2008年奥运会的传播顾问，同年，又协助伦敦成功申办2012年奥运会。

1984年10月，伟达公司预见到中国大市场的发展前景，在北京设立办事处，成为第一家进入中国的国际公共关系公司。1993年，又设立了上海办事处。伟达公司根据客户的需要统一协调北京和上海的资源，调配最佳团队。伟达公司以其新颖先进的营销公共关系活动和全面连贯的企业定位与管理活动建立了自己的信誉。伟达公司被公认为具有不可比拟的经验、无可争辩的洞察力和极其强大的影响力。伟达公司的资源遍及全国各地，目前已在40多个城市开展工作。现在它拥有120多位专业人士，分别在北京、上海和广州三地服务于客户。伟达中国为客户提供全方位的服务，从品牌管理到政府公共关系再到危机公共关系。伟达公司是第一家在中国开设分公司的国际公共关系公司，在中国商业演变过程中，伟达公司有很多开创先例的公共关系活动，如 1984 年 IBM 在天安门广场举办的第一家办事处的开幕典礼，1990 年，中国第一家麦当劳餐厅在深圳开张剪彩等都由伟达公司来执行。伟达公司擅长快速消费品企业与政府公共关系。1991 年，该公司受中国政府聘请，负责在美国国会游说，争取美国给予中国最惠国待遇，从而成为第一家被中国政府聘用的外国公共关系组织。1999 年 10 月，伟达公司被中国石油聘请为公共关系顾问。2005 年，伟达公司受聘成为北京 2008 年奥运会的传播顾问。

（资料来源：http://wiki.mbalib.com/wiki/%E4%BC%9F%E8%BE%BE%E5%85%AC%E5%85%B3）

相关链接 4.3

博 雅 公 司

美国博雅公共关系有限公司（以下简称"博雅公司"）成立于 1953 年，是全球领先的公共关系和公共事务公司。该公司在广泛的公共关系、公共事务、广告及与网站相关的服务领域向客户提供战略思维和项目施行服务。公司的全球无缝网络由 44 个全资事务所及 49 个子事务所构成，在全球遍布五大洲 57 个国家开展业务，在全球拥有 1600 名专业员工。博雅公司隶属于 Young & Rubicam Brands 公司，是全球领先的通信服务网络公司的 WPP 集团的子公司。可以横向联结集团内姐妹公司的资源，满足客户的多元传播需求。博雅公司在 1979 年加入扬·罗必凯集团（又译作扬雅集团，Young & Rubicam Brands）。集团的组合在业界很特别，使几家有战略优势的公司联手为许多全球著名的品牌提供全方位整合营销的传播服务。扬·罗必凯集团成为 WPP 集团一员后，博雅进一步拓宽了客户服务能力。WPP 集团是全球覆盖领域最全面的传播服务集团，在 103 个国家设有 1400 个运营公司，为财富 500 强公司中超过 330 家企业提供服务。WPP 集团下子公司各自拥有独特定位、各有专长。博雅公司与扬·罗必凯集团及 WPP 集团网络中的公司共同合作，协力为客户提供整合传播服务。

博雅公司也是最早进入中国的国际公共关系公司之一。1986 年，博雅公司和新华社合作成立了中国第一家专业公共关系公司——中国环球公共关系公司。1992 年，博雅在北京建立总部。目前，博雅中国通过其在大中华区内的北京、上海、广州和香港办事处，为客户提供公共关系与传播方面的全方位咨询和服务。1985 年，博雅公司在新华社的邀请下进入中国，成为最早进入中国市场的国际公共关系公司之一。

今天，博雅公司在北京、上海、广州和成都 4 地拥有相当大规模的服务团队，通过电子网络和一致的服务理念，与博雅全球的专业传播顾问紧密合作，即时互动，共享知识、经验和资源。博雅中国会聚了许多业内最成功的传播专家，将国际先进经验和对中国市场的了解充分结合起来。博雅公司为客户提供服务的传播咨询顾问来自于政府机构、消费类产品营销、金融、高科技领域等多样专业背景，全心致力于帮助客户实现可衡量的传播目标和业务发展目标。博雅公司协助客户在迅猛发展的中国市场上取得成功。博雅的客户覆盖能源、金融、银行、电信和 IT、化工、零售及快速消费品等主要行业。博雅的服务包括企业传播、企业战略定位、政府关系、媒体关系、争议问题管理和危机管理等领域。博雅公司在北京、上海、广州和中国香港设有运营公司，为客户提供全方位的传播咨询和服务，其中包括公共事务、B2B市场营销、品牌管理、企业及财经传播、危机管理、潜在突发事件或有争议问题的管理、传播培训等。博雅亚太区的业务网络还包括墨尔本、首尔、新加坡、悉尼和东京；博雅公司在奥克兰、曼谷、伊斯兰堡、卡拉奇、马尼拉、印度（孟买、新德里等城市）、台北和惠灵顿拥有合作伙伴。

（资料来源：http://baike.baidu.com/view/1497234.htm）

（二）公共关系公司的类型

公共关系公司没有固定的结构模式，从不同的角度，可以将公共关系公司分成不同的类型。例如，按规模划分，可分为单一型公司和集团型公司；按服务性质划分，可分为提供专项服务的公司和提供综合服务的公司；按服务地区划分，可分为区域性公司、全国性公司和国际性公司；按经营服务的专业化程度划分，可分为专职性公司和兼职性公司等。以下按国际惯例，介绍几种主要的公共关系公司类型。

1. 综合服务咨询公司

综合服务咨询公司是以各类公共关系专家和公共关系技术人员来保证和适应多行业、多职能、全过程的外部公共关系需要而设立的。各类公共关系专家主要包括员工关系专家、媒介关系专家、消费者关系专家、社区关系专家等。公共关系技术专家主要包括民意测验专家、宣传资料专家、演说专家、出版物专家等。综合服务咨询公司经济实力雄厚、专业水平高、业务范围广泛，能够为客户提供多方面的综合性服务。

2. 专项业务服务公司

专项业务服务公司是专门为客户提供某种公共关系技术服务的公司。它们以各种专业人才、技术和设备，为客户提供单项的公共关系业务服务，如为客户制作广告，做形象调查等。专项业务服务公司规模一般不大，但服务内容灵活多样。

3. 专门业务服务公司

专门业务服务公司是为特定行业提供公共关系服务的公司。例如，专门帮助工商企业开展产品销售、形象设计，维护企业合法地位和良好形象等。

（三）公共关系公司的组织机构

公共关系公司的组织机构没有固定模式，从工作范围看，有局限于一地的小公司，也有跨地区、跨国度的大公司；从业务内容看，有承担单项业务的公司，也有承担多项业务的公司；从人员组成看，有几个人的小型公司，也有几十人的中型公司，还有几百人的大型公司。一般来说，6人以下的小型公司，由于人员少，机构设置极为简单，工作人员之间没有明确的分工，多是身兼数职。大中型公共关系公司一般由以下几部分组成。

1）行政部门。其主要工作是负责处理公共关系公司的行政事务，包括组织、制定和实施为客户服务的公共关系业务项目。行政部门的人员包括公共关系经理及相当数量的业务工作人员。

2）规划审计部门。其主要工作是对公司所承办的各项业务进行规划，审查项目的可行性，监督实施情况，并负责统筹安排人力、物力、财力，及时为各个项目提供指导和咨询，保证项目按时保质完成。

3）专业技术部门。接受并完成规划审计部门分派的与本部门专业技术相关的任务。人员主要由一定数量的精通专业技术的公共关系职业专家组成。

4）国际和地区部门。一些大型的国际公共关系公司为客户提供国际公共关系服务，设有地区部门和国际部门，由这些部门来完成有关地区和国家的国际公共关系服务项目。

（四）公共关系公司的业务

1. 公共关系公司的业务内容

公共关系公司的职能是为委托者提供公共关系的全部或单项服务；对委托者的公共关系工作进行指导、监督，提出建议及帮助或代替实施；帮助委托者与社会公众之间进行信息沟通与交流，以提高委托者的良好声誉和形象。具体业务内容有以下几个方面。

1）咨询诊断。是指总体的公共关系顾问咨询，如为客户进行企业或产品形象研究，作公共关系诊断，制定公共关系规划，为客户设计公众形象，为经营决策作参谋，提供专业化的公共关系顾问服务。

2）联络沟通。协助客户与有关的公众或组织联络沟通，建立和维持良好关系，如与政府的关系、与社区的关系、与名流的关系等。

3）收集信息。为客户搜集、汇编有关的信息、情报资料，如新闻剪报、市场信息、民意测验资料，以及各种政治、经济、金融、文化、科技等社会情报。

4）新闻代理。为客户策划新闻传播，包括为客户撰写和制作新闻稿件，选择新闻媒介，与新闻界建立联系，组织新闻发布会。

5）代理公共关系业务。为客户进行公共关系策划，代理客户从事日常公共关系工作或组织开展专门的公共关系活动等，如帮助客户编制公共关系经费预算、组织各种展览会、帮助客户编撰宣传资料、广告代理、推介产品、会议服务和礼仪服务等。

6）提供职业培训。公共关系公司凭借自身强大的实力和业务水平，采取多种方式为一些组织的内部公共关系人员提供职业培训服务，如派专家到组织中去办短期培训班等。

2. 公共关系公司的业务程序

公共关系公司的业务程序一般分为以下几个步骤。

1）接受客户委托并签订协议书。协议书的签订表明委托关系正式形成。这种委托的形成既可以由客户主动提出，也可以由公共关系公司主动联系。

2）调查研究与分析。针对客户的公共关系目标，对公共关系现状和影响公共关系目标实现的因素进行调查分析。

3）撰写委托报告书。根据调查研究的结果，向客户提交开展委托公共关系事务的详细方案的报告。

4）进行可行性论证。主要是对委托报告书中的方案是否能够达到公共关系目标，以及是否具备实施的条件进行论证。可行性论证要有客户代表参加，如果获得通过，可进行下一步骤，如果未能通过，则要重新进行调查研究与分析。

5）实施工作计划。在这个过程中，公共关系公司应接受客户的检查和监督，发现问题及时采取措施解决。

6）效果检测评估。评估的结果将作为公共关系公司此次业务业绩优劣的衡量标准。

（五）公共关系公司的优势

公共关系公司与组织内部的公共关系部门相比，公共关系公司具有以下四个方面的优势。

1. 专业

公共关系公司通常是由受过专业训练的公共关系人员和专家组成的，实践经验更丰富，其整体专业水平是一般的组织内部公共关系部无法比拟的。这样的优势一方面使公共关系公司能够胜任任何类型的公共关系工作，可以全方位地为客户提供公共关系服务；另一方面使公共关系公司提出的方案和建议更具有权威性，更具有说服力和影响力，容易引起委托者决策层的高度重视而被采纳和实施。

2. 客观

组织内部的公共关系部与组织有直接的利益关系，会有意无意地站在组织的立场上观察分析问题，其结论带有主观色彩，可能会有失公允，同时，组织内部错综复杂的人际关系也有可能影响公共关系部对具体问题的看法。公共关系公司与委托其办理业务的客户组织没有直接的利益关系，也不受客户单位内部人事关系的影响，因而可以以"局外人"的态度，冷静、客观地观察问题，实事求是地分析问题，得出的结论会更公正。

3. 灵通

公共关系公司长期从事公共关系实务，已经建立起了多种信息来源渠道，能够更广泛、更全面地收集各种信息。同时，公共关系公司在工作过程中与社会各类公众建立了密切的联系，形成了分布较广的社会关系网络。这些有利条件都能为委托者所用，为其开展一系列公共关系活动提供良好的服务。

4. 机动

公共关系公司可以凭借其强大实力，根据委托者的具体情况和要求，灵活组织相应的人力、物力和财力开展公共关系活动。同时，还可以在委托者遇到突发事件或有紧急公共关系任务时，临时抽调有关专业人员，组织专门的工作班子，集中力量解决问题，具有很强的机动性。

当然，公共关系公司同组织内部的公共关系部相比也有一些弱点。它对组织具体情况的了解不如本组织内公共关系部深刻和全面，为某一组织提供服务的时间不会太长，难以为客户制定和执行长期的公共关系计划等。

三、公共关系社团

公共关系社团是指社会上自发组织起来的、从事公共关系理论研究和实务活动的非营利性群众组织或群众团体。它主要包括公共关系协会、学会、研究会、俱乐部、联谊会等。在我国成立公共关系社团要依照国务院颁布的《社会团体登记管理条例》的规定到民政部门申请登记，经批准后组建，并在宪法规定的范围内独立开展活动。

相关链接 4.4

中国公共关系协会

中国公共关系协会网址为（http://www.cpra.org.cn）成立于 1987 年，是经民政部核准登记的具有全国性社会团体法人资格的非营利性社会组织，由公共关系专业机构、新闻媒体、教育、科研机构、政府有关机构和企业界人士自愿组成。协会业务主管单位是新闻出版总署。本协会宗旨是：遵守中华人民共和国宪法、法律、法规、政策，遵守社会道德风尚，引导和教育会员爱国、敬业、诚信、守法；加强行业企业的社会责任感，倡导行业自律，维护行业企业的合法权益；促进中国公共关系事业的发展，联络国内外公共关系组织、相关机构和人士，增进相互了解、发展交流与合作，为完善社会主义经济体制，实现中华民族伟大复兴作出应有的贡献。该协会自成立以来，致力于开拓和发展中国的公共关系事业，积极参与国际公共关系活动，弘扬中华民族文化，积极开展行业自律、资源整合、国际交流与合作、人才培训、理论研究等方面的工作，对促进公共关系事业的发展起到了重要的推动作用。协会把为会员、企业和政府服务作为工作的宗旨。协会还拥有众多国内外资深教授和业界专家队伍，与国内外相关组织、著名院校合作，举办职业认证和专业培训等；编著业界专业书籍、教材，提供各类国家权威培训，促进行业整体素质提高。协会通过举办各类讲座、论坛，为会员和行业提供及时的信息服务；通过举办各类活动，为不同行业之间、企业之间、国内与国际之间增进相互了解；为中国企业走向世界、为海外信息、人才、技术、资金进入中国提供服务。

（资料来源：http://www.jiasijun.com/yingxiao/china-gonggongguanxixiehui/）

相关链接 4.5

中国国际公共关系协会

中国国际公共关系协会（CIPRA）是一个具有联合国特别咨商地位的全国性公共关系专业组织，总部设在中国北京，它是中国公共关系行业的指导机构。其主要任务为：致力于公共关系的理论研究和实践探索，制定中国公共关系业发展战略；提高公共关系业及其从业人员的社会地位，维护公共关系从业人员的合法权益，规范公共关系业及从业人员的行为；提供多种形式、内容丰富的会员服务，密切中国公共关系组织同海内外相关组织的联系，推动中国公共关系业的职业化、规范化和国际化发展；开展民间外交，进行高层联络，通过多渠道、多形式的国际交流与合作，为国内外组织机构提供咨询，为我国的改革开放和经济建设服务。自1991年4月26日成立以来，该协会在推动中国公共关系业的专业化、规范化和国际化发展方面发挥了极为重要的作用，其开展的"中国国际公共关系大会"、"中国最佳公共关系案例大赛"、"中国公共关系行业调查"等活动成为中国公共关系领域最重要的活动。

（资料来源：http://www.wowa.cn/T_view_inf.asp?view_id=59351）

（一）公共关系社团的类型

公共关系社团的类型多种多样，根据我国的现状，主要分为学术型社团、行业型社团、综合型社团、联谊型社团和媒介型社团五类。

1. 学术型社团

学术型社团主要是指公共关系学会和研究会等学术性强的公共关系社团。其工作中心是总结、研究公共关系理论问题，把握公共关系发展的趋势和方向，及时为公共关系人员提供理论信息，进行理论指导，其开展工作的形式多为召开学术研讨会和交流会等。

2. 行业型社团

行业型社团是一种行业公共关系组织。由于各行各业开展的公共关系活动有各自不同的特点，因此，有必要成立联合组织，共同探讨本行业公共关系工作的方法和前途，以促进该行业公共关系活动的发展。目前，公共关系活动和组织的行业化在国际上已成为一种发展趋势，它保证了公共关系事业的深入发展，是一种很有潜力、大有前途的公共关系社团组织形式。

3. 综合型社团

综合型社团所从事的工作带有综合性特点，而且多为跨地域范围的团体，以公共关系协会为代表。综合型社团多为"民办官（政府）助"型，主要职能是服务、指导、协调、监督成员的公共关系活动。例如，1987 年 5 月，经国家体改委批准，中国公共关系协会在北京人民大会堂宣告成立。该协会就是由我国新闻、经济、教育、科技等各界人士发起的，以研究公共关系理论为基础，联络、协调、引导、组织各地公共关系事务的全国性群众团体。

4. 联谊型社团

联谊型类社团形式松散，没有固定的活动方式和严密的组织机构，也没有严格的会员条例，主要从事沟通信息、联络感情、建立良好人际关系的工作，如公共关系俱乐部、公共关系沙龙、公共关系联谊会等。

5. 媒介型社团

媒介型社团主要通过报纸、杂志等传播媒介进行联络，并以此为依托建立公共关系社团。其工作主要是直接利用媒介来探讨公共关系理论，普及公共关系知识，交流公共关系活动经验等，如浙江省公共关系协会依托《公共关系报》开展活动，西安的《公共关系》杂志等。

（二）公共关系社团的特点

公共关系社团自身的性质决定了它具有以下四个方面的特点。

1. 广泛性

公共关系社团的广泛性体现在它的成员既包括了公共关系行业中各方面的单位或从业人员，又包括了不同地区新闻、科研、文教和党政机关等各界人士。通过这种组织形式，可以建立更广泛畅通的信息渠道和社会关系网络，有利于成员间的相互沟通交流，更好地为各自的工作服务。

2. 松散性

公共关系社团虽然也是一种组织，但是没有严格的组织机构，也不具备强制性。其成员只是对公共关系有着共同的兴趣而聚在一起研讨问题，有来去自由的权利，组织机构也较松散。

3. 服务性

公共关系社团的广泛性使之具备了一定的优势，在社团中聚集了一批公共关系工作的专家，对公共关系理论和实践都较为精通，可以为社会提供咨询服务。为社会服务是公共关系社团的宗旨，服务的好坏是社团生命力所在。通过服务，既满足了社会对公共关系的需求，又提高了社团的知名度。

4. 非营利性

由于公共关系社团的宗旨是为社会服务，因此它并不是一个营利性组织。与公共关系公司不同，公共关系社团所提供的服务是无偿的，其本身不能从事商业经营。

（三）公共关系社团的工作内容

公共关系社团所从事的工作有以下五个方面。

1. 发展和联络会员

为了公共关系事业的发展，公共关系社团应把社会上各行各业的公共关系实际工作者和爱好者聚集在一起，共同探讨公共关系理论和实践。同时，公共关系社团应与会员及其他公共关系社团进行经常性的横向沟通和联络，以便形成网络，进行广泛的协作。

2. 制定行业规范

为了使公共关系事业走上良性发展的轨道，应该规范公共关系行业和从业人员的行为准则，这也是公共关系社团的一项基础性工作。当然，并不是所有公共关系社团都能做到这一点，这正是衡量公共关系社团是否正规的重要标准。世界各国的公共关系社团都十分重视这方面的工作，美国、英国等国家的公共关系协会都制定了明确的公共关系人员职业道德准则。

3. 普及公共关系知识

公共关系社团有义务向公众宣传和介绍公共关系的基本知识，以改变社会对公共关系的一些误解，并提高全民公共关系意识，为公共关系事业的发展营造更好的环境。

4. 专业培训

公共关系社团在条件许可的情况下，应为会员或公众提供公共关系技巧和管理能力方面的深造机会，开展各种公共关系的专业培训，以提高公共关系人员的专业素质。有的公共关系社团本身就是一所培训学校，如英国公共关系协会经常举办 CAM 证书和文凭两个等级的考核。

5. 编辑出版刊物

编辑出版刊物是公共关系社团为了进行公共关系宣传、开辟公共关系理论和实践研讨的重要手段。尤其是媒介型社团，编辑出版刊物是它们开展活动的基本工作内容。

第三节　公共关系人员

公共关系人员，也称为公共关系从业人员，是指以从事公共关系为职业的人员。他们是组织开展公共关系活动的最基本主体，其素质如何直接决定公共关系活动的成败。因此，研究公共关系人员的素质，以及怎样培养与考核公共关系人员具有重要意义。

一、公共关系人员的基本素质

素质是个人身心条件的综合表现，是个人生理、心理结构及其机能特点的总和，除身高、容貌、健康状况等生理因素外，主要是指个人的性格、气质、情感、意志、品德、知识、能力等。在人的素质中虽然有先天遗传的一面，但最主要的还是来自后天的社会生活实践。公共关系人员应该具备现代人全面发展的素质。例如，具有现代人的思维方式、知识和能力结构、观念意识等。结合公共关系职业的特性，公共关系人员的素质专指以公共关系意识为核心，以自信、热情、开放的职业心理为基础，配之以公共关系专业知识结构和能力结构的一种整体职业素质。

即问即答 4.6

你认为在公共关系人员这五方面素质中哪方面的素质最重要？

（一）公共关系人员的公共关系意识

公共关系意识是对公共关系的本质属性、特征、作用及活动规律、方法等，经过思维得到理论认识，并形成概括性的见解。现代的公共关系意识是现代公共关系实践在人们头脑中的反映和总结，是公共关系工作规律的体现，是做好公共关系工作的指导思想。现代公共关系意识主要包括以下六种意识。

1. 塑造形象的意识

塑造形象的意识是公共关系意识的核心。在公共关系思想中，最重要的是珍惜信誉、重视形象。现代企业都十分重视自己的形象，良好的企业形象，是一个企业的无形资产和无价之宝。国内外公共关系学者给公共关系下的定义绝大多数都强调公共关系工作的一个重要目的，就是塑造组织的良好形象。公共关系人员在工作中应时刻注意塑造并维护良好的自身形象和自身所代表的公共关系机构的组织形象。

2. 服务公众的意识

形象是为组织的特定对象所塑造的，这些特定对象就是公共关系工作的对象——公众。离开了公众，孤立的组织形象是毫无意义的，忽视了公众，组织的生存就会受到威胁，自然也就谈不上组织的进一步发展了。因此，公共关系人员应随时把公众的需要放在第一位，确立服务公众的意识。

3. 创新意识

组织的良好形象一旦塑造起来，就需要相对稳定。但相对稳定并不等于一成不变，它应是一种积极的稳定，即在稳定中孕育发展。既然组织的良好形象需要发展，那么，就必须有创新、有突破。而且，组织要赢得公众，首先要打动公众、吸引公众。因此，公共关系人员应具有一定的创新意识，能够设计、策划有新意的公共关系方案，特别是在竞争激烈的情况下，更是要思考怎样才能脱颖而出，成功地为组织争取到公众的支持。

4. 真诚互惠的意识

真诚互惠的意识是公共关系的功利意识。否认公共关系工作的功利性，是自欺欺人的。一个处在竞争社会中的组织，需要有一种竞争态势，但这种竞争不应是"你死我活"或"大鱼吃小鱼"，而应是既竞争又合作、共同发展、共同前进。因此，公共关系人员应该具有真诚守信、互利互惠的意识。

5. 沟通交流的意识

沟通交流的意识，实际上也可以说是一种信息反馈意识。组织为了塑造良好形象，更好地为公众服务，以实现其目标，就必须构架一个信息交流的网络，来掌握环境的变化，保护组织的生存，促进组织的发展。因此，公共关系人员应该对社会舆论有较强的敏感性，随时关注公众对组织的态度，注意收集与组织有关的信息，以便掌握环境的变化，保护并促进组织的生存与发展。

6. 高度的法律意识

所谓法律意识，是指扩大了的法制观念。公共关系人员作为一个社会的人，他的一切活动却置于一定的法律保护下。要取得法律的保护，首先得具有强烈的法律意识和一定的法律修养，自觉地遵纪守法，一切依法办事。切不可随心所欲，甚至明知违法而不顾。一定的法律意识对于公共关系人员来说有特殊的意义：一方面它为组织行为提供法律监控，依据组织与内外公众之间的法律关系的状况提出调整组织行为的建议，力求避免组织行为的法律失误。另一方面它能为组织提供寻求法律保护的依据，减轻或减少组织的损失。此外，它还有助于调解组织与公众之间的各种纠纷，当组织与公众发生矛盾时，能依据法律，本着公正、平等、合理、合法的精神参与调解，既要维护公众和组织双方的利益，又要尽力调解排除纠纷。

（二）公共关系人员的知识结构

知识结构是知识体系在求知者头脑中的内化，也就是客观知识世界，经过求知者有选择的输入、储存、加工，在头脑中形成的由智力联系起来的多元素、多系列、多层次的动态综合体。简言之，知识结构是指一个人所具有的各种知识的搭配和排列。公共关系人员具有的合理知识结构应由以下三方面知识组成。

1. 公共关系的基本理论知识

从事公共关系实践需要有理论的指导。公共关系的基本理论知识包括：公共关系的基本概念；公共关系的由来和历史沿革；公共关系的职能；公共关系活动的基本原则；公共关系的三大要素，即社会组织、公众和传播的概念和类型；不同类型公共关系工作机构的构建原则和工作内容；公共关系工作的基本程序等。这些基本理论知识，是公共关系人员顺利开展公共关系活动的前提和保证。

2. 公共关系的实务知识

公共关系的一大特点就是实务性强。公共关系人员除了需要精通公共关系的基本理论知识，还需要熟悉公共关系的实务知识。公共关系的实务知识可从两方面理解：一方面是公共关系的基本实务知识，包括公共关系调研的知识、公共关系活动策划的知识、公共关系活动实施和评估的知识、公众分析的知识、与各类公众打交道的知识、社交礼仪知识等；另一方面是组织有关的实务知识，任何一个公共关系人员都是为某个特定的组织服务的，因而，公共关系人员还应该具备与所属组织的公共关系活动相关的实务知识，如化妆品公司的公共关系人员就应该熟悉本公司销售的化妆品的功能、适应的人群等情况，而贸易公司的公共关系人员就应该了解相应的贸易法规、市场营销情况等。

3. 与公共关系学科密切相关的其他学科知识

公共关系作为一门新兴学科，具有多学科交叉的特点，而公共关系的实践活动也需要运用多种学科的相关知识，如在处理内部员工关系时，公共关系工作实际上是一种管理过程，在进行产品宣传时，公共关系工作属于市场营销的范畴，分析目标公众则需要运用社会心理学的知识等。因此，公共关系人员应该掌握与公共关系联系较密切的相关学科知识，包括管理学、市场学、营销学、新闻学、广告学、社会学和心理学等知识，以及一些社交礼仪、风土人情等方面的常识。

（三）公共关系人员的能力结构

公共关系人员的能力结构与公共关系人员的知识结构一样，它是一个系统，由一系列彼此关联的能力所构成。公共关系人员的基本能力有以下几个方面。

1. 较强的文字和口头表达能力

较强的文字表达能力是公共关系对公共关系人员的最基本要求。例如，公共关系人员与新闻媒介联络，要写新闻稿；公共关系人员组织演讲活动，要写演讲稿；公共关系人员进行特殊事件的组织与筹备，要写活动计划方案；公共关系人员参与组织管理，要写年度报告或工作总结，等等。大部分公共关系工作都要求公共关系人员有较强的文字表达能力。

公共关系人员做任何一项公共关系工作，都要与人交往，因而口头表达能力对他们十分重要。公共关系人员如果有较强的口头表达能力，就可以清晰、简洁、明了地表达思想，发布信息，且吸引人、打动人、说服人，从而收到良好的效果。简单来讲，公共关系人员应具备演讲口才、应变口才、论辩口才、模糊语言口才和幽默口才。

2. 良好的组织管理能力

公共关系人员经常要组织各种公共关系活动，这就需要公共关系人员具备较强的组织管理能力。在从策划到结束的公共关系活动全过程中，公共关系人员要能够协调各方面的关系，指挥、控制、落实公共关系计划和目标，处理各类纠纷和突发事件等。只有这样才能保证公共关系活动得以顺利地开展。

3. 健全的思维和谋划能力

当公共关系人员发现了组织中存在的公共关系问题，或预见到了组织将会发生的公共关系问题时，为了解决这些问题或防患于未然，他们还需在创新意识的引导下，发挥自己的想象力，来进行公共关系活动的全面策划和设计。古人云："人可以谋人，可以谋事，亦可以谋天。谋则变，不谋则不变，谋则成，不谋则不成。事成于谋。"因此，公共关系人员必须具备健全的谋划能力。

4. 高超的社交能力

公共关系的工作对象是经常发生变化的，这就要求公共关系人员具有能和不同公众沟通并赢得好感的能力。当面临的公众来自不同国度，有着不同性别、不同年龄、不同经历、不同文化水平及不同的兴趣爱好时，公共关系人员都要能够根据公众的具体情况，尽可能地争取公众对自己的理解、信任和支持。当然，高超的社交能力还要求公共关系人员具有优雅的风度、幽默的性格、端庄的仪表、广泛的兴趣和宽容的品德。

5. 敏锐的观察能力

公共关系工作的一个重要内容是预测外部公众的变化趋向，以及内部公众的思想情绪和行为意向，以便于提前制订应对计划和措施。因此，公共关系人员要经常对组织的情况进行调查研究，以把握组织和公众各方面变化，这就要求公共关系人员必须具备敏锐的观察能力。具备敏锐观察能力的人，往往善于从普通的资料、数据或新闻报道中看出问题，从平静的表象中发现潜在的变化。

6. 很好的随机应变的能力

任何组织都有可能面临无法预测的突发事件，而在突发事件的处理过程中，则需要公共关系人员具有随机应变的能力，这就要求公共关系人员在处理一些错综复杂的情况时，既能够灵活地根据情况的变化调整原有的计划和措施，又能够镇定自如地妥善处理出现的问题，尽量保证组织的形象不受损害、利益不受损失。另外，人们常说公共关系人员在与他人打交道时，要有一种忍让的精神，但这绝不意味着可以放弃原则。要想做到既忍让又不失原则，也必须要有一种很好的随机应变的能力。

7. 较高的理论政策水平

理论政策水平是公共关系人员文化素质的首要方面，直接关系到公共关系工作的方向，这也是公共关系工作特点的内在要求。公共关系人员的重要职能之一是抓住各种有利时机，向组织领导提供及时准确的政策咨询，这就需要公共关系人员有较高的理论觉悟和政策水平。因此，公共关系人员一方面要掌握国家的有关政策、方针，使自己的公共关系工作能纳入国家政策的大轨道，另一方面必须熟练地运用组织内部的有关政策和方针，使各项公共关系活动为组织整体目标服务。此外，公共关系人员还应关注和把握其他组织，尤其是竞争对手的方针、政策。

（四）公共关系人员高尚的职业道德

20 世纪 50 年代以后，强调职业道德是世界公共关系发展的一个重要特征。其重要标志是 1965 年 5 月 12 日在希腊雅典召开的国际公共关系协会全体大会上通过的《国际公共关系道德准则》（又称《雅典准则》）。该准则被许多国家所采用或以此为范例制定本国准则。此外，影响较大的还有《英国公共关系协会行为准则》和《美国公共关系协会职业标准准则》。1989 年 9 月 27 日，我国在全国省市公共关系组织第二次联席会议上提出了《中国公共关系职业道德准则（草案）》。2002 年 12 月 6 日，中国国际公共关系协会第三次会员代表大会审议通过了《中国国际公共关系协会会员行为准则》，并于 2003 年 1 月 1 日实施执行。从这些准则所规定的内容来看，公共关系人员高尚的职业道德主要可以归纳为以下三个方面。

1. 遵纪守法，不损害社会道德和他人正当权益

任何一个国家的公共关系人员，或者在任何一国进行公共关系活动的人员，必须遵守该国基本的法律、法规和社会公认的道德规范，这是公共关系人员最基本的职业道德。在公共关系实践中，某一组织的个体利益与社会整体利益有可能发生冲突，公共关系人员在这种情况下必须牺牲组织利益，不能采用不正当的手段和方式，不能违法乱纪或者损害其他组织的利益。

2. 忠于职守，自觉维护组织信誉

公共关系人员是代表某一组织进行公共关系工作的，应忠于职守，避免使用含糊或可能引起误解的语言；对当前和以往的客户或雇主都始终忠诚如一；在任何场合均应在行动中表现出对所服务的机构和公众双方的正当权益的尊重，以赢得有关方面的信赖；不能借用公共关系名义从事任何有损所属组织或公共关系信誉的活动。

3. 公正诚实，不传播虚假信息

公共关系人员在进行公共关系活动中，不能传播没有确凿依据的信息，或者为了个体利益故意传播虚假的或使人误解的信息。做好这一点既是公共关系人员对公众权益的尊重，也是从根本上长久维持组织良好信誉的保证。

相关链接 4.6

中国公共关系人员的职业道德

为了矫正公共关系界出现的某些不正确的公共关系行为，使公共关系人员有章可循，1989 年 9 月 27 日全国省市公共关系组织第二次联席会议提出了《中国公共关

系职业道德准则（草案）》（以下简称"准则"），全文如下：

1. 总则

中国的公共关系是在改革开放形势下出现的新生事物，它的诞生和发展对贯彻执行党的基本路线，对我国社会主义市场经济的发展和社会主义精神文明建设起着一定的推动作用。

中国公共关系人员在从事公共关系活动中，以塑造不同的人、团体和社会组织的形象以及促进他们之间的沟通、理解、和谐、拓展、合作，推进社会主义的公共关系事业为最高境界。

由于公共关系人员能够借助现代化的大众传播媒介手段直接或间接地与成百万人进行接触，并深刻地影响到公众的思想和生活，因而公共关系从业人员的这种能力必须受到严格的职业道德准则的制约。有鉴于此，公共关系组织部应该以《准则》所规定的各项原则自律。如果发现某个公共关系组织或个人在履行职责过程中违反了《准则》，则将被认为犯有渎职行为而受到相应的处罚。

2. 条款

1）每个公共关系人员必须使自己的公共关系实践和理论符合我国的宪法、法律和社会公认的道德规范，必须铭记自身的一举一动都将影响到社会公众对这种职业的总体评价。

2）在任何情况下，公共关系人员必须做到全心全意为我国社会主义事业服务，都应该考虑到有关各方的利益，首先应该考虑社会公众的利益，同时也应该考虑自己所在组织的利益。

3）公共关系人员在进行公共关系活动的时候，力求真实、准确、公正和对公众负责。

4）从事各种专业公共关系的专职人员应该在借鉴、钻研和实践的基础上努力提高各自的公共关系业务水平。

5）公共关系教育工作者应该以一种严肃、认真、诚实的态度对待公共关系高等教育和普及教育。

6）公共关系人员不得参与不道德、不诚实或有损于本职业尊严的行为。

7）公共关系人员不得为了个体利益故意传播虚假的或使人误解的信息。

8）每个公共关系人员不应该有意损害其他公共关系人员的信誉和公共关系实务。但是如果有证据证明其他公共关系人员有不道德、不守法或不公正行为，包括违反准则的行为，应该向自己所属的公共关系组织如实反映。

9）公共关系人员不得利用贿赂和其他不正当手段来影响传播媒介人员真实、客观的报道。

10）公共关系人员不得借用公共关系名义从事任何有损公共关系信誉的活动。

11）公共关系人员在国内外公共关系事务中应该严守国家和各自组织的有关机密。

（资料来源：//cjxy.nit.net.cn/rmcourse/landa/gggx/gggx1/m14/section14_4_right.htm）

（五）公共关系人员良好的心理素质

心理素质是指表现在人们身上的那些稳定的、本质的心理特征，如爱好、气质、意志、情绪、态度、性格等心理品质和特征。从公共关系职业的要求来看，公共关系人员应有的心理素质主要包括以下五个方面。

1. 自信乐观

自信，是对公共关系人员心理素质最基本的要求，是取得事业成功的基石，一个公共关系人员只有相信自己的能力和力量才能敢于去竞争，敢于去拼搏，敢于追求卓越，在人际交往中充分发挥自己的才能，抓住各种时机推销组织和自我形象。公共关系人员在社会交往中如果缺乏自信，就会在他人面前畏缩不前，失去正面宣传组织、塑造组织良好形象的各种机会。充满自信就会敢于面对一切困难和挑战，就能把握机会甚至创造机会去完成公共关系任务。同时，公共关系人员由于其工作的复杂性，会随时可能面临各种困难和挫折，这就要求其保持乐观的心态，相信情况能够有所好转，也相信自己有解决问题的能力。

2. 热情开放

公共关系工作不是一种整天吃喝玩乐的轻松工作，而是一种需要付出大量智慧和体力的艰辛工作。很多公共关系人员脑中几乎都没有 8 小时工作制的概念，他们有的只是加班加点超负荷工作习惯。没有极大的热情，没有全身心的投入，是做不好公共关系工作的。同时，公共关系工作又是与多种人打交道的工作，要求公共关系人员凭借热情开放的心理主动结交各类朋友，拓展工作渠道，打开工作局面。

3. 开朗和善

从行为特征上看，公关人员应办事真诚，作风正派。在意志特征上，要具有充沛的精力和坚忍不拔的毅力。只有这样才能处理好各种关系，应付各种复杂的公共关系任务，从而有利于公共关系工作的顺利进行。公共关系人员的性格有着特殊的意义，外向型的人心理活动趋向于经常对外部事物感兴趣，表现为开朗、活泼、善于交际，这些特点有助于人际间的沟通、交往和公共关系活动的开展。所以，外向型的人比较适宜从事公共关系工作，是公共关系最合适的人选。而内向型的人，心理活动趋向于内部，表现为沉默、孤僻，适应环境能力较差，从公共关系工作的特点来看内向型的人不太合适从事公共关系工作。

4. 宽容豁达

公共关系人员需要与不同类型的人打交道，要为组织建立、协调各方面的关系网络，在工作中就难免会遇到与自己意见不同，甚至发生矛盾的人。对此，公共关系人员必须具有宽宏大度、容人容事的气量，要能容忍他人的弱点和不足，容纳他人的不同观点，要能着眼于未来，不计小事小非，善于同各种各样的人结交朋友，善于求同存异，缓和尖锐的矛盾，摆脱尴尬的局面。公共关系人员还要能以豁达乐观的态度，冷静地对待和处理工作中的困难与挫折，不可斤斤计较一时一刻的得失。

5. 广泛的兴趣爱好

只有具有广泛的兴趣，才可能与各行各业，各种公众打交道，与他们有共同的语言区域，找到接近点，从而使之产生认同和亲近感，建立起相互之间的密切关系。因此，公共关系人员要根据工作的需要，培养自己广泛健康的兴趣。

二、公共关系人员的培养

公共关系人员基本素质的优劣直接决定组织的公共关系任务能否成功完成，而高素质的公共关系人员需要通过各种方式来培养和训练。

（一）公共关系人员的培养目标

根据公共关系工作的需要及个人特点，公共关系人员的培养目标主要是两类公共关系人才，即通用型人才和专业型人才。

1. 通用型：公共关系领导人才

通用型人才需要具有企业家的头脑、宣传家的技能、外交家的风度。通用型人才，知识面要广，头脑要灵活，思路要开阔，考虑问题要周全；具有较全面的智力结构、能力结构和完整的性格结构，在工作中能独当一面，担任公共关系工作的组织者和指挥者。他们即使在知识和能力上不是样样精通，但在组织和指挥方面却是一大专长。这类人才一般不从事公共关系工作的具体事务，只担任组织者和领导者，负责总体策划公共关系工作的战略和措施。这样的人才虽然需求量不多，但对公共关系事业的成功关系重大。因此，必须通过系统的公共关系理论教育和实践技能的训练，造就一批优秀的公共关系领导人才。其定位是：懂管理、会策划、善传播。

2. 专业型：具体公共关系人员

专业型人才要精通某一方面的公共关系技术，如新闻写作、广告设计、市场调查、美工摄影、编辑制作、绘画书法等。他们是某项公共关系工作的具体操作者，是健全的公共关系组织机构中不可缺少的人才。大量的具体公共关系工作需要他们来完成。这类人才在公共关系组织和企事业单位中需求量较大，同样需要专门的培养和训练。

（二）公共关系人员的培养原则

对公共关系人员进行培养，必须树立明确的指导思想，按照公共关系的基本原理及公共关系工作在我国发展的实际情况，合理制订教育计划，不断提高教学质量，使培养的公共关系人才适应现代社会发展的需要。在我国，公共关系教育培养必须坚持社会主义方向，符合社会主义的教育规律，还必须遵循以下原则。

1. 科学理论知识与思想品德教育相结合

开展公共关系教育与培养，既要搞清公共关系理论和相关的学科知识，对于公共关系的概念、规律、定理、原则等必须保证其内容科学正确，又要进行思想政治、道德品质方面的教育，并使两者有机地结合起来，忽视任何一方面，都会影响公共关系人才的质量，影响公共关系人才参与社会实践的适应性。

2. 理论与实践相结合

公共关系理论是前人经长期实践总结概括出来的规律。教育培训公共关系人员必须理论联系实际，并在实践中提高解决实际问题的能力。公共关系学是一门实践性很强的学科，应注重学习、参观、社会调查、撰写案例、论文等，要强调在实践中灵活运用理论知识。

3. 因材施教、因人施教

公共关系的教育培养，必须根据不同的学制、不同的教育形式来进行。还应根据受教育者的智力、能力、兴趣、性格、气质等不同特点有区别地进行。公共关系的教育培养应具有普遍性、适应性，使每个公共关系人员的个性潜力得到充分发挥。

4. 专业知识和综合知识相结合

公共关系教育培养应加强专业课程的设置，每项教育活动都应围绕公共关系专业目标进行。当代科学发展的趋势是自然科学、社会科学、人文科学的相互结合、相互渗透，公共关系学就是各学科高度综合的产物。因此，现代公共关系人才应具有较深厚的专业知识和较广博的综合知识。

（三）公共关系人员培养的途径

1. 正规院校学历教育

院校教育是公共关系人员培养中的正规教育，有系统和严格的教学计划、教学大纲、专业师资和专业教材，有明确的培养目标，教学要求很高。这种教育一般有两种类型，即在高等院校开设公共关系课程和在高等院校设置公共关系专业。

公共关系专业主要培养从事公共关系工作的专门人才，其课程设置有很强的科学性和系统性。通常公共关系专业的课程应包括以下三个部分。

1）大学教育中社会科学的基础课程。

2）与公共关系学相关的课程，如管理学、传播学、心理学等。

3）公共关系学的专业课程，包括公共关系学原理、公共关系实务和公共关系案例分析，以及公共关系人员必备的技能训练等。公共关系专业毕业的学生由于全面掌握了公共关系的有关知识，一般能直接从事公共关系工作。在国外，某些地方对公共关系人员还要定期进行资格考核，以确认其从业资格。

2. 岗位培训

公共关系人员的岗位培训主要是面向已经从事公共关系工作的人员，属于非学历教育，分为普及型培训与提高型培训两种。普及型培训是向非公共关系专业人员普及公共关系的基本知识，这些非公共关系专业人员在接受培训后有可能成为公共关系工作人员。而提高型培训主要面向有一定公共关系知识的工作人员，从某些方面提高他们的理论水平或工作水平。岗位培训的形式很多，没有固定的模式，较常见的有各种正规教育机构面向社会开办长期或短期培训班，各组织可聘请正规教育机构的教师或实践经验丰富的公共关系工作者到组织内部办短期培训班或举办专题讲座等。公共关系事业的发展是和经济的发展同步前进的，在经济高速发展的今天，公共关系工作的理论和实践方式也在不断地发生变化。因此，公共关系人员无论是否经过正规的院校教育，都应该根据行业和自身的发展情况，不定期地进行岗位培训。

3. 实践锻炼

公共关系学是一门应用性很强的学科，因此，公共关系人员的培训仅通过理论学习或间接学习他人的经验是不够的，必须加强实践锻炼。广泛参与公共关系的实践工作，在具体活动中对理论反复运用与检验，并不断摸索和总结经验，这是一个成熟的公共关系人员必须经过的阶段。只有通过这样的实践训练过程，公共关系人员的职业素质才能得到全面提高。

三、公共关系人员的考核

公共关系人员的考核有两层含义：一是指对公共关系人员的职业资格进行考查，检验其是否具备从事公共关系职业的基本素质。这是确保公共关系人员队伍质量，激励公共关系人员不断上进的一种方法。二是指组织内部对本单位公共关系人员的工作能力、工作状况进行评价，以其结果来判断公共关系人员是否称职，并作为奖惩的标准。

（一）职业资格考核

目前，国内外尚无公共关系人员职业资格考核的通用模式，但各国都开始在这方面进行尝试，其中具有代表性的是英国公共关系协会参与主持的 CAM 资格考试，以及北京市公共关系协会推出的公共关系人员岗位资格培训教育考评。英国的 CAM（传播、广告、市场教育基金会的缩写）考试分为两个等级。第一级有 7 门课程，包括市场、广告、公共关系、媒介、调查与行为研究、传播实践、商业与经济环境。公共关系人员只要通过其中 6 门课程的考试就可获得 CAM 传播研究证书，并可参加第二级考试。第二级考试分为两种类型，其中第二种类型是针对公共关系人员的考试，共有四门课程，包括商业组织的公共关系、非商业组织的公共关系、公共关系战略和管理资源。公共关系人员只要通过其中三门课程就可获得 CAM 公共关系文凭。目前，CAM 考试所认定的公共关系人员的资格，已为英国社会各界普遍承认。

北京市公共关系协会的公共关系人员岗位资格培训教育考评规定，北京市公共关系协会会员均需参加资格培训。其培训课程包括公共关系学概论、公共关系实务及案例、公共关系应用文书、管理学基础、广告学、商业谈判导论、传播学、舆论学、市场营销学和公共关系实用英语。培训按学分积分确定等级，学分累计满 10 分者，可获得北京市公共关系协会公共关系人员岗位培训四级资格证书；满 20 分者可获得三级资格证书；满 30 分者可获得二级资格证书；满 40 分者可获得一级资格证书。这种资格考试在全国引起了较大反响，对优化公共关系从业人员队伍，推动我国公共关系事业的发展有十分积极的作用。

（二）工作业绩考核

组织对本单位公共关系人员的工作业绩考核是组织对公共关系人员进行奖惩的标准，考核能有效提高本单位公共关系人员的工作积极性和公共关系工作的成绩。考核的办法有很多种，常见的有以下几类。

1. 量表评定法

量表评定法是用一种标准化的等级量表为工具，采用组织评、群众评、自己评等多种途径，对公共关系人员进行全面评定的方法。采用这种方法应注意设计的评定项目和计量方法要明确并合理，这样评定的结果既能客观全面地反映一个人的实际水平，又能明确地、合理地进行相互间的业绩比较。

2. 考试评议法

考试评议法是指通过口试或笔试方式，检查公共关系人员的专业理论知识和专业技术能力。评议则是采取多种方式征求相关人员对被考核者的意见，并组织分析、议论，最后得出公正的评价。这是组织新聘用公共关系人员或在现有人员中进行优胜劣汰时常用的方法。

3. 工作标准法

工作标准法是根据不同岗位的具体工作要求，制定不同的工作标准，并以此标准去衡量相应公共关系人员的优劣。这种方法有明确而具体的客观标准，比较公正合理，特别适合考核工作成绩。但是，有些岗位不易制定工作标准，也会给考核带来一定难度。

4. 相对比较法

相对比较法是根据各考核要素，把所有被考核者按两人一组的方式进行对比，并得出每组的优者与劣者。这种方法考核的结果较准确，但当被考核者数量较大时则会造成考核工作烦琐，因而适用范围有限。

小　　结

现代社会需要有专门的组织机构来从事公共关系工作。根据公共关系实践的历史和现状，可以将公共关系组织机构分为三类，即组织内部的公共关系部、社会上的公共关系公司和各类公共关系社团。公共关系部是设置在组织内部的、专门负责处理公共关系工作的职能部门。组织设置公共关系部必须遵循适应性原则、针对性原则、正规性原则、精简性原则和相对独立性原则。公共关系部的工作机构有领导直属型、部门并列型、部门所属型和职能分散型四种典型模式。公共关系公司，也称公共关系顾问公司或公共关系咨询公司，它是指由职业公共关系专家和各类公共关系专业人员组成，专门为社会组织提供公共关系咨询，或受理委托为客户开展公共关系活动的信息型、智力型、传播型的服务性机构。按国际惯例，公共关系公司有综合服务咨询公司、专项业务服务公司和专门业务服务公司等三种类型。公共关系社团是指社会上自发组织起来的、从事公共关系理论研究和实务活动的非营利性群众组织或群众团体，它主要包括公共关系协会、公共关系学会、公共关系研究会、公共关系俱乐部、公共关系联谊会等。

公共关系人员，也称为公共关系从业人员，是指以从事公共关系为职业的人员，他们是组织开展公共关系活动的最基本主体。一个优秀的公共关系人员首先应该具备现代人全面发展的素质。例如，具有现代人的思维方式、知识和能力结构、观念意识等。结合公共关系职业的特性，公共关系人员的素质专指以公共关系意识为核心，以自信、热情、开放的职业心理为基础，配之以公共关系专业知识结构和能力结构的一种整体职业素质。

知识掌握题

1. 什么是社会组织？社会组织是如何分类的？
2. 公共关系部有哪些职能？公共关系部工作机构有几种模式？
3. 试比较公共关系公司与公共关系部的优劣。
4. 公共关系人员应具备哪些基本素质？
5. 公共关系人员的基本能力是什么？

6. 如何对公共关系人员的素质和能力进行考核？

自测题

1. 下列属于社会组织的是（　　）。
    A. 学校　　　　　B. 企业　　　　　C. 军队　　　　　D. 个体户
2. 党派是（　　）组织。
    A. 互利　　　　　B. 营利　　　　　C. 服务　　　　　D. 公益
3. 军队是（　　）组织。
    A. 互利　　　　　B. 营利　　　　　C. 服务　　　　　D. 公益
4. 下列不属于公共关系社团特点的是（　　）。
    A. 广泛性　　　　B. 松散性　　　　C. 服务性　　　　D. 营利性

知识应用与课堂讨论题

2006 年度公共关系行业人力资源调查报告

1. 行业盘点

因为有了世界杯，2006 年的公共关系才如此精彩；因为有了印度，可口可乐才遇到了公共关系难题；因为有了 NBA，联想的公共关系课题才进一步展现；因为有了 1＋1＞2 的伟大设想，NIKE＋IPOD 才成为了朋友。2006 年的公共关系从这些大事中开始，也从这些大事上落幕。

20 年的中国公共关系，20 年量的积累至 2006 年度有了质的飞跃。从刘翔的伊利代言，SK-II 的重金属，雀巢的碘超标等公共关系事件的处理来看，中国的公共关系行业已经在成熟中稳步地发展。随着本土企业的茁壮发展，国内公共关系公司在整个市场中所扮演的角色已经越来越重要了。蓝色光标在香港举办的"2006 亚太公共关系大奖（Asia Pacific PR Awards）"中获得了"年度最佳专业公司"（Consultancy of Year）第二名的骄人成绩等，更是为本土 PR 企业辉煌的 2006 书写了浓墨重彩的一笔。

2. 人才状况

公关行业的蔚然兴起，自然也激发了人才市场的变革。随着公共关系行业的本土化发展，也意味着公共关系人才需求量的增大。曾有人说：会说英语的人，就能去做公共关系。并不排除这种可能，但随着公共关系行业的日益正规化，从全面化发展的趋势来看，只会讲英文是远远不够的。最初，本土公共关系公司成立之时，由于对这个新兴行业的懵懂，操作并不规范，只是从事其中某一个部分工作。例如，活动的策划与执行，媒体事件的撰写与发布等。这些都是从公共关系的某一个片面进行运作，而随着公共关系行业的日渐成熟与发展，全面地掌控了行业的四大要素，渐渐地从一点完成了到多点的蜕变，已经成为大势所趋。这时，对人才的要求也逐渐上升，既要求真正地了解公共关系行业的所有运作模式，又要能充分了解客户的需求。这些特点都变相地增加了招聘的难度，也加大了 HR

们的工作强度。

而公共关系这个行业因为工作形式与其他行业不同，它处在的位置，正如所有的服务机构一样，行业特性决定了必然需要多思、多想、多做，所以这个行业既要求员工具有很高的职业素养，又要求员工具有很强的服务意识。正因为这些行业特性，所以 PR 行业人员的年龄层次大多为 20～30 岁。很多年龄稍微大的一些人要么获得了职位上的提升，在某些公司中做到了 AD 或者 VP 的级别，要么去了另一家公司或者自我创业。

人才的培训也是 2006 年度各大 PR 企业人士所比较关注的一个话题。在一个高速发展的行业中，人才的培训至关重要，但仅有极少数的本土 PR 企业拥有比较健全的培训体系及育人机制，中国的 PR 发展时间毕竟有限，在培训体制上还有很多不完善的地方，这就在另一个角度造成了高端人才的紧缺局面。

随着中国经济的飞速发展，越来越多的外资公司进驻中国市场。本土企业与外资企业在市场上的竞争，使越来越多的本土企业开始重视公共关系领域，以扩张其产品在消费者中的知名度与认同度。机会大于挑战，2007 年，整个 PR 行业以超过 10%的增长率进行增长，从而对于人才的需求持续攀升，高层次的公共关系人才仍然会继续维持需求大于供给的状况。

3. 调查结果

关于 2006 年的公共关系人才市场状况，Minihunter 对行业内一些具有代表性的公司进行了调查，其特点及结果如下。

（1）百人规模成主流，行业融合是潮流

调查报告显示，23%的企业规模在 50 人左右，58%的受访企业规模在 100 人左右，16%的企业规模在 200 人左右，只有 3%的集团企业规模在 200 人以上。它表明了随着业务的发展，单一企业规模在逐步扩大，行业整合及相互融合的趋势将日益明显。

（2）关键岗位有空缺，普遍招聘都不好

在问卷中基本没有公司选择招聘效果较差，这表明经过 20 年左右的发展，尤其是最近几年的飞速发展，人才的培养及积累已经初步完成，市场上基础人才的供应还是比较充分；但有 59%以上的企业选择关键岗位空缺，表明市场上各方对高端人才的诉求还是非常渴望，而且随着高端 PR 人员走入公司或自立公司或者转投其他行业，这更加造成了高端 PR 人员的紧缺，因此，短期内这种供应矛盾很难得到解决。

（3）网络招聘普及好，猎头使用在提高

随着 2000 年左右的开始应用，到 2003 年"非典"的突飞猛进，网络招聘已经取代了 20 世纪 90 年代现场招聘会的形式，成为了当今招聘的主旋律，而且随着 51job 的上市，智联招聘及中华英才网的融资成功，三大平台的网络招聘服务及其产业链日益完善，几乎占据了招聘领域的绝大部分市场；几乎所有的受访 PR 公司不约而同地都在使用网络招聘服务。但网络招聘毕竟也有涵盖不到的地方，所以猎头或内部推荐等方式的使用比率也在逐步攀升，成为了 2006 年度人才市场的一大看点，预计随着高端人才的紧俏及同行业竞争的日趋激烈，PR 行业会更加重视猎头的重要性，其使用比率将会进一步攀升。

（4）企业文化是块宝，人才来了跑不了

企业文化建设，这个所有 HR 及企业家都在谈论的话题一直是企业建设及运营的重中之重。同样，在 PR 领域里，人们对这项指标的重视也是显而易见的，在被问及"影响招聘效果最主要的原因"时，有 68% 的企业选择了"企业文化"，有 22% 的企业选择了"薪资体系偏低"，只有 10% 左右的企业选择了"其他因素"。由此看来，持续的建设和发展与企业自身发展特色相结合的企业文化是影响企业招聘效果和未来发展的重要因素。

（5）员工发展很重要，薪资体系要提高

在员工最关心的问题中，56% 的企业选择了员工自身发展，所以员工的发展还是人们最为看重的一个问题；另外，有 22% 的员工比较关心的是企业文化和薪资体系。如何在有限的预算中尽量提高员工的忠诚度，本次调查还是提供了很明确的建设方向。

（6）岁岁朝朝春来到，忙忙碌碌好热闹

比照公共关系行业的行业特点来看，年底当拿完 Double pay & Bonus，又到了一个寻找机会的时侯，员工都在为明年寻找一个更加合适的平台。44% 的企业选择了第二季度作为企业的最佳招聘高峰期，各有 22% 的企业选择了第一季度和第三季度，只有 11% 的企业出于自身的业务情况和储备人才的考虑，将招聘高峰时间锁定在了第四季度。

（7）恰是岁末好光景，飘雪时节难逢君

根据行业特点，年底正值方案的发布，活动的执行，下一年度策略制定的关键时期，每个公司对人的要求都是比较迫切的，所以年底的招聘难度很大，从多家 TOP10 的 PR 公司委托运作的业务来看，年底招聘难度确实很大，所以在调查报告中有 58% 的企业选择认同第四季度是最难招聘的一个时期。

（8）未雨绸缪思先进，安得广厦千万间

在被问及公共关系行业的 HR 如何解决第四季度的招聘难题的时候，50% 的企业选择了提前储备人选，40% 的企业选择了加强与其他人才机构的合作，只有 10% 的企业选择认同加强招聘广告投放力度。所以，未雨绸缪才是解决年底招聘问题的关键所在。

（9）三分天下有缘由，收费效果加需求

当被问及目前 PR 行业的公司不考虑和猎头机构合作的原因时，收费太高、效果不好、不能真正理解企业需求的比例分别为 33%、33%、34%。这与整个行业的特点也有极大的关系，因为 PR 是一个新兴的行业，而且前些年企业赢利水平不高，周围圈子里的人相互之间比较熟悉，更多的时候是大家相互介绍，所以很少有专门的猎头机构涉足这个行业。同时，也客观地造成了招聘收费脱离实际。对企业及职位的理解不充分是造成最终效果不好的因素。但 Minihunter 作为业内唯一一个专注于 PR 行业的猎头机构，对于行业的认识及职位的把控自然有其独到的优势。

（10）术业专攻终有道，运筹帷幄效率高

当被问及如果考虑和猎头机构进行高级职位或者某些中级职位合作，最有可能考虑的方式是什么的时候，绝大多数的业内 HR 人员都会选择与猎头机构长期保持联络，通过猎头机构储备高级人才。因此，长期稳定的伙伴合作关系才是 2006 年度乃至未来 PR 行业的企业所要考虑的重要因素。

4. 解决方案

针对调查结果及长期以来服务于公共关系行业所积累的人才经验，对于目前公共关系行业的人才招聘状况制订出以下解决方案。

1）加强公司企业文化建设，针对公共关系行业的特点多组织一些旅游、文化沙龙、运动俱乐部等形式的文体活动，创造公平、和谐的企业文化，增强现有员工的企业认同感及凝聚力。

2）建立健全培训制度，构建内部知识共享平台，积极组织内部学习活动，对企业内部讲师进行定向培养。

3）关注行业动态，实时了解行业平均薪资水平，在保证公司利润的情况下，对公司核心员工进行多层次的物质奖励，增加员工的工作积极性和稳定性。

4）在中低端职位继续维持网络招聘的方式的前提下，针对高端职位和某些中端职位与猎头机构展开长期合作，提前做好人才储备的工作。

（资料来源：http://www.aliqq.com.cn/case/dyreport/93743.html）

思考：

1）你如何看待我国目前的公共关系行业人力资源状况？

2）针对我国公共关系行业人员的状况，你认为应对他们如何进行培养和培训？

3）就你看来，公共关系人员必备的素质有哪些？

情景模拟题

1. 情景介绍

某公共关系公司的人力资源部下岗位设置有招聘主管、薪酬主管、培训主管、绩效主管、员工关系主管，该公共关系公司拟招聘数名公共关系人员。

2. 模拟训练

1）同学们可自由组合或由指导老师组合成若干小组，分别扮演招聘主管、薪酬主管、培训主管、绩效主管、员工关系主管等组成招聘方，其他同学组成应聘方，分别商讨和制订各自计划。

2）招聘主管、薪酬主管、培训主管、绩效主管、员工关系主管等组成招聘方与其他同学组成应聘方进行模拟招聘演练。

3）表演结束后请全班同学分别给各小组评分。

项目 \ 得分	优 (90~100分)	良 (80~89分)	中 (70~79分)	及格 (60~69分)	不及格 (60分以下)
回答内容					
演讲水平					
回答技巧					
效果					

4）最后由指导老师进行点评和总结。

实践训练题

1. 实训项目

访问你所在城市的公共关系主体。

2. 实训目的

通过访问你所在城市的公共关系主体，了解公共关系主体的类型，公共关系人员应该具备哪些素质。

3. 实训内容

1）观察你所在城市有哪些类型公共关系主体。

2）写一份如何培养和提高自己公共关系素质的计划。

4. 实训组织

分析你所在城市有哪些类型公共关系主体，然后把全班同学分成几大组，各个组分别走访调查各类公共关系主体。

5. 实训考核

1）要求每位学生写出访问报告或小结。

2）要求学生填写实训报告。其内容包括：①实训项目；②实训目的；③实训内容；④本人承担任务及完成情况；⑤实训小结。

3）教师评阅后写出实训评语，将实训体会在全班交流。

【课下补充参考资料】

http://www.chinapr.com.cn.

http://www.cpra.org.cn.

http://www.cipra.org.cn/.

http://www.chspra.com/zhuanjia.asp?Lx=4.

第五章 公共关系的客体

学习目的

通过本章学习，要求达到：

知识目标：了解公众的概念和特征；

素质目标：熟悉各类公众的分类；

技能目标：掌握对各类公众处理的方法和技巧；

能力目标：能够运用所学公众概念和理论观察、分析现实公共关系问题。

主要概念和原理

公众 公众的特征 公众的类型 员工公众 顾客公众 政府公众 社区公众 媒介公众 竞争者公众 名流公众

公共关系，也称为公众关系，公共关系的工作对象就是各类公众，公共关系的工作任务就是与各类公众进行沟通，赢得各类公众对公共关系主体的理解、信任和支持。

案例导入

校领导看望春节留校学生

2010 年 2 月 10 日，成都电子机械高等专科学校郑予捷副校长在学生处赖芳处长及赵明、徐梅老师的陪同下到郫县校区看望了春节留校学生。郑校长一行来到学生三宿舍，代表学校向留校生送出了新年祝福，并为他们发放了春节慰问品及慰问金。同学们对校领导的关怀表示感谢，向慰问老师敬献了鲜花和新年贺卡，并一起共进了午餐，其乐融融。

（资料来源：www.cec.edu.cn/2010/2/24）

案例分析

学生是学校重要的内部公众，内部公众的心理状态、工作状态和协调合作状态，直接关系到组织效能的发挥，也直接关系到组织在生存和发展中的竞争能力。成都电子机械高等专科学校领导在春节来临之际，看望了春节留校学生，把学校领导对学生的关心送到了学生们的心坎上。因此，"内求团结"是公共关系的起点。这个案例启示组织必须首先处理好内部公众的关系。

第一节 公众及其分类

一、公众的概念和特征

（一）公众的概念

即问即答 5.1

公共关系的主体和客体都是群体吗？

公众是指与特定的组织机构或个人相联系的、所处地位相似或相同、具有共同的目的、共同的利益、共同的问题、共同的兴趣、共同的意识或文化心理等"合群意识"的人群总称。公众可以是个人，也可以是一个群体，但只有个人和群体的集合才称为公众。在日常生活中，公众与人民、群众、人群和受众几个概念容易混淆，下面对这几个概念作一介绍。

1. 人民

人民（people）作为一个政治及社会历史范畴，量的方面泛指居民中的大多数，质的方面指一切推动社会历史前进的人们，其中包括劳动群众，也包括具有剥削性但又促进社会历史发展的其他阶级、阶层或集团。

2. 群众

群众（mass）与人民相比，其内涵大，外延小，就是说，本质含义很大程度上是一致的；从范围上看，群众包含于人民之中，其内涵更具体、更稳定。人民是一个流动概念，在不同的历史时期有不同的内容，但其主体和稳定的部分始终是从事物质资料和精神资料生产的劳动者，这部分人就是群众。

3. 人群

人群（crowd）作为社会学用语，在量上指居民中的某一部分，在质上，人群是一个松散的结构，不一定需要合群的整体意识和相互联结的牢固纽带，凡是人聚在一起均可称之为"群"。

4. 受众

受众（audience）是传播学的概念，在新闻学、广告学中通用，其含义与公众很接近。从广告的角度讲，受众一词的含义是指信息的接受者。因此，受众是消极和被动的。而公众与组织的关系是相互的，公众会对组织施加影响，组织也会影响公众。可见，虽然从信息传播的对象、信息的接受者这个角度，可以把公众和受众看做同义词，但公共关系活动的目标是激起较强的公众参与。从公共关系角度看，公众是积极的、主动的，而不是消极和被动的。为解决语义上的差异，公共关系界趋向于把受众划分为"积极受众"和"消极受众"，公众是积极受众。

（二）公众的特征

即问即答5.2

一旦公共关系问题解决，公共关系意义上的公众就不复存在了吗？

公共关系学中的公众，有自身的特征，从上述定义出发，可以归纳为以下五个方面。

1. 同质性

公众的同质性可以与大众或群众的异质性相对应。公众的形成是因为公众成员遇到了共同的问题、共同的利益、共同的需求、共同的目的、共同的兴趣等。由于这些共同点与公共关系的主体发生联系及相互作用，构成了组织所面临的一类公众。组织必须分析公众内在的共同性才能正确地辨认公众。

2. 相关性

相关性是对特定组织机构而言的。这种相关性，首先，表现在公众总是与一定组织相联系的，没有脱离具体组织的公众。其次，表现为公众与组织的互相影响。公众的意见、观点、态度和行动对组织的目标和发展具有实际或潜在的影响力、制约力，同样，组织的决策和行为也对这些公众具有实际或潜在的影响力、作用力，制约着他们利益的实现、需求的满足、问题的解决等。再次，表现为利益的相关性。公众与一定的组织之间构成某种利益关系，一个组织所面对的公众，一般都是要求从这个组织得到某些相应权益的个人、群体或组织。这种相关性是组织与公众形成公共关系的关键。组织必须寻找、确定和揭示、分析这种相关性，才能确定自己的公共关系目标。

3. 变动性

公众不是封闭僵化、一成不变的对象，而是一个开放的系统，处于不断变化发展的过程之中。首先，由于公众的形成取决于共同问题的存在和维系，一旦问题解决，公共关系意义上的公众就不复存在。其次，公众作为一个社会群体来说，它在数量和范围上都是变化的。组织必须以发展的眼光来认识自己的公众。

即问即答 5.3

同一组织，群体或个人可以同时成为多种组织的公众吗？

4. 广泛性

任何一个组织所面对的公共关系对象均不是单一的，而是涉及面比较广的公众群体，它既有内部的公众对象，又有外部的公众对象。组织必须用全面的、系统的观点来分析自己面临的公众群体。

5. 多维性

公众的多维性，首先，表现在需求层次的多样化。公众包括各种组织、群体和个人，不同性质的组织、个人，其目的和需要都不尽相同。其次，表现在沟通方式和传播媒介的多样化。这也是由公众形式的多样性决定的。再次，表现在公众具有多重身份。同一组织、群体或个人可以同时成为多种组织的公众。

二、公众的分类

公众的构成是复杂的，科学的公共关系工作应该建立在科学的公众分类基础上，以便根据不同类型的公众制定不同的方针、政策和措施。下面介绍几种较为常用的公众分类的方法。

1. 按组织的内外部对象划分

根据组织的内外部对象，可以分为内部公众和外部公众。内部公众是指组织内部的成员群体，如管理人员、技术人员、生产人员、销售人员、辅助人员及股东等。这是内求团结的对象。外部公众就是组织的外部沟通对象，如消费者、协作者、竞争者、记者、名流、政府官员、社区居民等。

公共关系的政策需要内外有别。公共关系传播的信息是经过选择、整理的有序的信息资料，哪些在内部传播，哪些在外部传播；内部传播和外部传播在形式、内容、时间等方面都有区别。组织内部的情况不能毫无保留地宣扬出去，必要的保密也是一种重要的传播政策。在对外传播之前，内部传播必须统一口径，否则就会造成整体形象的混乱。

2. 按公众与组织关系的重要程度划分

根据公众与组织关系的重要程度，可以分为首要公众和次要公众。首要公众是指关系到组织生存与否，决定组织成败的那部分公众对象，如酒店客户关系中的特别重要的人物（very important person，VIP），就是首要公众的概念。这类公众关系须投入大量人力、物力与时间来维持与改善。次要公众是指那些对组织的生存和发展有一定影响、但没有决定性意义的公众对象。次要公众也不应完全放弃，在保证首要公众的前提下也应兼顾，因为次要公众也可能转化为首要公众。

公共关系的资源投入必须区分轻重缓急，不应绝对地平均使用。组织的公共关系投资往往是有限的，从投入产出的比率来看，应该清醒地认识到，虽然首要公众只占公众数量的20%或更少，可他们给组织带来的传播效益却可能占80%以上，因此对他们的公共关系投入应该占比较大的比重，使有限的资源用在刀刃上。

3. 按关系的稳定程度划分

根据关系的稳定程度，可以分为临时公众、周期公众和稳定公众。临时公众是因某一临时因素、偶发事件或特别活动而形成的公众对象，如因为飞机航班误点而滞留机场的旅客、足球场闹事的球迷等。周期公众是指按一定规律和周期出现的公众对象，如逢节假日出现的游客、招生时节的考生及家长等。稳定公众是指具有稳定结构和稳定关系的公众对象，如老主顾、常客、社区居民等。

划分临时公众、周期公众和稳定公众，是制定公共关系临时对策、周期性政策和稳定策略的依据。每个组织都难以事先完全预测到某些突发事件的产生，往往会面对一些临时公众构成的额外压力，需要公共关系部门进行应急处理，因此需要有应变对策。周期公众的出现则是有规律的、可以预测的，能够事先制订公共关系计划，做好必要的准备工作，按照一定的程序来处理。而稳定公众作为组织的基本公众，需要采取特殊的措施和政策，以示关系的密切性。

4. 按公众对组织的态度划分

即问即答 5.4

顺意公众、逆意公众和中立公众三者之间是否可以相互转化？

根据公众对组织的态度，可以分为顺意公众、逆意公众和中立公众。顺意公众是指那些对组织的政策、行为和产品持赞成意向和支持态度的公众对象。逆意公众是指对组织的政策、行为或产品持否定意向和反对态度的公众对象。中立公众是指对组织持中间态度、观点和意向不明朗的公众对象。

公众的态度是组织制定传播政策的又一依据。公共关系的一项基本政策是"多交友，少树敌"。因此，应该尽可能争取支持，减少敌意。首先，应该将顺意公众当做组织的财富，悉心维护这种关系。其次，要注意做好逆意公众的转化工作，改变其敌对的态度，即使不能将其转化为顺意公众，也应促其成为中立公众。再次，耐心细致地做好争取中立公众的工作，引导他们成为顺意公众，防止他们成为逆意公众；中立公众的态度倾向往往成为公共关系竞争中的决定因素，因此常常是公共关系工作的"必争之地"。

相关链接 5.1

毛泽东关于统一战线对中国资产阶级的策略

要将中国资产阶级区分为官僚资产阶级和民族资产阶级两个不同部分。同官僚资产阶级建立统一战线时，必须坚持独立自主的原则，采取既联合又斗争，以斗争求团结的政策。对民族资产阶级积极的一面进行联合，对其消极的一面进行批评，采取团结、批评、教育的政策。团结民族资产阶级参加新中国的建设，并经过国家资本主义和统一战线工作，逐步实行和平赎买。有偿地、逐步地将资本主义所有制改变为社会主义公有制。同时，通过说服教育，把这个阶级的绝大多数人改造成为自食其力的劳动者，并对其代表人物，给予适当的政治安排。

（资料来源：http://baike.baidu.com/view/55453.htm）

5. 按组织的价值取向划分

根据组织的价值取向，可以分为受欢迎的公众、不受欢迎的公众和被追求的公众。受欢迎的公众是指完全迎合组织的需要并主动对组织表示兴趣和沟通意向的公众对象，如自愿的投资者、慕名前来的顾客、为组织采写正面宣传文章的记者等。不受欢迎的公众是指违背组织的利益和意愿，对组织构成潜在或现实威胁的公众，如各种对组织抱有敌意的人士或对组织构成额外压力和负担的群体等。被追求的公众是指符合组织的利益和需要，但对组织却不感兴趣、缺乏交往意愿的公众，如著名的记者、社会名流等。

公共关系传播政策还取决于组织自身的目的和需要，以便使组织的传播活动与组织的利益相一致。受欢迎的公众是一种两相情愿、一拍即合的关系对象，不存在沟通的障碍，沟通的结果对双方都有较为平等的利益。而不受欢迎的公众则是组织不愿意与其交往，力图躲避，不愿接触，却对组织不断构成压力或威胁，成组织的"入侵者"的关系对象，组织往往需要采取针锋相对的传播政策。被追求的公众属于符合组织利益和需要，却存在较大的传播障碍、不易沟通、难以如愿的关系对象，组织成员需要制定较为特殊的传播对策。

6. 按公众发展过程的不同阶段划分

即问即答 5.5

公共关系要阻止所有公众都转化为行动公众吗？

根据公众发展过程的不同阶段，可以分为非公众、潜在公众、知晓公众、行动公众。

非公众是指与组织无关，其观点、态度和行为不受组织的影响，也不对组织产生作用的公众群体。潜在公众是指由于潜在的公共关系问题而形成的潜伏公众、隐患公众、隐蔽公众或未来公众。知晓公众是指已经知晓自己的处境，明确意识到自己面临的问题与特定组织有关，迫切需要进一步了解与该问题有关的所有信息，并开始向组织提出有关的权益要求的公众群体。行动公众是指已采取实际行动，对组织构成压力，并迫使组织采取相应行动的公众群体。

在公众发展的不同阶段，组织应该采取不同的公共关系对策。划分出非公众是为了减少公共关系传播的盲目性，提高公共关系工作的准确性和针对性，并避免不必要的浪费。对于潜在公众应该未雨绸缪，加强预测，密切监视势态的发展，分析各种可能的后果，制订多种应付的方案，积极引导事情向好的方面发展。对于知晓公众则应该采取积极主动的公共关系姿态，及时沟通，主动传播，满足公众要求被告知的心情，使公众对组织产生信赖感，主动控制舆论局势。对于行动公众必须采取相应的行动，将压力转变为动力，转变为对组织有利的合力。

第二节　内部公共关系的协调

内部公众是与组织关系最密切、最重要的公众。内部公众的心理状态、工作状态和协调合作状态，直接关系到组织效能的发挥，也直接关系到组织在生存和发展中的竞争能力，因此"内求团结"是公共关系的起点。

一、员工关系的协调

员工关系包括组织内的全部人事关系，是最重要的内部公共关系。员工是组织的成员，从内部公共关系的角度看是对象，从外部公共关系角度看又成为主体。良好的组织成效，有赖于全体员工的共同努力，只有建立起全体员工和谐、友善的关系，才能从根本上保证员工同心协力，而且员工对组织是否有归属感、认同感和自豪感，对于公共关系的成败具有决定意义。搞好员工关系的目的，正是要培养员工对组织的积极性和创造性。要搞好员工关系，可以从以下几个方面着手。

1. 准确了解员工的状况、想法、需要和存在的问题

了解员工的身体状况和思想状况，是搞好员工关系的基础。只有在此基础上，才能做出具体计划和部署：沟通和传播什么？怎样去促进沟通和传播？能够提出哪些切实可行的建议？需要解决什么问题？

2. 重视员工的物质利益要求

重视员工的物质利益要求，是建立良好员工关系的坚实基础。物质利益主要包括工

资、奖金、福利、工作环境等。员工作为现实社会中的人，为了生存和发展，参加组织的工作，其最直接的目的是以劳动换取一定报酬，他们关心组织的利益分配，要求改善物质待遇的要求是正当和合理的。一方面，公共关系人员要敦促组织领导重视改善员工的物质待遇，在可能的条件下，尽量改善好员工的物质待遇；要及时向组织领导反映员工对工资和其他物质利益分配的意见和要求；敦促领导认真贯彻按劳分配原则，力求在现有条件下公正合理地解决工资调级和利益分配问题。另一方面，组织要提高员工的物质福利待遇，又受到其经济效益和社会生产发展水平的限制，不可能完全满足员工的要求。这又需要公共关系人员通过沟通，如实地向员工们说明组织的经营状况、利润收入、分配政策和分配状况，以及组织的困难，以求得员工的谅解和合作，使员工对工资和福利待遇的期望值保持在现实和合理的水平上，对组织用于扩大再生产、更新设备、开拓市场、技术培训的经费开支予以理解和支持。

3. 尊重员工的精神需求，激发员工的工作潜力和工作积极性

精神需求主要包括赞扬、尊重、教育、参与管理等内容。公共关系学理论认为，把员工看做"给多少钱，干多少活"的"经济人"的观点是不对的，人还是追求精神需求的"社会人"。美国心理学家马斯洛认为，人的基本物质需求得到满足后，精神需求就会上升为主要需求。英国学者尼格尔·尼克尔逊对英国管理学会的 2300 名会员进行了一次调查表明：被调查者平均每人每 3 年换 1 次工作，他们另谋职业的动机往往不是金钱和其他物质利益，而是谋求更有挑战性、更受重用和更能发挥创造性的机会。精神激励的主要特点是引导员工在工作中寻求生活的意义和乐趣，通过在工作中的创造性活动获得尊重，得到心理上的平衡和满足。

4. 树立"以人为本"的观念，尊重员工的个人价值

如果个人价值得不到尊重，个人就会自轻自贱，或者强烈不满，产生不负责的行为。因此，应把个人价值和团体价值结合起来，相信和依靠员工，大胆放手让他们工作，及时肯定和赞赏他们的成绩和贡献，尊重其人格和自主权。日本松下公司的创始人松下幸之助经过常年观察研究后发现：按时计酬的员工仅能发挥工作效能的 20%～30%，而如果受到充分激励则可发挥至 80%～90%，松下先生探索出了用"拍肩膀"来激励员工，即当一个员工兢兢业业、一丝不苟地在车间里、机器旁工作时，常常会被前来巡视的经理、领班们发现，他们先是拿起零件仔细瞧瞧，然后会对着这个员工的肩膀轻轻拍几下，并说上几句"不错"、"很好"之类的赏识话，以资鼓励。

5. 让员工分享足够的组织信息，参与一定的组织管理决策，培养员工的主人翁意识

通过黑板报、内部刊物、闭路电视、组织内的有线广播、热线电话、会议、展览会、总经理致函等，向员工介绍组织的运转情况，组织的决策目标，竞争对手的情况，领导

工作的情况，模范业绩，组织的新产品、新技术、新设备，安全生产常识，员工新闻，福利情况等有关信息和重大决策，满足员工的知情权，使员工感到自己是组织的一员，得到应有重视。让员工在一定程度上参与组织决策，不仅只是具有确保组织员工民主权利的意义，也不仅有集思广益以求更正确和更科学的决策，而且可以使全体员工在精神上产生当家做主的满足感，从而把他们引向同一目标。当员工参与一定程度的管理和决策时，他们对自己参与决策的管理制度和措施，总是会身体力行去做，反之，如果员工希望表现自我能力的心理需要被忽视和受到压抑，就可能转变为组织中异己力量，就可能在"离心力"的影响下产生消极抵触和对抗的行为。

6. 建立健全合理化建议制度，培养员工的进取心和自豪感

员工最熟悉自己工作领域的情况，对自己所涉及工作最有发言权，员工中蕴涵着无穷的创造力，建立健全合理化建议制度，广泛征求收集员工改进工作方式、工作程序、操作技术的意见，对组织发展具有重要意义。这一方面使员工的创造力和潜能得到开发和利用，给组织带来巨大的经济效益；另一方面又使员工的成就欲望得到满足，从而产生自豪感和强烈进取心。同时，还能形成一种良好的风气，使员工人人关心组织，创造性地做好本职工作。例如，松下电器公司建立的"提案奖金制度"就很有特色，公司不仅积极鼓励员工随时向公司提建议，而且由员工选举成立了一个提供建议的委员会，在公司员工中广为号召，收到良好效果。仅 1985 年 1 月到 10 月，公司下属的技术一厂，仅有 1500 名员工，而提案多达 7.5 万多个，平均每人 50 多个。1986 年，公司员工一共提出 663 475 个提案建议，其中被采纳的多达 61 299 个，约占全部提案的 10%。公司对每项提案都予以认真的对待，及时、全面、公正地组织专家进行评审，视其价值大小、可行与否，给予不同形式的奖励。即使有些提案不被采纳，公司仍然要给以适当奖赏。仅 1986 年一年，松下电器公司用于奖励员工提案的奖金就高达 30 多万美元，当然这一年中合理化提案所产生的效益远远不止 30 万美元。正如松下电器公司劳工处处长阿苏津所说："即使我们不公开提倡，各类提案仍会源源不断而来，我们的员工随时随地在家里、在火车上，甚至在厕所里都在思索提案。"

7. 协调好正式组织与非正式组织的关系

每个组织都有一套正式组织系统，如科室、班组，这是为了执行组织任务，实现组织目标，按一定编制而形成的正式组织结构。实际上，每个组织内又有一种自然的、以感情为纽带而形成的非正式组织，它是以某种共同利益、观点和爱好为基础，其联络沟通活动往往比正式组织更紧密，有更强的内聚力和感召力。它一般由足智多谋或才干出众的人当首领，对其他成员具有心理上的指挥权，一般称之为"意见领袖"。非正式组织有不成文的奖惩方式，有比较灵敏的信息传递渠道，其成员往往更重视非正式组织的行为规则，当这些行为规则与正式组织的行为规则相抵触时，他们多半宁可违背正式组

织的行为规则，也不愿意背弃非正式组织的行为规则，这就使非正式组织中的工作情绪和工作气氛对正式组织的群体风气影响很大，因此公共关系人员应引导非正式组织活动向健康方向发展。具体措施如下。

1) 要了解各种非正式组织的分布和活动状态，分析其活动的积极性和消极性，注意表扬和发挥他们的积极作用，将其导入正轨，并注意了解消极性产生的原因，以便对症下药。

2) 学会与非正式组织的"意见领袖"交朋友，了解和利用他们的长处，工作遇到阻力时，先向他们做详细解释和说服工作，还可以把他们推荐为正式组织的管理人员，使其对正式组织的影响趋于健康。

3) 利用非正式组织成员间互相信任、说话投机、情感密切的特点，让他们形成正式组合，独立承担生产任务，并引导他们互帮互学，共同提高技能。

总之，对于任何组织来说，建立良好的员工关系需要长期不懈的努力，每个组织的情况不同，建立良好员工关系的方法措施也各异。组织的公共关系部应不断探索新方法、新路子，以适应新形势、新环境的变化，搞好员工关系，达到增强组织自身的凝聚力，调动员工积极性和创造性的目的。

二、股东关系的协调

公共关系股东工作的目标一般有以下三项。

1) 稳定现有的股东队伍，坚定他们对组织的可靠性和发展能力的信心，使其愿意长期保有组织的股票，不轻易抛售、转让组织的股票，并尽可能争取他们增加投资。

2) 创造有利的投资环境和投资气氛，使潜在的投资者增加对组织的了解和信任，吸引更多的投资者，为组织拓展广阔财源。

3) 增加股东对组织的关心程度和支持程度。美国股东协会的一份调查报告表明，约有 50%以上的股东不清楚他们所在公司的产品和服务，约有 57%的股东忽视他们所在公司的产品。因为股东毕竟不是直接经营管理者，而且普遍存在一种坐享其成的心理。如果让股东时刻关心组织利益，支持组织活动，就需要通过公共关系人员的努力，使股东认识到，组织的兴旺发达也是他们的利益所在、义务所在，想方设法使股东积极关心组织的经营管理和生产、销售，支持组织的活动，成为组织的积极成员。

要达到公共关系股东工作的目标，就要了解股东的心理，掌握股东的兴趣。一般说来，股东之所以投资，主要是因为希望有较优厚的红利，但是不要以为只有红利才能吸引股东，股东还特别重视和珍惜自己的权利。股东有了组织的股票，自然会产生一种"主人意识"，希望得到组织应有的尊重和重视。股东常常认为是否关心组织活动是他们的自由，但作为组织有义务让股东知道组织的动向和经营情况。股东应了解组织的分配政策和分配情况，如果可能还应对组织的决策进言。因此，公共关系部首先应定期向股东通报组织的有关情况，包括组织的工作目标，改革和发展计划，组织的产品、服务项目和新拓展的业务，股东利益的分配政策，组织在同行业中的状况和竞争地位等；其次应注意征求和倾听股东的意见，及时向有关部门转达，包括股东对组织经营管理方面的意见和建议，对组织产品或服务的构想，股东了解的社会上对组织的各种反映和评价，股东对股息分配的意见和建议等。

做好公共关系股东工作，保持与股东联系的方式主要有以下几种。

1）分发年度和季度经营报告。尤其是年度报告，它是组织与股东信息交流的主要手段，许多股东就是根据年度报告来了解组织经营状况，判断组织形象和信誉的。例如，美国电话电报公司有 300 万股东，每年它都要印制 360 万份图文并茂的公司年度报告，在报告中公布公司向公众和国家提供服务的全部情况，使年度报告成为赢得理解和支持的重要工具。年度报告中应力求将股东要了解的信息加以详尽地说明，如财务状况、生产和销售的情况，以及人事安排等情况。

2）寄发组织的刊物和产品或服务资料。不少股东平时也十分关注组织的运行，因此定期将反映组织的刊物送到股东手中，或者在刊物上开辟股东园地，发表股东的意见和建议，不仅有利于信息交流，也有利于情感联络，还有助于股东进一步了解组织活动，并可以帮助组织宣传、推销产品或服务，扩大组织影响。

3）组织股东参观。遇到组织的重要纪念日，或隆重的礼仪活动，可邀请股东前来参加活动，或参观组织的某些活动过程，使股东感到自己备受组织的重视和尊重，从而产生与组织荣辱与共的感受，更积极地投入支持组织的活动。

4）举行节日招待会或致感谢信。每逢元旦或春节等节日，举行与股东的联谊会或茶话会，和股东面对面地交换意见、交流感情；也可以采取由总经理致函感谢的方式。美国通用食品公司每逢圣诞节便为每位股东准备一套本公司的罐头样品，股东们为此特别礼物而十分高兴，不仅竭力向人们夸耀该公司产品，而且还拟出一份详细名单寄给公司，请公司按名单把圣诞礼物寄给其亲友，结果每年圣诞节通用食品公司都要收到一大批订单。

沈阳金杯汽车股份有限公司在搞好股东关系上，着重表现在以下两方面。

1）金杯汽车股份有限公司把尊重股东作为密切股东关系的原则，公司不把股东当做单纯的投资—分利者，也不满足于仅仅为股东提供某些实惠和方便，而是充分信任股东，让他们参与企业的经营管理活动，认真听取他们对公司的看法和意见，使他们真正成为企业的主人。

2）重视与股东的信息沟通，金杯汽车股份有限公司成立仅 2 年时间，就召开了 3 次股东大会和董事会，会上由总经理向股东们汇报公司的生产和财务情况，此外公司还注重日常联系，采取赠送公司刊物《金杯汽车报》，邀请股东参观公司下属工厂等形式及时与股东沟通信息，争取他们对公司的了解、信任和支持。正因为这样，当金杯汽车股份有限公司面临困难时，股东才会与公司同舟共济、共渡难关。

相关链接 5.2

处理股东关系的传播手段

为了促进企业与股东之间的信息交流，进一步沟通双方的联系，企业公共关系部应采取各种传播交流手段进行交流。

1. 利用年终总结报告进行交流

利用年终总结报告是企业与股东进行交流的主要手段，也是企业向股东汇报一年来经营状况最重要的机会。因此，应给予足够的重视。因为，许多股东往往就凭年终总结报告来判断企业的信誉和形象。年终总结报告的内容应尽量详尽无遗。

年终总结报告通常包括以下几个方面内容。

1）财务状况、生产和销售水平。

2）人事安排、工会组织情况。

3）劳资关系。

4）其他问题。

2. 召开股东大会和向股东散发企业资料

企业可根据情况举行定期或不定期股东大会，以向股东汇报企业的各方面情况。此外，还可设立季度报告、股东刊物、股东通讯、财务通告、各种小册子等向股东汇报和交流信息。在必要的时候，甚至可直接访问股东，征求意见等。要开好股东大会，对于企业公共关系部门来说，必须做好下面几个方面的工作。

1）召开企业股东大会，要采取书面的形式，通知企业股东。书面通知书应在会议召开前的指定时间内，送交股东手中，以便能够使其有充足的时间对会议的内容进行充分的思考和准备；送给股东的通知书，要求文字简洁，对会议召开的时间、地点及议题要有明确说明；有条件的企业，要特别讲究通知书的印刷，以示郑重。

2）在选择会议地点时，要考虑到交通问题。同时，还要注意舒适性。对于会议日程的安排，要做到紧凑和丰富。对于在会议上的发言者，要事先通知，使他们做好充分的准备。尤其是企业的总经理提交给股东大会通过的各项议案，必须由企业公共关系部参与起草和拟定。

3）在会议期间，如果有条件，应当安排一些其他活动，如举办股东聚餐会，组织股东参观企业或旅游。这样既可以密切企业与股东的联系，也可以提高股东大会的到会率。例如，美国渥美可公司每年都要在股东大会上放映一部当年的最新影片；诺顿塞公司则在一年一度的股东代表大会上，向所有到会的股东赠送一袋当年公司生产的最新产品。

4）在举行股东大会期间，企业公共关系部要注意把股东大会进展情况、讨论的内容及形成的各种重大决议，及时地告诉企业的全体职工。因为股东大会讨论的内容及形成的重大决议，既关系到企业未来的发展，也会影响到企业职工的切身利益。所以，使企业职工及时了解股东大会的情况，对于贯彻会议精神十分重要。例如，美国西方电报公司公共关系部，在公司每年举行的股东年会上，都要借用公司自身的微波通信和卫星电视技术，向分布在全国各地的 50 多个子公司和工厂，转播股东年会的实况。这无形中也使全公司的职工，都成为了股东大会的"参加者"。

总之，正如美国公共关系学家 F.P.塞特尔所说："股东年会像其他的沟通工具一样，要在股东中间活用，来促进股东对公司的好感和提升公司的正面形象。"

3. 企业同股东沟通的方法

企业同股东沟通常用的方法有以下几个方面。

1）鼓励股东直接参加本企业各种会议，提出有关改善技术与管理的建议。

2）每年函寄红利支票，逢年过节邮寄各种产品并报告企业近况。

3）招待股东参观企业实况，并与高级人员会晤或与职工聚餐。

4）将企业的公共关系方案的详细内容告知股东，使其对企业的远景有深刻印象。

（资料来源：http://wiki.mbalib.com/wiki/%E8%82%A1%E4%B8%9C%E5%85%B3%E7%B3%BB）

第三节　外部公共关系的协调

外部公众是组织生存和发展的重要外部条件，也是组织在活动中，遇到的数量最大、层次种类最复杂的公众。外部公众的理解和支持，是现代社会组织正常运转的必要条件。因此，"外求发展"是公共关系工作的重点。

外部公众是公共关系工作的重点。现代社会的各种社会组织，在其活动过程中，不仅要和不同于自身性质的社会管理机构、执法机构、福利和服务机构、科研教育机构、工商机构、新闻机构、文化机构打交道，而且还要同各种各样的同行竞争者和各式各样的个体公众打交道。一方面，社会组织要向社会各界提供自己的产品和服务，为社会和其他组织发展作出贡献，另一方面，社会组织需要依靠社会提供政策、法律、科学、技术、资金、劳务、原材料、市场、理解、支持等多种社会服务。这种组织之外，为组织提供服务和支持的，或组织为其提供产品和服务的各种社会关系，就是组织的外部公众。不言而喻，任何组织对其外部公众都有强烈的依赖性。外部公共关系工作的主要特点是通过沟通、传播、交往和服务来交流信息，联络感情，巩固和扩大社会联系。

一、顾客关系的协调

顾客关系，又称消费者关系，它是企业组织重要的一种外部公共关系。凡是为社会提供服务或产品的组织都存在顾客关系，这里的顾客既指生活资料的消费者，也包括生产资料的用户，还包括精神产品的消费者，实际上是指各种社会组织与消费者、用户、客户、顾客的关系。那么如何建立良好的顾客关系呢？

即问即答 5.6

你是否赞同"顾客永远是对的"这句话？如果你赞同，那么吃"霸王餐"的顾客对吗？

1. 树立"顾客至上"的观念

顾客的意愿行为是组织的生产和服务行为的导向，如果没有顾客公众的存在，组织的生命也就停止了，顾客成为企业组织首要公众和取悦的对象，是企业组织的衣食父母。因此，组织的行为和宗旨不能不服从于顾客的利益和要求。日本日立公司广告课长和田可一早在 20 世纪 60 年代就指出："在现代社会中，消费者就是至高无上的王，没有一个厂商胆敢蔑视消费者的意志，蔑视了消费者，一切产品就会卖不出去。"日本松下电器公司的创始人松下幸之助坚信"顾客就是上帝"的原则，他说："我们每天都要测量顾客的体温，只有正确了解了顾客的意愿，才能把握组织行为的方向。"

"顾客就是上帝"，此话虽然说得太绝对，但是作为一种公共关系的工作原则，树立"顾客就是上帝"的思想，使组织的一切活动都以顾客的利益和需求为出发点，则是完全正确的。正如美国企业公共关系专家瑞特所说："无论大小企业都永远必须按照下述信念来计划自己的方向，这个信念就是：企业要为消费者所有，为消费者所治，为消费者所享。"尽管有少数顾客可能提出过分的要求和无理取闹，但是只要采取理智的态度，尊重他们，力求冷静地处理矛盾，就可争取他们态度的转化，赢得其他广大顾客的同情和赞誉，同时为组织树立良好的形象。台湾一个企业家曾经说："尊重刁钻古怪的顾客，可以使他到处宣扬本公司的好处，因为像他这种'鸡蛋里面挑骨头'的人都能感到本公司的温馨和耐心，那么介绍其他顾客来本公司，就更加一百个放心了。"

"利润第一"还是"顾客第一"，这是从市场经济产生直到今天一直存在的两种对立的经营观念。毫无疑问，追求利润是市场经济条件下企业发展的基本动因和本质特征。但是深想一层，企业怎样才能实现自己的利润目标，最根本的就是企业所生产的产品或提供的服务必须得到市场的认可和接受，也就是必须有顾客需要，有顾客喜欢，有顾客购买和使用。企业必须通过满足顾客和社会需求来换取自己所希望的利润，利润不是企业单纯的追求，而应该是顾客重视和赞赏企业产品及服务所投的信任票，只有赢得顾客信任和好感的企业，才可能较好地获得自己的利润。所以，从企业的政策和行为的基本导向来说，应该把顾客放在第一位。

2. 向消费者提供优质产品和优良服务

为顾客提供适销对路的优质产品和优良服务，是建立良好顾客关系的起点，也是企业生存和发展的根本。例如，海尔集团在十几年的经营实践中，形成了海尔独特的管理模式——OEC，即 OverallEvery Control and Clear。其主要内涵是："日事日毕，日清日高"，即在企业的生产过程中实行严细管理，切实把"质量是企业的生命"的价值观落实到每一个员工身上和每一个生产环节中，经过长期的努力和积累，终于使海尔通过美国 UL、德国 VDE、加拿大 CSA、澳大利亚 SAA 等多国质量认证，并成为中国家电行业率先通过 ISO 9001 国际质量认证的企业集团，荣获中国家电行业的"第一品牌"的称号，其产品赢得无数顾客的信赖和钟爱。有的企业销售商品时贴出公告："商品离柜，概不退换。"其结果，一是使人怀疑商品的质量，因为过硬的商品不怕退换，也不会退换；二是使一些抱着试一试心理的顾客打消了念头，结果失去许多成交机会。

占有世界计算机设备市场 40%份额的 IBM 公司，为了树立"为顾客提供最佳服务"的市场形象，专门挑选一批优秀的业务人员担任为期 3 年的主管助理。在 3 年之中，他们唯一的任务就是：对任何顾客的抱怨和疑难必须在 24 小时之内给予解决。有一次，美国佐治亚州亚特兰大市一家公司使用的 IBM 计算机出了故障，在几个小时之内，IBM 公司就派出 6 位专家去维修检查，其中 4 位来自欧洲，一位来自南美洲，还有一位来自加拿大。为了使顾客满意，他们不计成本，不惜一切代价。IBM 公司因此成功地树立起了"IBM 意味着最佳服务"的良好企业形象。

顾客对商品的需要是多方面的，企业应为顾客提供具有特色的产品和服务。例如，北欧航空公司经过市场调查发现，实业界人士是本公司的重要顾客，从长远来看，载运公务旅客更是获取利润的主要来源，而以往这类旅客未受到重视。北欧航空公司决定改弦易辙，办成一家独具特色的"公务旅客航空公司"。于是他们不惜耗费巨资将客机整容翻新，取消一等舱，变为公务旅客的"欧洲舱"，接着公司又将改进型公务舱推广到越洋航线，并在有的班机上辟设"空中办公室"，安装有录音、录像播放系统，提供复印等办公服务，机场也有为公务旅客服务的专用柜台和"宁静候机室"，优异的服务受到了各大洲实业界人士的欢迎。

3. 收集顾客信息，了解顾客心理

只有了解顾客的需求意愿、消费心理、消费习惯和对组织的意见，才能搞好市场预测，使产品和服务更好地满足顾客需要，使顾客感到满意，对组织产生好感。①收集顾客信息，包括顾客的年龄、性别、职业、爱好；顾客对产品的性能、种类、质量、包装及价格的评价和要求；顾客对企业售后服务的反映；顾客对产品交货期限是否满意；顾客对企业的基本印象；顾客对服务人员的态度是否满意等。所有这些信息都应尽量收集，并分类、归档。②传播企业信息，包括企业的宗旨、政策和历史；产品性能、规格及销售方式；售后服务的具体标准和方法等。这些信息都应尽量迅速、准确地送达给顾客。

许多经营有方的公司都有一条成功的经验，就是注重来自顾客的信息，根据顾客的要求改进或增加新产品，他们都很乐意"被顾客牵着鼻子走"。美国日用化学产品巨头 P&G 公司首创"顾客免费服务电话"，只要顾客打来有关产品问题的电话，一律由公

司付电话费。1979 年，该公司共接到 20 万次顾客电话，包括顾客对产品提出的设想和批评。公司对于顾客的电话，不但每次均给予答复，而且把每月的电话内容加以综合整理，进行分析研究。公司许多产品改进的构想主要来源于这种"顾客免费服务电话"。沈阳北方商业大厦曾搞过一个"花钱买意见"的活动，该企业 1986 年 8 月在沈阳及辽宁的报刊与电台登出启示：公开请社会各界人士给北方大厦提意见或建议，给予奖励，消息播出后立即受到广大顾客和社会各界的关注，这项活动不仅买到了 3435 条意见和建议，更重要的是买到了广大顾客对该企业的一片真心。又如美国玛特耳玩具公司生产了一种玩具，在美国是畅销货，到了日本后则很少有人问津，他们通过调查了解到日本的社会习俗、文化心态，以及日本人的生活爱好，认识到日本人的民族感很强，骨子里是不喜欢洋人的，于是他们就把玩具娃娃的金发碧眼换成黑发黑眼，由于适应了日本妇女、儿童的口味，从此打开了销路。

4. 传达组织信息，进行消费教育

向顾客传达的信息有：组织的宗旨、政策、计划、业务项目、服务方式、组织的难处和努力的方向，以及向顾客介绍新技术和新产品等。对顾客实施科学的教育和引导，既体现了企业的一种社会责任，又是加强顾客双向沟通的有效途径。一方面企业不仅要根据顾客的需要来组织生产，而且还应主动地开展各种形式的市场教育活动，用企业的产品来影响顾客，在社会中倡导符合时代要求的消费观念和生活方式，引导顾客科学消费，不断提高人们消费生活的质量；另一方面，由于顾客个人经验、知识的局限，再加上市场上产品丰富，新产品不断增多，产品的技术含量也日益加大等原因，使现代顾客在决定其购买行为时越来越感到无所适从，迫切需要有懂行的人来给予指导。因此，企业应制订专门的市场教育计划，配合企业营销工作，利用培训班、技术鉴定会、新闻发布会、广告宣传等形式，向顾客介绍有关的技术知识和产品知识，告诉顾客怎样挑选、购买、保管、维护、加工、使用、享受和消费后处理等知识。

日本的日立公司提出的消费教育方针是："指导人们妥善地利用电气化所得到的闲暇时间，是以电气化家庭为使命的日立公司的社会责任。"该公司在本国内设立了 7 个"日立家庭中心"，专门指导日立公司的顾客如何利用闲暇时间设计生活、美化生活，如设在东京的"日立家庭中心"，专门设有"妇女俱乐部"，特聘名师指导讲授烹饪、缝纫手艺、日本舞蹈和芭蕾舞等，并举办电影、音乐、话剧等欣赏会和其他康乐活动。北京西城区的京华自选商场，则由身穿西装、身佩红色绶带的导购小姐向顾客介绍产品性能，帮助顾客在 6000 多种商品中尽快买到称心如意的商品。引导顾客消费的目的就是培养企业稳定的顾客公众群，通过情感培养和竭诚服务，保持产品较高的市场占有率。

5. 妥善处理顾客投诉，做好售后服务工作

任何组织都难免会发生差错和失误而受到顾客的抱怨和批评，差错既已发生，倘若

听之任之，不仅有损顾客利益，也有损于组织的名誉。公共关系人员应认真、严肃、耐心、诚恳地解释或解决问题，平息顾客的不满，稳定顾客情绪，缩小纠纷引起的不利影响，如赔偿顾客的经济损失，向顾客赔礼道歉，或者将本组织服务改进情况以适当的方式通知顾客，让顾客感到自己是受到组织尊重和重视的。美国通用电气公司、可口可乐公司和英国航空公司投资了数百万美元，力求把顾客的抱怨处理得更好。他们的具体做法是：设立 800 号码的免费电话系统，或进行严格的职员培训，或遵守慷慨退款的原则，或建立可以让顾客在发泄怒气的同时把形象留在录像带上的电话间。美国的一些航空公司的诀窍则是，当遇到顾客不满意时，即使做不到对他们有求必应，也要尽量对他们进行充分的解释，使之释然于胸。他们的这些做法，有效地使组织的批评者转变成忠实的支持者。

售后服务的实质是保持一种销售的连续性，以及买卖双方的一种良好关系状态，它是在确保售出产品质量的基础上，以获得顾客好感或友情为出发点，因此，良好的售后服务可以加深顾客对企业的信赖，提高企业的美誉度。此外，在售后服务过程中，还能加强企业与顾客的信息沟通，有利于企业获取信息，改进产品，改进服务，促进销售，从而使企业和顾客共享繁荣和发展。日本的摩托车大王——本田技研公司的创始人本田家一郎，非常重视售后的维修服务，他提出了一条"维修哲学"，"当顾客的摩托车或汽车出了毛病时，车主心里也有了毛病，我们不仅是在修车，同时也是在治顾客的心病。"本田家一郎的哲学为许多企业家所接受，在他们看来，加强售后服务，即是提高本企业的信誉和竞争力。在美国通用汽车公司，每一类型车子的分厂都对经销商提供顾客关系的计划，介绍处理抱怨的技巧和探索顾客不满原因的方法。克莱斯勒汽车公司则为经销商开设讲习班，教他们怎样处理申诉，又举办妇女驾驶员训练班，讲授修理汽车的基本原理和方法。大联公司还在店里摆放桌子，上面放置预付回函邮资及印好地址的投诉表和笔，专供顾客使用，并保证收到每一封信都会迅速处理和答复，许多公司都设有免费专线电话以便顾客直接向调查中心投诉。

二、政府关系的协调

政府是国家权力的执行机关，是社会进行统一管理的权力机构。组织在处理与政府关系上应当掌握以下两个基本原则。

1）以国家利益为重，兼顾组织利益，树立全局观念，克服本位主义，力求为社会多作贡献，为政府排忧解难，绝不能为了组织或小集团利益，而损害国家利益、整体利益或生态利益。

2）自觉承担对国家和社会应尽的责任和义务。组织应自觉遵守国家法律、法令，合法经营，并自觉接受工商、财政、税务、海关、技检、环保等部门的监督，主动向国家缴纳税金，自觉保护环境。搞好政府关系的目标是：与政府主管部门保持友好联系，取得政府的支持和理解，淡化和调解政府和组织之间的矛盾，在政府心目中树立奉公守法的组织形象。根据这一目标，组织应切实做好以下工作：①全面、及时、准确地了解与组织有关的各项政府法律、法规和政策、措施；②遵守政府的法律、法规、政策和各种规章条例，做合法组织、模范组织；③向政府有关部门及时通报情况，建立密切联系，保持沟通的渠道畅通，尽量争取有利于组织发展的政策，争取政府对组织的支持和帮助；④要熟悉政府机关的内部层次、工作范围和办事程序，减少人为造成的"公文旅行"或"踢皮球"的现象，提高办事效率；⑤正确处理与政府的利益关系，力争做到兼顾二者利益，在不能兼顾时，组织的局部利益要服从国家的整体利益。

相关链接 5.3

企业战略与政府战略的一致

"德州原来的城市名片是扒鸡，现在变为了太阳能"，皇明集团董事长黄鸣在电话中介绍说。2005 年 9 月，德州已被国家太阳能三大行业协会联合命名为中国太阳城，而皇明集团是太阳城中的旗舰企业。

皇明集团与德州市政府是企业与城市双赢方面的经典案例。皇明集团以太阳城、太阳谷为依托，建设世界可再生能源研发检测、生产制造、科普教育、旅游观光、会议交流五大中心，加快规模化与国际化进程，现在很多项目已经建成。从政府来讲，可以通过建设太阳能小区、太阳能道路、太阳能主题公园、太阳能上游产业链，举办太阳文化节，提升城市形象和品牌，有了强大的产业支撑，城市底蕴更加厚实，内涵更加丰富。

黄鸣原来是国家级研究所驻德州机构的一名科研人员，没有地方官员的人脉资源，没有与官员相处的经历，那么他是如何从不谙官商关系到成功建立政企战略大联盟的？皇明集团从无到有、从小到大，经过 10 年发展已经成长为中国太阳能第一品牌。在皇明发展历程中，政企关系经历了一个由不成熟到成熟、由不和谐到和谐的不断升华过程。

1995 年，黄鸣辞职下海，带领十几个工人、负债 95 万元创办了自己的公司。皇明集团刚开业时，邀请了清华大学的党委书记、校长助理和三位教授出席庆典仪式，当时德州市的市长、德城区的区长也应邀出席，黄鸣极力向地方领导展示了太阳能产业发展的方向、皇明集团的大好前景。

随着皇明集团的快速发展，德州市政府看到太阳能产业发展很兴盛，希望它能够更快成长为地方支柱产业，就开始了政企关系更高层次的策划。2005 年年初，书记、市长几次到皇明集团召开现场会，专题研究皇明的发展问题。政府让皇明集团提发展方案。经过反复探讨，皇明集团提出了建设中国太阳城的一整套设想，企业与政府联手打造城市品牌。8 月底，中共德州市委第十二次常委扩大会议就在皇明企业召开，做出打造中国太阳城的战略部署。

太阳城战略对政府和企业而言，都有经验值得总结。从2005年年底开始，皇明集团又建议德州市政府申办2010年第四届世界太阳城大会，届时将有来自世界各国的几百个城市的市长、上千名专家、企业家参会，对树立城市形象、扩大城市影响，能够产生巨大的推动作用。2006年4月，德州市政府组团参加了在英国牛津举办的第二届世界太阳城大会，正式递交了承办申请。通过申办世界太阳城大会，可以把企业营销、战略规划与城市发展紧密联系在一起，发挥城市的影响力与企业的执行力优势，整合全球资源促进双方快速发展，实现企业与城市共存共荣的目标。

现在，这件事已经成为山东省和德州市两级政府共同来抓的一件大事。

在企业战略与城市战略一致方面，很多地产开发商也做得不错，他们站在城市、站在区域、站在未来的高度，以确定企业战略为基准，实现企业与城市的持续、良性互动。

官商安全，是双方交往的最高需求。"从企业创立之初，皇明公司的主要力量就不是去与某个领导人搞好关系，让某个人来决定企业的命运，这样风险很大"，黄鸣董事长认为，企业命运与地方政府发展紧密联系在一起，一荣俱荣，一衰俱衰，对企业而言这是最大的安全。因为企业可能破产，但城市从来不会破产。企业与城市牵手，可以调动城市的很多资源来促进企业发展。企业发展遇到大的困境时，政府也不会坐视不理。

当然，企业第一位的责任是先保证自己的战略和经营管理安全。在此基础上，使自己的战略规划服从服务于政府发展规划，为政府建设献计出力。

政府与企业的关系不仅是资金和政策的关系，更重要的是战略层面的关系，其最高需求是官商双方的安全。

其实无论哪一级政府领导与企业交往，根据马斯洛的需要层次论，他们的第一需要都是安全，不出政治问题、经济问题。不能让政府对企业支持一阵子，结果企业却破产了，逃债了，诈骗了，搞假冒伪劣了。对他们而言，那是非常丢人的事情。

通过与政府官员进行深入思想交流之后，企业家会发现，政府官员们很敏锐，他们能够从企业家本人的思想中，看出企业家是否在用心思考，看出企业家对企业是否忠诚，看出企业家是否具有强烈的事业心与责任感。如果是真正用心的人，真正干事业的人，就会得到政府官员们的信任和支持，就用不着去做那些乱七八糟的事情了。政府支持了一个成功的企业，可以展示他们的执政能力，积累他们的政绩和资本，实现他们的社会价值。当企业需求与政府需求一致时，企业成为政府及城市发展强大的支持者。

企业主与政府官员之间存在着"真正的友谊"。与人们想象或者社会描述的不同，中国内地官商之间绝大多数并不是沆瀣一气的"污浊的友谊"。

（资料来源：http://finance.sina.com.cn/leadership/msypl/20060830/11592869429.shtml）

三、社区关系的协调

社区是指人们共同生活的一定区域，如村庄、城镇、区乡、街道等。社区关系也称区域关系、地方关系，即指组织与所在地的地方政府、社会团体或其他组织，以及当地居民之间的睦邻关系。社区关系好坏直接影响到组织的生存和发展，因为组织要从社区获得良好的社会服务，优美的生活环境，丰富廉价的劳动力资源，稳定的顾客关系和友善的社会环境等。处理社区关系的原则是组织在追求自身目标、实现自身利益的同时，必须尊重并维护社区公众的利益，并以此为出发点，来规范组织的行为，树立良好形象。

1. 加强信息沟通，增进相互了解

良好的社区关系是建立在相互了解的基础上，加强与社区公众的双向沟通，有利于促进相互了解，增加组织工作的透明度，争取社区公众对组织的支持与合作。一方面，组织主动向社区公众通报本组织各方面的情况，如组织的方针、政策、经营情况、未来发展目标等，如果组织给社区带来了一些不良影响（如环境污染）时，应及时向社区公众通报并积极采取措施加以解决，以求得社区公众的谅解；另一方面组织可以通过请进来的办法，邀请各方面的社区公众代表前来参观、座谈，争取社区公众的意见，达到沟通信息，增进了解的目的。加强沟通的方式可以采用召开社区座谈会，实行开放日，扩大内部刊物的发行范围等方法，让社区公众更多地了解组织，支持组织。

2. 了解社区需求，关心支持社区建设

组织应主动了解社区需求，充分利用自己在技术、资金、人才、设备等方面的优势，积极支持社区的全面发展和建设，促进社区的繁荣富强。例如，美国一家公司为协调社区关系，成立了一个由员工自愿参加的"抢救队"，对社区里发生的各种事故或障碍，无论大小，随叫随到，随到随修，不计报酬，深受社区公众欢迎。广州中山温泉宾馆地处农村，环境偏僻，这家宾馆把社区建设当作是自己的事情，出钱出力帮助所在地的农村发展生产，使该社区成为文明卫生乡，这既帮助了社区建设，又改善了自身的经营环境。

3. 参与和支持社区的各项公益活动

这种多行善举的做法，最能使社区公众从中获益，也让组织得到社会的赞赏和支持，有利于提高组织美誉度和受到社区公众的尊重。例如，美菱集团斥资 1000 多万元修建"美菱大道"的义举，体现出美菱强烈的社区意识，赢得社区公众称赞，大大提高了企业形象。又如，北美飞机制造公司鼓励员工发挥自己长处，鼓励他们参加护理协会、青年俱乐部、家庭协调会和商会等组织，为社区公众提供无报酬服务。日本岩田屋的中牟田荣藏总经理则于每天早晨 5 点起床，打扫自家周围 300 米的道路，他说："这样做不仅心情舒畅，而且和附近的人们也搞好了关系。"

总之，搞好社区关系的最好方式就是与社区公众打成一片，急他们之所急，想他们之所想，以普通公民的身份，积极参与社区活动。美国罗格公司的发言人说："我们认为那种亲自参与社区事务的管理比简单的捐赠好得多，那样，市民们会更相信我们对社区的诚意，他们会忘记金钱，但是不会忘记我们的管理人员曾与他们一起共同解决过的问题。"

四、媒介关系的协调

即问即答5.7

你是否同意"千万不要与新闻界交恶"这句话？

媒介关系，又称新闻界关系，是指组织与新闻传播机构及其工作人员的相互关系。新闻公众被称为"无冕之王"，是一种特殊的公众，具有双重性，一方面新闻媒介是组织与公众实现广泛、有效沟通的必经渠道，具有工具性；另一方面，新闻媒介又是组织必须特别重视的公众，具有对象性。与新闻界建立良好关系的目的就是争取新闻界对本组织的了解、理解和支持，以便形成对本组织有利的舆论气氛，并通过新闻界实现与公众的广泛沟通，增强组织对整个社会的影响力。为此，公共关系人员应在以下几方面做出努力。

1）要大力支持新闻界人士的工作。组织应本着热情友好，实事求是，一视同仁，以诚相待的原则，对记者的来访提供必要的支持和帮助，提供的信息应实事求是，不能隐瞒事实真相，欺骗社会公众，尤其是遇到有损组织形象的事情，应积极与新闻界配合，采取危机公共关系策略，力争挽回影响，重塑组织形象。对待各种媒介要一视同仁，千万不能重大报，轻小报；重电视，轻电台；重名记者，轻小记者，尤其是不能采取请客送礼等不正当手段，制造假新闻，欺骗舆论和公众。千万不要拒绝记者采访，要为记者设身处地着想，积极主动地为记者安排与组织领导人或有关专家见面，主动帮助记者客观地报道组织的政策和活动，及时为他们提供有价值的消息，保持经常的接触，以建立和保持良好的工作关系和友谊。

2）要熟悉新闻媒介的特点、理论和技术。要处理好媒介关系，公共关系人员要了解新闻界人士的职业尊严和职业特点，遵守他们的职业行为准则，尊重他们的职业道德；熟悉各种新闻媒介的报道特色、编辑方针、编辑风格、版面安排、发行时间和渠道及各自拥有的读者、听众、观众的情况等；要掌握基本的新闻写作知识和技巧。只有在具备了上述条件的情况下，公共关系人员在与新闻界打交道时才能做到得心应手。

3）主动采取行动以争取引起新闻界的注意。要搞好媒介关系，公共关系人员应通过"制造新闻"以争取引起新闻界的注意。所谓"制造新闻"，是指由组织以健康正当的手段，有意识地采取既对自己有利，又使社会和公众受惠的行动，去引起社会公众和新闻界的注意。因为具有新闻价值的事件往往是大众传播媒介追踪的目标，符合它的报道意图，事后很容易引起大众传播媒介的注意，得到它的配合。

4）正确对待媒介的批评报道。当媒介发表了有损组织形象的批评报道后，组织应虚心接受并及时采取补救措施，挽回不良影响，并恳请再予传播，切不可对媒介的批评报道置若罔闻，甚至反唇相讥。如果媒介的批评报道有失实之处，也应诚恳地向媒介提供真实情况，澄清事实真相，切不可剑拔弩张、兴师问罪，或得理不饶人。

相关链接 5.4

霸王深陷危机　状告媒体或赢了官司失了民心

2010 年 7 月 14 日，《壹周刊》一则石破天惊的《霸王洗发水产品被指含致癌物质》报道发出后，旋即引起轩然大波：百度相关页面达 20 页之多，媒体群起而报之，霸王焦急而虑之，消费者惊恐而观之，百度数据环比用户关注度增长 873%，媒体关注度增长 6000%就是最大力证。

2010 年 7 月 16 日晚上，国家食品药品监督管理局通报"霸王"洗发水抽检结果，公告显示："'霸王'相关产品的抽检样品中，二恶烷含量水平不会对消费者健康产生危害。"相关机构的抽检结果对"霸王"来说无疑是利好消息，然而，霸王集团相关负责人还是无奈地表示，"霸王"最终还是受到重创。

2010 年 7 月 19 日，霸王国际集团就《壹周刊》诋毁公司产品发表声明：集团决定对《壹周刊》的恶意报道进行法律起诉，以维护自身权利和社会的公平正义。

事情发生只有短短的五天时间，但对于霸王来说这五天也许比过去的五年还要难熬。而这五天霸王并没有坐以待毙。面对这排山倒海的打击，霸王以迅雷不及掩耳之势作出了反应，并第一时间发布《致消费者公开信》，在信中先表示对消费者的关心，再表明立场——确保所有产品的安全。同时正如三聚氰胺事件一样，又一次对消费者进行了化学普及，微量二恶烷（二氧杂环己烷）是不会对消费者健康构成影响的。

尽管霸王的危机公共关系做得是很到位的，但显然，现在的消费者经过了三聚氰胺事件后，再也不相信这些危机公共关系的说辞了，他们觉得这些东西再也不那么可信了。霸王对消费者的态度显然是不能把握的。也有很多人臆断这是竞争对手设计好的陷阱，霸王的起诉正好中了别人的圈套，让事情更加白热化，引起新一轮媒体的狂轰滥炸。

而此次霸王的态度和做法，也让人们联想到在 2006 年富士康起诉第一财经记者时，《第一财经日报》记者王佑一篇名为《富士康员工：机器罚你站 12 小时》，状告两名记者赔偿 3000 万的损失费引起社会强烈反响，这种财大气粗，以势压人的做法，自然激起了媒体的愤怒，成了人民公敌。后来在"阶级斗争"的海洋里，举手投降，把索赔额降到一元，并追加报社为第二被告。虽然此举一定程度上缓和了矛盾，但是此时在媒体的狂轰滥炸之下，富士康的企业形象已降到冰点。

在经历了"毒奶粉"、"毒专家"、"毒锅"等事件后，在这个本来什么都不可信的年代，平息、疏导公众内心的恐慌，最大限度赢得公众的理解，给公众以安全感才是最重要的。而非一味地追究责任，这样只会加深矛盾引起公众的反感，不利于问题的解决。

（资料来源：http://www.ncnews.com.cn/xwzx/gnxw/t20100723_603005.htm）

五、竞争者关系的协调

竞争者关系是指同行竞争对手之间为了取得对各自有利的条件而进行较量形成的关系。如果组织将这一关系处理好，那么就会借助同行的力量来发挥自己的优势，或者变劣势为优势，对组织的生存与发展将会非常有利，否则，组织将与竞争对手成为狭路相逢的冤家，在较量中影响双方组织的信誉和形象。协调好组织与竞争对手的关系，要求公共关系人员做到以下几点。

1）在竞争中寻求合作。竞争是组织发展的动力之一，倘若没有竞争、平分秋色，井水不犯河水，自然可以勉强维持生存，然而"独家经营"的时代已经过去，市场经济的发展，"百家争市"的局面已经形成，组织不参与竞争，就等于拱手将本该属于自己的利润让了出去。因此，组织要生存，要发展，就要参与竞争，而且要在竞争中取胜。组织与竞争对手展开合作，发展经济，进行公平合理的竞争，这样有利于组织在竞争中取胜。

2）建立信息网络，相互为对方组织提供使对方产生效益的信息，使双方关系有一个可靠的基础。同时，双方定期召开联系会，及时发现和解决双方关系中出现的问题。

3）开展组织间的竞争，把重点放在促进双方提高组织管理水平上，为组织发展增添动力。不能视对手为仇敌，本着平等和公开的原则，通过科学的经营管理、提高产品质量或服务质量等正当方式展开竞争，绝不能用诋毁、诬蔑、垄断、倾销等不正当竞争手段开展竞争，促进双方共同发展、共同繁荣。竞争关系处理不当，其结果是两败俱伤，双方形象受损，反之，正当竞争可以在形象和精神风貌及企业风度方面占上风。

相关链接 5.5

房地产企业与竞争者的关系

市场竞争日益激烈的今天，同行之间的品牌战、质量战、服务战、价格战打得如火如荼。俗话说同行是冤家。同行们把商场比做战场，斗得两败俱伤。事实上，关系营销就可以解决这一问题。房地产企业应以协作、双赢、沟通为基点来加强对营销渠道的控制力，为消费者提供更具价值的全方位服务，最终确保整体营销战略目标的实现。

竞争者的合作是多样的，可以几个企业联合开发某一新产品；可以通过组建企业集团，通过合作以获得强大联合的优势，或者可以优势互补，最终使合作各方获得比合作前更多的竞争优势和利益。

武汉地区在城区建设中构筑武汉前所未有的都市星座联盟推广系统工程就提供了一个双赢甚至多赢的典例。他们实行五个强化，具体如下。

1) 强化品牌合力。以都市新空间为理念，以都市星座为联盟商标，将老城区的小地块楼盘以契约方式联盟起来，化零为整，提升小地块联盟整体竞争力。

2) 强化和统一使用策划资源、技术资源，共造竞争策略空间。

3) 强化产品制造与研发。依托强大的专业资源与联盟体的服务机构，为联盟体成员研发适销对路的成套产品，提升中小楼盘的核心竞争力。

4) 统一决策管理。有效地使用社会决策资源与专业资源，提高同盟投资商的价值，共造竞争策略空间。

5) 联合构建销售平台。构建两江三地的一手楼新型销售网络与平台，全新推出3A立体化营销模式，这将是高效低营销成本的最佳销售模式。这样各房地产企业都应尊重契约并协同统一行动，营造以小变大的竞争态势。以契约的方式进行联盟行动，组织属于自己的专业策划、营销、服务机制，共创都市星座母品牌、各自的子品牌，以形成母子品牌系统，抢点市场份额。

（资料来源：http://www.xpchina.com/agent/yangjiyu/article_329.html）

六、名流关系的协调

名流关系对象是指那些对于公众舆论和社会生活具有显著的影响力和号召力的社会名人，如政界、工商界的首脑人物，科学、教育、学术界的权威人士，文化、艺术、影视、歌坛和体育方面的明星，新闻出版界的舆论领袖等。这类关系对象的数量有限，但社会能量很大，对公众的影响力很强，能够在社会舆论中迅速"聚焦"。通过社会名流进行公众传播工作，具有事半功倍的效果。与社会名流建立良好关系的目的是借助社会名流的社会知名度，扩大本组织对公众的影响力和号召力，强化组织的良好形象。其意义和作用包括以下几个方面。

1. 借助于社会名流的知识和专长

与社会名流建立良好关系，能充分利用他们的见识、专长为组织的经营管理提供有益的意见咨询。社会名流往往见多识广，或是某个方面的权威，组织的管理人员能够在与他们交往的过程中获得广泛的社会信息或宝贵的专业信息，无形中使企业增添了一笔知识财富、信息财富。

2. 借助于社会名流的关系网络

与社会名流建立良好关系，能通过他们良好的社会关系网络为企业广结善缘。有些社会名流虽然不可能为本组织直接提供所需的专业信息或管理咨询，但由于他们与社会各界有广泛的联系，或对某一方面的关系有特别重大的影响，组织便能通过他们与有关公众对象疏通关系，扩大社会交往范围。

3. 借助于社会名流的社会声望

与社会名流建立良好关系，能借助他们较高的社会声望，提高本组织的知名度。一方面，由于社会名流有较高的社会地位，或具有某方面的权威性，或由于他们对社会的特殊贡献、突出成就等，而具有较高的知名度。另一方面，一般公众存在"崇尚英雄"、"崇拜明星"的社会心理。组织与社会名流建立良好关系，就将本组织的名字与社会名流的名望联系在一起，利用公众崇拜名流的心理，提高了本组织在公众心目中的地位。例如，健力宝集团聘请了被誉为"体操王子"的前国家体操队运动员李宁为总经理特别助理，主管公共关系与信息传播工作。借助于李宁在国内外体育界的崇高声誉，这家从事运动饮料和体育用品生产经营的企业进一步开拓了海内外体育界的高层关系，进一步确立其"运动饮料王国"的地位。国内外公众看到，作为健力宝总经理助理的李宁活跃在亚运会、奥运会的许多重要场合，使健力宝集团在亚运、奥运等国内外高层次的体育运动盛会中一次又一次地成为世人关注的热点，说明李宁在体育界的公共关系能量使健力宝集团如虎添翼，其公共关系价值在健力宝集团得到了充分的体现。

七、国际公众的协调

国际公众是指一个组织的产品、人员及其活动进入国际范围，对别国的公众产生影响，并需要了解和适应对象国的公众环境的时候，该组织所面对的不同国家、不同地区的公众对象，包括别国的政府、媒介、消费者等。国际公众对象具有与本组织完全不同的社会和文化背景，因此传播沟通活动具有显著的跨文化特征。

搞好国际公众关系的目的是争取国际公众和舆论的了解、理解与支持，为本组织及其政策、活动、产品和人员塑造良好的国际形象，创造良好的国际声誉。

1. 发展国际公共关系，为对外开放服务

我国实行对外开放政策已是坚定不移的，再加上我国已加入世界贸易组织，企业发展外向型经济，参与国际经济大循环，极需要发展国际公共关系。一方面需要通过公共关系方法及时、准确地了解国际市场动向，了解有关国家的政治、经济、文化、社会等

方面的信息，了解国外的投资者、合作者和客户等；另一方面，需要运用国际公共关系手段，向国外的公众、舆论和市场传播自己的信息，树立自己的形象，介绍自己的产品和服务，提高自己的国际知名度和国际信誉。即使不出国门的企业，在对外开放的条件下，也要运用国际公共关系，为来华投资、经商或合作的外商及来华旅游参观的外国客人提供信息服务，做好接待工作，等等。

在文化、艺术、科学、教育、医疗、体育等方面的国际交流中，也需要接触许多国际公众对象。良好的国际公共关系有利于促进这些方面的交流与合作，有利于树立中国在世界上的良好形象。

2. 运用跨文化传播手段，促进组织形象的国际化

参与国际性活动的组织需要建立国际化的形象，即能够适应别国公众、获得各国人民接受和欢迎的形象。这就需要注意研究和适应别国公众的社会和文化差异，调整公共关系的政策和方法。国际公共关系是一种跨文化传播，与国内公共关系有很大不同。在信息的传播和对外交往方面，不仅要懂得运用外国的语言文字，还要了解对象国的历史文化、风俗习惯、公众心理，以及了解国际商法和对外交往的国际惯例，使传播的信息尽量符合对象国公众的习惯。

国际公共关系要成功，还必须善于运用国际新闻传播和广告传播手段。不仅运用我国的对外传播工具，更要了解对象国及国际上知名的新闻媒介和广告界，与国外的新闻机构和广告业建立联系，懂得如何为他们提供新闻资料和广告资料。国际公共关系界早已进入中国。国内的企业及各类组织一定要抓住机遇，运用国际公共关系帮助自己走向世界。

小　结

本章主要介绍了公共关系的客体——公众的概念、特征和分类，并就内部公众和外部公众如何协调进行了探讨。

所谓公众，是指与特定的组织机构或个人相联系的、所处地位相似或相同、具有共同的目的、共同的利益、共同的问题、共同的兴趣、共同的意识或文化心理等"合群意识"的人群总称。公众有五个特征：同质性、相关性、变动性、广泛性和多维性。

根据组织的内外对象，可将公众分为内部公众和外部公众；根据公众与组织的关系重要程度，可分为首要公众和次要公众；根据关系的稳定程度，可分为临时公众、周期公众和稳定公众；根据公众对组织的态度，可以分为顺意公众、逆意公众和中立公众；根据组织的价值取向，可以分为受欢迎的公众、不受欢迎的公众和被追求的公众；根据公众发展过程的不同阶段，可以分为非公众、潜在公众、知晓公众、行动公众。

内部公众是与组织关系最密切、最重要的公众。内部公众的心理状态、工作状态和协

调合作状态，直接关系到组织效能的发挥，也直接关系到组织在生存和发展中的竞争能力。因此，"内求团结"是公共关系的起点。内部公共关系协调包括员工关系协调和股东关系协调。员工关系包括组织内的全部人事关系，是最重要的内部公共关系。

外部公众是组织生存和发展的重要外部条件，也是组织在活动中，遇到的数量最大、层次种类最复杂的公众。外部公众的理解和支持，是现代社会组织正常运转的必要条件。因此，"外求发展"是公共关系工作的重点。外部公共关系协调包括顾客、政府、社区、媒介和竞争者、名流公众和国际公众等关系的协调。

知识掌握题

1. 如何理解公众的特征？
2. 为什么要根据组织的目的和需要来划分不同方面的公众？
3. 怎样理解"内求团结"是公共关系的起点？如何协调好内部员工的关系？
4. "利润第一"还是"顾客第一"？你同意"顾客就是上帝"的经营理念吗？如何建立良好的顾客关系？
5. 如何协调好与政府的关系，争取政府对组织工作的支持？
6. 如何理解媒介关系对组织的作用？如何建立良好的媒介关系？
7. 结合中国对外开放实际和世界经济一体化的趋势，分析在新形势下如何协调与国际公众的关系。

自测题

1. 下列属于公众特征的是（　　）。
   A. 同质性　　　　　B. 互动性　　　　　C. 可导性　　　　　D. 可塑性
2. 下列属于组织外部公共关系的是（　　）。
   A. 员工关系　　　　B. 顾客关系　　　　C. 股东关系　　　　D. 董事关系
3. 关系到组织生死存亡、决定组织成败的那部分公众对象是（　　）。
   A. 受欢迎的公众　　B. 稳定公众　　　　C. 名流公众　　　　D. 首要公众
4. 学校的教职工属于（　　）。
   A. 目标公众　　　　B. 临时公众　　　　C. 周期公众　　　　D. 稳定公众

知识应用与课堂讨论题

惠普的经营之道

惠普公司的创造人比尔·休利特说："惠普之道就是那种关心和尊重每位个人和承认他们个人成就的传统。个人的价值和尊严是惠普之道的一个极重要的因素，所以多年以前我们就废除了考勤钟，近来我们又搞了弹性工作时间制，这不但是为了员工能按自己个人生活需要调整工作时间，也是为了对他们表示信任。我们的另一做法就是那种随随便便、不拘礼仪的方式，彼此直呼其名，不冠头衔，不带姓氏。"

惠普公司这种重视人的宗旨不但源远流长，而且还不断地自我更新。公司的目标为"组织之成就乃系每位同仁共同努力之结果"，"本公司全体同仁均须为干练而富有创新精神者……' 身居显要管理职位者，不仅本人应满怀热情，而且应甄选具有激励其部属积极性能力者充任。"惠普公司对员工的信任，在它的"开放实验设备仓库"的政策里表现得最为清楚。实验设备仓库是存放电器和机器零件的地方，开放政策规定工程师们不仅在工作中可以随意取用，而且实际上还鼓励他们拿回家里供个人使用。他们认为，不管拿这些设备所做的事是否跟工程师手头的工作有关，不管是在岗位上还是在家里，反正摆弄这些玩意总会拿出一些东西。这其实也表现了公司对革新的赞助。

"周游式"管理方法也是惠普之道的一个信条。公司让管理人员走出办公室到第一线与生产者、用户、销售人员直接面谈，这种管理方法促成了非正式沟通的渠道。惠普的交流是多层次、多形式的，"饮咖啡聊天"就是颇受员工欢迎的一种方式，这种聊天每星期都有，人人参加，而问题也就这样不拘形式地以非正规方式解决了。

（资料来源：http://wenda.tianya.cn/wenda/thread?tid=24fd02cd317d625c）

思考：

这个案例给你什么启示？惠普公司在协调员工关系方面有哪些经验可为我国企业借鉴？

情景模拟题

1. 情景介绍

家乐福踩踏事件

2007 年 11 月 10 日，重庆家乐福沙坪坝店超市举办了 10 周年店庆促销活动，推出一款菜子油特价促销，原价 51.4 元的 5 升装新元菜子油每桶只卖 39.9 元。当日早上 4 点，就有大量市民前往排队等候，至上午 8:40 超市开门营业时，市民们已在店外排成了数十米长龙。8:40，超市开门营业，顾客蜂拥而入，在油品区发生抢购，并造成踩踏，导致伤亡事件发生。

（资料来源：http://news.sina.com.cn/c/2007-11-10/223314278406.shtml）

2. 模拟训练

1）同学们可自由组合或由指导教师组合成若干小组，分别扮演重庆家乐福公司领导、政府部门的领导、消费者、消费者亲属、媒体记者、社会公众等，商讨应对策略。

2）每一小组推出 1 名代表上台发表演讲，其他同学扮演市民或媒体记者，回答提问，你怎样来处理这次公共关系危机？

3）表演结束后请全班同学分别给各小组评分。

项目 得分	优（90～100分）	良（80～89分）	中（70～79分）	及格（60～69分）	不及格（60分以下）
回答内容					
演讲水平					
回答技巧					
效果					

4）最后由指导教师进行点评和总结。

实践训练题

1. 实训项目

访问你所在学校的社区公众。

2. 实训目的

通过访问你所在学校的社区公众，了解学校社区公众的需求，以及如何协调好与学校社区公众的关系。

3. 实训内容

1）观察你所在学校有哪些社区公众。
2）写一份如何处理好与这些社区公众关系的建议书。

4. 实训组织

分析学校周围主要有哪几类社区公众，然后把全班同学分成几大组，各个组分别走访调查各类社区公众。

5. 实训考核

1）要求每位学生写出访问报告或小结。
2）要求学生填写实训报告。其内容包括：①实训项目；②实训目的；③实训内容；④本人承担任务及完成情况；⑤实训小结。
3）教师评阅后写出实训评语，将实训体会在全班交流。

【课下补充参考资料】

卡特利普. 2001. 有效公共关系. 明安香译. 北京：华夏出版社.
居延安. 2008. 公共关系学. 上海：复旦大学出版社.
谢红霞. 2006. 公共关系. 大连：东北财经大学出版社.
http:// www.chinapr.com.cn.
http://www.cpra.org.cn.
http://www.cipra.org.cn/.

第六章 公共关系的传播

通过本章学习，要求达到：

知识目标：了解传播的要素及种类；

素质目标：熟悉公共关系传播的基本含义；

技能目标：理解并掌握公共关系传播的原则和传播媒介；

能力目标：能够运用所学公共关系传播相关概念分析现实公共关系传播问题。

主要概念和原理

公共关系传播　传播的特点　传播的类型　人际传播　大众传播

公共关系传播是指组织通过报纸、广播、电视等大众传播媒介，辅之以人际传播的手段，向其内部及外部公众传递有关组织各方面信息的过程。

案例导入

长岭集团公司请专家、学者做广告

1998年9月，长岭集团公司在首都各大报纸刊登了系列广告引起了人们的注意。这则广告与众不同之处在于：清一色地采用了7位在科技领域取得了相当成就的学者和专家的形象。据说，请出如此阵容的专家、学者做广告，在国内尚属首次。这个以"卓越，是他和长岭的共同追求"为主题的系列广告，醒目处或刊登一组、或刊登一位学者的头像，旁边是学者成就的简单介绍，大标题是"他（她）也用长岭冰箱"。

敢于"第一个吃螃蟹"，站出来为国企名牌的质量作证的专家阵容甚大，他们当中有：原国家科技委员会专业评委、博士生导师陈庆寿；玉柴机器董事长、上海交大教授王建明；语言学家、北大东方学系教授巴特尔等。

据悉，这些专家无一例外均是长岭冰箱的新老用户，他们此次为长岭冰箱做广告的起因，源于长岭集团董事长兼总经理王大中亲自领导的一次客户回访活动。王大中在用户档案中发现，在长岭冰箱十几年的老用户和最近购买长岭冰箱的新用户中，有很多是为国家作出突出贡献的专家和学者，于是他派出专门的访问小组对这些学者进行了专访。回访中，专家的话使王大中怦然心动，他想，当人们看烦了千篇一律的各类"明星"做的广告时，让社会形象较好的专家走上广告说一说实在话，也许能有意想不到的效果。就这样，长岭集团公司首家推出了"学者证言"广告。

（资料来源：www.cztvu.com/teacher/cwm/公共关系学/公关案例分析6-10.doc）

案例分析

该广告是利用"名流关系"所开展的公共关系活动。它是公共关系传播中常用的一种行之有效的方式，主要是借助学者、某些方面的权威人士、社会名流或影视名人的知名度、美誉度，以及在社会上的巨大影响来扩大组织的知名度和美誉度。

该案例是运用名流关系，搞好组织外部公共关系的典型案例。长岭集团公司邀请社会形象好、公众信任度高的学者做广告，打破了以影视明星定位产品、做广告的策划模式，创意新颖，能给公众耳目一新的感受。这项"证言"系列广告策划得巧妙而高明。

由于这些教授、学者本身就是长岭冰箱的老用户，以他们的身份、名望，绝不至于公开地对消费者说谎，从这个意义上说，"专家学者证言"广告，可信度更高，说服公众的能力更强。

第一节 传 播 概 述

一、传播的含义

公共关系传播，是信息交流的过程，也是社会组织开展公共关系工作的重要手段。离开了传播，公众无从了解组织，组织也无从了解公众。如果把社会组织看做公共关系工作的主体，把公众看做公共关系工作的客体，传播就是二者之间相互联系的纽带和桥梁。组织与公众的沟通，在很大程度上依靠信息传播，如果组织与公众之间产生误解，往往是由于信息不畅造成的。因此，一个社会组织不但要有明确的目标，有符合公众利益的政策和措施，还要充分利用传播手段开展各种公共关系活动，赢得公众的好感和舆论的支持，获得良好的经济效益和社会效益。

公共关系传播是组织通过报纸、广播、电视等大众传播媒介，辅之以人际传播的手段，向其内部及外部公众传递有关组织各方面信息的过程。

这个定义至少包括以下三方面的内容。

1）公共关系传播的主体是组织，不是专门的信息传播机构。

2）公共关系传播的客体由两部分组成，一部分是组织内部公众，另一部分是组织外部公众。

3）公共关系传播以大众传播媒介作为主要手段，以人际传播作为辅助手段。

即问即答 6.1

传播对公共关系的意义是什么？

二、传播的特点

1）社会性。传播活动作为一种社会现象，几乎在人类社会形成的同时就已经产生。人类学家爱德华·萨皮尔认为，每一种文化形式和每一种社会行为的表现都或多或少地涉及传播。传播是人类关系赖以存在和发展的必要条件，人类在相互传播、相互沟通中共同进步、共同发展。

2）互动性。通过传播双方都了解了某种信息，在传播过程中不仅存在单向的信息传播，而且还有程度不同的信息反馈，以及由信息传播引起的行为互动。

3）符号性。人与人之间的信息传播是依靠"符号"交流进行的。所谓的符号，是信息的一种表现形式，包括语言、文字、音像、图画、动作等。在传播过程中，传播的一方制作、传递符号，另一方则接收、还原符号。

即问即答 6.2

为什么受众在信息传播过程中不是被动的接受者？

三、传播的模式

传播模式是传播要素的组合形式，是现代传播展示传播过程和揭示传播各要素之间相互关系的理论形式。下面介绍几种常见的传播模式。

（一）拉斯维尔传播模式

美国政治学家哈罗德·拉斯维尔把传播的一般过程概括为五"W"公式，这一著名公式也适用于公共关系传播，如图 6.1 所示。

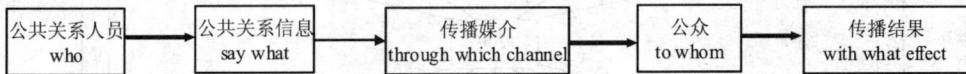

公共关系人员 who	→	公共关系信息 say what	→	传播媒介 through which channel	→	公众 to whom	→	传播结果 with what effect

图 6.1 拉斯维尔传播模式

这里的谁（who）指信息的发布者——公共关系人员；说什么（say what）指传播的内容——公共关系信息；通过什么媒介和渠道（through which channel），指报纸、广播、展览、广告等传播媒介或渠道；对什么人说（to whom）指传播的客体——公众；取得什么效果（with what effect），指传播的结果。

拉斯维尔想通过这一公式抽象地表述出传播过程的共同性质，但这一般化的描述没有真实地再现出实际的传播状况。

（二）香农—韦弗传播模式

后来，克劳德·香农和沃伦·韦弗提出了更具体的传播模式，如图 6.2 所示。

图 6.2　香农—韦弗传播模式

香农—韦弗传播模式较为具体地描述了传播过程的各个主要环节及传播过程。信息从信源（即信息产生的环境、场所）出发，通过编码（将信息转化成适宜于传递工具和预期接收者的语言或符号）产生信号，通过适宜的信息传播渠道（信道），再经过译码将转化后的信号还原成表示其含义的讯息。信号转换成讯息被信宿理解并接收。这个模式的重要之点还在于提出"噪声"的概念，客观地反映出在传播中由于各种干扰所引起的信息失真。

即问即答 6.3

影响公共关系传播的主要因素有哪些？

（三）德福勒传播模式

其后，德福勒又发展了香农—韦弗传播模式，系统而完整地描述出实际传播的真实过程，如图 6.3 所示。

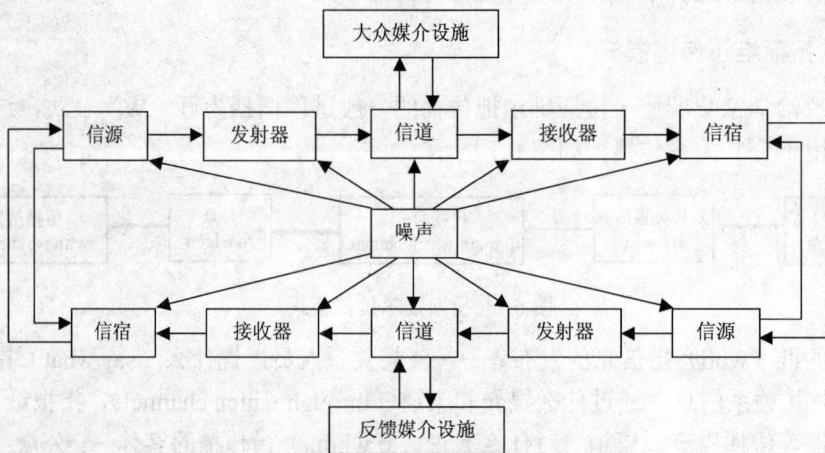

图 6.3　德福勒传播模式

　　德福勒纠正了香农—韦弗传播模式的直线性和缺乏反馈（传播者获知接收者是否接受了讯息的过程）的缺陷，从而使这一模式真实地再现了传播的过程，为公共关系传播建立了可行的、精确的模型。

四、传播效果的层次

　　传播对于受众的影响可以达到四种程度，也就是四层次传播效果。这四种不同的效果层次就是信息层次、情感层次、态度层次和行为层次。一般把前两个层次称为非宣传层次，把后两个层次称为宣传层次。有些人认为，公共关系的目的就是影响公众的态度，引起公众的行为，非此就不能叫做公共关系。这是片面的。事实上，许多公共关系活动并不希望影响公众的态度，更无引起公众行为的企图，其目的无非是传达一些信息，联络一下感情。因此，在四个不同层次上的公共关系活动都是存在的，无论在哪一个层次上达到了目的，都可以说是取得了一种效果。下面作一些分析。

1. 信息层次

　　信息层次是最基本的层次，公共关系的许多活动是在这个层次上展开的。有些部门把信息看做一种非常神秘的东西，不愿与公众分享，倘若分享，似乎非要达到某种目的不可。有人向某市电话局查询该市市委统战部的电话号码，接线员不假思索地回答："统战部的电话是保密的。"据说曾有不少国际友人建议我国把统战部改为公共关系部，这样更利于工作，国内一些领导同志也颇有同感。统战部要不要改名，这是另外一回事。问题是具有某种公共关系性质的统战部的电话为什么要保密呢？一个组织的电话号码是最基本的信息，这样的信息放在保险箱里究竟有什么意义呢？检验一个组织是开放型的还是封闭型的重要指标就是看它的信息开放程度，看它是否想方设法把公众欲知而未知的信息传达出去，看它是否准备了关于自己的各种活动和服务项目基本信息的宣传资料，看它是否把这些宣传资料通过各种途径送到公众的手里，最后看公众是否及时、准确、充分地获得了信息。

　　向公众传递信息，是一个组织公共关系部的经常性的工作，公众获得了所需的信息，公共关系部的工作就算有了效果。

2. 情感层次

　　在情感层次上展开的公共关系活动是在不知不觉中进行的，如某公共关系部举行一次舞会、一次游园活动、一次郊外踏青、一次周末聚餐，彼此轻轻松松，无拘无束，海阔天空，无所不谈，看起来似乎是在消磨时光，实际上起到了联络感情的作用。联络公众的感情是公共关系活动的重要任务，经常性的联络感情的活动是通过包括专职的公共关系人员在内的所有的组织成员来进行的。前面说过，组织的每个成员都是兼职的公共关系人员，他们以组织名义进行的活动都可以起到联络公众与组织的感情的作用。有时由于一个人的疏忽，会引起公众对整个组织的反感，这样的事是屡见不鲜的。例如，顾客遭到一个营业员的冷眼相待，会认为整个百货公司的服务态度都不好，乘客遭到一个售票员的奚落，会对整个公共交通公司产生反感。应该把联络感情本身看作是公共关系的一种目的，要做到这一点并不容易，这要看组织的领导人和他的公共关系部是否真正尊重人的价值。如果总是把人看做可以使唤的工具，可以操纵的机器，可以利用的对象，那么联络感情的活动就会掺入许多虚伪的成分，最终不是联络了感情，而是疏远了公众。

3. 态度层次

态度层次是宣传的第一个层次。宣传的目的就是影响公众的态度进而引起公众的行为。一般的顺序是，先有态度，后有行为。公众是支持组织还是成为组织的异己力量，这是由公众的态度决定的。一个组织的公共关系部应该通过科学调查的方法，获得关于公众态度的资料，然后在此基础上设计以影响公众态度为目的的公共关系计划。在计划实施后，应该作出估价，看一看公众对某一个问题的态度发生了什么变化，从而可以知道公共关系工作达到了什么效果。

4. 行为层次

行为层次是宣传的第二个层次，也是公共关系传播效果的最高层次。一个生产性组织的最终目的是推销自己的产品，一个服务性组织的最终目的是有人来消费它的服务。这些组织的公共关系的最终目的便是引起公众的消费行为。当然这一层次上的效果是以信息层次、情感层次和态度层次的效果为基础的。

即问即答6.4

传播效果的3个层面？

五、传播的类型

从传播的类型来看，一般分为以下五种类型。

1）自我内向传播。美国社会心理学家米德将自我分为主格我（I）和宾格我（me），自我的这两部分经常相互交流和对话。人们既需要进行人际交往和人际交流，也需要进行自我交流。人们内心的思考和独白、内在动机的冲动、自言自语、自我陶醉和自我发泄，就属于自我内向传播。

2）人际传播。是指人们彼此间面对面地或通过某种手段亲自进行的信息交流和传播，如相互交谈、打电话等活动。

3）群体传播。是指人们在某一小群体范围内进行的信息传播活动，如小组讨论、交换意见，或群体与群体之间的传播。也有人把小群体传播和人际传播划为一类。

4）组织传播。是指有组织、有系统、有领导，按照一定正式途径进行的有一定规模的传播。组织传播具有疏通组织内外渠道，密切组织成员和组织与组织之间关系的作用。

5）大众传播。是指通过报纸、杂志、广播、电视、电影和书籍等现代化的传播媒介，面对极其广泛的受众所进行的大量信息的传播。

前面四种传播的特点是传播的主体和客体的联系比较直接，在信息和情感上都容易留下较深的印象，并能够迅速得到信息反馈，反馈的方式也较灵活，内容较清楚明白，可以进行较详尽的反馈；传播主体可根据互动情况及时调整传播内容，补充说明某一信息内容。大众传播的特点是影响范围广泛，传播迅速及时，突破了以往传播的时空限制；信息公开，面向社会；单向传播，反馈有限；传播内容由传播机构和职业传播者决定；传播的信息被赋予了社会性的意义。了解了传播的类型和特点，在公共关系工作中就可以根据需要采取不同的传播类型。对小范围的特定公众，对需要获得较多信息反馈的公众，对需要建立长期联系的公众等，就可采用人际传播、群体传播、组织传播的方式。对大范围的一般公众，对需要迅速传播的信息，对需要让社会承认和重视的信息，对无须反馈的信息，就可采用大众传播方式。

六、传播的原则

（一）目的明确原则

公共关系传播是带有明确目的性的传播，它的总目标是树立、改善组织形象，形成有利的舆论环境，获得各界的支持。

（二）双向沟通原则

双向沟通原则是指传播双方互相传递、互相理解的信息互助原则。具体包含以下内容：一是沟通必须由两人以上进行；二是沟通双方互为角色；三是沟通双方相互理解并有所交流。

（三）平衡理论原则

1. A—A 式平行沟通

公共关系传播的目的就是要创造 A—A 式平行沟通的环境，即双方均以成人状态参与沟通，并随时注意公众反应，不断调节使其保持在 A—A 状态之中。这种方法就是以个人心态的平衡去引导、建立双方关系的平衡。

2. 情感沟通

情感是形成态度的重要条件，平衡理论要求在沟通中诉诸情感，通过情感互动和思想交流，产生接近与认同，达到态度的一致和关系的平衡。公共关系传播追求组织与公众之间态度、感情的一致和关系的平衡。

（四）有效沟通原则

公共传播追求的是有效沟通，即通过沟通使公众理解、支持组织。

（五）传播的七个"C"原则

传播的七个"C"原则是指传播包含可信赖性（credibility）、一致性（context）、内容（content）、明确性（clarity）、持续性与连贯性（continuity and consistency）、渠道（channels）、被沟通者的接受能力（capability of audience）等7个要素。

1. 可信赖性

沟通应该从彼此信任的气氛中开始。这种气氛应该由作为沟通的组织创造，这反映了他们是否具有真诚的满足被沟通者愿望的要求。被沟通者应该相信沟通者传递的信息，并相信沟通者在解决他们共同关心的问题上有足够的能力。

2. 一致性

沟通计划必须与组织的环境要求相一致，必须建立在对环境充分调查研究的基础上。

3. 内容

信息的内容必须对接受者具有意义，必须与接受者原有价值观念具有同质性，必须与接受者所处的环境相关。一般来说，人们只接受那些能给他们带来更大回赠的信息，信息的内容决定了公众的态度。

4. 明确性

信息必须用简明的语言表述，所用词汇对沟通者与被沟通者来说都代表同一含义。复杂的内容要列出标题或采用分类的方法，使其明确与简化。信息需要传递的环节越多，则越应该简单明确。一个组织对公众讲话的口径要保持一致。

5. 持续性与连贯性

沟通是一个没有终点的过程，要达到渗透的目的必须对信息进行重复，但又必须在重复中不断补充新的内容，这一过程应该持续地坚持下去。

6. 渠道

沟通者应该利用现实社会生活中已经存在的信息传送渠道，这些渠道多是被沟通者日常习惯使用的。要建立新的渠道是很困难的。在信息传播过程中，不同的渠道在不同阶段具有不同的影响。所以，应该有针对性地选用不同渠道，以达到向目标公众传递信息的作用。人们的社会地位和各自所处的背景不同，对各种渠道都有自己的评价和认识，这一点沟通者在选择渠道时应该牢记。

7. 被沟通者的接受能力

沟通必须考虑被沟通者的接受能力。当用于沟通的材料对被沟通者能力的要求越小，也就是沟通信息最容易为被沟通者所接受时，沟通成功的可能性就越大。被沟通者的接受能力，主要包括他们接受信息的习惯，他们的阅读能力与知识水平。

第二节　人　际　传　播

一、人际传播的类型

人际传播泛指人与人之间的相互接触与彼此往来。公共关系的人际传播可以从不同的角度进行分类。

（一）依据传播主体划分

依据传播主体，人际传播可以分为组织传播和公众传播。组织传播，又称为群体内传播，是指一定组织内的成员与成员、组织与次组织、组织与环境之间进行的信息、情感的交流。组织形成的过程就是组织传播的过程，组织传播是组织活力的源泉，是组织关系的黏合剂，是组织功能的润滑油，是组织机体的防腐剂。公众传播是个体对群众的传播，基本上是单向的，演讲是最普遍的形式。

（二）按是否有中间媒介划分

按是否有中间媒介，人际传播可以分为面对面传播和非面对面传播。在面对面传播中，传播的双方处于同一时间、同一空间，一般通过语言、手势、表情等直接沟通。其形式有宴会、招待会、座谈会、专访及个人谈心等；其特点是传播双方交流充分，反馈及时，但传播的范围会受到一定的限制。非面对面传播是指传播双方不在同一时间或者同一空间，而是通过电话、书信、贺卡、便条、电子邮件等媒介进行沟通。

二、人际传播的特点

1）对象明确。在有限人际传播中，传播对象的身份或某项特征是传播者知晓、明确的，信息反馈一般比较及时和真实。

2）近距离直接传播。除少数情况外，人际传播都是传授双方处于同一空间、面对面的直接交流，距离从几厘米到数米；也正因为受时空限制其信息传播的范围小，速度慢，在较短时间内难为更多的公众所了解。

3）简便易行。人际传播可通过直接谈话、书信或电话等形式进行，相对于大众传播而言具有更直接、更明显的效果，特别是面对面的交往，双方可通过手势、表情等迅速反馈并加快信息的传递，并且讲话人可以根据听者的表情转换话题，使整个传播过程处于良性循环之中。

4）使用广泛。人际传播可以达到大众传播难以达到的范围，尽管大众传播可以利用传播媒介广泛传播信息，但对那些无阅读能力或不经常使用大众传播媒介的人，还是要依靠人际传播。

三、影响人际传播的因素

（一）语言

在人际传播的过程中，许多时候是通过语言和文字进行传播的。公众只能接受与自己语言相同、文字一致的信息内容，而不能接受与自己语言不同、文字相异的信息内容。这在不同国家、不同民族的人际传播中表现得尤为明显，在不同的国家，人们有不同的语言习惯。例如，在中国，见面打招呼最普通的方式是问对方"你去哪儿？""吃过饭了吗？""回来啦？""上班去？"等，回答也是含糊不清甚至答非所问，或者同样反问一句。而在外国人看来，这简直不可思议，觉得问话者不是明知故问，就是多管闲事。如果这样与外国人打招呼，极易引起误会，使对方不快。因此，与外国人尤其是欧美人打招呼时，应该用"你好"之类的问候语，或者笑一笑，点一点头。

（二）习俗障碍

风俗习惯、时尚潮流是指在一定的历史文化背景下形成的社会规范和行为，对于调整人际关系有较强的约束力。公共关系人员在不同国度、不同地区、不同民族间开展公共关系沟通活动都会受到当地宗教和其他风俗习惯的影响。由于习俗不同，沟通双方在交往中难免造成误会和冲突，尤其是沟通者违反当地被沟通者的习俗时，还可能引起不必要的麻烦。因此，外贸公共关系人员应熟悉和掌握世界各地的奇风异俗，并做到入乡随俗。

（三）知识经验水平

在人际传播中，有时信息的发送者和接收者虽然使用同一种语言，但由于双方所从事的职业不同，所受的教育程度不同，经验积累或生活阅历不同，可能会对相同的符号有不同的理解。所以，在人际传播中，要根据具体对象，因人而异、有的放矢地进行信息交流，要尽量少用专业术语。因为，专业术语对一般受众来说，在某种意义上是一种干扰，妨碍了受众对信息的理解。

（四）角色

不同的人扮演着不同的社会角色。这种角色的不同，决定了扮演不同角色的人在接收和传递信息的内容、类别及渠道上也存在着差异。在传播过程中，往往会因地位、年龄、职业、性别等的不同而造成障碍。有经验的沟通者会站在对方的立场上，理智地考虑对方的喜好，有选择地按照最佳方式发布、传送能使对方靠近自己的信息，把人际传播引向深入。

（五）心理特征

人的心理特征是在生理遗传和后天经验的共同作用下形成的，一般包括人的兴趣、能力、气质、性格等。在一定的时间内，人的心理特征具有相对稳定性，它影响着彼此间的人际传播。兴趣是人对事物特殊的认识倾向，具有稳定的指向性，使人的认识活动具有选择性。兴趣相近或相同的人，易于相互感知，相互适应，易于沟通感情，产生共鸣。能力是指完成某种活动所需的、直接影响活动效率的个性心理特征，包括人的观察能力、记忆能力、想象能力、思维能力、分析能力、概括能力、表达能力等。能力的差异，在很大程度上影响着人际传播的效果。在传播过程中，信息的发送者是否具备很好的概括能力、语言表达能力，直接关系到信息发送的及时性和准确性，这也正是组织在选择公共关系人员时对其能力有一定要求的原因。在接收信息的过程中，接收者是否具备一定的分析能力、理解能力和记忆能力，关系到信息接收量的多少和信息准确度的高低。所以，在开展公共关系活动时，既要选准对象，又要根据对象能力的强弱，有效地进行信息传播。气质是指影响人的心理活动和行为的个性特征，气质不同，对人际传播也有影响。性格是个人对外界的态度和行为方式的习惯性表现。性格外向的人，活泼开朗，善于交际，易与人沟通；性格内向的人，一般不易接受别人的意见，一旦对某件事持肯定或否定态度，就不会轻易改变。

第三节　大 众 传 播

大众传播是专业化群体通过各种技术手段向为数众多的读者、听众、观众传递信息的过程。它具有公共关系传播的一般特性，是公共关系传播的组成部分。

一、大众传播的特点

1）覆盖面大，传播范围广。大众传播借助于现代化的传播技术进行传播，它使信息可以在极其广阔的范围内，以极其迅捷的速度进行传递，使人们思想和情感的交流和沟通达到了前所未有的广度和深度。

2）传播信息受到过滤。信息受传播媒介容量和传播媒介自身的责任、倾向性的限制，传播的信息要受到检查和筛选，因此使所传信息的权威性和重要性提高了，产生放大或缩小效应。

3）受众广泛而分散，对象不易控制和确定，故信息反馈慢且比较零散，评价传播效果较为困难。

二、大众传播的功能

（一）新闻传播功能

以大众传播媒介为主要工具的大众传播的首要任务是将社会生活中发生的新闻事件及时、公正地告知公众。在社会组织的公共关系实务中，很重要的一部分就是通过大众传播媒介向外传递组织的有关信息。从这一方面讲，公共关系人员作为组织的"喉舌"，与新闻工作者担负着同样的职责。组织的公共关系人员应与新闻界保持密切联系，以提供新闻稿或争取参加新闻界的通讯网等形式向新闻媒体传递有关本组织具有新闻价值的信息，让尽可能多的社会公众了解本组织，从而提高本组织的知名度和美誉度。

（二）舆论导向功能

随着市场经济的日益发展，组织间的竞争已从产品竞争、价格竞争转向形象竞争、信誉竞争，而对组织的信誉有重要影响的是社会舆论。社会舆论是指社会公众对某事件的看法和评论，特别是指社会公众对某些共同关注的问题持有的带有倾向性的意见。拥有一个良好的社会舆论环境，就等于拥有一个适合组织生存的外部环境。大众传播的时空优势及新闻宣传所具有的一定的先进性和代表性，使大众传播在引导社会舆论方面具有特殊的功能。通过大众传播媒介为组织做宣传所产生的深远社会影响，是其他任何传播形式都不能达到的。组织的公共关系人员应充分利用大众传播在引导社会舆论方面的优势，为组织营造一个良好的外部环境。

（三）教育引导功能

大众传播承担着大量的社会教育任务。面对广大社会公众，普及政治、经济、法律、历史、生活等方面的知识，提高社会公众的整体素质，是大众传播的教育引导功能的体现。社会组织的公共关系人员应通过大众传播这一功能积极地对社会公众进行教育和引导。

（四）文化娱乐功能

在日常生活中，大众传播媒介是人们的一种非常重要的娱乐工具，为社会公众提供了大量的娱乐性服务。娱乐性越强的大众传播媒介，其阅读率、收听率、收视率也就越高。组织可以通过与大众传播媒介合作的方式，举办一些专题活动，如各种大奖赛、联欢晚会等。这些活动集知识性、娱乐性于一体，既可以丰富人们的文化生活，又可以提高组织的知名度和美誉度。

以上几种功能不是孤立的，更不是相互排斥的，而是相互渗透、相辅相成的。

三、大众传播的种类与优缺点

根据信息传播载体的不同，可将大众传播媒介分为两类：一是印刷类媒介。它主要是指以文字、图片等形式将信息印刷在纸张上进行传播的媒介，主要代表是报纸和杂志；二是电子类媒介。主要是指通过专门的电子设备，以声音、图像等传播信息的媒介，主要代表是广播、电视。各种传播媒介既有共同的特点，又有各自不同的特点。根据公众类型，为了更好地组织传播，有必要进一步了解其不同的特点。

（一）报纸

报纸是一种印刷媒介，它在我国目前的新闻传播媒介中占主要地位，在公众心目中有很高的权威性。报纸有全国性报纸、地方性报纸，有综合性报纸、专业性报纸，还有行业内部发行的报纸。

报纸的优点是：发行量大，它与全国城乡的各种企事业单位和广大群众有较密切的联系；信息面宽，它可根据国内新闻信息的情况刊登要闻、简讯和详细报道，适当的时候还可临时增加版面；信息刺激清楚明了，不仅在于对有些消息可做深入细致的报道，而且在于文字刺激可以反复阅读、仔细琢磨；读者的选择余地大，读者对自己需要的信息可以仔细阅读，对自己不感兴趣的信息可以跳过；储存性能好，报纸可以长期保存，也可以剪贴、摘录、复印，还可以分门别类地整理和汇编，便于使用时检索。

报纸的缺点是：在传播新闻的速度上不如广播和电视及时；在感染力上不如广播、电视形象生动；要求受众具有一定的文化水平和阅读理解能力，因而读者数量受到一定的限制。

公共关系人员应主动加强与报界的联系，尤其是与报社的编辑部和广告部联系，但是应区别发布新闻报道和刊登广告之间的不同要求和特点。

（二）杂志

杂志也是一种印刷媒介，它和报纸有许多共同点，只是其出版周期稍长一些，新闻性也不如报纸。但是，杂志有自己独到的优点，如种类繁多、形式多样、发行量也比较大；其版面和内容比报纸更活泼、丰富，专业性较强，读者的范围比较稳定；报道更加深入细致，一般能提供比报纸更翔实的资料；学术和史料价值更多，更具保存价值；印刷较精良，感染力更强。公共关系的传播活动在利用杂志这一传播媒介时，应了解杂志的读者面和它拥有的读者群，应注意自己传播的信息与杂志的特点、性质是否相符。一般来说，通过杂志提供的公共关系信息应具有一定深度。

（三）广播

从我国的现状来看，广播的普及程度和覆盖面大大超过了报纸和杂志，它是一种最普及的大众传播媒介。我国除了有全国性广播电台，有省、市、地区广播电台等无线电广播外，在广大农村还有有线广播系统。

广播的优点是：传播迅速、覆盖面大，其发射和接收一般也不受空间限制，只要有收音机就行，这使得它的作用对象非常广泛；它具有易得易懂的大众性，广播以人们最熟悉的口语方式传播信息，男女老少不论文化水平高低都可收听，而且可以一边做事，一边收听；用口语广播，可利用声调的抑扬顿挫来更好地表达喜怒哀乐，更具有说服力和感染力；广播节目制作过程较为简单，可以迅速制作，且成本较为低廉。

广播的缺点是：广播的内容一般较简洁、浅显，不能做深入、细致、详细的理论报道，对复杂的事物和复杂的过程难以交代清楚；广播的信息受到时间限制，且稍纵即逝，错过时间便收听不到；在某些地理环境中，广播播音的清晰度会受到杂音干扰或信号衰减的影响；听众自由选择节目的范围有限，收听广播的速度、时间都不能随心所欲。

在公共关系传播活动中，如果想传播简单、明了、不甚复杂的信息，可借助广播传播，这样既可使信息迅速传播出去，影响到社会的各个层面和角落，又可以因为传播成本低廉，能进行多次反复的传播。

相关链接 6.1

新闻工作者和公共关系人员

随着我国公共关系实践活动的蓬勃开展，越来越多的新闻媒体及其从业人员参与其间，他们或为自身形象精心策划，或为其他社会组织的发展献策建言，从而使公共关系活动的规模和影响不断扩大。然而就目前我国的情况看，关于新闻工作者涉足公共关系实践一项，理论上既无系统而严整的阐述，实际工作中也无明确的规定。这种认识上的模糊性和操作范式的不确定性，很容易导致此类机构及人员行动的盲目性和行为的不良后果。因而，有必要对新闻工作者在公共关系活动中的角色问题进行一番分析、探讨，以明确在此过程中新闻工作者应充当什么角色而不应充当什么角色，应采取什么行为而不应采取什么行为，这个"角色"与"行为"应当受到何种制约，等等。

1. 新闻工作者在公共关系活动中的角色特征

在西方的大众传播学理论中，新闻媒体及其从业人员被称为守门人，或曰把关人。按照美国社会心理学家库尔特·卢因的解释，他们（把关人）"或者根据公正无私的规定，或者根据个人意见，就信息是否可以被允许进入渠道，或连续在渠道里流动作出决定"。

职业赋予媒介把关人的这种特殊的地位与作用，决定了他们具有以下两个特征。

（1）具有相当大的权力

媒介把关人的职权范围是：对新闻信息进行选择、编辑、制作和传递；决定传播的内容、形式、渠道和时间；对传播过程进行监控和制约（这也是媒介拥有者、创办者和管理者的一项权力）。

由此看来，在信息传播过程中，媒介把关人的权力是相当大的。他可以决定一篇稿件是否采用，何时采用，如何采用，甚至可以决定某一信息的处理方式：是褒是贬，是扬是抑。而这些对于一个社会组织，尤其是企业来说至关重要，足以影响它的荣辱、兴衰、存亡。

在我国，对于新闻体制上的一些特点，新闻工作者的"权力"就显得更大一些。具体来说，我国实行的是以党报为中心的机关报体制，党的报刊，尤其是《人民日报》这样的中央级大报，处于无可争议的核心地位，言论上具有绝对的权威性。与此相关联，党报记者的言行也就格外引人瞩目。在人们心目中，他们的言论代表了党的主张，他们对某一事物的评价反映了党的立场。我国新闻工作者独有的这种"特权"与殊荣被广大正直的新闻记者视为自己的神圣使命，同时也被一些利欲熏心的人视为可以用来进行某种交换的资本。

（2）负有相当大的责任

正因为媒介把关人在新闻传播过程中拥有相当的权力，其责任也就显得十分重大。他的正确的舆论导向对社会主义建设事业能够起到积极的推动作用，他的错误的舆论导向则会阻碍这个进程，从而影响大局稳定，破坏党的形象。正所谓成也萧何，败也萧何。产生于20世纪50年代的西方报刊社会责任理论认为，自由（此处也可理解为权力）是伴随着义务的。传播机构及其传播者应当对社会负责，对接受传播内容的公众负责。在此基础上，该理论确定了大众传播媒介的6项主要职能：①提供关于公共事务的消息、讨论和辩论，为政治制度服务。②启发公众，使他们能够实行自制。③作为监督政府的一个哨兵，以保护个人的权利。④通过广告沟通买卖双方，推销商品，为经济制度服务。⑤供给公众以消遣和娱乐的材料。⑥维持财政自给自足，使报刊能够不受特殊利益的压迫。

尽管从根本上说，报刊的社会责任理论是为资产阶级政府、为资本主义利益服务的，但是它所涉及的一些方面，对于我国的新闻工作者认识自己的职责值得加以借鉴。

那么，在公共关系传播活动中，新闻工作者应当处于什么位置、扮演什么角色呢？

由社会主义国家新闻记者的职业特征所决定，他应当并且只能扮演一种角色——党的新闻媒介的把关人。也就是说，他应当处于社会组织与公众之间，对奔涌而至的、来自组织的信息进行鉴别、筛选，剔除消极有害的部分，将有利于健康的精神食粮奉献给读者，在社会组织与公众这架天平上，他应当时刻倾向于后者而不是前者，以后者的利益为最高利益，做后者的代言人。如果发生角色偏差与错位，新闻媒介及其人员的公正立场和监督作用就会化为乌有，公众对它（他）的信任度就会大大降低。

2. 新闻工作者在公共关系活动中所应划清的几个界限

为了避免因角色错位与行为检查带来的负面影响，新闻工作者在涉足公共关系事务之前，必须明确以下几个界限。

（1）新闻工作者与公共关系人员的界限

新闻工作者是代表党和人民的利益行使传播职能的人，公共关系人员是代表组织利益开展宣传活动的人；新闻工作者的职责是本着客观、真实、公正的原则进行新闻报道，满足受众对信息多方面的需求，营造有利于社会稳定的舆论环境；公共关系人员的职责是本着对组织有利的原则进行正面信息的采集与传递，为组织的发展创造良好的外部环境，最终达到使组织获利（赢利）的目的。

两者相比照不难看出，新闻工作者的目标任务与公共关系人员多有抵牾，二者是不能划一的。也就是说，以社会利益为最高目标，就不能同时以企业利益为最高目标，反之亦然。这就决定两者角色的不相容性：是新闻工作者就不能同时又是公共关系人员，是公共关系人员也不能同时又是新闻工作者。如果无视这两种角色的不相容性和不可替代性，新闻工作者以公共关系人员的身份出现，为其他组织做参谋、做顾问，在他身上便会发生角色的冲突，其结果必然是社会总体利益让位于组织个体利益，新闻工作者的责任感让位于牟取私利的动机。美国公共关系史上"黑暗时期"出现的"报刊宣传代理人"就是例证。

（2）客观报道与公共关系宣传的界限

所谓客观报道，是指媒介组织及其人员按照新闻传播规律和新闻价值原则去发觉新闻、报道新闻，正确地反映客观事实的真相。"正确地反映客观事实的真相"包括两层含义，其一是指正面信息要报道，其二是指负面信息不回避。宣传是一种思想、观念的导入。公共关系宣传亦然，它立足于塑造组织形象，使其得到社会公众的认可。因而，这种传播活动必然是要强化正面信息，弱化负面信息，或是反面文章正面做。

由此可见，客观报道与公共关系宣传无论是在质的规定上还是在行为方式上都有着明显的不同。

如果对这两种行为不加区别，媒介组织或人员介入公共关系宣传甚至直接为其策划公共关系活动，便会产生一系列不良后果。主要表现如下。

1）媒介一味偏袒某个社会组织（如企业），只说好话，不说坏话，或者多说好话，少说坏话，会使社会公众（尤其是了解内情的人）对它的真实性、客观性与公正立场产生怀疑。即使这种宣传是无偿的，也难免给人以"拿人钱财，与人消灾"的印象。

2）如果这种宣传是有偿的，媒介所能提供的交换条件只能是职业赋予它的新闻采写、报道权（包括版面、字数的许诺、宣传效果的许诺等）。一方是钱，一方是权，这种交易的性质很清楚。至于某个有声望的新闻机构联合数家媒体对某一企业进行集团军作战式的联合炒作，更是这种交易的扩大化。这种交易绝非单纯的职业行为，它对人的心灵的毒化，对行业风气、社会风气的污染都是显而易见的。

3）有的新闻工作者为某企业搞策划，名曰为了救活这家企业。姑且不论在市场规律的作用下该企业是否值得救活，单是这个行为本身就很值得推敲。首先，你以职权之便救活了这家企业，其他同样需要救活的企业怎么办？这不是助长了企业间的不平等竞争吗？其次，你试图救活一个企业，其他专事企业策划的公共关系公司同样试图救活一个企业，你有版面、频率、频道的优势，人家却没有，这不又助长了行业间的不平等竞争吗？此外，这种"救助"还会造成媒介与企业关系的庸俗化，使人以为新闻媒介靠金钱的打点便可招之即来。这对媒介声誉甚至对党的声誉的影响都是难以估量的。

基于以上分析，党的新闻工作者不应当从事以赢利为目的的企业公共关系策划与宣传及更不能把它作为一种经验性的东西予以推广。

（3）为自己做公共关系与为他人做公共关系的界限

为自己做公共关系是指为所在组织自身形象的完善进行策划与宣传，组织内部公共关系部的职能即属此类；为他人做公共关系是指为另一个组织形象的完善进行策划与宣传，公共关系之父艾维·李"公共关系事务所"式的公共关系机构（包括各类公共关系公司、公共关系顾问公司、点子公司等）的职能即属此类。

由此看来，二者的界限是不难区分的。

然而在我国的公共关系实践中，却出现一种令人费解的现象：某些新闻媒体中以"公共关系部"面目出现，或其职能相当于公共关系部的部门，却置分内事于不顾，全力为企业搞起公共关系策划来，"理由"还十分充分：配合党的中心工作，促进四化建设，推动经济繁荣云云。

其动机如何姑且不论，需要问及的是，该媒体的公共关系部门是否有职责不清的问题？

1）如果该部门确实是媒介内部负责公共关系事务的机构，那么它的职权范围仅限于媒介内部。也就是说，它应当像其他组织机构的公共关系部门一样，把工作重点放在加强内部协作，增进内外交流上，甚至可以协助媒介管理者在提高人员素质，提高新闻报道质量等方面做一些工作，以便更好地完成任务。

2）如果媒体内部的公共关系部门是经营赢利性质的机构，以创收为主要目的，那么它尽可以按照国家的有关规定，合理、合法地收取其他社会组织的广告费用（包括公共关系广告费用），排列广告业务。当然，在大部分新闻媒体中，这个角色多由广告部门担任。

3）如果该"公共关系部"对以赢利为目的的企业策划情有独钟，那么按照游戏规则，它应当主动放弃新闻业务部门享有的"特权"（对新闻记者而言就是放弃记者证），以一个实体的身份去平等地面对另一个实体。只有这样，才能避免前述种种弊端的出现。

3. 为扭转行为偏差所应采取的措施

划清了几个界限，并不意味着新闻工作者在公共关系活动中就不会发生角色错位与行为偏差了。解决这个问题，还需要综合治理。

1）新闻机构的领导者对公共关系部门的业务情况应当有所了解并予以重视，最好将其纳入报社（或其他媒体）的总体管理范畴，强化监督机制，从源头上防止消极、腐败现象的发生。同时制定相应的规章，从制度上保证此项工作正常有序地进行。

2）对新闻工作者加强思想道德教育。在我国，新闻事业是党的整个事业的一个重要组成部分，党性原则是不容忽略的。因此，新闻机构的领导者首先应当对其成员进行党性教育，使之明确新闻工作者首先是党的工作者，无论现实生活发生怎样的变化，在这个根本性的问题上不能发生动摇。新闻机构的领导者还应对其成员进行行业法规、职业道德及世界观、人生观、价值观的教育，增强新闻记者的责任心、使命感和道义感，使之能够自觉抵制资产阶级腐朽思想的侵蚀，坚持原则，坚持真理，以保证党的新闻事业的纯洁性。

3）加强新闻法制建设，制定相应的法律法规。在保护新闻工作者正当权益的同时，对滥用新闻自由权的行为进行限制和约束，将新闻媒介的全部活动纳入法制轨道。

（四）电视

电视是大众传播媒介中最先进的传播方式。它既可传送画面，又可传送声音和文字，其传播效果和作用，是其他传播媒介不可替代的。随着我国人民生活水平的提高，电视机越来越普及，各地又修建了大量的转播台和差转台，电视的大众性和易得性特点日益突出。

电视的优点是：具有音像同步的特点，可以真实生动地传播事情或事物发生、发展的过程，能使观众产生身临其境的真实感，具有较高的吸引力；电视传播最接近面对面的个人传播，传播时聚集在屏幕前的又是以家庭和各种小群体为主，他们在同一时间共享同一信息，彼此间又有交流和互动，容易产生亲切感，从而具有强烈的感染力；电视节目和广播节目一样，不受观众文化程度的影响，老幼皆宜，因而具有大众性；电视以电磁波为传播方式，传播速度快；电视表现手法和节目内容丰富多样，可综合运用文字、图片、动画、电影、声响等各种技巧及特技手段来加深观众的印象。

电视的缺点：节目制作成本高，制作过程也比较复杂；节目有固定时间，稍纵即逝，信息不易保留，不便查找；观众的选择余地较小，一般都处于被动地位。

在公共关系传播活动中，是否选用电视传播媒介，首先要考虑经费问题，因为其费用是以分或秒计算的；其次要考虑效果问题，电视传播信息快捷、范围大。美国在一次调查中发现，被调查对象收看电视新闻的占51%，通过报纸了解新闻的占31%，而利用其他媒介的仅占18%。电视节目和电视广告传播的信息生动、逼真、形象，可接受性强。公共关系信息在电视中播送，可产生比其他传播媒介更广泛的影响，给观众留下更深的印象。

（五）网络

作为一种全新的信息载体，因特网的出现和迅猛发展，不可避免地对中国报刊、广播、电视的新闻报道活动产生了冲击，但同时也促进了新闻报道活动的嬗变与发展。

　　震惊世界的美国"9·11事件"在一瞬间发生，当世贸中心许多大公司的商务数据"灰飞烟灭"时，该中心的最大主顾之一摩根斯坦利却在灾后的第二天就进入正常工作状态，世贸中心双子楼的轰然倒塌并没有给该公司和客户带来重大损失，这是因为网络没有中断；当灾难到来时，重要的业务信息已被完好无损地备份到几英里以外的一个办事处，"网络公关"立即"走马上任"，发挥其无可替代的作用。

　　网络公关（PR on line）又称为在线公关或e公关，它利用互联网的高科技表达手段营造企业形象，为现代公共关系提供了新的思维方式、策划思路和传播媒介。目前，"网络公关"概念虽然在美国刚刚兴起，但中国公共关系业不甘落后，此概念在"2000年中国国际公共关系大会"上成为热门话题，到2001年则开办了"中国公共关系网"，而企业自身的公共关系网络更是如雨后春笋般生长起来，中国公共关系业和企业有了自己的门户网站和宣传平台，可以以最快捷的速度向国内外交流企业的信息。

　　公共关系界敏感人士看到，因特网的普及宣告了传播方式的革命，这正是网络公关的生长点。网络传播与传统传播相比，非常突出的特征在于：个性化、互动性、信息共享化和资源无限性。由此可见，网络信息传播的方式是全新的，它集个人传播（如电子邮件）、组织传播（如电子论坛）和大众传播于一体，网络公关也正是对这些传播方式重新进行的整合公共关系方式。

　　奥美公关中国区董事总经理柯颖德就此提出了"360度整合营销传播"的理念。所谓"360度"，是指一个全方位的公共关系手段，包括公共关系、企业形象设计、广告、促销、媒介投放、媒介互动等各方面。互联网上的公共关系活动只是这"360度"理念的一部分，但却是非常重要的一部分。由于报纸、杂志、广播、电视等大众传播媒介缺少互动性，且投入偏高，而公共关系网络这一新兴媒体经过几年的运转已经逐渐成熟，并且有了一定的影响，从而被认为是"360度整合营销传播"的关键载体。据悉，"财富100强"之中，13%的公司都有自己的网上新闻发布中心，而93%的公司将非IT类记者的新闻稿件投入网站上发表。可见，网络公关已走到时代前台。

　　信息技术将从现在开始引发人们的生活与人类本身最深层次的变革。也就是说，人们的生活方式、生产方式、思维方式、意识形态都将因为网络而发生巨大变化。

1. 网络公关的信息反馈

　　在经济全球化的经济条件下，网络使得一个企业市场调查变得更广泛、深入、快捷，而且成本低廉。运用网络公关进行社会调查和信息传播往往是企业成功策划与竞争制胜的法宝。所谓"网络公关调查"，是指在各地建立办事处、信息站、分公司、连锁店，通过电脑联网或先进的通信设备，随时反馈信息、获取资料的方法。这已经不是临时运用的方法，而是长期运用的日常性的信息管理方法了。在这方面，中国公共关系业也在努力实践。据悉，一套"企业公共关系信息管理平台解决方案"最近被北京博能顾问公司隆重推出，并已成功运行于一家知名跨国企业的市场部。这个系统的功能在于改善大型高科技企业公共关系信息流程与控制系统，以实现企业统一化、延续性与高度一致的公共关系传播活动。

又如，1971 年始建的三井物产环球通信系统，通过其设在东京、纽约、伦敦、悉尼和巴林的 5 个电脑控制中心连接着驻海外 87 个国家和地区的 149 个办事处，通信线路总长达 44 万千米，可环绕地球 11 圈。从里约热内卢到相距最遥远的约翰内斯堡，一个信息行程 4 万千米只需 5 分钟。三井物产的情报信息中心面积达 12.5 万平方米，信息通信系统昼夜 24 小时不停运转，每天传递信息在 5 万条以上。从 1991 年 10 月开始，"三井"已将情报调研部独立出来，升格为贸易经济研究所，并进一步完善各种职能。

当然，对大量中小型企业及社会组织来说，依靠自己的力量建立信息网络是不现实的，但信息的社会化、职业化将弥补其不足，通过咨询，任何组织或个人都可以间接地利用网络获得所需信息。

2. 网络公关中的沟通协调

在 e 时代，网络公关成为组织与内外公众沟通的主要方式。通过网络，组织可以及时向内部发布各方面的运作情况，并广泛征求员工的意见和建议，及时反馈给领导决策层，从而大大增强员工的主人翁责任感和组织的凝聚力。

组织的外部公众会随着组织规模和经营范围的扩大而越来越难以把握和沟通；但因特网的广泛运用便使这个问题迎刃而解。现在不少大企业如海尔、长虹、上海宝钢集团、上广电等都建立了自己的销售服务信息库，利用计算机对售后服务进行一对一管理，顾客如果有什么问题，只需打一个电话或发一个 E-mail，就会立刻得到厂商的热情帮助。在网络上，企业与公众是一对一的关系，采用的是"面对面"的销售策略，由于减少了营销中的环节，如免除产品新闻发布会、样品展览会、商品广告费等，既节约了时间、又降低了成本，从而降低了产品的价格。当然，组织还可以通过网络聊天、网络发表、链接等方式嵌入公众的网站，增加企业与公众之间的交流。

3. 网络公关中的整合营销

网络营销策略改变了传统营销渠道，使生产商与最终消费者直面相对成为可能，因此过去营销渠道的中间商的作用有所削减；网络营销对定价、品牌、广告策略也带来不容忽视的影响，它以多角度、多板块、多手法来开展营销与服务。高露洁公司认识到"争夺眼球的工作是第一位的"，该公司网站在内容上除一般企业皆有的公司介绍、历史回顾、全球业务分布、股东投资、经营实绩和企业新闻等栏目外，其主导板块放在儿童天地、护理咨询和专家培训等核心栏目上。仅以儿童天地栏目为例，就可以发现网络营销所带来的广告效应是传统营销不可比拟的。"儿童天地"栏目以"明亮的微笑，明亮的未来"为标题，设立以牙齿保健为内容的兔医生"没有蛀牙"俱乐部，网站通过各种游戏方案设计和编辑上的独具匠心来增加儿童的回访率。这种网上教育营销手段更具威力，它用没有语言障碍的绘画艺术与儿童建立起交流的纽带，提高企业网站品牌，强化品牌辐射力和感召力；让网络使用者在游戏过程中潜移默化地完成了对产品信息和品牌的认识。

企业还可以利用网站培养潜在消费者，通过网站传递企业文化，利用各种网络手段与消费者形成持续联系（如利用电子邮件定期发送服务信息、收集消费者意见、提供技术培训、在节假日发送电子贺卡等），使消费者更好地融入企业之中。

4. 网络公关中的危机处理

网络也是一把双刃剑，由于网络的介入，使得危机造成的负面影响也极易扩散，造成严重后果。因此，事前有一个预警系统是必不可少的。在这个系统中，可以设想一下企业可能会发生什么样的危机，并在其中做好什么预防准备。有了这个系统，企业便能面对突如其来的公共关系危机，有条不紊地拿出应对策略，使组织迅速摆脱危机。例如，1996 年 10 月，欧瓦拉果汁公司生产的一批苹果汁不慎被"0517"大肠杆菌污染后流入市场，导致 61 人中毒，其中一名儿童死亡。传媒竞相报道此事，该公司的形象受损。面对这突如其来的危机事件，公司决策层想到了强大的因特网。他们聘请网络专家在事故发生后 24 小时内架起了该公司的全球信息网站，清楚地向公众传达了公司的道歉、声明及补救措施，并向顾客提供有用的网络资源，帮助焦急的消费者连上相关的医药保健站，寻找有关大肠杆菌的最新医学信息，终于在很短的时间里将事件的危害性降到最低程度，从而避免了更大的负面影响。

由此可见，要尽一切努力避免企业陷入危机，一旦遇到危机，就应该接受它，化解它。财富 500 强中的 IBM 公司，将危机公共关系最基本的经验归为 6 个字：说真话，赶快说。如何赶快说，通过网络公关不失为一条捷径。

人们希望自主地选择信息，这也正是网络备受欢迎的原因。施拉姆曾预言："信息革命时代的一个趋势将更多地注重点对点而不是点对面的传播。"面对受众的需求，如果传统媒体的新闻报道活动置若罔闻，必将丧失大量受众。因此，新闻报道应该逐步实现由"大众化"向"小众化"的转变，改善传播效果。

因特网与报刊、广播、电视 4 大媒体将形成一种互补共处的关系。网络传播对中国传统媒体的新闻报道产生冲击本身是一件好事。因为，随着社会的发展，人们需要的信息越来越丰富，接受信息的途径也越来越广泛。传统媒体的新闻报道活动在网络传播的冲击下也必将不断变革和发展。

鉴于上述新闻传播媒介各有优缺点，公共关系的传播活动在选择新闻传播媒介时应综合考虑下述几个问题：一是要考虑传播活动对象——公众的文化水平、工作和生活习惯，以最能引起他们注意、最符合他们工作和生活习惯的传播媒介来传播公共关系信息。二是要考虑传播的信息内容是以文字，还是以声音、图像传播为最佳，是简要表达即可明白，还是需要进行详细说明才能产生效果？是否需要反复播映？从而选出最合适的传播媒介。三是要考虑传播的经费开支，本组织的经济实力、公共关系的经费预算都是在选择传播媒介时应予以考虑的。四是要考虑传播信息的时效要求，信息是及时传播，还是晚一点传播有没有关系？是不是可以通过更完美的内容来弥补？这也是需要考虑的一个重要内容。这样综合考虑，可使公共关系传播活动既节省开支，又达到了公共关系的活动目标。

四、选择大众传播媒介的原则

（一）根据具体目标来选择

选择传播媒体时，首先应考虑的问题就是公共关系的具体目标。不同的公共关系目标，往往要选择不同的传播媒体。如果公共关系目标是为了解除公共关系危机，改善组织在公众中的形象，那就应选择大众传播媒体，如果是为了处理内部关系，那就应侧重于选择人际传播媒体。

（二）根据公众来选择

不同的公众对象，适用不同的传播媒体。要想获得好的传播效果，就必须考虑公众对象情况，如公众的收入状况、教育程度、职业习惯、生活方式及他们通常接受信息的习惯等，并根据这些情况去选用适当的传播工具。

（三）根据需要传播的内容来选择

选择传播媒体时，应考虑需要传播的信息内容的特点，如果需要传播的信息内容较为复杂，就应当采用文字媒介（报纸、杂志），而不宜采用电子媒介（广播、电视）；如果需要传播内容较为单纯而又容易理解的事实等，则可以采用电子媒介（广播、电视），而不宜采用文字媒介（报纸、杂志）；如果需要传播的信息内容相当专一且传播的面又很窄，则应采用人际传播媒体。

（四）根据经济条件选择

不同的传播媒体，需要不同的费用开支。因此，在选用传播媒体的时候，应当考虑自身的经济条件。如果经济条件较好的，实力雄厚的组织，可以考虑档次高一些、宣传规模大一些的传播媒体。但也应当按以最小代价去获取最大效益的原则来选择传播媒体，以免造成不必要的浪费。如果经济条件不足，就应当避免选用那些虽然传播效果好，但费用很高的传播媒体。

即问即答 6.5

在建设社会主义政治文明的过程中，如何利用有效的信息传播在各种社会组织和公众之间建立和谐的关系？

相关链接6.2

危机公共关系传播管理的21条建议

1. 企业危机及其阶段、特点

企业危机的类型很多，常见的有：产品或服务瑕疵型危机，劳工、股东纠纷型危机，经营不良型危机，反宣传事件型危机，等等。企业危机不仅具有突发性，严重危害性，同时还具有扩散性。危机常常成为社会舆论关注的"热点"和"焦点"，它更是新闻媒体报道的最佳"新闻素材"与报道线索，有时甚至牵动整个社会各界公众的"神经"。"好事不出门，坏事传千里"，一个负面消息的传播足以抵消千百万篇正面的报道和千百万次广告。

正是由于企业危机具有易扩散的特征、受舆论关注的特性，作为企业的公共关系官员在整个危机处理的过程中扮演着重要的危机传播控制的角色。

了解危机传播的阶段和特征是处理危机传播管理的前提。危机从产生到消失，一般要经历以下几个时期。

（1）危机酝酿期

危机酝酿期是指危机孕育的时期。这个阶段的特征是：危机有时有些预兆和端倪，当然更多的是难以察觉，这个阶段如果能察觉，则可以扑灭。

危机的酝酿是一个长期的过程，在实践中，危机的爆发只在瞬间而已，但其隐患却可能在很长时期酿成，如在员工无礼对待消费者的案例中，可能是思想教育的问题和管理的问题，在一个产品的瑕疵案例中，可以从开发、采购、质量控制、生产、运输等各个环节中找到源头。在经营不善的危机中，有可能是行业结构已经发生变化，而有的企业却仍用老的方法致使企业走向倒闭。

从传播的角度来讲，危机传播信息源正在形成。

（2）危机爆发期

危机爆发期是指危机的产生时期。危机发生了，这个阶段的特征是，危机已经浮出水面，细心敏锐的人肯定可以察觉，而忽视和迟钝则会视若无睹。在这个阶段，它的特征是，危机已经暴露，可以逆转，也可以转化。

从传播的角度来讲，这是危机信息传播的原始起源。

（3）危机扩散、蔓延期

危机扩散、蔓延期是指危机发生后，通过媒介、人员、组织的传播，危机不断扩散，受众知晓率爆炸式增长。

这个时期的特征是：危机事态正在发展，本质原因却不一定能明确，现象则在传播中不断复制。

从传播的角度来说，信息的内容复杂化，有准确的、有不准确的、有目击的、也有猜测的，信息传播渠道也呈多样化，有从现场的（信息的原始起源），有从相关组织、人物的，也有可能是从媒体的（如一些媒体会转载另外媒体的信息），现场的地点、人物、媒体自身、企业自身、相关的组织、人物，因为事态的进一步发展，都有可能成为信息传播源。

另外，人们的好奇心极需要满足，而原因又在进一步的调查中，有大量的信息"真空"，媒体、公众将从各种渠道来填补。

（4）危机减弱、消失期

通过事态的发展、事件的处理、原因的调查，事情有了结果，当事人各得其所，公众、媒介的关注逐渐减弱、消失。

从传播的角度来讲，信息"真空"已经被填补，受众的关注兴趣下降和消失，或转到其他兴趣，他的注意力也在转移。

2. 危机公共关系传播管理的建议

某年2月份的一天，上海消费者田某，花了200多元买了雅芳洁肤胶冻膏、粉刺调理膏等，回家给上初中三年级的女儿用。不料，女儿用后脸部竟肿得变形，眼睛睁不开，成了一条缝，市五医院、华山医院均诊断为接触性皮炎，是脸部涂用异物所致。医院将病人所用三支雅芳化妆品进行有关项目试验，结果证实其中洁肤膏、粉刺膏阳性。

田赶到雅芳公司上海销售中心，答复是要请示广州总部后再解决。此后，田先后几十次去人去电催促解决，雅芳公司再三推脱，说是广州没指示，又说因保险公司还没出赔偿，雅芳甚至认为用了化妆品后皮肤起反应很普遍，不必大惊小怪。

田投诉到上海消协，消协当即与雅芳公司联系，约定三方当面解决。三天后，雅芳公司始终没派人到场，去电追问，答曰："没空，没必要。"

6月7日，上海一家报纸对此进行曝光，在商界引起强烈反响，直接影响到雅芳公司的销售，雅芳公司这下着了急，广州总部负责人亲自飞往上海，处理此事。

从2月到6月，历时四五个月之久，危机发生并非突然，有着多种苗头与端倪，完全可以察觉，而且完全可以从容适当地处理此事，大可不必等到报纸曝光，沸沸扬扬，消费者纷纷侧目，才闻风而动，四处奔波，哪怕花再多的人力、物力也再所不惜。

尽管后来此事得到妥善处理，并成为一个危机公共关系的成功案例，但人们的看法是：企业危机公共关系犹如一国一地的消防队员，如果消防队员能做好消除消防隐患，不用出战，是一国一地最大的幸运。最好的名医总是致力于人的本身素质、自身抵抗力的提高，因而免于疾病的困扰。最好的战争也是"不战而屈人之兵"，危机公共关系也应作如是观。

现在，企业正处于公众的注目之下，也在竞争对手的注目之下，尤其是名牌企业，白璧微瑕而其德益彰，不管危机后来处理得如何好，抛却企业投入的人力物力不说，阴影总是在消费者心间挥之不去的。危机多了对企业发展绝对没有好处。这是人们对于企业危机所持的基本态度。

（资料来源：ttp://www.365u.com.cn/WenZhang/Detail/Article_79720.html）

下面来总结一下企业危机公共关系传播管理要点。

1）注意危机的预兆，预防为主，使危机扼杀于孕育期，从根本上杜绝危机的信源。但是更多的危机是突发的，不可预料的。一发生即迅猛发展。在危机的爆发期，传播计划显得非常重要。

例如，深圳 A 企业与广东惠州 B 企业在股票上市中，均有"信息披露不真实"的现象，因此国家证监会介入调查，在接受调查期间，两家的股票均暂停交易。此事一宣布，立即引起记者的兴趣，而纷纷赶往企业所在地采访。A 企业热情接待，真诚面对媒体，并且告诉媒体他们下一步的举措，什么步骤，什么时间等，A 企业的这种态度得到了媒体的认同，后来的报道也给了股民以信心，因为态度较好，证监会也很快结束完成了调查，并很快复牌。而 B 企业却希望能够隐瞒，当记者去采访时，被告知在楼下大厅等，并需要出示记者证，作好采访登记，"董事长秘书将下来对话"，时间一分一分地过去，一个小时又一个小时过去，被记者称之为"神秘的董秘"却始终没有露面，也没有人来照看。事后，《××公司搞什么名堂，拒记者于门外》类似的报道便出现在各个报端。

一个时间发生的，结果却不同的正反两例，颇能说明问题。"防火、防盗、防记者"是流行于企业界的一句俗话，可见一般企业对于记者的防范程度。但是，所谓"欲盖弥彰"，想一味隐瞒是隐瞒不了的。与其消极让别人来揭露，不如积极地把情况说明。而且在时间上，晚公布不如早公布，晚对外公布，也将给人以猜测，而回避记者是最愚蠢之举。

2）不要有回避记者的打算，而要有配合记者的态度。

3）经确认后，企业行为如果是不正当的，应该尽快将它公之于众，并采取相应的积极纠正措施。

新闻传播控制，更多地体现在危机的扩散蔓延期，那么这一时期，要注意哪些要点呢？英国著名危机管理专家迈克尔·里杰斯特《危机公关》一书中有这样的案例：1986年2月5日10：45～11：45，英国核燃料公司下属的塞勒菲尔德核反应厂发生了一次非常严重的事故，液态钚储藏罐的压缩空气受到重压，一些雾状钚从罐中泄漏出来。从工厂蜂拥而出的工人，琥珀色的警报，便看出发生了什么，媒介也很快知道所发生的情况。事故的消息随后传开了。

英国广播公司的电视记者詹姆斯·威尔金森介绍说，当他中午给工厂打电话时，工厂的新闻办公室还没有做好发布事故消息的准备，他们得到的只是一个站不住脚的许愿：我们将发表一个声明。而这个声明在下午4：00记者才看到，这期间记者一直是提心吊胆地等待着。工厂没有足够的新闻发布人员来应付外界打的询问电话。记者发现他们要排队等候，不确定因素滋长了人们的不安情绪。

在此后的日子里，英国核燃料公司在宣布泄漏事故时，一方面向公众表示，要最大可能地让公众了解事实真相，另一方面又每天像挤牙膏一样一点一点地发出消息。而消息本身随着情况的变化，前后竟有矛盾的地方。这加剧了人们的恐慌，每一条消息都让记者有借口连续报道。

另外，英国核燃料公司的新闻办公室在正常的工作时间后停止办公。当探听消息的人晚间给公司打电话时，电话总机告之，请留下电话号码，等新闻人员上班后再回电。迫使记者从其他途径了解事实，而从其他途径了解到的事实又与公司公布的有所出入。

危机的发生，造成忙乱甚至慌乱，是正常的，太多的事情需要处理，组织人员、查找原因、展开补救措施、回答各方面的询问，同时还要维护企业正常的运作，事情千头万绪，像一团解不开的麻，一起涌来。但是越是在这个时候却越需要镇静。

对于企业公共关系新闻官员来说，这个时候也是最关键、最棘手的时候。任何事情都需要人来做，第一要务是：赶紧组织人。

4）组织"危机控制中心"，一定要有专门负责对外传播的人员。视工作量的大小对外传播人员可以一个或者多个，让对外传播人员知晓危机的时间、地点、性质，以及企业所采取的措施，并使之始终能得到最新的消息。

危机发生后几个小时，或者前几天，因为掌握的确切消息并不多，原因也正在调查当中。但是，假如逃避或保持沉默，则会怀疑是隐瞒和对新闻界不合作，同时也引发他们通过其他非正式途径去寻找信息，"出门摔一跤，也抓一把土"，既然来了，一个敬业的记者不会空着手回去交差的。

5）尽快准备好消息准确的新闻稿，告诉公众发生了什么危机，尽快公布有关的背景情况，填补信息真空。

6）向记者提供现场传真、电话、电脑网络等通信办公设备，减少不安定因素。

7）公布接受询问的新闻热线，如果有必要，24小时可以开通。

危机扩散蔓延期有传播渠道多样性、内容不确定性，以及大量信息真空等待"填补"的特性。企业新闻官员的第二大要务是：使企业本身成为信息最权威的中心，掌握报道的主动权，并保持与媒体进行良好的沟通。

一个企业准备好新闻稿件和背景材料，以及相关的设备，媒体认为企业是合作的，一般会消除敌对情绪，同时视企业为重要的信息来源。这样企业容易赢得主动。

案例中的公司，"一定让公众知道真相"的态度是值得称道的，但其"挤牙膏一样发布不准确的消息"却是过失之举，企业公共关系新闻官员的第三大要务是：保持传播信息的一致性。

8）做好危机传播计划，判断、决定哪些信息可以传播给媒体，由谁传播？以及何时，怎么样进行传播？

9）在企业内部，确定对外发言人，由一个人为主出面负责对外媒体传播，其他人负责电话询问。对外发言人与其他人都要保持一致的口径。一般人不要随意接受采访，当然也不能简单地拒绝，而是礼貌地告诉他们企业对外传播的人和对外的新闻热线。

深层次的原因，如果没有调查清楚，不要发布猜测的和不准确的原因。可惜这一点常为企业所忽视，有时一个公共关系班子很强的国家也会忽视。例如，前一段时间，某国一架民航机坠毁，事故原因正在调查，总统在发布会上说，可以排除被导弹击落的可能性，而过一段时间，国防部有关负责人又说，不能排除被导弹击落的可能性，后来调查果然是被导弹击落。这前后矛盾的说法，给公众造成了恐慌，也损害了国家的形象，总统本人语言的权威更是受到削弱。

10）当人们问及深层次原因时，只有确切了解事故真相后，才能对外发布消息。不发布猜测和不准确的消息。

总机常常成为企业对外的窗口，也是媒体了解企业事故的第一反应，作为总机，她（他）的职责是了解电话的性质，并转给相关的部门和人员。

11）不要忘记交待总机不宜主动向外界提供信息，同时告知此类电话应该转接的人。

企业成为最有权威的信息来源，但不代表，更不能阻止新闻媒体在相关渠道，如相关的团体，员工家属等，了解信息的新闻自由。最好的办法是，尽可能多地了解哪些渠道、哪些团体对企业所采取的态度、措施表示支持，获得他们的帮助，让他们知道企业正在与媒体进行积极的沟通，并且在新闻稿送给新闻媒体前，把稿件复制给这些团体，以确保新闻媒体从这些渠道和团体获得的信息与企业提供的信息保持一致。

12）如果有可能，能够想到新闻记者将采访的相关渠道，请复印一份新闻稿给他们，并向他们说明相同的情况。

在危机的处理当中，企业一般会采取对社会、公众负责的确切的措施，这些措施，有助于减弱社会对企业的敌对，增强社会对企业的信任和信心，在事故原因没有调查前，传播有关采取的措施应是重点，刚才所述的雅芳公司，事前的慢吞吞的敷衍塞责令人愤怒，而事后总部负责人亲自出马，不惜一切的态度却是值得称道的。

著名的"博帕尔惨案"，美国联合碳化物公司董事长沃伦·安德森冒着被逮捕的危险飞到印度作第一手调查，并在被印度官员释放时，丝毫不提被印度政府逮捕的事，只说："我现在最关心的是那些受灾的人们。"这种态度赢得了众多人的同情。

13）告诉新闻界企业所采取的补救措施，让他们看到企业为此所作的努力。必要时，最高领导人可以出面，向公众表明企业对此事的重视态度，并加强可信度。

例如，1996年6月，湖南省陈某77岁的父亲陈伯顺（当时已经有冠心病，肺部感染，心力衰竭等多种疾病），经医生嘱托服用A'公司口服液，3个月中出现皮肤病状，后经诊治无效于9月死亡。经协调未果，A'公司坚持认为，A'公司口服液不是导致陈父死亡的原因。1996年12月，陈某向常德市中级人民法院起诉了A'公司。1998年3月，常德市中级人民法院作出一审判决，判A'公司败诉，并没收了A'公司1000万元的销售利润。A'公司不服，向湖南省高级人民法院提出上诉。

在此期间，多家媒体报道，消息从湖南迅速扩散到全国，A'公司的产品形象、企业形象、品牌形象均受到惨重损失。湖南市场上首次出现零销售，全国其他地方也陷入了瘫痪状态。与此同时，A'公司两个现代化生产工厂全面停产。

1999年3月25日，湖南省高级人民法院作出终审判决，判定A'公司胜诉，但胜诉后的 A'公司董事长仍痛心疾首：这起官司导致 A'公司数十亿元损失，十万人下岗。

赢了官司，丢了市场，一个智者是不会这样做的。

14）对于受害者，要冷静地倾听他们的意见，了解受害的情况，确认有关赔偿损失的要求。注意，现在不是分清谁对谁错、争辩的时候，要给受害者以安慰和同情、尽可能地提供他们所需要的服务，尽最大努力做好善后工作。"人道原则"是现在处理事情的大原则。

在企业的危机处理中，有一个重要的办法是"导势"。所谓导势，就是通过引导势局，使原来不利于企业的事情朝着有利于企业的方向发展。这是企业危机处理的重要原则。

例如，上海某报刊出了一条骇人新闻："正广和"汽水瓶中，竟有一只死老鼠！消费者看了这条新闻，其结果可想而知。

"正广和"汽水陷入空前的危机。但经危机公共关系小组仔细分析，检查每一道工序，结论是老鼠不可能在生产和过程中进入汽水瓶。

"正广和"汽水没有让企业出面解释，其基本策略是，用事实说话，抓住这次危机，吸引公众了解生产的工艺过程，进而变坏事为好事。

电话一个个打向新闻媒体，记者来到工厂，厂方向记者介绍了产品所采用的第四代美国杜邦公司反渗透水处理的高技术，指出"莱蒙"是目前国内唯一可用于静脉注射的超纯水制作的饮料，还参观了洗瓶流水线和灌装线。事实完全让人信服，老鼠只能是顾客打开瓶子后钻入的。

不久，报纸即以醒目位置报道了记者们在上海汽水厂的所见所闻。通过这一事件，"正广和"不仅消除了顾客的疑虑，还令人信服地宣传了本厂的先进技术，宣传了"滴滴超纯"的优良品质。

15）如果有可能，做好危机的"导势"工作，借助媒体，将危机引导到有利于企业的方向。

尽管做了尽可能的努力，由于信息渠道的原因，以讹传讹，由于事实掩盖于现象的原因，有时也会因为记者本人采访态度不够严谨的原因，如有的记者加入自己的臆断，托言"据一位不愿意透露姓名的人士介绍"、"有目击说"等，新闻媒体有时也会有报道失实的地方。而这种失实的报道，如果不加以重视，进行更正，错误的信息会瞬间扩散，这将给企业带来灭顶之灾。例如，1999 年 7 月 13 日，《中国经营报》头版发表了一篇《远铃整体浴室砸住四个亿》的文章，文章开头写道："对于湖南远大集团公司老总张剑来说，今年的心情一定不会太好，因为他耗资 4 亿元并全心投入的一个项目——远铃整体浴室正面临困境。"文章还说："目前，在中国市场上，销售整体浴室的公司有海尔、韩国 LG 等，但是，这些规模都不太大，而远铃项目上一次性投入 4 亿元，是因为对市场的判断出现错误。据知情人士透露，这个项目启动前，确实没有做过详尽的市场调查，他承认，这是一个不小的失误。"

当时正是民营企业纷纷出现不良情况的时候，文章一出来，长着"新闻鼻"传媒立即像鲨鱼闻到血腥一样，纷纷转载，人们也习惯性地想："远大会不会成为下一个？"

情况十分危急，但这是一篇失实的报道。7月20日，张剑接受了中国最有影响力的媒体之一《南方周末》的采访，否定了"远铃整体浴室投资失败"的传言。然后，他们与《中国经营报》联系，要求他们更正。

7月27日，《中国经营报》发表了一篇《关于"远铃浴室"砸住四个亿报道的更正》的文章，文章说："本报记者采用非正式渠道获得、未经远大公司证实的资料，对'远大空调有限公司'及'远铃''集成房屋'等产品进行了失误的报道，给远大、远铃两企业造成了负面影响，对此本报特表示歉意。"同时，对其报道的失误之处还进行了全面的更正。

16）对于失实的报道要及时要求媒体更正。有的失实的报道，往往是因为本质掩盖在现象中。人的认识本身有一个过程，特别是有些报道从表面来看是正确的，这时是不能要求媒体更正的，有没有办法呢？

例如，杭州"娃哈哈"果奶，产品在地方卫生防疫部门抽检时发现，包装上文字注明的"乳酸"含量与测量含量不符，抽检判为"不合格"，并在媒体上公布。这个消息一传播，邻省的媒体纷纷转载，转到后来，"不合格"变为"对消费者有害"了。实际的情况是，包装上文字注明的"乳酸"含量与测量含量不符，但仍在正常范围，对消费者是无害的。而媒体所带来的负面影响却使"娃哈哈"果奶在当地和邻省销量下滑。眼看着媒体的消息就要向全国扩散，全国市场都要受到影响，一面是调查原因，与地方的卫生防疫部门协调，进行改进需要时间，另外召开发布会说明情况也要等到有个结果的成熟时机，同时，全国性的扩散又是不等人的，怎么办？

他们的做法是，立即向新闻媒体的管理部门——新闻出版署求援，向他们仔细地说明了情况，希望他们出面，要求新闻媒体站在保护民族企业的立场，在原因没有查清前，不要以讹传讹，造成公众的恐慌。稍等几天，企业将召开新闻发布会，完整向公众说明此事。新闻出版署施以援手，后来，中央几大媒体均表示沉默，一直到该企业召开新闻发布会。

在新闻自由的今天，新闻媒体发挥着舆论监督的职责，一般来说，新闻出版管理部门对于新闻媒体不会在具体事情上进行干预。因此，这种方法，如果不是万不得已，不要采取此种行为，这对于新闻出版部门来说，也是一件颇为为难的事情。

17）当不正确的新闻有全国扩散危险时，实在万不得已，可以考虑向新闻出版部门仔细说明情况，向他们伸出求救之手。

在处理危机公共关系中，召开新闻发布会或记者招待会是一个很好的方式。第一，它可以面对面的方式，对待公众和传媒，进行双向的沟通，也是真诚面对公众的形式。第二，在一个集中的时间内向媒体说明情况，可以缓解新闻媒体、公众询问的压力。第三，它也有助于媒体将企业真正地视为信息来源的主要渠道，从而以企业可以受控的信息填补信息"真空"，掌握传播的主动权。

当然，在危机的处理中，召开新闻发布会或记者招待会，比起企业在平时召新闻开发布会有所不同，也要难得多。随时，企业要面对媒体和公众的质询，甚至有很多是恶意的刁难，"来者不善"，"时间紧迫"，对主持会议的人，对发布会的组织提出了更高的要求。

例如，因对原单位——某省印刷研究所管理作风不满而辞职的科技人员 Y 等 3 人来到了一家民营科技企业的 T 公司，很快完成了《高科技文献书刊编辑排版系统》的研究开发工作，该技术后来参加该省的第三届科技展览会，获得金牌奖。

正当 T 公司为此而高兴时，该省科技日报两位记者在报上发了一条来源于印刷科技研究所的消息《T 公司有侵权行为》，不几天，该省新闻出版局与印刷科学研究所联合召开新闻发布会，称："1985 年，国家把'高级排版系统'作为重点科研项目下达给省印刷科学研究所并投资 230 万元，1986 年，这个项目的研究取得了主要成果，1987 年 1 月，这个项目的负责人 Y 等三人忽然宣布辞职，并带走了课题组完成的科研成果和主要技术资料到 T 公司就职，几个月后，T 公司举办的鉴定会公然将国家投资 230 万的科研成果据为己有，此后，新闻出版局多次发文通报 T 公司及 Y 等人，指出这种做法是侵权行为，但 T 公司与 Y 仍然到处搞展览并公开出售这一科研成果，这使印刷科技研究所与 12 家用户签订的合同无法兑现，造成了 300 万元的经济损失，在这个侵权案公布前，T 公司曾通过各种途径要求私下了结此案，但为了保护国家利益，印刷科学研究所已将此案向中级人民法院起诉。"

当天，电视台转播了这次新闻发布会，在社会上引起了巨大反响，T 公司作为民营企业，受到官办的印刷科学研究所和代表国家的新闻出版局的指控，在我国社会环境下，公众心理上容易倾向谁，是显而易见的，T 公司的声誉受到了极大的损害。

在这种情况下，T 公司决定召开新闻发布会，澄清事实，纠正新闻媒介的失实报道。

公司的公共关系部开始了紧张的准备工作：第一，制定会议议程，安排新闻发言人：公共关系部长说明召开新闻发布会的目的，公司副总裁作为新闻发言人介绍情况，申明立场，直接负责"高级排版"系统的部门经理出席并作补充发言，由 Y 介绍他辞职并调入 T 公司的经过，公司总裁讲话。第二，准备记者提问，并请记者参观"高级排版系统"。第三，安排两位精明能干的公共关系人员，协助新闻发言人及总裁准备发言稿。第四，邀请新闻媒体，其中包括上次对此事有报道的电视台和省科技日报。

一切都准备好后，T 公司召开了发布会，新闻发言人在四个方面对"高级排版系统"纠纷始末作了说明：第一，T 公司认为，印刷科学研究所所长 S 先生在向新闻界介绍这一纠纷始末时，有意回避了这桩公案的核心，公案的起因是 Y 作为一个在电脑排版技术方面很有建树的专家，他的工作在印科所都得不到支持，成果被剽窃，工作条件差无人问津，因此他才声明退职。S 所长对待有抱负的技术专家的态度及他所挑起的这桩侵权纠纷反映了我国体制改革中一系列重大问题：怎么样才能做到尊重人才，怎么样给各类人才创造充分发挥才能的环境，对科技人员采取什么样的态度，一部分知识分子在掌握了部分权力之后，应该怎么样对待与他们共事多年，后来又脱颖而出，有所成就的另一些知识分子。这就是这桩公案的核心。第二，T公司认为，S所长向新闻界介绍纠纷时，隐瞒或歪曲了许多重要事实。首先，S所长说，高级排版系统是由国家投资320万元人民币的科研项目，有些情况新闻界也作了这样的报道，一个仅用三个人劳动即已完成的微机排版软件，竟然在1年的时间里，投资230万元巨款，这完全违背常识，因此，T公司认为这不是事实，并愿意请S所长提供"高级排版系统"课题从1985年6月到1986年9月期间有关支出清单，也建议新闻界关心一下320万元的真正用途和去向。其次，S所长说Y等三人于1987年"突然宣布辞职，一不等批准，二不交代工作便不知去向""带走了全部资料"，T公司认为这不符合事实。这一点最好让事实说话，请看当时的事实记录（略）。最后，S所长说，"T公司通过各种渠道想把这一问题私了"，这是企图贬低T公司。T公司为了帮助Y等同志实现他们为我国科技出版事业作出贡献的夙愿，确实与S所长进行过一次对话，并达成一项口头协议，这是与S所长进行过的一次唯一的协商会，此后T公司从未打算过再与S所长进行接触，而是向省科委，B市H区劳动人事部门汇报请示此事，并请他们协助解决，这怎么能说是私了呢？第三，作为一个民办科技企业，T公司深深懂得旧体制对于科技人员的压制和束缚给经济带来的危害和损失，因此，T公司一贯采取支持鼓励科技人员合理流动、发挥聪明才智，所以，T公司在Y等人报效无门的时候，在有关方面的推荐下接纳了他们，并支持他们完成科技开发，这是对国家的贡献，对科技体制的贡献。难道在Y等同志已经退职，生活无着的情况下，对他们漠不关心，拒之门外？难道看到他们的技术构想很高，意义很大，但无力实现的时候，应当听之任之，无动于衷？在座的每一位女士、先生都不会赞同那样做。第四，T公司一贯遵守中华人民共和国法律，坚持合法经营，尊重并保护国家和集体、个人应有的利益。在这桩法律纠纷面前，T公司的态度是：尊重事实、尊重法律，相信群众，相信法庭，并尽一切力量配合司法部门的工作。

接着Y代表自己和另外两名从印科所来的科技人员作了《我们辞职前后的有关情况》的详细发言。

之后，公司总裁W就四个问题发表了看法。发言结束后，T公司领导人回答了记者的提问，发布会所有议程结束后，公共关系部人员还与记者一起就新闻发布会提供的信息作了最后的核实，特别是对公司领导所回答的一些尖锐、敏感的问题，作了进一步的鉴定。

T公司的新闻发布会后，新闻界出现了新的报道，该省科技日报6月14日载文《就被起诉"侵权"，T公司已申明立撤》，《经济日报》发了《T公司发布新闻，科研成果纠纷再起波澜》。此外，包括香港在内的各地一些报纸都对T公司的新闻发布会作了报道。这些报道扭转了以前舆论"一边倒"的局面，对挽回T公司的信誉起了较大的作用。

最后的结果是 T 公司赢得了公众的同情，应该说，T 公司在公共关系上是成功的。

这一宗案子，从法律上客观公正地说，真正的受害者应是印科所，Y 等 3 人属于印科所工作人员，"高级排版系统"也属职务发明创造，其专利权应归印科所所有或持有，Y 等 3 人尽管辞职，但从 1987 年 1 月至 1987 年 7 月尚不足一年，到 T 公司完成的工作是与原单位有关的工作任务，按相关法律，专利权应归原单位。另外，Y 等 3 人不辞而别，未经批准也未交接工作，事实上，其与印科所的劳动关系并未解除。T 公司在主观上也是故意的。尊重人才是对的，但首先应该遵守的是国家的法律。因此，如果印科所在开发布会时，能够把这些问题考虑到，策划周全，解释充足，T 公司无机可乘，立论也是虚弱的。

科印所本应得到公众的同情，而为何 T 公司反而赢得公众呢？关键还是在两家企业或事业单位的公共关系意识的高下。T 公司抓住了问题的核心，同时，T 公司也表明愿意配合司法的调查，是否侵权留给法律裁判，这种立论，不偏不倚，不卑不亢，容易赢得公众的同情。最后，进一步地对 230 万元的去向问题抛出话题，引起科印所的被动，这一招可谓打了对方的"软肋"。

18）应在成熟的时机召开新闻发布会。发布会太早开，有可能信息不完全，可能对于公众关心的重要问题没有解决方案和措施，而达不到效果，或者反而有负面效果，太晚开则有可能起不到填补"信息真空"，成为信息主要渠道的作用，时机的把握十分重要。

19）做好新闻发布会的策划准备工作，尤其是思想上的准备，对于公众关心的问题要考虑周全，并有合理的解释和圆满的答复。

20）注意多用事实说话。行胜于言，事实胜于雄辩，多用事实本身说明，一个事实有时胜过一千打理由。

21）在危机的减弱、消散期，多刊登正面的消息，将负面影响降低到最小程度，树立正面的影响。

小　　结

公共关系传播是组织通过报纸、广播、电视等大众传播媒介，辅之以人际传播的手段，向其内部及外部公众传递有关组织各方面信息的过程。

传播的特点是：社会性、互动性和符号性。

传播的模式有：拉斯维尔传播模式、香农—韦弗传播模式和德福勒传播模式。

公共关系传播效果的层次有：信息层次、情感层次、态度层次和行为层次。

传播的类型有：自我内向传播、人际传播、群体传播、组织传播和大众传播。

传播的原则是：目的明确原则、双向沟通原则、平衡理论原则、有效沟通原则和传播中的七个"C"原则。

传播有人际传播和大众传播。

人际传播泛指人与人之间的相互接触与彼此往来。公共关系的人际传播可以从不同的角度进行分类：依据传播主体分为组织传播、公众传播，按是否有中间媒介可以分为面对面传播和非面对面传播。

人际传播的特点有：对象明确、近距离直接传播、简便易行和使用广泛。

影响人际传播的因素有：语言、习俗、知识经验水平、角色和心理特征。

大众传播是专业化群体通过各种技术手段向为数众多的读者、听众、观众传递信息的过程。它具有公共关系传播的一般特性，是公共关系传播的组成部分。

大众传播的特点是：覆盖面大，传播范围广；传播信息受到过滤；受众广泛而分散，对象不易控制和确定。

大众传播的功能有：新闻传播功能、舆论导向功能、教育引导功能和文化娱乐功能。

根据信息传播载体的不同，可将大众传播媒介分为两类：一是印刷类媒介，主要代表是报纸和杂志；二是电子类媒介，主要代表是广播、电视。各种传播媒介既有其共同的特点，又有其不同的特点。

选择大众传播媒介的原则有：根据具体目标来选择、根据公众来选择、根据需要传播的内容来选择和根据经济条件选择。

知识掌握题

1. 公共关系传播的含义及特点是什么？
2. 公共关系传播的原则有哪些？
3. 人际传播的特点是什么？影响人际传播的因素主要是什么？
4. 大众传播媒介主要有哪几种？各自的优缺点是什么？

自测题

1. 往往被置于最显著的位置，甚至被称之为对外传播的首要公众的关系是（　　）。

   A. 媒介关系　　　B. 顾客关系　　　C. 政府关系　　　D. 国际关系

2. 因特网不仅仅是一个国际性的计算机网络，更重要的是，它是一个面向全世界、全社会的巨大的（　　）。

   A. 物质资源　　　B. 信息资源　　　C. 人力资源　　　D. 知识资源

3. 公共关系广告的形式有（　　）。

   A. 形象广告　　　B. 公益广告　　　C. 产品广告

   D. 观念广告　　　E. 响应广告

4. 公共关系活动过程的3个基本要素是（　　）。

   A. 组织　　　B. 群众　　　C. 传播　　　D. 交流　　　E. 公众

知识应用与课堂讨论题

重金寻"七子"

2001 年元月中下旬，时近新千年的第一个春节，又恰逢龙年，各路商家自然不会轻易放过这个千载难逢的良机，无不使出浑身解数，用尽各种促销妙招，力图在"龙头"讨个好彩头。就在此时，先是在宝岛海南，后又在广东各地，一场扑朔迷离的"寻子行动"通过媒体广告的鸣锣开道，轰轰烈烈地在华南大地展开。由于几家报纸广告都是以粗黑框框住一段简单的文字，煞是庄重，又加所寻找的"七子"正好与时下流行的"七子之歌"暗合，一时引人关注。直至元月 22 日，在广州、深圳、珠海等 8 个城市的最繁华街道，各有数十顶绿色阳伞一字张开，成百上千的人在伞下排起长队，而后掂着几盒"七子填精口服液"心满意足地离去。到了这时候，不少关注"寻子行动"已久的人才摇头一笑：被这七个小子涮了！

身经百战的消费者看到广告，未必不知道这是一个商业策划。但是，一段时间里人人耳熟能详的"七子之歌"让人没法对这一系列寻找"七子"的广告熟视无睹，没法不对这"七子"做更深一层的关注。概念、时机、运作内容和方式的巧妙配合，让"寻子"悬念广告这只旧瓶，成功地装进了七子填精口服液这种新"酒"。

七子填精口服液是海南三叶药业集团有限公司开发生产的一种补肾保健品，由海南一心药业有限公司全国总代理销售。从 1998 年下半年开始，七子填精口服液先后进入海南、广东市场，以其独特、平和的"养肾"概念和一贯客观、理性的广告原则，很快在数十种补肾类保健品当中脱颖而出。到 1999 年年底，"七子填精口服液"已成为广东、海南补肾类保健品市场上仅次于"汇仁肾宝"的第二品牌。1999 年，又投入巨额广告费进行地毯式广告轰炸，使其市场优势地位进一步确立。作为广东、海南两地同类产品市场的第二品牌，"七子填精口服液"在广告投入上远远无法和"汇仁"抗衡。在这样一株大树的阴影覆盖下，"七子"无时无刻不在寻找着强壮自我的机会，创造一个更广阔的发展空间。面对竞争对手强大的广告攻势，如何突破竞争者重金构筑的重重包围，迅速有效地提升品牌知名度和品牌形象，进而扩展深化消费者对本产品的认知广度和深度，成为"七子填精口服液"在世纪之交波诡云谲的补肾品市场必须直面的问题。施展策划魅力的时候到了，作为七子填精口服液的总代理，一心公司的老总吴迪苦苦思考着借力的方向、角度和时机，寻找着发力抖劲的那一瞬。整日萦绕在耳边的一首歌终于在某一天的早晨惊醒了梦中人。澳门回归祖国是 20 世纪末中国人关注的一件大事，回归前后，闻一多先生写的那首《七子之歌》通过电台、电视台的反复咏唱，一时成为传唱最普及、也最能打动大多数中国人的流行歌曲。而"七子填精口服液"的主要成分恰恰也是"七子"，即枸杞子、菟丝子、覆盆子、五味子、韭菜子、车前子、金樱子等七味中药（"七子填精口服液"之名也因此而来）。虽然此"七子"非彼"七子"，但歌名与产品名的一致实在是千载难逢的巧合，这叫借势。更何况《七子之歌》的正面影响力特别在中老年人当中激起了强烈的情感思绪,而"七子填精口服液"的主流目标市场正是中老年人群。由头既已确定,需要进行形式的包装然后推出去。几乎是信手拈来,策划者一下子就想到了叶茂中先生当年"紧急寻找小雨点"的成功案例。借用"寻人启事"的悬念广告来引起消费者的好奇和关注,虽有模仿之嫌,但要能巧妙地组合进具有时代特点的全新要素,也会达到理想的广告效果。于是整个策划思路很快敲定:将七子填精口服液的"七子"与《七子之歌》的"七子"联系起来,借歌名提升品名、借歌曲的正面影响力提升产品的美誉度;用"寻子启事"系列悬念广告吸引消费者的关注,推动活动层层展开;由最初的"寻找"行为进一步导出具有实际意义的消费者回报行为,通过后续行为巩固和加深产品在消费者心目中的良好形象,并力求通过现场活动效果,引起新闻媒体的关注和报道。

策划方案拿出来,已经错过了澳门回归的时机。一心药业公司遂决定在回归"满月"(2000年元月20日)前后将活动全面推开。为确保成功,首先选择了生产商和代理商所在的海南省海口市场先推出,获得了较好效果,随即在广东省的广州、深圳、中山、东莞等8个城市同时启动。2000年元月17日,《广州日报》、《羊城晚报》及各参加活动地方的当地报纸同时出现了一则内容相同、地名和电话不同的"重金寻找'七子'"广告:"七子",籍贯:海南,个头均不高,偏瘦,性格稳重,喜穿绿色衣服。正值澳门回归祖国之际,一首感人肺腑的《七子之歌》唤起了"七子"母亲对"七子"的思念之情,急切想寻找到"七子"。据说最近有人曾在广州、深圳、中山、东莞、佛山、珠海、江门、汕头等地发现了"七子"的踪迹,"七子"的母亲万分火急地从海南赶到广州刊登征寻广告,拜托父老乡亲们,如果发现"七子"的下落,请立刻与"七子"的母亲联系!"七子"的母亲将以特有的方式拜谢每一位提供线索和找到"七子"的羊城父老乡亲们!拜托了!

此后,"感谢市民热心寻找'七子'"、"读者报告发现'七子'"两则后续广告分别在同一版位、同一形式刊出。直到元月21日,"'七子'找到了!"的大版面广告喜气洋洋地展现在人们面前,"澳门回归满月,'七子'喜贺团圆"的副标题将人们所寻找的"七子"与回归满月的澳门及《七子之歌》联系在一起:"承蒙各位朋友的关心,'七子'终于找到了!许多人在当地的大药店里找到了它,这就是由枸杞子、菟丝子、五味子、车前子、金樱子、韭菜子、覆盆子等'七子'辅以人参、黄柏等中药科学组方精制而成的'七子填精口服液'。如果说闻一多先生《七子之歌》中的'七子'是祖国母亲的孩子,那么由海南三叶制药厂有限公司出品的'七子填精口服液'则是海南三叶药业集团的孩子,它凝聚了三叶人为肾虚患者寻找科学养肾方法的种种艰辛。"系列广告一经刊出,便引起各地市民的高度关注,设在各地的热线电话忙个不停,众多热心读者纷纷打来电话询问"七子"的有关情况,打听寻找"七子"的进展和提供"七子"的线索。"七子"一时成了各地的新闻人物。当然,打电话的也不乏"清醒者",明知是商业广告,却仍然难耐好奇:"七子"到底是什么?

到此为止,寻人活动的基本目的——借名扬名也算是首功告成了。可一心公司策划本次活动还有更大的宏愿：将已经形成的对"七子"品牌的高度关注度引向"七子填精口服液"这个产品，加深消费者对有形产品自身的关注和认知。于是，在宣布"七子"找到了的同时，同一个广告又宣布了另一个活动的开始：为了答谢连日来关心、热心寻找"七子"的朋友和庆贺"七子"与母亲团聚，2000年元月22日，广东8城市同时举行大型消费者赠送活动，曾为寻找"七子"提供过线索和寻找到"七子"的读者朋友可在活动现场领取礼品，老用户可持空包装盒免费换取产品。为了吸引更多消费者的参与，活动现场还进行了优惠售价销售，按购买者现场排序，分别享受不同的现场购买优惠。由于活动特惠价与市场价存在着诱人的差价（如排名前50名者特惠价5元/盒，51～100名者特惠价10元/盒，101～150名者特惠价15元/盒，而市场零售价为39.8元/盒），特惠销售吸引了大批消费者，尤其是各地的老用户，不少人早早赶到现场排队，有人甚至带着盒饭。

值得一提的是，22日回报活动现场，为寻找"七子"提供过线索（也即曾打进热线电话）的人们领到的"精美礼品"，竟是一盒三只装的红苹果。这实际上是一心公司元旦前面向销售终端开展的一项旨在密切与终端良好关系的"红苹果"行动的延伸。该行动借助于一个"红苹果能够满足人们美好愿望"的传说故事，在新千年的元旦，一下子向所有的七子填精口服液的销售终端都奉送一份精美礼盒装的三只苹果，礼物不重，但因为有良好祝愿的包装，因而在终端引起了强烈反响，极大地刺激了终端对"七子"的促销热情。这次一心公司又故技重演，让来者苹果揣在手、祝福留于心，倒也是喜出望外。

据一心公司人员介绍，"重金寻'七子'"行动在海南成功推出后，"七子"生产厂家海南三叶药业集团有关领导对整个活动充分肯定，并很快决定赞助一心公司20万元及1万盒产品，帮助在广东全面推广此项活动。显然，这项策划不仅打动了消费者，也打动了生产商。

（资料来源：http://www.buyue.com/news/news_25995.html）

思考：

1）企业策划公共关系宣传活动时，如何做好"巧"字文章？

2）"寻人启事"的悬念广告策略在"重金寻'七子'"活动中起到了怎样的作用？运用这一广告策略应注意哪些问题？

3）"七子"方案以回报消费者的行动收场有何独到之处？对我们有何启示？

情景模拟题

某社会组织的一位领导向办公室主任布置了一个任务，要求用公共关系的手段和策略向社会公众经常性地报道和宣传本组织在各方面所取得的成绩。其公共关系的目标是通过不断"亮相"，使社会公众进一步了解和熟悉组织，从而取得理解和支持。假如你是这位办公室主任，请问如何应用公共关系的传播手段来完成任务？

实践训练题

1. 实训项目

为你所在的班办一份班报。

2. 实训目的

通过班报的宣传，让更多的人了解你所在的集体。

3. 实训内容

通过组织办一份属于班级的报纸，提高本班的知名度。

4. 实训组织

把全班同学分成几大组，各个组分别扮演不同的角色，制定一份班报。

5. 实训考核

1）分组各司其职办好班报。
2）对比办班报前后其他班级对本班的知晓情况。

【课下补充参考资料】

黄升民，杜国清．2006．中国．广告主营销推广趋势报告．北京：社科文献出版社．

杨正泉．2005．新闻发言人理论与实践．北京：中国传媒大学出版社．

詹姆斯·格鲁尼格．2008．卓越公共关系与传播管理．北京：北京大学出版社．

http:// www.chinapr.com.cn．

http://www.cpra.org.cn．

http://www.cipra.org.cn/．

第七章　公共关系的工作程序

学习目的

通过本章学习，要求达到：

知识目标：了解公共关系工作的一般程序，即公共关系调查、公共关系策划、公共关系实施、公共关系评估；

素质目标：熟悉公共关系各阶段工作要点；

技能目标：强化对公共关系工作流程的认知，掌握有效开展公共关系工作的基本步骤和方法；

能力目标：具备进行公共关系调查的初步能力，掌握公共关系策划的程序，能根据组织情况进行基本策划并制订具体的活动计划，懂得如何有效实施公共关系方案，掌握公共关系效果评估的内容和方法。

主要概念和原理

四步工作法　公共关系调查　公共关系调查方法　公共关系策划　创意技法
策划文案　公共关系实施　公共关系评估

公共关系工作程序是指社会组织为了与公众建立和谐、信任的关系，树立组织的良好形象而进行活动的一般规范和步骤。社会组织的公共关系工作，应以公共关系调查为起点，按照公共关系调查、公共关系策划、公共关系实施和效果评估的程序来进行，逐步积累成果，实现预定公共关系目标。

案例导入

公共关系顾问的问题

有一家宾馆新设了一个公共关系部，开办伊始，该部就配备了豪华的办公室、精明干练的公关人员、现代化的通信设备……但该部部长却发现无事可做。后来，这个部长请来了一位公共关系顾问，向他请教怎么办。于是这位顾问一连问了以下几个问题：

"本地共有多少宾馆？总铺位有多少？

旅游旺季时，本地的外国游客每月有多少，港澳游客有多少？国内的外地游客有多少？

贵宾馆的'知名度'如何？在过去3年中，花在宣传上的经费共多少？

贵宾馆最大的竞争对手是谁？贵宾馆潜在的竞争对手将是谁？

去年一年中因服务不周引起房客不满的事件有多少起，服务不周的症结何在？"

对这样一些极其普通而又极为重要的问题，这位公共关系部部长竟张口结舌，无以对答。于是，那位被请来的公共关系顾问说："先搞清这些问题，然后开始你们的公共关系工作。"

（资料来源：张岩松，王艳洁，郭兆平. 2006. 公共关系案例精选精析. 3版. 北京：中国社会科学出版社）

案例分析

公共关系不是一种盲目的、随意性的活动，而是有意识、有计划的行为，公共关系部的设置只是做好公共关系工作的组织保证。而公共关系工作不仅具有较高的艺术性，还有较强的科学性。俗话说，"无规矩不成方圆"，按照公共关系原理，公共关系工作程序分为4个步骤，即调查、策划、实施、评估，也称"四步工作法"。调查研究是公共关系工作的第一步，是做好公共关系工作的基础和前提。公共关系部的经常性任务就是利用自身与各类让会公众之间的广泛联系，开展调查，获取信息，为组织的最高决策层提供信息保障。显然，本案例中，该宾馆公共关系人员对公共关系的内涵缺乏了解，甚至存在误区。公共关系部部长被公共关系顾问的一系列问题问得张口结舌，自然在所难免。

1952年出版发行的《有效公共关系》，被誉为美国"公共关系圣经"。在这本著作里，斯科特卡特利普和森特提出两大理论要点，一是"双向对称"的公共关系模式，二是公共关系的"四步工作法"。"四步工作法"认为公共关系工作程序应包括：调查研究，制订计划，实施传播，评价结果四个步骤。后来，公共关系专家马斯顿将这一程序概括为一个著名的公式：RACE模式，即公关工作中的四个环节。

R（research）——研究，即公共关系调查。在公共关系工作程序中，公共关系调查是起点和基础，通过调查研究确定公共关系问题。

A（action）——行动，即公共关系策划。公共关系计划和方案的设计、制订是在调查基础之上的具体化工作，每一细节都必须经过仔细推敲论证，以确保计划切实可行。在四步工作中，公共关系策划是关键，是公共关系实施的指南和效果评估的标准，离开了公共关系策划，公共关系工作就会漫无目标，不得要领，难以协调统一，成效甚微。

C（communication）——传播，即公共关系方案实施。公共关系方案实施是核心，是执行公共关系策划，取得公共关系成效的具体行动，离开了公共关系方案实施，再好的策划也只是纸上谈兵。

E（evaluation）——评估。每一项活动、每一系列活动，自始至终能取得什么效果是需要总结、评估的。总结评估既是对公共关系活动成效的客观度量，又是对组织形象的重新定位。效果评估是重要的反馈环节，也是下一轮公共关系活动的起点。

组织公共关系工作必须遵循四步工作法，才能取得较好的效果。也就是说，组织的公共关系工作，应以公共关系调查为起点，按照公共关系调查——公共关系策划——公共关系方案实施——效果评估的循环程序来进行，才能逐步积累成果，实现预定公共关系目标。

第一节　公共关系调查

公共关系调查研究是公共关系"四步工作法"的第一步，是组织开展卓有成效的公共关系活动的前提和基础。因此，公共关系人员必须了解公共关系调查的意义，掌握科学的调查方法，有针对性地开展调查工作。

一、公共关系调查的意义

公共关系调查是指公共关系工作人员对自己或服务的组织（指公共关系专业公司受特定组织的委托为其进行公共关系调查）的公共关系状态进行的情报的搜集与研究工作，即运用一定的理论、方法和技巧，以组织内外部公众为对象，通过收集资料和分析资料，了解组织的公共关系状态，揭示其发展趋势并提出改进措施或意见的一种调查研究活动。很明显，公共关系调查有两个主要的功能：一是收集资料，反馈信息，客观真实地反映组织的公共关系状态；二是分析资料，透过现象看本质，从而揭示组织公共关系状态的发展趋势，并据此提出加强和改进组织公共关系的策略、方法和措施。公共关系调查是公共关系的基础性工作，发挥着情报功能作用。国外成功的大企业，一般都十分重视公共关系调查，如美国《幸福》杂志排名前 1000 位的大公司中，大约有一半都利用公共关系调查为其形象建设服务。许多国际著名的大公共关系公司也纷纷加强自己的调研能力，如希尔·诺顿公共关系公司（即公共关系界常讲的"伟达公关公司"）在 20 世纪 70 年代到 80 年代的 10 年间，其调研部门的规模扩大了三倍。据此可知，企业的公共关系调查意义重大。

1. 公共关系调查是组织卓有成效地开展公共关系活动的前提

一项公共关系活动一般离不开四个相互衔接、协调进行的步骤或环节：调查研究→制订计划→计划实施→效果评估。而调查研究则是开展一项公共关系活动的首要环节，它为公共关系活动的其他环节提供前提条件。只有经过调查研究，探明事实真相，掌握公众的认知、观点、态度和行为，确定组织所面临的问题，其他诸环节才有可能卓有成效地进行下去。否则，情况不明，盲目工作，其他环节根本无法进行。

2. 公共关系调查是公共关系活动中的基础性工作

调查工作是一项前提性的工作，更是一项基础性的工作，它贯穿于整个公共关系活动的全过程，是开展公共关系活动其他环节的基础。例如，事前的调查是制订公共关系计划的基础；事中的不间断调查是及时纠正偏差、保证公共关系活动顺利进行的必要条件；而事后的调查则是检查评价公共关系活动成效的重要依据。

3. 公共关系调查具有沟通信息的作用

公共关系调查是反映公众意见、希望和要求的过程，也是调查人员向公众介绍组织情况，使公众进一步了解组织的过程。因此，它本身就是一项沟通公众关系、塑造组织形象的重要公共关系工作，如美国石油公司的成功案例：当时美国许多公众都认为石油公司是为一小撮极富有的个人和家庭所拥有的，这种成见形成于老约翰·D. 洛克菲勒时代，但现状已完全不同。为改变公众的看法，公司委托公共关系人员进行调查并公布了结果。事实上，美国最大的六家石油公司有 200 多万个股东和 1175 万个间接股东（从拥有石油公司股票的机构领取养老金的人），散发、公布这一结果，极大地改变了公众对石油公司所有权的成见。

即问即答 7.1

从双向沟通的角度谈谈公共关系调查对组织形象塑造的作用。

4. 为组织决策提供科学依据

公共关系调查为组织提供决策依据，并能有效地预测和检验决策的正确性。现代社会组织越来越庞大，层级越来越多，分工越来越细，使得管理人员特别是高层管理者与公众的接触越来越少。决策者保证决策正确的根本就在于调查部门完善及成功的调查，定期的及长期的调查研究有助于消除隔阂，为社会组织的领导层提供了至关重要的反馈信息。

相关链接 7.1

假如我是广州市长

广州市委、市政府先后举办过直接为市长作参谋的"假如我是广州市长"征文活动（后定名为"市长参谋活动"），为政府职能部门出谋献策的"房改方案千家谈"、"菜篮子工程千家谈"等"千家谈系列活动"，讨论广州市风和广州人精神的"羊城新风传万家"和"羊城居委新形象"等大型公众活动等，运用报纸、杂志、广播、电视等媒介，动员了成千上万的市民参政议政，各抒己见，都收到了良好的社会效果，提高了政府对市民的凝聚力。

（资料来源：http://www.zhuoda.org/why/40946.html）

二、公共关系调查内容

公共关系调查的主要对象是社会公众，而社会公众的多样性就决定了调查内容的广泛性、丰富性。除了公众对组织的意见外，组织所处的社会环境、公共关系活动的效果，以及可能遇到的风险与机会对公共关系工作的影响都是很重要的，需要一一掌握。

（一）组织自身情况的调查

组织的基本情况是公众评估的主要对象。要准确无误地评估公众意见，就要全面了解组织的历史和现状。这方面的资料是每位公共关系人员必须掌握的，无论是撰写新闻报道，解答公众提问，编写职工通讯，制作宣传材料，还是向社会公布有关本组织的背景材料，都需要随时查阅和引用这些材料。这些材料的具体内容有以下几个方面。

1）组织的总目标、总的指导思想、总的发展战略和方向。

2）组织业务情况。主要包括组织建立的时间，组织历史上的重大事件，这些事件在社会上、在舆论界的反映和在公众舆论中造成的影响，产生了什么后果；组织的经营目标和经营宗旨；自身对社会作出过哪些贡献，正在做哪些有益于社会公众的事情；组织市场分布、市场占有率、市场竞争对手及其主要情况，重要工程和重大工作项目情况，产品、服务、价格特点；组织的经营管理状况和特点；组织外观、名称、商品的包装、商标等特点。

3）职工队伍状况。主要包括职工队伍变化情况；目前职工的一般状况，如年龄构成、职称结构、文化程度、家庭生活、专业特长、兴趣爱好；对组织作出重大贡献的职工，如革新能手、劳动模范的成就与经历；组织主要负责人的情况等。

即问即答7.2

你所在院校的宣传资料中主要包括哪些内容？

（二）公众认识

企业的调查研究是要找出自我认识与公众认识之间的形象差距，所以在掌握了组织情况的基础上，还必须了解公众的认识，只有切实掌握了企业在公众心目中"是什么？"、"怎么样？"，才能比较出两者的差距。可以说，这是更重要的一个方面，主要包括对企业形象的认识。

要掌握公众对企业形象的认识，首先要调查企业的知名度和美誉度，即从各种不同的公众和不同的角度得到的对企业形象的反应，最终归结起来就是对企业知名度与美誉度的评价，如图7.1所示。

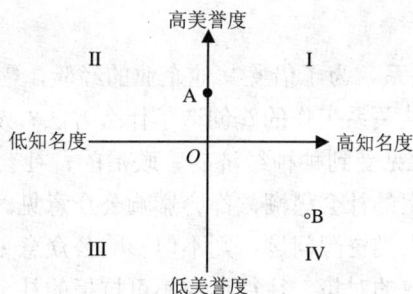

图 7.1 组织地位形象四象限

图上的纵坐标代表美誉度，从下至上，最低为 0，最高至 100。横坐标代表知名度，从左至右，也是从 0 到 100。这些数字的单位为百分比，如 50 即 50%。整个图分为四个象限。象限 I 表示高知名度、高美誉度；象限 II 表示低知名度、高美誉度；象限 III 表示低知名度、低美誉度；象限 IV 表示低美誉度、高知名度。该图具体应用方法是分别求出本组织知名度和美誉度的百分比，然后在坐标上标出。

即问即答 7.3

企业最不希望出现在象限 III 还是象限 IV，为什么？

例如，一个组织抽样调查了 800 人，其中 400 人知道组织状况，其知名度为 50%。知道组织的 400 人中有 250 人对组织持认可态度，则其美誉度为 250：400＝62.5%，在坐标图上即可标出组织形象地位，如图 7.1 中的 A 点。又如，一个组织的知名度为 600：800＝75%，美誉度为 200：600＝33.3%，其知名度和美誉度标示在图上即为 B 点。

一般而言，对知名度的调查，主要是针对公众是否了解企业的名称、标记、产品或服务，了解的程度和范围如何等；对美誉度的调查，主要针对公众是否赞赏本企业的产品、服务及推销方式，是否信任本企业及企业的产品和服务，信任程度如何等。企业形象的好坏，是相比较而言的。因此，调查公众对企业形象的认识，往往要列出同类企业，请公众加以比较。

（三）社会环境调查

公共关系调查，还要广泛调查收集一切同企业有关的社会环境资料。

1）政策环境。同企业活动，特别是同公共关系问题有关的法规和法律，也是公共关系调查的内容。经济合同法、环境保护法、劳动法及有关报道，都可列为专题，进行追踪研究。例如，2005 年以来，政府制定了一系列抑制商品房房价过高的政策。作为房地产开发企业就要密切关注这一政策的导向作用，调整好自身的经营战略，使其既能符合国家的房地产新政策的要求，又能够很好地满足消费者的需求，从而可以塑造更好的房地产企业形象。

2）其他企业的公共关系。为了借鉴其他企业的经验，需要调查其他企业公共关系状况如何？是如何组织公共关系工作的？创造了什么方法？发展了哪些技巧？

3）社会问题。公众意见受到种种经济的、政治的、社会的、思想的因素影响。社会上发生的重大事件、产生的社会思潮，都会影响公众意见。重大的社会问题，如人口与就业问题、生态平衡与人类资源问题，则不但影响公众意见，还关系到企业的发展与消亡。社会对这些问题采取的对策，往往形成不可抗拒的社会趋势，同样，公共关系调查也应该密切关注并追踪研究这些问题。

以上介绍的，只是公共关系调查的主要内容。公共关系工作人员应根据实际情况，决定每一次调查的具体内容。

三、公共关系调查方法

（一）调查时常用的方法

1. 观察法

观察法是调查人员深入现场对调查对象的情况直接观察记录，取得第一手资料的调查方法。可与被观察者一起活动，也可作为旁观者观察了解有关信息。其优点是节省成本，了解情况自然、真实。缺点是信息带有较大的偶然性，了解的是事物的表面现象，而对于事物发生的原因无法掌握；更由于观察者的不同，对同一事物往往有不同的结论，使其带有一定的个人主观色彩。

2. 访谈法

访谈法，也称访问法，是调查人员同被调查者直接接触，通过有目的的谈话来收集资料的一种调查方法。谈话方式一般多样，既可以采取个别访问的形式进行交谈，也可以采用座谈会的形式进行交谈，还可以采用电话采访的形式进行交谈。交谈时，既可以用登记式谈话形式，即按照调查者事先拟好的调查表的具体项目让被调查者一一作答，也可以采用自由谈话形式，即让被调查者随意自由谈话。一般来说，登记式谈话，内容明确，调查者易于掌握；自由交谈，使被调查者有充分发表意见的机会，还可以了解到未列于调查提纲的某些重要情况；个别访谈灵活方便，彼此容易沟通，情况了解深入，可多方面收集资料；集体访谈（即座谈会）能集思广益。总体来说，访谈法所获信息内容详细，对问题把握准确，但如果调查样本的选择不科学，容易使调查结果带有片面性，故它更适合于用做典型调查，以补充丰富其他调查的信息。

3. 文献研究

一张照片后面的巨额利润

1964年，《中国画报》的封面刊出这样一张照片：大庆油田的"铁人"王进喜头戴大狗皮帽，身穿厚棉袄，头顶鹅毛大雪，手握钻机刹把，眺望远方，在他背景远处错落地矗立着星星点点的高大井架。几乎同时，《人民中国》杂志撰文报道说，以王进喜为代表的中国工人阶级为粉碎国外敌对势力对我国的经济封锁和石油禁运，在极端艰难的条件下，发扬"一不怕苦，二不怕死"的精神，抢时间、争速度，不等马拉车拖，硬是用肩膀将几百吨的采油设备扛到了工地。不久，《人民日报》报道了第三届全国人大开幕的消息，其中提到王进喜光荣地出席大会。当时，由于各种原因，大庆油田的具体情况是保密的，然而，上述几则官方对外播发的极其普通的旨在宣传中国工人阶级伟大精神的照片和新闻，在日本三菱重工财团信息专家的手里却变成了极为重要的经济信息，他们由此揭开了大庆油田的秘密。

首先，根据对照片和新闻报道的分析，可以断定大庆油田的大致位置在中国东北的北部，且离铁路线不远。因为只有在中国东北的北部寒冷地区，采油工人才需戴大狗皮帽、穿厚棉袄；只有油田离铁路线不远，王进喜等人才能用肩膀将几百吨的采油设备扛到工地。因此，只需找一张中国地图，就可轻而易举地标出大庆油田的大致方位。

其次，根据对照片和有关报道的分析，可以推断出大庆油田的大致储量和产量，并可以确定是否已经开始出油。其依据是：从照片中王进喜所站的钻台油井上手柄的架式，可推算出油井的直径是多少；从王进喜所站的钻台油井与他背后隐露的油井之间的距离和密度，又可基本推算出油田的大致储量和产量；从王进喜出席了人代会，可以肯定大庆油田出油了，不然王进喜是不会当代表的。

再次，根据中国当时的技术水准和能力及中国对石油的需求，中国必然要大量引进采油设备。于是，日本三菱重工财团迅即集中有关专家和人员，在对所获信息进行剖析和处理之后，全面设计出了适合中国大庆油田的采油设备，做好充分的夺标准备。果然，不久，中国政府向世界市场寻求石油开采设备，三菱重工财团以最快的速度和最符合中国所要求的设计、设备，获得中国巨额订货，赚了一笔巨额利润。

（资料来源：http://www.heyunfeng.com/haohanwang）

文献研究是一种收集、分析、整理现成文献资料的调查研究方法。通过资料查询、收听广播、收看电视、网上搜索、广告研究等也可以为组织获得大量可供参考的资料。运用这种方法可以利用现成的资料，节省人力、物力、财力，但无法获得第一手资料。

公共关系调查中除了按上述 3 种形式收集资料，还可以运用网上问卷、追踪调查、公开电话、奖励建议法等进行调查，调查过程中还可以采用不同的方式来确定调查对象，如普查、重点调查、典型调查和抽样调查。总之，调查形式是多种多样的，在具体的运用过程中可以根据调查的目的和要求，不断探索创新。总的原则是要取得比较准确而真实的反映客观实际的资料，尽量简便易行，节省人力、物力和财力。

（二）调查问卷

在调查的各种方法中经常都会借助于调查问卷，问卷的发放可以采取邮寄调查、电话调查、上门分发等多种方式。邮寄调查的特点是区域广，成本较低，能克服调查对象时间、空间与调查者之间的距离，但是回收率低；电话调查的特点是费用低，信息反馈迅速，但由于需对方即时反应，故只适合于提简单问题，无法调查较为复杂的问题，而且范围也受一定的限制；上门分发问卷的特点是回收率高，调查对象还可以补述问卷之外的信息，在调查过程中调查者还可以根据调查对象的反应作出一定的判断，但较费时，成本较高。

问卷调查使用时，顺利展开调查工作，为达到预期效果，必须在问卷设计中注意其可行性和科学性。

相关链接 7.3

调 查 问 卷

亲爱的顾客：

为进一步提高服务质量，更好地为广大顾客服务，本公司特设计了这张问卷调查表。请您对下面的问题进行作答，并于 3 天内将表格送回商场询问处。凡送回问卷者，均可获得精美纪念品 1 份。谢谢您的支持与合作！

××公司公共关系部

××××年×月×日

1. 您在本商场购买过商品吗？

买过（　　　）　　　　未买过（　　　）

2. 您到本商场是因为（可从中选几个答案）：

商品丰富，便于挑选（　　　）　　商品质量好（　　　）　　　购物环境好（　　　）

营业员服务态度好（　　　）　　方便，离住地较近（　　　）　　顺路（　　　）

3. 您认为本商场哪个柜台的商品陈列比较好？

小百货柜（　　　）　　　　文具柜（　　　）　　　　纺织品柜（　　　）

针织品柜（　　　）　　　　鞋柜（　　　）　　　　眼镜柜（　　　）

4. 请您对下面几个商场的商品丰富情况用 1、2、3、4、5 的顺序排列出来。

五星（　　）百货大楼（　　　）华联（　　　）皇城（　　　）商贸中心（　　　）

5. 您对本商场的卫生状况有什么看法？

很好（　　）好（　　）一般（　　）差（　　）很差（　　）

6. 您对本商场营业员的服务有何建议？

姓名　　　年龄　　　性别　　　文化程度　　　职业

（资料来源：现代企业经典管理范本与表例研究中心. 2003. 新商务文书范本. 北京：中国大地出版社）

第二节　公共关系策划

一、含义

相关链接 7.4

把一把梳子卖出去叫推销；

把一千把梳子卖出去叫营销。

打算在 10 个城市各卖出一千把梳子叫计划；

把梳子卖给和尚的思维和办法叫策划。

在大街上吆喝卖一瓶酒是推销；

在大街上不动声色卖一千瓶酒是营销。

打算在 10 条大街上各卖一千瓶酒是策划；

把酒卖给外星人的系列步骤和办法是策划。

（资料来源：http://house.focus.cn/showarticle/1631/24091.html）

策划，简单地说，即筹划或谋划，是人类社会中经常进行的一种活动。大自历史上两国交兵，双方统帅为了克敌制胜，必须运筹帷幄；小到人们在日常生活中干好一件事，需要三思而后行。所谓公共关系策划，是指公共关系人员为了实现公共关系目标，对公共关系活动的主题、手段、形式和方法进行周密的构思，制订最佳公共关系活动方案的过程。公共关系策划是以公共关系人员为主体进行的一种艰苦细致的、复杂有趣的创造性思维活动。以客观的公众分析为前提，以最好的活动效果为目标，是公共关系工作的核心。策划的好坏直接影响公共关系工作的效果和水平。

国内有的学者，将公共关系策划大体分为广义和狭义两种。从广义的角度理解，公共关系策划包括了公共关系日常计划的全部内容，是公共关系工作程序中的第二大步骤。从狭义的角度理解，公共关系策划一般是指专项公共关系活动的谋划和设计，如制造新闻、重大公共关系活动的筹划、公共关系问题的解决、公共关系危机的处理等。这里的公共关系策划一般有确定的主题、目标和程序，它是一般公共关系计划的深化和具体化，带有相对的独立性。

二、原则

（一）求实原则

实事求是是公共关系策划的一条基本原则，公共关系策划必须建立在对事实的真实把握的基础上，向公众如实地传递有关组织的信息，并根据事实的变化来不断调整公共关系策划的策略和时机。相反，如果没有对事实的准确把握，组织进行公共关系策划和开展公共关系工作也就失去了根基。不仅如此，在公共关系活动中如不以客观事实为依据，回避问题甚至编造虚假信息，损害的不只是公众的利益，组织的形象将更受到影响。

（二）系统原则

任何一项工作的开展都应把整个活动作为一个系统工程来认识，按系统的观点与方法进行谋划与运筹。依照此项原则，就是要把公共关系策划作为一个有机整体来考察，从系统的整体与部分之间相互依存、相互制约的关系中，揭示系统的特征及其运动规律。具体来讲，按系统原则进行策划时必须做到以下几点。

1）活动系统的目标与整个组织的目标相一致，并能为组织目标的实现助一臂之力。

2）策划公共关系活动时，充分注意各种媒体、各种策略和时机相互之间的关联性，将其组合为互相配合、互相协调的有序整体，做到相互促进，有利于公共关系目标和手段的统一。

3）将公共关系活动与环境视为一个系统，公共关系活动中要更好地适应此时此地的环境，更要善于利用周围环境中有利于组织的因素。公共关系人员不仅要了解公众的思想和对本组织的看法，而且能够分析产生这些看法的政治、文化、心理等方面的因素，从而创造出对组织更有利的环境。

（三）创新原则

好的公共关系活动方案并不在于能否一劳永逸，而是看能否以崭新的途径打开工作的局面、不断更新适应变化了的情况。保守、循规蹈矩的人是很难制订出富有创新性计划方案的。因此，建立创新观念对于公共关系人员是非常必要的。当今世界，随着市场经济的深入发展，竞争与日俱增，组织如何以良好的形象，在同行业中取得优势，新颖的公共关系计划就成为必要的保证。只有富于创新性的计划，才更能独辟蹊径，获得先发制人的效果。那种步人后尘，盲目地模仿他人的公共关系方案，只能使工作日益被动，甚至严重妨碍组织自身的发展。

相关链接 7.5

可口可乐公司公共关系策划

可口可乐公司曾经成功地策划了一个奇异的新闻事件。美国一家剧院演出歌剧，临开场，前边第一排正中的 8 个位子仍然空着，就在灯光渐暗、音乐声起、大幕即将拉开的时候，从大门走进 8 个绅士，一色的黑色燕尾服和高筒大礼帽，排成一排，迈着整齐而庄严的步伐走到第一排的 8 个空位，全场的注意力都吸引过来了，好奇地看着他们，8 个人一齐转身面向观众，然后齐刷刷地一起摘下大礼帽，每个人都是光头，每一个光光的头顶上醒目地写着一个字母，合起来就是 cocacola。毫无疑问，这精彩的一幕给在场的观众留下了鲜明而生动印象。

（资料来源：http://www.100guanli.com/HP/20100604/DetailD1112750.shtml）

（四）弹性原则

公共关系活动涉及的因素非常广泛，其中不可控因素很多，在公共关系活动过程中，各种因素都在变化，具有很大的不确定性。因此，进行公共关系策划时，必须保持充分的弹性，以及时适应组织外部环境和内部条件的各种可能的变化，有效地实现动态策划，如在费用、时间等要素上保持可以调节的弹性，将使公共关系工作能够更顺利地开展。

（五）时效原则

公共关系工作也同其他工作一样，总是要考虑效率、效益问题，这就要求公共关系策划时必须把握好时效原则，高度重视活动方案的时间性和效益性。好的实施方案，总是短时高效。制订公共关系活动方案是要把每一项计划同时间、同效益联系起来，排入工作日程，否则，就不成其为计划。这要求公共关系策划人员在制订策划方案时，尽量考虑时间性，使其前后具有充分的联系，以保证公共关系工作的高速、高效运转。

（六）可行性原则

可行性原则是指公共关系策划方案应该切实可行，没有可行性的方案，即使是再漂亮的创意和文字，也不会有丝毫的意义。

相关链接 7.6

老鼠的家族会议

传说有一群老鼠，它们为了降低被猫捕杀的机会，开了一个家族会议。会上，一个"聪明"的幼鼠提议在猫的脖子上挂一个铃铛，这样，一旦猫有动静，他们就会听到铃铛的响声，大家就可以"闻铃而逃"，不少老鼠对此建议表示赞同，认为这是一个很好的办法。但是，一只年长的老鼠的声音打断了他们欢呼，"这个办法很好，但是由谁去挂这个铃铛呢？"众鼠哑然。是呀，谁去挂呢？

（资料来源：http://manage.iccun.com/marketing/mgg/manage_25112.shtml）

（七）效益原则

效益原则所指的效益包括经济效益和社会效益两部分。一方面，公共关系策划人员应从自身的经济条件和公共关系对象出发，选择合适的公共关系媒体，严格控制支出，做到花钱少、效果好；另一方面，公共关系人员应从社会的角度进行谋划，力争使组织的自身利益与社会利益相一致，在两者相矛盾时，应使组织利益服从于社会利益。只有这样，才能使公共关系活动产生良好的社会效果，反过来也有利于自身的利益。

即问即答 7.4

有人说公共关系就是免费广告，你是如何认识的？

三、基本要素

相关链接 7.7

广东顺德信用社成立 50 周年

改革开放以来，广东顺德的工业发展异常迅猛，长期居于全国县级市前几名。顺德的支柱产业是"两家一花"，金融业在其中发挥着重要作用。

由于工业的发展，2001 年，顺德城镇家庭年人均收入达 15 242 元，人民生活水平有明显的改善。

2002 年，顺德信用社成立 50 周年。在年初其市场份额达到 40%，位居首位。但随着中国"入世"，金融市场逐渐开放，顺德金融业竞争异常的激烈。

面对金融业激烈竞争的市场状况，顺德信用社拟借 50 周年庆典之机通过一系列有效的公共关系活动，在竞争中提升信用社的整体实力。

为此，首先展开了一系列的调研，并在此基础上形成了这样的基本分析：顺德信用社具有长期服务本地的经验、网点众多、设备先进和机制灵活的优势；同时也因为其信用社的性质，存在经营受限制和服务水平低的劣势；在竞争中既有政府和中国人民银行的支持、市场发展的机遇，也有竞争激烈和恶意竞争的压力。

根据上述分析，50 周年系列活动的策划形成了这样的方案：

公共关系目标：通过提升员工的满意度，巩固消费者的忠诚度。

目标公众：客户（重点是个人客户）和员工。

具体活动："顾客是老师"、"寻找信用社动人故事"、"员工向50周年敬礼"和嘉奖员工、50周年庆祝大会、客户答谢宴会、编辑纪念画册、消费积分活动、奖教奖学、统一公益行动日、新年音乐会等。

传播策略：通过加强顺德信用社成立50年来与顺德市民亲密的鱼水情，建立与广大消费者紧密合作的关系；通过真情服务，提升市场份额。

（资料来源：http://jpkc.wzv.edu.cu/gggx/?kc-n-d-62-html）

1. 确立目标公众

制订公共关系工作计划，首先需要根据既定的公共关系工作目标体系确定目标公众。所谓目标公众，是指和公共关系工作目标直接相关的对象公众。确立目标公众时，可以按照其对公共关系工作的影响程度，分为关键对象、重要对象、一般对象，以便在工作中能分清主次轻重；也可以按照其范围，分为本行业对象、本地区对象和全国性对象。策划时还需要把握住不同目标公众的需求特点和行为方式，这样才能使公众关系工作计划更加切实可行。

2. 选择传播方式

公共关系活动方式和传播媒介的选择要根据公共关系工作目标的要求和针对目标公众的情况分析来决定。可供选择传播方式有人际传播和大众传播等。每一类目标公众都有自己喜欢和习惯的活动方式和传播媒介，每种活动方式和传播媒介也有自己的特点和缺陷。因此，在制订公共关系工作计划时，要针对目标公众的类型、特点和爱好，选择与之相适应的具体的活动方式和传播类型，使所选择的版面、栏目、节目、赞助活动、艺术体育活动能引起目标公众的注意和兴趣。

3. 活动时机的确定

活动时机是适时进行主题活动的高效时间和扩大影响的机会，因此在设计主题活动时，应考虑到全世界、全国、本地区或本组织有哪些重大活动可能影响本主题活动，本组织可以借助哪些机会来扩展影响，需要避开哪些活动，以免事倍功半。公共关系人员应通过周密计划来考虑影响行动时机的因素，既不能盲目从事，也不能贻误战机。例如，广东三水强力啤酒厂抓住全国糖酒订货会在成都召开之机，派公共关系小姐在成都大街上连续进行4天的啤酒免费品尝和征询意见活动，使其知名度一下就在成都广为传诵。一般情况下，组织可选择在以下时机进行公共关系活动：组织创办或企业开业之际；企业推出新的产品或新的服务项目之时；组织发展很快但声誉尚未树起之际；组织更名或与其他组织合并之时；组织在某方面出现失误或遭到误解之际；遇到突发性危机事件之时。

相关链接 7.8

同济大学百年校庆活动

同济大学百年校庆遵循"展示百年同济的深厚内涵，烘托百年庆典的热烈气氛，传播百年同济文化影响力"的宣传宗旨，学校在新闻宣传、文史类图书出版、专题片制作、校史馆布展、广告氛围宣传等方面有计划、有步骤地推进，形成了"有层次、有深度、多载体、效应广"的宣传态势，赢得了校内外的一致好评。校庆期间报纸、网络、电视、广播等社会媒体集中报道了同济大学的校庆活动，《人民日报》头版头条刊发了《与祖国同行，以科教济世》的长篇通讯，在"人民论坛"的评论《难能可贵的"同济效应"》，引起社会关注；同时大型活动的直播也是校庆宣传的亮点，电视、网络直播或录播了"同济大学百年校庆庆典大会"、"同济大学百年校庆海峡两岸及港澳地区大学生龙舟赛"、"'五月的鲜花'全国大学生校园文艺演出"、"'青春万岁'同济大学建校 100 周年庆典晚会"等活动；网络媒体还直播了"可持续发展论坛"、"城市发展论坛"和"校长论坛"等大型校庆学术活动。

（资料来源：http://www.superschool.net/Article_Show2.asp?ArticleID=11568&ArticlePage=2）

即问即答 7.5

为什么企业、学校总在周年庆、百年校庆等时候大做文章？企业一般还会选择哪些时机开展大型活动？

4. 编制公共关系活动预算

商品社会的特点是各种活动都要注意经济效用。编制预算，预估公共关系活动的费用对报请经费，计划使用经费，核对和考察公共关系活动效果，都有重要意义。编制预算的目的主要是为了事先对每项工作可能花费的人力、物力、财力进行估算和分配，做到心中有数，避免浪费和超支，避免因经费和人力不足而使计划不能顺利进行，从而在人力、物力、财力上保证公共关系活动的正常开展。对经费的预算和统筹安排，还可以使有限的经费用到更关键、更需要的地方，发挥更大的效能。公共关系工作计划的预算一般包括以下三个方面。

1）人力方面。应落实公共关系工作计划需要组织投入多少人力，什么样的人员结构，是否需要外借人员等。

2）时间方面。应标明整个公共关系工作计划的持续时间，各阶段主题活动可能耗费的时间，具体活动项目的起止时间；活动开展的具体时间安排，与其他工作时间是否冲突等。

3）经济方面。主要涉及开展公共关系活动的各项费用，如员工和外聘人员的工资和报酬，办公费用，调研费用，传播媒介使用经费，特别事件活动经费，宣传资料印刷费，各类会议和展览费用，纪念品费用，招待费用，交通费等。

5. 形成书面报告

将上述四个方面的内容和公共关系工作目标、背景情况介绍全部形成文字资料。一是以此向组织的决策层汇报，以便他们心中有数，给予配合、协调和支持。二是以此存档，以便经常对照检查，发现问题，及时纠正。

四、创意技法

在公共关系策划过程中，必须遵循创新性原则，有创意的策划方案将会给企业带来极佳的效果。现代公共关系活动的实践表明，创意是公共关系策略的灵魂，是树立良好的组织形象，保持良好的公众关系的驱动力。创意的方法很多，这里仅介绍以下几种。

（一）垂直思考法

垂直思考法是指一般人的思考方法，是理论的思考和分析的思考。它按一定的思考路线，在某一固定的范围内，向上或向下进行垂直思考。这种思考好比一间书房，思考的范围比较狭窄。人们就利用书房内储藏着的许多丰富的书籍中的老经验、老办法进行创意的思考，这种思考法其致命的不足之处就是容易使人故步自封、脱离群众，缺乏开拓创新性意识，有时还容易脱离现实，缺乏应变能力。

（二）水平思考法

水平思考法，又称横向思考法，是指在思考问题时向着多方向发展，进行立体扩散思维，不拘泥于一个方向，不封闭于一个框架，思路开阔，视野大、视角广。

英国生态心理学者戴勃诺认为：垂直思考法的可怕缺点是头脑中的偏执性。如果思考人习惯于凭经验办事，其创造性就比较差。在这种情况下，杰出的创意很难产生。因此，戴勃诺主张在创意中使用水平思考法，即离开固定的方向，突破原有的框架，朝着不同的范围去进行立体性探索。例如，设计一辆汽车，如果按老经验和老观念办事，在设计车轮时就会想到车轮是圆的，倘若按照横向思考法考虑问题，就可以设计出一种不需要车轮的汽车。

在公共关系创意活动中，由于水平思考法更有益于产生新的创意，越来越多的创意人员愿意采用这种方法。但是，水平思考法并不能完全取代垂直思考法。垂直思考法也有其自身的好处，因为经验是宝贵的东西。因此，公共关系策划者在思考问题时，不应放弃垂直思考法，而应该把上述两种思考方法结合起来，互相取长补短，充分发挥二者的长处，为公共关系策划服务。

（三）会商思考法

会商思考法是指组织一批专家、学者、创意人员和其他公共关系人员在一起，对公共关系策略进行会商，是利用集体的知识和智慧来完成一项工作的科学方法。为了集思广益，博采众长，在会商之前，首先要明确会商的主题，同时应规定会商的目的是解决创意问题，提出公共关系策略。会商时还可采用头脑风暴法。

头脑风暴法又称智力激励法，是现代创造学奠基人美国的奥斯本提出的，是一种创造能力的集体训练法。它把一个组的全体成员都组织在一起，使每个成员都毫无顾忌地发表自己的意见和建议，既不怕别人的讥讽，也不怕别人的批评和指责，是一个使每个人都能提出大量新意见和建议、创造性地解决问题的最有效的方法。它有以下 4 条基本原则。

1）排除评论性批判，对提出观念的评论要在以后进行。

2）鼓励"自由想象"。提出的观念越荒唐，可能越有价值。

3）要求提出一定数量的观念。提出的观念越多，就越有可能获得更多有价值的观念。

4）探索研究组合与改进观念。除了与会者本人提出的设想以外，要求与会者指出，按照他们的想法怎样做才能将几个观念综合起来，推出另一个新观念；或者要求与会者借题发挥，改进他人提出的观念。

大多数时候，第一个想法是不能解决问题的，而是需要从多种解决方法中选择一种最好的。头脑风暴法是在对一个问题或主题界定之后，列出与主题相关的任何东西（不管离主题有多远）。结束时，这些想法都被记录下来，然后进行评价。

头脑风暴法的步骤如下。

1）在一个或大或小的组里选择一个组长和一个记录人员（他们可以是同一个人）。

2）对要进行头脑风暴法的问题或主题进行界定，保证所有的人都知道所要探讨的主题。

3）制定头脑风暴法的规则，包括：①组长控制整个过程。②每个人都可以发言。③不允许小组成员侮辱、嘲笑或评价其他人的看法。④声明回答没有对错之分。⑤记下每个回答，除非是重复的。⑥设置时间限制，时间到了就停止头脑风暴。

4）开始头脑风暴。组长选择小组成员，与大家一起分享自己的想法，最好是自愿发言。记录人员必须记下所有的回答，如果有可能，让所有人都能看到这些回答。在活动结束之前不要评价或批判任何回答。

5）活动一旦结束，仔细检查所有的回答并对其进行评价：①找出那些重复或相似的回答。②将类似的回答组合在一起。③删去与主题不相关的东西。④完成上面三个操作，开始小组讨论剩下的问题。

这就是一个完整的头脑风暴的过程。

（四）力排众议思考法

力排众议的目的就是要消除对大多数人意见的恐惧心理。如果事事循规蹈矩，不敢越雷池一步，就永远不会有创造。正因为创造的这种超常规性，所以一种"创意"在刚刚提出的时候，常常被人说成是"歪门邪道"、"标新立异"。这就是"真理往往掌握在少数人手里"的道理。匈牙利化学家、诺贝尔奖金获得者桑德尔盖说："看人人熟视无睹的东西，想人人未曾想过的问题，两者结合起来，这就是创造。"

美国的"X.O.白兰地"本是一种级别较高、用于高级宴会上的酒。但究竟怎样提高它的知名度，这个问题倒煞费公共关系策划者及一般工作人员的心机，后来他们的思考集中到了酒瓶的设计上。他们设计出了瓶颈特别长的酒瓶，使之显示出一种高贵的气派。与此同时，还加以幽默、形象的广告："长颈 X.O.，高人一等"，正好与它的形象彼此衬托、相得益彰。这种创意，确实独具匠心。

【课堂训练 7.1】

训练 1：发散思维的训练

1）材料发散：尽可能多地说出石头的用途；尽可能多地说出书的用途。

2）功能发散：怎样才能达到快乐的目的？怎样才能达到长寿的目的？

3）结构发散：尽可能多地画出"球"结构的东西，并说出它们的名称；尽可能多地列出立方体结构的东西。

4）形态发散：尽可能多地设想利用香味做什么；尽可能多地设想利用光线做什么。

5）组合发散：以某企业为例，尽可能多地说出该企业可以和哪些行业结合；以某个人为例，尽可能多地说出该人与哪些人组合形成新的关系。

6）方法发散：尽可能多地列出用"吹"可以解决哪些问题。

7）因果发散：尽可能多地列出手机普及的原因；尽可能多地列出成才的原因。

8）关系发散：尽可能多地列出太阳与人类的关系；尽可能多地列出电脑给人类带来的变化。

训练 2：联想训练

1）分别在下列的两词中间加入一词，使之形成相似联想与对比联想。火——鱼

2）分别在下列的两词中间加入二词，使之形成相似联想、对比联想、接近联想。铅笔——月亮

3）自由联想训练：杯子——（   ）——（   ）……（15 个联想词/1 分钟）。

4）强制联想训练：请分析管理和绘画有哪些相同之处。（10 个相同点/3 分钟）

训练 3：想象思维

1）图形想象：尽可能多地列出与菱形相像的物品。

2）假象性推测：假如世界没有电……

3）缺点列举思维训练：尽可能多地列出皮鞋的缺点。

4）愿望列举思维训练：尽可能多地列出年轻人的愿望。

训练 4：设问创意技法训练

用 5W2H 法检查某超市生意清淡的原因。

训练5：列举创意法

1）特征列举法：列出汽车的特征。

2）缺点列举法：列出钢笔的缺点。

训练6：组合创意技法

在3张纸上分别写下姓名、地点和行动进行自由组合。

五、策划文案的基本格式

公共关系策划文案的正文部分内容如下。

（一）公共关系调查与综合分析

公共关系调查与综合分析主要包括以下三大方面。

1）企业环境分析。它涉及社会、政治、经济、文化、法律和自然等方面。

2）市场状况分析。它涉及消费者（客户）、竞争对手、代理商、媒介和行业市场走势等方面。

3）企业公共关系调查与分析。它涉及企业目标、组织、发展方向、使命、战略、人员素质、企业公众形象及企业公共关系开展实态等方面。

（二）企业公共关系目标与目标群

企业公共关系目标与目标群包括以下两大方面。

1）企业公共关系活动要达到的目标。

2）根据企业公共关系目标，选定公共关系目标群。目标群可能涉及消费者、社区公众、经销商、供应商、传媒、政府机构、公司员工和股东等。目标群可根据重要性程度划分为主要、次要和普通的影响者几个层次。

（三）公共关系主题

公共关系主题是指企业公共关系活动的主旨、主导思想。它是公共关系传播的中心和灵魂。公共关系主题是为公共关系目标服务的。

相关链接7.9

2010年上海世博会

主题：

城市，让生活更美好。

副主题：

城市多元文化的融合，城市经济的繁荣，城市科技的创新，城市社区的重塑，城市和乡村的互动。

目 标:

吸引 200 个国家和国际组织参展，7000 万人次的参观者。

（资料来源：http://www.expo2010.cn/zlzx/indexn.htm）

（四）公共关系策略

公共关系策略主要包括以下几个方面。

1）公共关系活动方式、方法、技术。

2）公共关系活动的媒体策略。

3）针对消费者、社区公众、营销合作者、公司员工与股东和大众传媒等目标群的公共关系活动安排。

4）公共关系活动的时机掌握与进程安排和控制。

（五）公共关系的预算

公共关系的预算主要涉及公共关系活动按方式、媒体、目标群、时间进程等编制的预算表，以及总预算情况。

（六）公共关系的方案论证与效果预估

公共关系的方案论证与效果预估是指从操作性、经济性、科学性角度说明方案的可行性，并根据目标、预算预先估计公共关系活动的效果。

（七）附件

附件主要是指附后的调查原始材料、参考文献资料、专家顾问情况和其他实物材料（如照片、录像带、录音带、文稿、其他实物）。

第三节 公共关系方案实施

一、意义

方案和对策毕竟只是一种设想，设想付诸实施，才能收到预期效果。公共关系方案实施是指在公共关系方案被采纳以后，将方案所确定的内容变为公共关系实践的过程。公共关系策划作为公共关系工作过程的先导，对未来行动仅是一种预见和设想，只有经过努力将它转变为现实，才有实际意义，否则只是一纸空文。公共关系方案实施作为公共关系活动的中心环节，其重要意义表现在以下几个方面。

（一）公共关系方案的实施是实现公共关系目标的保障

公共关系的终极目的不是研究问题而是解决问题。公共关系调查研究、制定方案是发现问题、研究问题的过程，而方案的实施才是直接地、实际地、具体地解决问题的过程，作为解决问题的中心环节，这是社会组织的每一次公共关系活动落到实处及组织形象目标实现的一个量化过程和积累过程。任何一个完美的方案如果缺乏实施，那将是"空中楼阁"。

（二）公共关系方案的实施是对计划的检验和调整，并在客观上决定了计划的实现程度与范围

公共关系方案成功的实施，可以圆满地完成方案任务，实现方案目标，甚至还可以由实施人员创造性的努力来弥补方案的不足。公共关系人员通过具体的运作过程，检验计划的不完整性并对之加以调整，能够选择最有效的途径和手段，采用多种方法和技巧，在公众中树立本组织的良好形象。如果实施失败，不仅不能实现既定目标，有时还可能使方案中谋求解决的问题更加恶化，甚至完全与方案目标背道而驰。实施这一环节不仅决定了方案能否实现，而且也在客观上决定了方案实现的程度与范围。

（三）公共关系方案实施的结果是下一步工作计划的基础

一项公共关系方案的实施过程不论成功与否，它都会在社会上造成一定的影响和后果。形象的塑造具有积累性，公共关系工作过程就是一个累加的过程，因此可以说，人们面临的社会现状，就是社会组织以前的整个公共关系活动的效果。制订公共关系方案必须要以社会组织所面临的现状为依据，特别是要注意将前一项公共关系方案实施后由各种渠道反馈回来的信息作为依据。以前一项公共关系方案实施的结果为基础，针对新出现的问题制订新的方案，可以说是公共关系方案制订过程中必须遵循的一个原则。因此，前一项公共关系方案实施的情况，对后续方案的制订具有重要的意义。

总之，公共关系方案的实施是整个公共关系工作中的一个极其重要而又复杂的环节，它的作用和影响又贯穿于整个公共关系工作过程的始终。重视公共关系方案的实施对提高公共关系工作的效率和效益有着重大的现实意义。

二、特点

公共关系方案实施过程包括以下环节：①实施的准备阶段，它包括设计实施方案，制订对各类公众的行动、沟通计划，确定实施的措施和程序，建立或组成实施机构，训练实施人员。②实施的执行阶段，实施机关按照已经设计好的实施计划的程序，落实各项措施。③实施的结束阶段，同时要为下一阶段的效果评估做好相应的准备。具体而言有以下特点。

1. 动态性

公共关系方案的实施是由一系列连续活动构成的过程，是一个思想和行为需要不断变化、不断调整的过程。一方面，一项公共关系计划无论制订得多么周密、具体，与实

际情况总会存在或多或少的差异；另一方面，随着时间的推移，实施的进展，环境的变化，实施过程中仍会遇到一些新情况和新问题。因此，不断地改变、修正或调整原定的实施方案、程序、方法、策略等则是实施活动中不可避免的正常现象。这种现象的出现说明方案实施正处于顺利状态，并非在实施方案中有随意性。如果不考虑社会环境的发展而引起的条件变迁，却按一个固定的模式去机械地"执行方案"，那就不仅不能实现方案目标，反而会给组织招来新的麻烦。然而，实施过程的动态性，并不意味着实施人员可以随意以一些无关大局的变化为借口而不按原方案去实施。公共关系方案实施的动态性与实施人员的主观随意性不可混为一谈。

2. 创造性

由于方案的实施是一个不断变化和需要调整的动态过程，实施者需要依据整个实施方案中的原则对所处的环境和面临的条件确定实施策略。例如，准确地选择传播渠道、媒介与方法，合理地选择时机，正确地分配任务，灵活地调整步骤等。公共关系方案实施的过程绝不是一个简单的照章办事的过程，而是一个由一系列不同层次的实施者发挥主观能动性的过程。实施人员应该充分地发挥自己的积极性、主动性和创造性。从这个意义上说，公共关系方案实施的过程不仅是一个对原方案进行艺术再创造的过程，也是不断丰富公共关系实务经验的过程。

3. 影响的广泛性

一项公共关系方案涉及众多的因素和变量，它会对各类公众产生广泛的影响。然而，公共关系方案所产生的影响在方案策划阶段还只是纸上谈兵，只有在方案实施后这种影响才能真正地体现出来。公共关系方案实施所产生的广泛影响主要表现在以下两个方面。

1）方案的实施，会对众多的目标公众产生深刻的影响。一项公共关系方案成功实施后，常常会使该社会组织的异己力量变为合作者和支持者。即使有时不能让目标公众从立场上进行彻底的转变，也会使其在观点、态度等方面产生不同程度的变化，至少可以令目标公众从对社会组织的负态度（敌视、偏见、漠然、无知）向正态度（了解、理解、感兴趣、支持）方向转化。

2）公共关系方案的实施有时还会对整个社会的文化、习俗产生深刻影响。

相关链接 7.10

虽然 iPod（便携式音乐播放机）早已功成名就，是集好产品、好概念和好销售本位一体的东西，但是，2006 年，苹果公司围绕 iPod 所做的营销工作又使它更上一层楼。

2006年5月23日，耐克和苹果公司宣布首次将运动与音乐结合起来，推出了创新的"Nike＋iPod"系列产品。8月初，苹果又与福特汽车公司、通用汽车公司和日本马自达汽车公司达成合作协议。小小的iPod运用联合营销将这些世界顶尖公司聚在一起，在边际效应无限放大的同时，双方都成为大赢家。

事件回放：实际上，iPod早在2001年就开始进入市场，产品本身具有的卖点颇受市场青睐。经过几年的市场发展，iPod的营销渠道已经多元化，尤其是今年采取的联合营销战术，尤为吸引业界的关注。iPod联合营销已经跨越了行业的界限，与其他国际巨头组合在一起，1＋1＞2的效果，显而易见。

耐克旨在为客户消除寂寞长跑，让跑步的过程变得更加美妙。让鞋子变得更会思考时，苹果公司的首席执行官Steve Jobs早就注意到，拥有iPod的5000万人中，有一半的人在锻炼身体时使用ipod。共同的诉求令他们一拍即合，在给各自的客户提供更满意的服务时，联合营销的方式让他们毫无任何阻拦地走在了一起。

尝试用iPod作为桥梁，可以让苹果电脑一发不可收拾。当两个不同的企业，能够用同一个产品维护各自的老客户，同时又能吸引更多新客户时，这就达到了联合营销的最高层面。没有比这种方式更好的了，当客户想到耐克的时候，或许更多的人可以想到，耐克有一个美妙的iPod。

iPod非同凡响，它吸引了美国福特、通用、日本马自达等世界知名企业。据悉，这3家公司将在他们大多数款式的汽车上提供便利的iPod连接。看似非常随意的iPod，却正因为随意性而成为世界知名企业的合作伙伴。仅从联合营销的过程来看，iPod就是一个赢家，因为世界知名企业聚合在了他的旗下。

（资料来源：http://www.17pr.com/html/84/t-212084.html）

三、方案的有效实施

公共关系活动实际上就是一种传播活动，而大量的公共关系实践活动表明，无论采取哪一种传播方式，都应遵循"用最小的代价，取得最佳的传播效果"的选择原则。但是即使公共关系人员尽了最大的努力，仍有不少影响传播效果的障碍。这就决定了方案实施的最终效果与预期目标存在一定的差距，为了使公共关系活动顺利进行，达到公共关系活动的预定目标，公共关系人员必须及时发现并排除各种障碍。

（一）组织自身障碍

公共关系方案的有效实施，首先需要组织的整体协调，然而实施一项公共关系方案时，组织的整体不协调问题往往成为一大障碍。组织自身的障碍可能来自以下几个方面。

1. 领导者的障碍

由于领导者的态度及行为因素，使得公共关系计划的实施得不到必要的支持与合作，造成公共关系实施机构孤军作战，进退维谷。领导者障碍的表现在以下几个方面。

1）口头上支持，实际行动上不支持。一遇到具体的人、财、物投入问题，便障碍重重，计划的实施很难按进度要求进行。

2）随意干预计划实施，凭主观臆断改变公共关系计划内容，改变策略，或朝令夕改，计划无法实施下去。

3）随意削减预算经费。对实施经费开支横加干涉，打乱已制订和论证完好的公共关系方案，迫使实施机构不得不调整方案。

4）行为的不协调。领导者是公共关系计划实施过程中的重要角色，其表现态度直接影响公共关系活动实效。有的领导者相互之间不协调，使公共关系活动无法按计划实施，结果造成极为被动的局面，影响公共关系实施效果。

5）凭兴趣办事。公共关系涉及的是组织的全局性工作，其计划往往是对组织整体工作的通盘考虑，具有全局性特点。如果领导者凭兴趣办事，甚至自以为是地干涉整体公共关系计划实施工作，逼迫公共关系人员专门实施他感兴趣的事项，结果会使公共关系计划的实施无法统筹进行。

领导者是推进公共关系方案实施的首要因素，既可能是有力促进者，又可能是影响实施工作的障碍。因此，首先应使领导者对公共关系计划的内容和意义有深刻的了解和认识，变障碍因素为有力的促进者。

2. 组织内部协调的障碍

公共关系方案实施活动，应被视为组织内部全员的公共关系工作，因而应做好全员的投入与配合。但是，在有些组织内部，人们往往把公共关系方案的实施，完全推给公共关系机构，不加以配合，以致实施中困难重重。为此，在公共关系方案实施过程中，要把开展全员公共关系教育或培训，作为一个重要环节，并且要协调好涉及人、财、物等几个主要部门的关系，以获得实施公共关系计划的良好的组织内部环境。

3. 组织行为障碍

组织行为跟不上公共关系计划目标，或同公共关系计划目标背道而驰，造成严重的公共关系矛盾和冲突。

（二）公共关系方案自身的障碍

公共关系方案自身的障碍是指在公共关系方案制订中，由于某些内容不当，不切实际，给实施工作带来的障碍。在实施过程中，人的一切活动总要受到方案所规定的内容制约。如果方案失当，尽管实施者做出巨大的投入和努力，也难以实现预期的效果。

公共关系方案本身的障碍常有以下几种表现。

1）目标不明确或不切合实际。在制订方案时，没有做通盘的战略思考，引起实施中的目标抽象、模糊，难以遵循。由于目标不明确，实施者难以准确把握，给实施活动造成了目标困难，并且容易与公众之间产生不协调。或者在制定方案时，由于调查预测不准，使目标不切合实际，实施活动与计划方案之间存在着较大距离，造成目标难以实现。

2）目标公众不明确。人们常犯的通病是认为实施对象越普遍越多越好，其实这是一个实质性错误。解决问题要有的放矢，漫无边际的沟通与协调必将一事无成。

3）时机选择不当。方案所选定的时机影响了实际效果，如赶上重大的节日，与大型社会活动或重大事件相冲突，都不会产生多大的效果。

排除公共关系方案本身的障碍，需要在实施过程中不断对方案进行检查分析，进行多方面验证，并及时调整策划内容，不断优化方案。通常可以进行小范围试验，来认定方案的利弊，也可聘用专家进行跟踪监控与评估，及时进行修订。

（三）公共关系方案实施中的沟通障碍

公共关系方案的实施过程，主要体现为传播沟通活动，由于传播沟通属于一种综合的、复杂的和多层次的活动，实施难度就比较大，难免会遇到各种各样的沟通障碍。为此，在实施公共关系方案过程中，尤其要注重传播沟通活动，要全面深刻地认识各种沟通障碍的表现，并及早做好有效的排除工作。

1）在传播沟通中遇到的往往是语言上的障碍。语言是交流思想的工具，但它并非思想本身。语言修养不同，表达上就各有差异，表达方式乃至技巧都会引起沟通上的不同结果。不同语种之间翻译理解上的差异更是明显的沟通障碍。例如，美国通用汽车公司曾经在拉丁美洲推销"Nova"牌汽车。"Nova"在美国本来是很响亮的品牌名，但在当地却闹了笑话。因为当地使用西班牙语，"Nova"意思是"不走"。幸亏及早发现这一沟通障碍，在拉美推销该车时改名为"Savge"（猛烈的意思）才扭转了危局。

2）由于态度、观点、信仰等各不相同，往往会造成传播沟通上的障碍。例如，下级向上级反映情况往往有"打埋伏"现象，报喜不报忧，夸大成绩，缩小缺点等。上级向下级传达指示，下级往往不是如实地理解，要猜测其"弦外之音"、"言外之意"等，这种主观态度的掺入自然使信息传递失真。

3）个性因素、社会风俗习惯及文化差异都是引起传播沟通障碍不可忽视的方面。例如，在商务谈判中，日本商人感到要断然否定会让美国人丢面子，所以常常用比较含糊、圆滑的语言来表述"不"的意思。但是美国人却不领会这一点，他们讲究实际，"Yes or No"。因此，只要他认为还没有得到明确的答复，就硬要继续谈下去，造成很尴尬的局面。

相关链接 7.11

丰田公司的两则汽车广告

2003 年 11 月，两则丰田公司汽车广告在网络上引起不小的波澜。其一为刊登在《汽车之友》第 12 期杂志上的"丰田霸道"广告：一辆霸道汽车停在两只石狮子之前，一只石狮子抬起右爪做敬礼状，另一只石狮子向下俯首，背景为高楼大厦，配图广告语为"霸道，你不得不尊敬"；其二为"丰田陆地巡洋舰"广告：该汽车在雪山高原上以钢索拖拉一辆绿色国产大卡车，拍摄地址在可可西里。

"这是明显的辱华广告！"一位网友留下这样的文字。

很多网友认为，石狮子有象征中国的意味，"丰田霸道"广告却让他们向一辆日本品牌的汽车"敬礼"、"鞠躬"。"考虑到卢沟桥、石狮子、抗日三者之间的关系，更加让人愤恨"。对于拖拽卡车的"丰田陆地巡洋舰"广告，很多人则认为，广告图中的卡车系国产东风汽车，绿色的东风卡车与我国的军车非常相像。

为此，众多网友在新浪汽车频道、tom 及 xcar 等专业网站发表言论，认为丰田公司的两则广告侮辱了中国人的感情，伤害了国人的自尊。更有网友发出言语过激的评论。

（资料来源：http://finance.qq.com/a/20050422/000139.htm）

4）传递信息时机选择不妥也往往会造成传播沟通障碍。例如，国外某钢铁公司因煤炭涨价引起成本提高而宣布每吨钢涨价 4 美元，同时在发表的年度报告中宣布该公司获得了创纪录的利润，两个消息同时发布，遭到了公众的强烈不满和批评，认为他们是乘机涨价发财。

相关链接 7.12

改善组织沟通的十项建议

欧美公共关系界总结实践经验，提出了改善组织沟通的十项建议，这些建议有助于组织改善传播技巧。

1）沟通前做好准备，预备可能发生的事件及其应变措施。

2）认真考虑本次沟通的真正目的，选择适当的沟通方式和沟通语言。

3）全面审查环境和氛围因素。

4）沟通的信息内容准确客观。

5）善于利用最有利的沟通时间。

6）重视沟通中的"体态语言"。

7）信息沟通中发送者的言行一致，讲究信用。

8）克服不良的聆听习惯，学会做一个"好听众"。

9）重视沟通中信息接收者的反馈。

10）在正确运用语言文字时，酌情使用图表、数据和实物资料以说服对方。

（资料来源：http://www.docin.com/p-55736216.html）

怎样才能取得有效传播效果呢？综合公共关系专家的观点，在传播过程中主要应考虑以下几方面原则。

1）紧密联系公共关系传播目标。组织公共关系活动除了树立良好形象的总目标外，在各个阶段，不同情况下都会有不同的工作目标。因此，在树立良好形象的前提下，应紧密联系某项公共关系活动的具体目标。例如，想缓解组织内部职工或部门之间紧张关系，则以直接对话、座谈会或黑板报、内部刊物等传播方式为宜。

2）根据公众对象进行选择。对于不同公众对象，因人而异采用不同公共关系传播方式或媒介，对提高传播效果是很重要的。直接与公众接触的有旅游、酒店、民用交通业、亲切礼貌的语言、笑容可掬的态度、落落大方的仪表是引起公众好感的十分直接的公共关系传播方式；对于以市场消费者为主要对象的生产企业则更需要利用报纸、电视进行更广泛的传播；对于文化程度不高的以广播、电视作为传播媒介就远比运用报纸、印刷品进行传播效果好得多。

3）按照需要传播的内容进行区别对待。公共关系传播的内容十分丰富但也十分复杂。例如，可口可乐一度曾遭到抵制运动，要改变形象光靠电视、报纸作宣传是不够的，需要深入到公众中进行真情介绍，转变公众的认识；而对于个别公众对某个问题的询问性投诉，那只需要通过约时面谈或书信方式加以解决。又如，信息内容比较复杂，需要经过思索才能理解，采用广播效果不好，那采用图文结合的传播方式可能效果会好得多。

即问即答 7.6

公共关系传播有哪些常见障碍，该如何克服？

总之，由于客观环境，包括面对的公众都是在不断的发展和变化之中，情况的发展变化势必会与原定方案之间出现不一致的问题，加上方案制订过程中，免不了与时机有一定的出入。因此，实施方案时应随时根据实际情况修正、调整计划以便更加有效地促进目标的实现。在执行具体方案时，对时间的安排、地点的选择、对象的确定、程序的控制、采用的形式、准备的情况、内容的构思及费用开支要特别斟酌。在执行中要严格控制工作进度，保证方案按步骤进行。此外，在公共关系工作开展的过程中还要注意从实现整体目标出发，统筹全局，不能因过分拘泥于某一个阶段或局部的工作，而忽略了与整体目标的一致性。要随时体察和防止过分重视局部而轻视整体的倾向，及时调正，以保证每个局部工作都紧扣整体目标。还有一种情况是，由于传播沟通本身的障碍，加上社会及公众的复杂性，某项方案、某个行动的执行中常常会受到谣言的干扰。竞争对手还可能故意制造谣言，引起混乱，混淆公众视听。这要非常敏锐地察觉并迅速将真情向公众传播，及时澄清谣言取得社会舆论和公众的理解、支持。

第四节 公共关系效果评估

一、效果评估概述

即问即答 7.7

公共关系活动顺利实施完毕即是公共关系工作的结束，你是否认同这种观点？

公共关系效果评估是指根据特定的标准，对公共关系方案、实施及效果进行衡量、检验、评价和估计，以判断其优劣。它是公共关系工作中一个不可或缺的环节。通过对公共关系效果的分析评估，在肯定成绩的同时，找出实施效果与公共关系目标和公共关系传播目标的差距，测估和控制公共关系工作量与预算，适当地调整公共关系目标、计划和传播实施方案，保持公共关系实务活动的协调性与连续性。1977 年，在美国马里兰大学成立美国公共关系效果测量联合会以后，美国公共关系协会将能否进行有效的公共关系评估作为接受会员的标准之一，可见公共关系评估是备受重视的。

1. 公共关系评估是改进公共关系工作的重要环节

公共关系评估对一个社会组织的公共关系工作具有"效果导向"的作用。美国公共关系先驱者埃瓦茨·罗特扎恩早在 1920 年时就曾经说过，"当最后一次会议已经召开，最后一批宣传品已经散发，最后一项活动已经成为历史的记录时，就是你在头脑中将自己和自己所采用的方法重新过滤一遍的时刻。这样你就会清理出经验和教训，供下一次借鉴。"这位先驱所说的"清理出经验和教训，供下一次借鉴"，恰恰说明了公共关系效果评估对改进公共关系工作的重要作用。

2. 公共关系效果评估是下一步公共关系工作的必要前提

公共关系工作是一项细水长流的长期性工作，希望通过一次公共关系活动彻底解决问题的想法是非常幼稚的。任何一项新的公共关系工作方案的制订与实施总是以原来的公共关系工作及其效果为背景的。制订新的公共关系工作方案，要对前一项公共关系工作从方案的制定到实施、从效果到环境变化进行系统评估分析，即使是前后两项公共关系工作所要解决的问题各不相同，也应该和必须这样做。例如，前一项公共关系工作目

219

标是为新产品开拓市场，而后一项公共关系工作目标是缓解不利舆论对组织的冲击、挽回组织的声誉，这两项公共关系工作仍然不是截然分开的。因为，要缓解不利舆论对组织的冲击，挽回组织的声誉，必须了解这种不利舆论产生的原因、辐射的范围及产生的影响，就不可避免地要涉及到组织的产品市场、消费者公众、组织形象等问题，对前一项为新产品开拓市场的公共关系工作的评估将为后一项公共关系工作提供决策的依据。这是公共关系工作连续性的一种表现。

3. 公共关系效果评估是激励内部公众士气的重要形式

日常的公共关系工作对良好组织形象的树立起到的作用是潜移默化的，内部员工很难对它有全面深刻的了解和认识。只有通过公共关系评估，将公共关系方案的目标、措施和效果向内部员工解释和说明，才能使他们体会到公共关系工作的重要性，同时也能使他们认清本组织的利益和实现的途径，自觉将实现本组织的战略目标与自己的本职工作紧密地联系在一起，增强凝聚力。

公共关系效果评估的另一重要意义就是使组织的领导人看到开展公共关系工作的明显效果，从而使他们能更加自觉地重视公共关系工作。

相关链接 7.13

通过人民网监测来评估政府公共关系工作

据中国互联网络信息中心（CNNIC）2010 年 1 月新近发布的《第 25 次中国互联网络发展状况统计报告》显示，截至 2009 年 12 月，我国网民规模已达 3.84 亿，较 2008 年年底增长 8600 万人，年增长率为 28.9%，互联网普及率达到 28.9%，互联网上突发公共事件和热点话题此起彼伏。作为国内最早从事舆情研究的机构，人民网舆情监测室一贯重视以技术为依托，从各种网络舆论载体中梳理地方热点舆情，并借助已形成的一套舆情应对的研判体系，就地方政府的网络舆情应对处置能力作出客观分析，形成考评结果，并由人民网舆情监测室的舆情分析师和知名专家学者、活跃网友分别进行点评，以"排行榜"的形式每个季度予以发布。"地方应对网络舆情能力排行榜"迄今已经推出了 4 次，引起了专家学者和媒体、网民的广泛关注和好评，被誉为有"理性和建设性"。

中国互联网上官民良性互动的局面正在逐步形成，很多地方党政机关逐步重视探索网络问政，并积累了一些有益和值得推广的经验。为了更好地推广这些经验，让更多的地方党政机构用好网络问政这一新的治国理政平台，从现在开始，每期排行榜推出"网络问政实践"的典型经验，供地方当政者参考。本次推出的常州环保局长"批评有奖"就是一个很好的尊重网络民意的案例，有一定的推广和借鉴价值，北京网络媒体协会会长闵大洪点评时认为"对于网络批评和网络监督，领导干部应有的心态是欢迎和提倡，以广阔的胸怀听取民意，从善如流"。

此外，本次排行榜也做了一些改进和创新，如评分方法做了调整，从"德尔菲法"调整为"列名小组法（德比克法）"，"德比克法"改进了"德尔菲法"的一些缺陷，采用函询与集体讨论相结合的方式征求意见，增加了集体讨论、会商的环节。

人民网舆情监测室希望通过这项持续的研究，能够更好地为地方提供尽可能客观、科学的舆情参考数据和舆论引导建议，帮助地方提高网络问政水平，促进社会稳定发展。

（资料来源：http://news.qq.com/a/20100412/000021.htm）

二、效果评估的内容

对公共关系效果的评估主要围绕以下几个方面内容开展。

（一）评价原定目标是否实现

达到的目标与解决的问题，这个评估标准是公共关系效果评估的最高标准。公共关系计划目标的实现，可以表现为取得理想的选择结果，筹措资金的数额达到预期指标，组织形象方面取得成绩等。有时，公共关系活动产生的结果并非完全与计划目标相一致，但是这些结果同样是积极的，可以认为是达到计划目标的其他表现方式。在这种情况下，这些结果也应该作为评估公共关系活动效果的根据。例如，节约能源宣传活动，其目标是为了减少总的能源消耗。其结果却表现为人们增加了对节约能源的兴趣、增长了这一方面的知识，甚至改变了使用煤气与电器设备的习惯。从表面看来，这次运动的结果与既定的目标不完全吻合，但是这些结果也可以说明这次宣传活动是成功的。当然，其中也包括结果与目标的部分吻合。

原定目标是评价公共关系效果的标准。将公共关系方案中所设计的主要目标与通过公共关系工作所达到的实际目标进行比较，看其实现程度如何？如果原定目标没有实现，则应总结经验，实事求是地用目标值加以表示；如果实际目标超过了原定目标，则应找出真正原因，分析其是否是由组织自身的努力所带来的结果，并及时表扬公共关系工作做得好的部门和人员。

（二）评价原计划预算控制是否完成

检查实施公共关系计划所用的人员、时间和费用，是否与原计划预算相符？是否充分利用了组织的人力、财力、物力和时间？费用有无超支现象？其原因是什么？投入的资源与实现目标相比，是否值得？效益如何？

（三）分析公共关系计划所选择的公共关系模式、传播媒介是否符合目标公众的需求

通过公共关系调查，掌握了大量的信息资料后进行分析评价，看其相符程度和对实

现目标的作用如何？并分析其原因，作为制定新的公共关系计划的依据。

（四）了解普通公众的态度

1）了解信息内容的公众数量。即对开展公共关系活动前后公众对组织的认识、了解和理解等变量进行比较。

2）了解改变观点、态度的公众数量。这是评估公共关系实施效果的一个更高层次的标准。因为"态度"所涉及范围很广，内容丰富而复杂，而且不容易在很短时间内发生变化。例如，煤气电气公用事业公司的节能宣传活动，可能使用户增加了"使用隔热天花板可节省空调电费"的认识，但这并不意味着他在态度上就成为能源保护者。评价一个人的态度，要根据一段时期内他在所有有关问题上的立场和观点，而不能仅凭一时一事判定一个人的态度发生变化与否。态度与观点和知识的关系大致是这样的：态度的变化可能随着知识与观点的变化而变化；在一个人知识与观点未发生变化的情况下，也可能发生态度变化。

3）了解发生期望行为与重复期望行为的公众数量。人们行为的改变受到多种因素的影响，如同态度与知识、观点的关系一样，行为同知识和观点之间也在一定条件下发生联系。这里有一点是可以肯定的：行为发生变化的人们在行为发生改变之前，肯定接受了某些信息或在某些方面被说服了。在掌握了发生期望行为的公众数量之后，还应该注意了解重复期望行为的公众数量。例如，对戒烟运动，不能单纯计算在开展这一运动的第一天内戒烟者的总数，因为这并不能充分地说明这一运动的影响效果。一天或一下午有戒烟行为并不能表明这些人将永远根除吸烟的习惯。对这些运动的影响效果的评估要根据运动开展以后几个月甚至几年的持续观察数据。评估一项公共关系活动在改变人们长期行为方面取得的效果，需要较长时期的观察，并取得足以说明人们行为调整后不断重复与维持期望行为的有力证据。

三、效果评估的方法

公共关系效果与其他经营活动效果，如销售成果、财务成果相比，比较难以评估。其原因是：①公共关系工作成效不会在短时间内显示。②公共关系工作成效很难用具体数字表示。③企业的工作成效往往是优质商品、优质服务等营销活动和公共关系活动共同努力的结果。因此，公共关系效果的评估方法就可以多种多样，有定性又有定量，要用多种方法进行评估。

（一）专家意见法

专家意见法又称德尔菲法，原是一种综合专家意见，就专门问题进行定性预测的方法。稍作修改即可用于不易量化的公共关系效果的评估。其步骤如下。

1）成立专家组，一般以10~40人为宜。选择的专家可以是本组织的专家，也可从组织外聘请。

2）拟好调查评估项目，并给出评价标准，如公众舆论的变化可分为好转、略好转、原状、略恶化、恶化 5 个标准。必要时附上背景资料，然后一并寄给各专家。

3）请专家们匿名、独立地就所掌握的资料和经验提出自己的评估意见，并说明自己主要是使用哪些资料提出评估结果的，这些意见要以书面形式返回。

4）将分散的意见和说明列成表，并再次分发给各位专家，以便他们比较自己和他人的不同意见，修改自己的意见和判断。

5）将所有专家的修改意见置于一个修正表内，分发给各位专家作第二次或多次修改，直至意见趋于一致。最后综合各位专家的意见，便可获得比较可靠的评估结果。

（二）民意测验法

民意测验法英文名称 Public Opinion Poll，这种方法在公共关系评估中运用较为普遍。其基本做法是，按抽查法的要求，在选定的公众群体中，选择一定数量的测验对象，用问卷、表格等方式，征求他们对指定问题的意见、态度、倾向，再作出统计、说明，分析公共关系活动的效果。在公共关系调查中也可运用此方法。

（三）公众意见征询法

公众意见征询法是指公共关系人员通过与公众代表对话，征询广大公众意见和观点的方法。这种方法又可分为"公众代表座谈会"和"公众询问法"。前者可以制度化，并有效地控制与会者的代表性；后者则是以口头、电话等方式，就固定问题，随机地向被询问者提问，然后将公众意见汇集、整理，形成综合意见。

（四）实验法

实验法的实质是利用事物、现象间客观存在的相互关系，通过调节某个变量（如公共关系活动前后某个企业的声誉），测定另一些量（如产品销售量、订货量）的增减。实验法可以在经历和未经历公共关系活动的两组公众之间展开。例如，一家日用化妆品公司，在报上连载宣传夏季正确使用化妆品的方法，旨在向公众传授在不同季节正确选用适宜化妆品的知识。采用实验法对该项活动的效果进行评估：先测验一组报纸订户（实验组）的有关知识，再对另一组未接触过该报纸的公众（控制组）进行有关知识测验，将两次测验结果作比较，就很容易得出评估结论。实验法的关键就是在确保实验对象代表性的同时，尽可能缩小实验范围。

（五）组织活动记录法

组织活动记录法是指在组织实施公共关系活动前后，坚持在组织的日常活动中记录有关标志和指标的变化的方法。全面、准确的活动记录是重要的效果评估资料。例如，学校的报考人数，企业的产品销售额，宾馆的投宿人数，机关的出勤率都属组织活动记录范围。进行评估，要依据记录的资料，选择一定的标准进行比较，然后得出评判结论。

（六）传播统计法

传播统计法是通过大众传播媒介发布本组织的统计分析数据，评估组织公共关系信息传播情况的方法。通过以下指标和方法，可以概略地了解公共关系信息传播的效果。

1. 定量分析

1）沟通有效率。是指沟通有效数与沟通信息总数之比。用公式表示为

$$沟通有效率 = \frac{沟通信息总数 - 无效数}{沟通信息总数} \times 100\%$$

2）公共关系信息传播速度。是指单位时间内传播的信息量，或一定的信息量传递所需要的时间。单位时间内传播的信息量越多，或一定信息量传递所需要的时间越短，说明传播速度越快。其公式如下：

$$传播速度 = \frac{传播信息量}{传播的时间}$$

3）视听率。是通过测定大众传播媒介传播的公共关系信息来得到公共关系工作效果的方法。视听率就是实际视听人数与该项调查总人数之比。用公式表示为

$$视听率 = \frac{实际视听人数}{调查总人数} \times 100\%$$

4）知名率。是指掌握某一信息内容的人数与该项调查总人数之比。用公式表示为

$$知名率 = \frac{掌握某一信息内容的人数}{调查总人数} \times 100\%$$

2. 定性分析

新闻媒介报道迅速，感觉灵敏且有很大的影响力。经常进行新闻分析，就可以从新闻媒介关于本组织的报道中评估公共关系活动的效果。新闻分析的主要内容有以下几个方面。

1）报道的篇幅和时数。篇幅越大，出现频率越高，时数越多，引起注意和兴趣的程度就越高。这是从"量"上判断。

2）报道的内容。报道中，对组织的成就、发展情况报道越多，效果就越好，在公众中树立起组织的良好形象的可能性也越大。这是从"质"上分析。

3）新闻媒介的层次和重要性。所谓层次高、重要的媒介，是指那些级别高，发行量大，覆盖面广，具有权威性，影响力强的新闻媒介。这些媒介发表对组织有利的报道，往往比其他媒介更利于提高组织的知名度和美誉度。

4）新闻资料的新闻价值。对新闻资料是正面报道还是反面报道，是全面报道还是摘要报道，是重点报道还是一般报道，是醒目的版面还是次要的版面，这些差别均会使

报道效果不同。

5）报道的时机。报道的时机是否及时、适时，是否能恰好配合组织的实际发展，迟发的新闻报道有时不仅无益，反而有害。

6）记者、编辑的反应。记者、编辑对于所提供的资料是否满意，如资料是否及时，是否容易编发，是否需要较大的改动，是否适合报刊的要求。

小　结

公共关系成熟化的重要表现是运用科学的理论和有效的方法来解决问题的程序化活动。而这个程序的开展是按照公共关系调查——公共关系策划——公共关系方案实施——公共关系效果评估的步骤进行的。

公共关系调查是公共关系工作的基础，是指社会组织分析组织与其生存环境的关系状态，就公众对组织形象的评价进行统计分析，找出问题，分析差距，用数据或文字形式显示公众的整体意见，以及就某一具体公共关系活动条件进行实地考察的信息交换活动的综合。

公共关系策划是公共关系人员通过对公众进行系统分析，利用已经掌握的知识和手段对公共关系活动的整体战略和策略的运筹规划。这是对于提出公共关系决策、检验公共关系决策的全过程作预先的考虑和设想。

公共关系方案实施则是将公共关系策划落到实处的重要步骤，也是公共关系过程中最为复杂的一步工作。即使公共关系人员尽了最大的努力，仍有不少影响计划效果的障碍。其中之一就是信息在人们收到的时候就已经变了形。接收者可以扩大、缩小或误解传来的信息，甚至对它不予理睬。这称为接受者的"自我选择"和"自我意识"。每个人都会按照自己的社会结构和信仰体系的复合系统来解释信息。在实施公共关系工作中需要排除各种障碍，因时因地因客观环境情况调整和完善计划的不足之处。

公共关系效果评估是公共关系工作的最后一步，也是下一步公共关系工作的前提。作为承上启下的一个重要环节，公共关系人员应根据评估内容的不同，按照既定标准，运用各种科学方法，对公共关系的整体计划、实施效果进行测量、检查、评估和判断。

这4步工作组成了公共关系工作的基本程序，形成了一个动态的循环系统，使用得当将会使整个公共关系工作呈螺旋式上升的趋势。

知识掌握题

1. 何谓四步工作法？
2. 进行公共关系调查时可采用哪些方法？每种方法各有怎样的优缺点？
3. 公共关系策划时应掌握哪些原则？
4. 公共关系方案实施中一般会遇到哪些沟通障碍？

5. 请分析公共关系效果评估的主要内容。

自测题

1. 公共关系的一般程序是（　　　）。
   A. 策划——实施——调查——评估　　B. 策划——调查——评估——实施
   C. 实施——策划——调查——评估　　D. 调查——策划——实施——评估
2. 一个组织被公众知晓、了解的程度是（　　　）。
   A. 美誉度　　　B. 知名度　　　　C. 定位　　　　D. 组织风格
3. 下列不是信息传递环境障碍的有（　　　）。
   A. 电话铃声　　　B. 光线　　　C. 沟通渠道的不合理选择　　D. 信息被打断
4. 一般通过（　　　）无法获取第一手资料。
   A. 观察法　　　B. 文献研究　　　C. 问卷调查法　　D. 试验法

知识应用与课堂讨论题

案例介绍：
伊利高钙奶的公共关系宣传、促销策划书。

活动主题：
伊利高钙奶，健康你我他。

活动目标：
通过在××市各大商场、超市的宣传、促销活动，提高伊利产品的认知度，增进消费者对伊利产品的认可与信任，并通过后续的公共关系活动，树立伊利集团关心百姓健康、关心失学儿童的良好形象，提高伊利的美誉度、和谐度。

综合分析：
1）企业概况（略）。
2）产品概况。伊利高钙奶富含天然乳钙，安全易吸收，含钙量比普通牛奶高30%以上，而且喝完以后口中有很香很甜的余味，每天两盒伊利高钙奶就能满足身体所需钙质，将日常饮食营养、美味合二为一。伊利纯正天然的牛奶不含抗生素和防腐剂，是绿色食品。
3）市场分析。据统计，伊利液态奶事业部的销售最约占国内市场的10%。另据了解，日前全国液态奶每年以34.4%的速度增长，其中纯牛奶的增长达80%～200%，而纯牛奶又以钙奶系列需求量最大，尤其是广州、上海沿海开放城市。
4）消费者分析。伊利的多种产品已深入人心，尤其是奶制品。伊利高钙奶价格不高，且其品牌已为广大百姓所接受，名牌效应较好，其潜在消费者为所有阶层的消费者。

基本活动程序：
1）2005年1月3日，在各大超市同时展开宣传、促销活动。每箱价格在原价基础

226

上下调 0.5 元，并在每个超市销售专柜配 1～2 名导购员，宣传介绍该产品的特点。

2）活动结束后，举办新闻发布会，并当面将本次促销活动赢利的 10%捐赠给国家"希望工程"，同时宣布今后仍将举办类似的公益性活动。

传播与沟通方案：

1）活动开始前一周，在××市各大报刊上进行宣传，着重说明伊利集团将把本次促销活动赢利的 10%捐赠给国家"希望工程"，以激发人们踊跃参加此活动。

2）在各大超市、商场附近散发宣传单。

3）由超市导购员向消费者宣传介绍产品。

经费预算：

宣传单 1 万份，400 元；活动宣传的媒体广告费 3 万元；超市导购员劳务费 1500 元；新闻发布会礼仪、场地等费用 6000 元；合计 3.79 万元。

预算效果：

本次活动全部费用预计在 3.5～4.5 万元，只要活动安排得当，通过伊利为"希望工程"捐款献爱心活动应能使伊利产品更加深入人心，在百姓中更好地塑造伊利集团的良好组织形象，达到事半功倍的效果。

（资料来源：刘军. 2006. 公共关系学. 北京：机械工业出版社）

思考：

1）这项策划的创意亮点主要是哪些？

2）此次活动如何保证其顺利实施？

3）在活动中如何体现主题的统一性？

情景模拟题

1. 情景介绍

上海冠生园与南京冠生园是两家不同的公司。但一般公众并不清楚这一点。2001年，南京冠生园用发了霉的陈馅做月饼一事被媒介曝光后，上海冠生园深受影响。对此，上海冠生园以《中国商报》报道时标题只写"冠生园"三字，而未写上"南京"二字，侵害了自己的权利而将该报社告上法庭。

2. 模拟训练

1）同学们可自由组合或由指导老师组合成若干小组。

2）各组课前根据背景资料，通过调查准备"冠生园"事件的相关资料。

3）各小组轮流扮演上海冠生园公共关系部人员，推出 1 名代表上台发表演讲，其他同学分别扮演公众或媒体记者，回答提问，你怎样解除公众对全国几十家"冠生园"同属一家的误会？

4）表演结束后请全班同学分别给各小组评分。

项目 \ 得分	优（90~100分）	良（80~89分）	中（70~79分）	及格（60~69分）	不及格（60分以下）
回答内容					
演讲水平					
回答技巧					
效果					

5）最后由指导老师进行点评和总结。

实践训练题

1. 公共关系调研实践

训练内容与步骤（把班上学生分成甲、乙两个大组）：

（1）甲组实践公共关系直接调查法,对本系（一个组织）的公共关系在学院内部、社会上进行公共关系3度的调查

1）要求一部分学生采用个人接触法，对内部公众和外部公众进行直接接触，倾听他们的意见。

2）要求一部分学生采用深度访问法，对内外部公众中有影响力的公众进行访问。

3）要求另一部分学生选择有代表性的公众在本系举行公众座谈会，收集信息。

（2）乙组实践公共关系间接调查法，对本系（一个组织）的公共关系在学院内部、社会上进行公共关系3度的调查

1）要求一部分学生对媒介进行研究，主要是对本院的历史资料、档案进行研究，并进行整理和分析，以掌握对本系有用的价值资料。

2）要求一部分学生设计关于本系的问卷对内外部公众进行民意测验。

3）要求另一部分学生采用抽样调查的方法，在众多的内外部公众中进行调查。

（3）对公共关系调查资料的分析与应用。

让甲乙两组学生对各自收集的信息进行本系的公共关系3度分析。

1）要求甲组学生采用组织形象地位图分析，作出组织形象地位图，并得出本系的组织形象。

2）要求乙组学生采用语意差别分析法对本系的组织形象内容作具体分析。

3）要求甲乙两组学生共同根据各自收集的数据进行形象差距的比较分析并画出形象差距比较图。

考评人		被考评人	
考评地点			
考评内容	调查活动的组织与实施		

续表

	内容	分值（分）	评分（分）
考评标准	方案设计可行，格式符合标准	20	
	选择搜集资料的方法得当，信息资料搜集翔实	20	
	调查报告符合要求	20	
	调查过程中采取的方法及遇到临时问题的应对策略恰当	20	
	调查结果统计的方法及发现的问题	10	
	在实训过程中是否积极参加各项活动	10	
合计		100	

2. 请对本班或本系现有情况进行长期公共关系策划，在校内塑造良好形象，并在每一项具体活动后进行评估

考评人		被考评人	
考评地点			
考评内容	大型公共关系活动的策划与实施		
考评标准	内容	分值（分）	评分（分）
	在模拟实训中认真负责、积极配合	20	
	模拟组织过程有序、完善	30	
	策划方案格式规范，内容全面，具有可操作性	20	
	策划文案语言通顺，叙述有条理	20	
	实训报告符合要求	10	
合计		100	

【课下补充参考资料】

金正昆. 2007. 东方名家：公共关系（DVD8 盘）. 北京：北京大学出版社.

周安华. 2010. 公共关系：理论实务与技巧. 3 版. 北京：中国人民大学出版社.

http:// www.chinapr.com.cn.

第八章　公共关系实务

学习目的

通过本章学习，要求达到：

知识目标：了解公共关系实务工作划分的依据、类型；

素质目标：熟悉各类公共关系的特点；

技能目标：掌握主体型公共关系、功能型公共关系的职能；

能力目标：能够运用所学理论妥善处理危机公共关系事件。

主要概念和原理

主体型公共关系　功能型公共关系　危机事件

通过学习运用公共关系原理来处理各类型公共关系事件，来达到塑造社会组织良好形象的目的。

案例导入

广州本田自我"曝光"

2007年3月19日起，50余万辆雅阁、奥德赛和飞度轿车将被广州本田汽车有限公司实施召回。本次召回包括2003年1月7日到2006年12月21日期间生产的各款雅阁轿车共419 613辆。召回范围内车辆在长期使用过程中，助力转向油管可能会出现渗漏。情况严重时，可能出现转向操纵力增加，方向盘转动沉重。本次召回还包括2005年2月22日到2007年2月14日期间生产的奥德赛轿车共68 993辆，2005年8月1日到2005年9月30日期间生产的雅阁、奥德赛和飞度轿车共39 800辆。

（资料来源：www.guanyzhovhonda.com.cn）

案例分析

广州本田的各种做法是相当理智的，遵循了公共关系的基本原则：对公众讲真话。这种信息对称的做法可以让公众感受到广州本田的诚意，更有利于解决问题。

第一节 主体型公共关系

即问即答 8.1

公共关系是坚持以"美誉为目标"的,广州本田自揭"家丑"的行为和公共关系的原则是否矛盾?你是怎样理解的?

在公共关系一系列活动中,真正起主导作用或扮演主角的是各个具体组织或部门,而公众则是其工作活动的客体或对象。由于主体或部门间各有差异,故各自的公共关系工作具有不同的内容或方式。为此,按主体身份的不同划分出几种不同类型的公共关系,并对各自公共关系工作的实施特色作一论述。

一、生产型企业公共关系

生产型企业可以有生产资料的生产企业与生活资料的生产企业的区分,前者的公共关系,更多的是要面向组织;后者的公共关系则更多地偏重于个体消费者,或者通过中间商来面对消费者。

(一)生产型企业公共关系的重大责任

对一个生产型企业来说,主要的人力集中在物质性的生产活动之中。生产环节复杂,经营部门繁多,使企业对公共关系工作投入相对偏低,常常以较少的人力承担一方面的工作,无形中就增加了企业公共关系机构及其人员的责任,同时也对生产型企业公共关系从业人员的素质提出了更高的要求。

改革开放以来,生产型企业都迈开了走向市场经济的步子,可刚刚在这起步的时候,就必须要面对国际国内市场经济大环境复杂局面的挑战,这就使不少再生产企业,强烈体会到公共关系的重要意义。

基于以上实际情况,生产企业的公共关系相对于其他行业来说,要承担更加重大的责任。

(二)生产型企业公共关系的重点

1. 搞好同员工的关系,是生产型企业公共关系的基础

生产型企业的产品形象及由此而来的组织形象,从根本上来说都是出自员工之手,尤其是生产第一线的员工。公共关系工作要着眼于破除那种在生产管理者与被管理者之间的关系,促使职工心情舒畅地工作,焕发强烈的生产积极性。同时,要注意到生产型企业有诸多的生产环节,每个职工只在其中一个局部的岗位上工作,因而对于自身工作

同整个产品的形象乃至企业的形象的意义，以及由此而来的切身利益之间的必然联系感受不深，工作之中很有可能缺少必备的社会责任感。这样的人多了，就从根本上动摇了整个企业及企业公共关系的基础，因此，要采用多种公共关系手段加以引导。

即问即答 8.2

举例说明内部团结对企业的重要性？

2. 积极开拓生产各环节所必需的对外联系渠道

企业生产的各个环节都需要有相应的对外联系。促进这种联系并使其产生良好的效果，是生产型企业公共关系的重点。这种联系至少表现在以下 3 个方面：一是抓好同科技领域的交往，加大对产品和生产过程的高科技投入，提高生产效率，增强自身的竞争力；二是抓好原、辅材料供应渠道的疏通；三是搞好同中间商之间的关系，要充分利用他们的销售网络和商品推销优势，提高自己产品的知名度；四是协助营销部门做好促销工作，随时了解市场供应关系和消费者需求的特征并及时反馈。

3. 面向社会开展生动的企业公共关系活动

在现代社会中，生产型企业绝不能只管生产，闭门造车。策划一些意义重大、效果显著的公共关系活动并付诸实施，是生产型企业公共关系应该认真去做的事情，如多参加社会的公益活动，利用大众新闻传播媒介在社会公众面前频繁亮相等。

二、商业企业公共关系

商业企业在整个社会的生产消费网络中承上启下、左连右挂。行业的性质决定了自身的经营环境十分复杂，这就为抓好自己的公共关系提出了更多的要求，同时也增加了一定的难度。对此，公共关系人员要在纷繁复杂的关系中认清脉络，保持头脑清醒。要遵循公共关系工作基本原则，着重顾客公众、供货单位和内部员工这几方面的工作，并动员企业职工来参与公共关系，共同维护好企业的形象。

正因为商业企业在经济运行中承担着沟通的角色，其公共关系工作就要充分地发挥这一职能作用，一方面将消费者的需求和愿望向生产型企业反馈，另一方面又将生产型企业的产品开发情况及时向社会公众传播。这不仅保证了与生产型企业和消费者双方的良好接触，建立起相互依赖的合作关系，同时，也从整体上塑造了商业企业自身在社会中的形象，还将带来可观的经济效益和社会效益。

商业企业的公共关系具有以下几个突出特点。

1）对整个企业公共关系的灵敏度要求高。不仅是商业企业的公共关系人员，企业中绝大多数职工的公共关系素质如何，都对整个企业公共关系的成败产生重大影响，而且这种影响比在其他行业都来得更直接、更明显。

2）在一个不大的范围内，从业的同行越多，相互之间的竞争更加强烈。企业在练好扎实内功的基础上，还要注重公共关系的标新立异，出奇制胜。

3）"顾客至上"不能仅仅作为拉客上门的口号，而必须成为绝大多数从业人员时刻要牢记的服务理念。公共关系要引导职工，长期坚持不懈地做好这方面的工作。

4）企业的服务归根到底是对人的服务，需要的是富有人情味的服务。公共关系要了解公众的需要，探讨如何来迎合人的这种需要，并为企业的决策，各职能部门的工作提供依据，同时，要对职工经常进行一些相关的训练，让他们学会如何将公共关系技巧运用自如。

相关链接 8.1

下面来看看震惊全世界的三鹿奶粉事件的网络版新闻标题。

三鹿牌婴幼儿奶粉事件滚动报道

2008 年 09 月 12 日 07:25:52　　来源：新华网

国务院办公厅发出通知 要求进一步做好婴幼儿奶粉事件处置工作

卫生部要求各地开通"问题奶粉"咨询热线

新华网北京 9 月 20 日电（记者吴晶）卫生部 20 日发出紧急通知，要求没有开通婴幼儿奶粉事件健康咨询热线 12320 的省份，应在最短时间内开通，并及时告知公众。

北京三元承诺全部奶制品不涨价全力保证市场供应

北京三元食品股份有限公司 20 日表示，针对近期市场上部分国产奶粉出现短缺现状，三元公司目前正在加班加点生产市场急需的优质安全的中低档奶粉，并承诺在此期间不会提高奶粉价格。

卫组织协助中国应对"问题奶粉"事件

记者 20 日获悉，卫生部已于日前向世界卫生组织通报了中国处理"问题奶粉"的工作进展，并就进一步加强食品安全合作交换意见。

业内人士：三鹿奶粉事件将改变中国乳制品行业格局

北京三元食品股份有限公司总经理钮立平 20 日在北京表示，三鹿问题奶粉事件将对整个乳制品行业产生重大影响，除了短期内相关企业利益受损外，这一行业的竞争主体、产品结构、企业架构、供应链等都将发生变化。

杭州十大奶制品企业签下质量安全"军令状"

贝因美、味全等杭州十家奶制品企业 19 日与杭州市质量技术监督局签订《质量安全责任书》，共同承诺严把质量关，让老百姓喝上放心奶。

经济观察：中国奶业必须重视产品质量

一脸忧虑的丁先生 19 日晚来到北京沃尔玛宣武门店，要求退掉不久前购买的"问题奶粉"——伊利牌儿童配方奶粉。

香港最新一批 47 个内地奶制品样本检测全部不含三聚氰胺

香港食物安全中心 19 日公布最新一批香港市场上内地生产的奶类产品样本检测结果，检测的 47 个奶类产品样本，包括牛奶及奶类饮品、奶粉、酸乳酪及炼乳，全部没有检出三聚氰胺。

内蒙古组成调查组对蒙牛、伊利三聚氰胺污染问题开展全面调查

记者从内蒙古乳品企业三聚氰胺污染奶粉问题应急处置领导小组了解到，自治区已成立了由呼和浩特市政府、自治区公安厅等部门组成的调查组，正在对蒙牛、伊利两企业出现的问题进行全面调查。

质检总局：加强整顿力度 确保新产奶制品安全放心

质检总局 19 日发出通知要求质检系统在全国奶制品质量安全专项整顿中进一步加强监督、严明纪律，确保新产奶制品安全放心，保证 9 月 14 日以后新产奶制品再不出现质量安全问题。

维护奶农利益 保障奶业健康发展——农业部相关负责人答记者问

三鹿婴幼儿奶粉事件发生后，部分地区出现了奶农卖奶难，生鲜奶滞销等影响奶业生产的问题。对此，记者采访了农业部相关负责人。

甘肃 11 支救援小组奔赴基层开展肾结石婴儿检查和救治

新华网兰州 9 月 20 日电（记者王艳明）为了应对各地检查人数和临床确诊泌尿系统结石患儿剧增，甘肃组建 11 支紧急救援小组支持各地开展检查和救治工作。

完达山建设绿色奶源基地把好产品质量关

······

太多太多的标题新闻说明了一个问题：网络的影响力实在太大了，如果不会利用网络为商业企业组织塑造良好形象，社会组织就会很被动。正如我国的一句俗话：水能载舟，亦能覆舟。

（资料来源：新华网. 2008-09-12. 07:25:52）

三、旅游酒店业公共关系

旅游企业是为顾客提供游览服务，酒店是为顾客提供食宿服务，它们的共同点都是面对异地而来的旅游者。

1）旅游者接受酒店和旅游公司服务，是要花钱买满意，花钱买舒适，能否产生这样的感受，是本行业能否刺激消费，扩大消费范围，产生较大经济效益的重要条件。

2）旅游企业要正常营业，需要旅游资源、旅游设施、旅游服务三个要素的紧密结合。而公共关系在这三个方面都有大量的工作要做，要树立当地旅游企业的形象。对于那些因大自然或老祖宗的馈赠，而在旅游资源、旅游设施方面得天独厚的企业来说，公共关系工作要注重挖掘这些资源和设施更深层的、更新颖的内涵，以增加当地旅游企业的"含金量"，来吸引更多的游客。同时，还必须狠抓服务质量的问题，使旅游服务真

正做到有当地特色，不断促进当地旅游业的发展。

3）要注意酒店、旅游业的兴旺，离不开社会各界如交通运输、邮电通信、商业网点、市场供给、医疗卫生等各行业的密切配合，游（旅）客在其中任何一个环节上的不良感受，都会对整个酒店旅游行业产生不良的影响。因此，公共关系要加强与其他行业的联系和配合，积极协调各方的利益关系，同时要加强与政府部门的公共关系，积极争取政府部门的支持。

4）要加强对社区的公共关系影响，提高当地对旅游业的社会承载力。一个地区旅游业发展起来以后，大量游客的涌入，会导致交通紧张，物价上涨，环境污染，矛盾的增多相对地降低了当地居民的生活质量，会使居民迁怒于当地的旅游业。联合国教科文组织的研究发现，旅游地居民对游客的态度一般都会有由欢迎到冷漠到不满到厌恶的发展趋势，这些显然不利于游客再对旅游地产生好感。为此，公共关系部要积极开展工作，宣传旅游业对当地经济发展的重要意义，并积极促成各方利益的恰当调整，以此来树立企业在当地居民心目中的良好形象，克服他们认识的局限，转变他们的不良心态。

四、运输企业公共关系

交通运输行业的服务就是要实现人和物的空间流动。衡量其服务的质量，一是安全，二是准时，三是服务态度良好。因此，交通运输行业的公共关系也就是要积极针对这三个方面来做好工作。

目前，除铁路运输因其特殊的运作方式而全国统一运营外，其他各个交通运输领域的竞争都相当激烈。要适应这种竞争，企业的公共关系必须要在其中起重要作用，要加强同社会各界和广大公众的密切联系，扩大企业的知名度和美誉度，以争取更多的顾客。

交通运输行业的重要特征是流动性大、线长点多、职工单独作业。这会影响企业从业人员对企业乃至行业的整体形象，公共关系工作应加强这方面的引导。

在运输企业，不仅运输工具流动性大，服务对象也在不断变化。在交通工具之内，人与人之间接触距离很近，人员构成又相当复杂，极容易造成矛盾、冲突。企业与从业人员在这种情况下服务态度的好坏，是社会公众新闻媒介关注的热点，因而提高每一个从业人员的公共关系素质，端正服务态度，提高服务技能，是公共关系部时刻放在心上的大事。

运输企业的公共关系工作应把重点放在以下几个方面。

1）树立企业品牌意识。作为人和物空间流动的载体，顾客的信任度是一个重要的指标，要重视企业文化的建设，如组织的口号、组织的宗旨、企业精神、统一的制服、统一徽标等。例如，西昌运输公司的企业精神就是"同舟共济，求实拼争，尊客爱货，开拓进取"。

2）严格执行规章制度，树立守时诚信的企业形象。做到让乘客放心，让乘客满意，让乘客在旅途中能得到热情、周到、温馨的服务。因为运输行业所面临的是来自全国各地、乃至世界各地的乘客，服务质量的好坏直接影响到企业的形象。

3）利用各种节日和各种专题活动，宣传企业形象。例如，春节期间，在火车和飞机等交通工具中和乘客共同度传统佳节，给乘客送小礼品，给乘客拜年，让乘客在异地他乡感受到家的温暖，从而通过乘客这个特殊的传播群体为企业做好宣传工作。

4）多与新闻媒体沟通。通过新闻媒体的传播，让公众了解企业的运行方式，管理模式，企业的新业务、新动向、新风尚等。

5）热心公益活动。通过各种公益活动提高组织的美誉度，如积极参与希望工程、慈善活动、赞助活动等。

五、金融企业公共关系

金融企业是指经营货币资金融通的行业，具体包括与货币的发行、流通、回收业务有关的银行及与其关系密切的证券公司、信托投资公司、信用社等。因银行最具代表性，故下面以它为代表。

金融业的性质很复杂，它既不同于一般的商业服务业，又不同于一般的政府部门，但它又确实身兼这两者的一些特点。西方的国家银行即如此，而中国目前几乎所有金融机构都有这一属性。

金融业身份性质的特殊，为它带来了比其他社会行业更高的经济收入与社会地位。也正因为如此，金融业公共关系的立足点就应更高，它不仅应在吸储社会游资、发放社会贷款、参与社会投资方面发挥自身的独特作用，而且还应将塑造良好的社会形象、赢得广泛的社会信任作为其工作的重点和目标。

尽管中国的金融业仍带有相当的垄断性质及明显的计划经济痕迹，但由于改革开放的深化，市场经济的不断发展，中国的银行（如工商银行、交通银行、农业银行、建设银行、中国银行等）彼此之间已存在一定的业务竞争，而境外银行如汇丰银行、花旗银行等已进入我国开展业务，我国加入 WTO 之后，国外银行将更多地进入我国，业务范围也将拓展（如允许人民币存储），这势必促进中国金融业更好地开展公共关系。

即问即答 8.3

国际经济环境作为金融业的外部公众关系，对金融业有什么样的影响？

综上所述，金融企业公共关系应重视以下几方面工作。

1）及时公布一切允许公开的金融信息。这类信息主要有汇率、利率、有关金融政策、法规等。

2）尊重客户，为客户提供优质的服务。这方面的工作有很多，主要是为客户做好参谋，提供好的投资及贷款方式，为客户理好财，用好财，并尽可能简化有关手续。

3）做好金融宣传工作。可利用橱窗、自控媒介、宣传手册，及时而有效地宣传有关新的服务项目、使用方法、申办手续等。

4）切实执行金融法规，保护人民的财产。例如，不能搞违规的人情贷款、领导贷款，堵住骗贷、骗汇及任何形式的金融犯罪，严防人民财产流失。

总之，如果能真正树立为人民当好家的金融思想，那金融企业的公共关系工作就是成功的。

六、政府公共关系

政府公共关系所说的政府是指建立在社会经济基础之上的上层建筑核心部门，是国家权力机关——人民代表大会的执行机关，是国家的行政机关。

政府的职能是对国家各个方面的事务进行指导、管理、管辖、监督、保卫、服务。由于权力在实行过程中对当事人必然带有权威性、不可更移性、强制性的特点，因此，在政府公共关系中如何体现"公众利益第一"的观念就成为首要目标。这方面的具体工作有以下几个方面。

1）倾听公众呼声，认真听取公众意见。其目的是借以了解公众对政府的印象，并以之作为施政参考。

2）为公众办实事、谋实利。这主要是指提高政府的管理效益，真正地造福于社会、造福于人民。

3）发挥新闻媒介的作用。一方面扩大对政府方针政策的宣传，另一方面加强"舆论监督"的作用。

4）开辟政民之间的多种联系渠道。例如，建立"市长信箱"、"市长接待日"等联系形式，以尽可能地加强与公众的联系，树立政府的良好形象。

在现代社会，随着社会的日益进步，"信息激增（爆炸）"成为一突出现象，这就使政府机构越来越多地负担起信息总汇的角色。因此，如何有效地收集、处理、存储、传播信息就成为政府公共关系的第二个目标。这方面的具体工作如下。

1）主动地、有计划地收集信息。这包括广泛开展各种类型的国情民意调查，充分掌握各种最新资料；设立专门调查统计机构，使信息收集、整理工作做到部门化、专业化、定期化、科学定量化。

2）及时地公开传播信息。是指尽快通过各种信息传播媒介（报刊、电台、电视、网络、公告等）和渠道（新闻发布会、记者招待会、人民代表咨询或座谈会等）向社会各界公众公开发布，并不断地向新闻媒介提供社会舆论关注的材料。

政府工作人员由于代表国家行使权力，他们的素质、效率、作风皆直接关系到政府工作的成败，也直接代表着政府形象。因此，把政府工作人员的有关情况公开化是政府公共关系的第三个任务。其具体内容如下。

1）定期公布政府工作人员的政绩，对其中升迁罢免者要向社会公众交代理由，干部的述职报告应由社会代表签署意见。

2）政府工作人员所有的经济待遇、福利标准及家庭情况除涉及法律规定的隐私外，都应让社会各界知晓，其个人情况的"透明度"应高于社会一般公众。

3）尽可能向社会公众介绍担任要职的政府工作人员的背景情况（如家庭籍贯、文化程度、学术成果、工作业绩等）。其意义有二：一是可让公众产生亲近感，利于融洽工作关系；二是可扩大本人知名度，使其工作开展有较好的公众基础。

七、教育部门公共关系

教育部门是指各大中小学和幼儿园等教育机构。教育部门的公共关系目标是：争取政府重视支持，特别是财政支持；提高自己良好的声誉，吸引更多的生源，并为学生升学就业创造良好的社会环境；唤起社会各界对教育的认识和理解，争取社会各界给予不同形式的物质支持，以解决教育经费问题；促进学校与学生家长之间的联系和合作。

为了实现教育部门的公共关系目标，公共关系人员必须进行有效的传播和沟通工作，在相互了解的基础上，寻求内部公众的协调和合作，以及社会公众的关怀和支持。教育部门的公共关系工作主要是树立教育部门的良好形象，扩大学校知名度，提升组织形象，建立社会信任度，提高学校的美誉度，使社会各界人士和家长对学校教学质量、办学条件、校风校纪、教育导向等情况满意。做到让社会满意、让家长放心，让学生安心。教育部门的公共关系工作可采取以下方式。

1）加强与校友的联系。利用毕业的校友在社会各界工作的便利，广泛联系各界校友，利用成功校友的知名度来提升教育部门的知名度，如定期举办校友会、校友报告会，建立校友档案，召开校友学术研究会。在清华大学校友网"媒体上的清华人"中介绍了以下知名人士：刘东生，"黄土之子"（解放军报. 2002-05-27）；黄土之父，张恒专访中科院院士刘东生（东方时空之东方之子. 2003-06-05）；精仪系友栾恩杰当选绕月探测工程总指挥（人民网新浪网. 2004-02-27）；第一个获得"气象诺贝尔奖"的中国人：叶笃正（新华网. 2004-2-24）；这就是季羡林先生（中华读书报. 2004-1-3）；欧阳忠谋铁腕执政3年外科手术构建普天骨架（中国经营报. 2004-01-09）；39岁执掌万人研究院（光明日报. 2004-1-9）；（东方之子）习近平：弄潮钱塘江（中央电视台 东方之子. 2003-11-10）；"钱三强星"命名仪式在京举行（来源：浙大新闻办. 2003-11-04）。

2）扩大开放程度，实行开放式办学。社会各界人士对学校的关注成度是很大的，尤其是对学校的校风、学风，教师的教学方法、水平，以及学校的办学条件等问题总是倾注了很大的热情，所以要做到让社会满意，让家长放心。最行之有效的方法就是开放式办学，如在学生报考前实行家长开放日，家长可到学校实地参观，并派车接送。山东大学校长展涛在山东大学建校100周年庆典上发表讲话指出"我们的目标是把山东大学建设成为一所综合型、开放型、研究型的国际知名高水平大学，并在这一目标下提出三个必须坚持。第一是必须坚持开放式办学；第二是学校工作必须坚持以人为本，以学术为主导；第三是必须坚持制度创新与学术创新。"由此可见一斑。

3）通过联谊活动，密切对外联系。教育部门在一般情况下是很难让外界了解和理解的，为了让更多的人关注教育事业，了解教育事业，扩大教育的规模，可利用特定的情景来进行公共关系专题活动，如职业学校可以和对口的企业进行联合办学，一方面可以解决学生毕业后的就业问题，另一方面，还可提高学校在某行业的知名度。

4）提高教学质量，扩大办学影响。教学质量是办学的基础，也是教育部门的重点，提高办学质量的方法有很多，如师资水平的提高，加大管理力度，这些都是教育部门必须要做的事。

5）支持公共事业的发展。教育作为一项公共事业，更应该对社会公共事业作出自己的贡献，扩大自己的影响，如宁波大学信息科学与工程学院在建院伊始就把培养与体现教师对学生的爱心作为一项重要工作，并以此作为师德建设的重要切入点。2000年，学院以为一位身患重症同学捐款为契机启动了"关爱学子，真情助学"活动，倡议广大教职工以多种形式对各类困难学生提供帮助。力争将"关爱学子，真情助学"活动打造成促进师德建设的活品牌，使其成为师德建设工作的重要载体。经过数年的努力，这项工作不但在校内产生一定的影响，也引起社会各界的关注。学校新闻网、《宁波大学报》、《宁大教工专刊》等学校各类媒体陆续发表了一些关于信息学院爱心助学活动的报道，引起了校内及社会各界的关注，部分社会新闻媒体对有关文章进行了转录或刊登。例如，《浙江教工》2003年第6期刊发了《宁波大学信息学院师德建设有载体》一文；由宁波市劳模协会主办的《宁波劳模报》则在2003年第2期头版已刊登了《全国劳模吴训威情系弱势群体》一文。

八、卫生部门公共关系

卫生部门是指从事医疗卫生行业的社会组织机构，包括医院、制药厂、医疗机械生产厂家和销售部门等。卫生部门是一个特殊的组织，其特殊性表现在救死扶伤、治病救人。而卫生部门的公共关系工作就应放在提高组织的美誉度和信誉度上，可以从以下几方面开展工作。

1）利用卫生部门内部的媒介进行宣传。例如，各大医院可以利用橱窗把医院各科别的专家、教授的照片、学历、临床经验、职称等情况公示，让病人一到医院就一目了然，从而对医院的实力产生信任感，能够放松就医的紧张心情。

2）利用休息日到公共场所如住宅小区、工厂企业、事业单位和街道等开展议诊活动。赠送药品、提供咨询、检查身体，为群众排忧解难，开展送卫生知识下乡等活动。这些专题活动的开展有利于扩大组织的知名度、提高组织的美誉度，使公众认识到医院不是唯利是图的，是把解决人民的疾苦放在第一位的，真正做到了为人民服务。

3）提高内部员工的素质。真正解决公众所担心的问题，如医护人员的态度问题、乱收费问题、医疗事故问题等。例如，湖洲医院试行奖励金制度，医院规定：收受红包的医生就扣除全年奖金，并在单位设一笔卫生行风奖，每十年结算一次，如果医生的医疗质量和医德医风在此期间没有出现任何问题，就可以一次性获得一笔丰厚的奖金和相应的荣誉奖励。湖洲医院还利用报纸网络就此事大做宣传，让公众知道医院的公开、公正、公平原则。

4）开展各种公共关系专题活动，并选择媒介做适时的报道，宣传组织的形象，让公众了解组织。例如，医院的产妇产前培训班，健康讲座，育婴讲座等活动都是为了扩大其知名度，还可派选手参加各种演讲比赛、辩论赛、电视健康专题讲座等活动来展示卫生部门工作人员的风采。

5）强化行业人员的服务意识，为就诊的病人提供方便。例如，某市钟楼（口腔）医院强化服务意识，先后推出"病人选医生"、"病人选择护士"和"病人选择医疗小组"、"病人选择就诊时间"等一系列便民服务措施。其后又实施"无节假日门诊"、"24 小时门诊"，为病人提供"随欲择医、任意选时"的服务，为病人增加就医空间。那些白天上班时间无法请假看病的患者只需在下班后挂个普通号就可以看病了；原先那种不属于急诊范畴，只有白天可以做的小手术等现在也随时可以进行了。尤其是夜门诊的开设对白天上课的学生和行动不便的老年患者来说更是一种实实在在的方便。该院自开设无节假日门诊、夜门诊以来，就医的患者较往常多了近15%。

九、新闻单位公共关系

新闻单位是指利用大众媒介如报纸、杂志、广播电台、电视、电脑网络等向受众传播各种信息的社会组织。

新闻单位的任务有以下几个方面。

1）提供关于公共事件的消息、言论和辩论，为政治服务。

2）启发公众，使他们能够实行自制。

3）作为监督政府的哨兵，以保卫人民的权利。

4）通过广告沟通买卖双方，推销商品，为经济服务。

5）供给公众以消遣和娱乐的材料。

6）维持财政的自给自足，使报刊等新闻单位不受特殊利益的压迫。

新闻单位的公共关系工作就是要树立组织的良好形象，让公众对组织充满信心，产生依赖感。新闻单位的公共关系人员应做好以下几个方面的工作。

1）进行正面信息的采集与传递，为组织的发展创造良好的外部环境，最终达到组织的目标。代表组织利益开展宣传活动，本着客观、真实、公正的原则进行新闻报道，满足受众对信息多方面的需要，营造有利于社会稳定的舆论环境。

2）立足于实事求是，协调政府和公众的关系，用正确的舆论导向对社会起到了积极的推进作用。

3）加强内部协作，增进内部交流，协助媒介管理者在提高人员素质，提高报道质量等方面做工作。

4）对新闻工作者加强思想道德教育。在我国，新闻事业是党的事业的一个重要组成部分，党性原则不容忽略，对其成员进行法规、职业道德及人生观、世界观、价值观的教育，增强新闻记者的责任心、使命感和道义感，使之能够自觉抵制资产阶级腐朽思想的侵蚀。坚持原则，坚持真理，以保证党的新闻事业的纯洁性。

5）与公众开展多种形式、多种渠道的沟通，揭开新闻单位神秘的面纱，让公众了解组织，理解组织。例如，开展联谊会，请公众到电视台参与电视节目，参与游戏等。

十、公用事业公共关系

公用事业是为生产、生活提供基础设施的产业，在经济社会发展中扮演着不可或缺的角色。从经济学的角度观察，城市公用事业具有以下几个方面的特征：第一，城市公用事业具有一定的自然垄断性质；第二，城市公用事业具有一定的公益性；第三，城市公用事业生产、经营具有一定的区域性。城市公用事业具体有城市公交、供水、供热、燃气、园林、环卫等。

作为一个城市的窗口行业，每天要和不同的公众打交道，如果做得不好，往往会带来很大的负面效应，所以公用事业组织必须树立组织的良好形象，让公众对其产生信任，取得公众的理解和支持。公用事业公共关系活动具体的做法如下。

1）确立一种高于一般社会认识水平和道德水准的组织形象。其具体目标是：组织担当崇高社会道义责任；组织有为社会做贡献的献身精神；组织成员有较高的文化知识水平和社会公德规范。

2）公用事业公共关系机构要积极引进先进的服务理念，利用先进的呼叫中心技术和管理模式，成立客户服务中心，来进行政策咨询、自费查询、自助缴费、报装、报修、客户投诉等业务，并科学有效地管理各地部门的对外服务，有效地解决以往服务模式中存在的工作流程不科学、资源配置不合理、服务管理不规范等弊端。

3）收集各种信息，了解目标公众的要求，想公众所想，急公众所急，切实可行地解决公众的需要，体现公用事业的社会性。

4）建立企业文化，提倡优质、文明服务。例如，金山自来水公司坚持"团结、拼搏、求实、服务"的企业精神，以宣传教育为先导，不断加强职业道德建设；以建立健全长效管理机制为抓手，规范职业行为；以落实服务措施为重点，在提高单位文明程度和用户满意率上下工夫，加大行风建设力度。

5）加强对内部员工的培训工作，如员工的礼仪、服务意识、言谈举止等方面的训练工作，使员工具备较高的素质，并能明确自己代表的是组织形象，也代表了一个城市或地区的道德水准高低。

6）做好宣传工作，适时地向公众公开组织的服务信息、行风建设，让公众了解公用事业。因为这类社会活动主要围绕某个公益目标进行，参加的原则是自愿、平等，而且又没有什么功利色彩，所以公众对此有着普遍接受的心理基础。

第二节　功能型公共关系

功能型公共关系是以公共关系在组织中所发挥的实际作用为标准而加以划分的，它渗透、贯穿于公共关系与对象公共关系之中。按其功能和作用，这一类公共关系大致可分为以下八种。

一、开拓型公共关系

开拓型公共关系工作特指企业或社会组织为开拓新局面而直接推动组织机构开展新的业务为主要目的的公共关系活动方式。通过开拓型公共关系工作，提高企业或社会组织在外界的知名度和信任度，使社会公众对企业及其产品社会组织或工作表示出一种新的倾向、新的兴趣，从而间接地推销产品或开展新业务，扩大市场的影响；社会公众这种新的感觉和兴趣，以及对企业的支持和赞赏，必然为企业的竞争提供良好环境。

开拓型公共关系工作贯穿于企业或社会组织发展、竞争的始终，是企业用得最多，用得最广的一类公共关系活动。因为一个企业总不能守着一种固定的模式，总是要竞争、开拓，以增强企业的活力，建立新的形象。但在开始阶段就要有开拓性的形象战略目标，又要有可行性的措施。首先要提高员工的新观念，强化员工的凝聚力。其次，要借助有关新闻媒介或其他形式扩大开拓型公共关系的宣传，吸引各界公众的关注，形成良好的第一印象，赢得公众的理解、信任和支持。诸如通过电视台、电台、报纸进行宣传，举行记者招待会、邀请社会知名人士、明星等参加座谈，或举行开业酬宾等扩大宣传。开拓型公共关系工作也适用于重新确立企业的新形象，如增加新业务、新的服务项目等。

开拓型公共关系工作要贯穿于企业的始终，这是商品竞争和服务质量竞争所决定的。20 世纪 50 年代，法国白兰地酒打进美国市场的案例十分典型。公共关系专家为白兰地设计了一个崭新的形象，在时任美国总统艾森豪威尔 67 岁寿辰之际，向总统赠送两桶已达 67 年之久的名贵白兰地。贺礼用专列送到美国，并由两名穿着侍卫服装的法国人抬着两桶酒步入白宫。各新闻媒介大量报道，结果白兰地走上了美国的国宴和市民的餐桌。这种开拓型的公共关系工作获得了非凡的成功。这个成功的案例可以为我国的公共关系冲出国界，走向世界市场有所启示。

开拓型公共关系活动主要有以下形式。

1）举行开业庆典。通过这一活动，公共关系人员把组织的名称、象征物、代表色、口号一并推出，使公众对组织产生兴趣，留下良好的"第一社会印象"。

2）开展公共关系宣传活动。包括利用广告进行公共关系宣传；利用小册子、明信片传播组织的信息；主动制造新闻，通过电视、报纸、广播广泛宣传组织的形象，从而使组织以崭新面貌展现在公众面前。

3）组织联谊活动。通过安排各种冷餐会、茶话会、舞会，把公众请进来，以增进友谊，建立良好关系。

4）参与社区活动，组织公共关系人员经常参加当地社区的重要活动，有条件的可给社区适当提供人力、物力方面的支持。

即问即答 8.4

作为开拓型人才应具备哪些方面的素质？

二、预防型公共关系

预防型公共关系工作是指企业或社会组织为防止自身的工作失调而采取的一种公共关系活动方式。它是根据对社会环境和市场环境的监测和预测，防止不利于企业或社会组织开辟或建立良好的社会环境和市场环境为目的的公共关系活动。强化预防型公共关系工作，有助于提高企业内部最高领导层的公共关系意识，有助于企业组织机制的正常运行，有助于建立企业内外和谐的公共关系环境。

预防公共关系失调必须以"防"为主，以"引"为目的。企业或社会组织在开发竞争中，要以见微而知著，防患于未然为基础，善于从微小的变化和信息中及时发现和预测到事关企业全局的问题。一旦发现问题，要当机立断，行为果敢，不失时机地采取对策，制定出防范措施，使失调问题在预兆状态中就得到解决或纠正，缩小或消除不利因素对企业的影响，或补充计划之不足，引导企业向良好的方向发展，保持并发展企业形象，使企业在竞争中处于主动地位。

预防型公共关系工作是企业管理的一种职能，是企业发展和竞争的战略决策。开展对外的公共关系，首先要加强内部公共关系工作，改善和提高内部的经营管理，对内对外的预测才有坚实的基础。

预防型公共关系的主要活动有以下几个方面。

1）开展公共关系宣传活动。宣传组织的实力、措施、手段，让公众对组织放心。

2）举办各种形式的研讨会、鉴定会，通过这些活动，由第三者发表意见，常常能有效地消除公众的疑虑，恢复公众信任。

3）加强售后服务。售后服务是实实在在的行动，它把公众的抱怨与不满减少到最小限度，从而为组织赢得社会信誉。

4）组织同行联谊会，加强信息交流与协作，创造和谐的外部环境。

三、矫正型公共关系

矫正型公共关系工作又称为补救型公共关系工作，是指在组织形象受到损害时，如何着手采取各项有效措施，做好善后或修正工作，以挽回声誉重建形象的种种专门活动。

矫正型公共关系的工作程序主要由以下三个步骤构成。

1）查明事实真相及问题的症结。当一个组织形象受到损害的时候，公共关系部门应立即派人去向有关部门、地区、公众了解有关事件的来龙去脉，并迅速同有关部门分析事故原因，找出主要责任人。

2）制定积极有效的措施或采取主动行动。在组织形象受损的原因或责任者找到以后，立刻会同有关部门或工作人员制定出对症下药的补救措施，或者迅速表明自己的诚恳态度，及时安抚有关人员，争取他们的谅解与合作。

3）检查或调查事后的影响及反应。对有关损害组织形象的事件处理、解决后，公共关系部还应对这次矫正、补救工作的效果进行检验，原有的问题是否解决了？公众对组织的印象有无改变？组织的不利局面是否好转？这样，既能使自己对这次工作的效果做到心中有数，又可为今后如何处理这类事件总结经验教训。

矫正型公共关系的工作主要有以下两种表现。

1）组织形象受损的原因是主观造成的，或责任主要在组织这一方面。例如，因产品质量下降、服务不周、工作失误、环境污染等问题而引起公共关系失调，组织及其公共关系部应主动出面承担责任，向有关公众赔礼道歉，甚至可通过新闻媒介公开致歉，同时表明自己已经或将要采取的补救措施，以争取尽可能快地平息风波，使组织形象受损的程度与范围控制在最小限度。另外，公共关系部还可在组织的支持下，主动地、有意识地以这次事件为契机，积极地利用新闻媒介展开宣传，公开表明自己知错就改的诚意，公布自己积极补救的措施，并用补救后的事实及公众的新反应来证实自己的转变，如此就能将坏事变成好事，反败为胜，向好的方面扩大自己的知名度。

2）由于公众的误解，或少数人蓄意制造事端而引起的组织形象受损。在这种情况下，组织及公共关系部千万不能得理不让人，一味指责公众或他人，那样不但会将事情越闹越僵，而且有可能更加损害组织在公众中的声誉。因为对于更多的不明真相的公众来说，他们直接感受到的是组织的态度、胸襟，而未能了解事情的真正起因或肇事者。正确的态度是尽快平息风波，或暂时让组织形象受点损害，然后迅速将已查明的真相公之于众，消释对公众的某些不周之处，请求公众谅解，并进一步表露本组织对公众的误会，显示自己的清白，而且能进一步完善组织的形象，争取到更好的公众舆论。

相关链接 8.2

通过记者招待会来矫正组织公共关系形象

1997年11月8日凌晨，世界杯亚洲区预选赛十强赛卡塔尔、伊朗之战终场哨响，预示着中国足球队新一轮冲击世界杯再次失利。以后的比赛，对中国队来说，仅仅具有形式上的意义。民众的疑惑、失望、愤恨、痛苦溢于言表，外在化、激情化的言辞、行动不断出现有各种媒体上。中国队的能力受到极大的怀疑，形象遇到前所未有的危机。"给民众一个说法"已是大势所趋。

11月13日，中国足球队在大连东方大厦举行记者招待会。足球常务副主席王俊生为主要发言人、原国家体委宣传司司长何慧娴为主持人，教练组成员戚务生、金志扬、迟尚斌、陈熙荣，运动员代表范志毅、徐弘、区楚良等出席会议。何女士首先表达了中国队非常希望与新闻媒体见面，共同为中国足球会诊的真诚愿望。王俊生接着作长篇发言，分析此次失利的主要原因：判断出偏差，发挥欠稳定，战术组合需要尽快提高，关键时刻在关键位置上出现了技术失误，导致失分。其他发言人还回答了记者提出的问题。

会上发布了中国队致全国球迷的一封公开信《擦干眼泪，奋起直追》。来自全国各地的新闻单位的百余名记者参加了2小时的记者招待会。

分析要点如下。

1）充分利用记者招待会的优势，在适当的时机和地点，精巧策划、周密准备，规范、稳妥、高超地支作，达到了预期的解疑惑、总结经验教训、指明未来发展方向、恢复球队形象、化解形象危机、缓和公众情绪、换取公众的理解、帮助与支持等综合目标。可在广大社会公众的心目中留下了相当深刻的印象。

2）记者招待会是社会组织为有效地在公众中树立良好的形象，形成有利于自身发展的社会舆论所采取的传播工作方式，是企业事业单位与媒介联系的一个重要渠道。它具有发布消息正规、稳重，传播范围广、深度大等优点。它能在较短的时期内迅速恢复社会组织的良好形象，为组织营造和谐的外部环境。

（资料来源：http://bbs.hrsalon.org/viewthread.公共关系案例分析20例）

四、社会型公共关系

社会型公共关系工作是指利用举办纪念、庆典、传统节日、赞助、文艺演出、体育活动等各种社会性的活动之机，推销组织形象，扩大组织的社会影响，提高组织的社会声誉和知名度，强化公众网络，赢得公众对本组织的了解、支持、爱护和赞赏的公共关系活动方式。积极的社会型公共关系工作是企业或社会组织树立良好社会形象的重要工作，应予以高度重视。其特点是公益性和文明性强，影响力大。

任何企业或社会组织都期望自己能成为公众瞩目的形象。这种形象的获得，必须保持与公众有某种特殊的联系，开展有益于公众的各种活动，吸引公众对本企业或社会组织产生某种特殊的兴趣。诸如独自主办或出资赞助大型音乐会、体育运动会、特邀播放电视剧、举办演讲辩论比赛、支持残疾人就业、举办展览会等，都是宣传和推销自己形象的有效方式和途径。但是，这种社会型公共关系工作，不仅不是直接"促销"，甚至要付出一定的代价。这种代价可称为向公众进行公益性的情感投资，或称为长远的形象投资，以获得良好的社会效益，从而带来长期的经济效益。例如，中国公共关系的发源地——广州白云山制药厂承包了当时的广州足球队，南征北战，办起了广东省第一个歌舞团，到全国各地巡回演出，广州白云山制药厂的名字在全国各地亮了相，吸引了广大的潜在消费者。从此，广州白云山制药厂在全国各地出了名。

开展社会型公共关系工作，可以和某一家大众传媒联合举行。因为大众传播媒介拥有广大的读者、听众或观众，因此，联合举办一些专题活动，会产生更大的社会影响。例如，吉林师范大学的《演讲与口才》杂志社与中央电视台联合举办的全国十城市演讲邀请赛，提高了杂志的知名度，一度吸引了数百万读者。企业或社会组织独立举办社会性的专题活动也可达到一定的目的。例如，由日本丰田汽车独家赞助的每年一度的"丰田杯"冠军杯赛，每年都会吸引全世界的关注。

五、服务型公共关系

服务型公共关系工作是指一种为用户和消费者提供优质服务为宗旨的公共关系活动方式。其目的是通过积极的社会活动，扩大组织的社会影响，提高其社会声誉，赢得公众的支持。其活动有 3 种形式：一是以组织机构本身的重要活动为中心而开展的公共关系活动；二是以赞助社会福利事业为中心开展的公共关系活动；三是资助大众传播媒介举办各种活动，提高组织的知名度。工商企业和服务企业良好社会形象的建立，既要运用各种形式进行宣传，更重要的是产品的质量，为客户提供优惠性和优质性的服务，提高服务质量和服务水平，才能获得良好的社会形象。

服务型公共关系工作是企业生存和发展的生命。服务型公共关系工作，不在于说，而在于自己做得好，而后才能受益。工商企业间和服务企业间的竞争是多方面的，但优质服务则是最基本的竞争手段，特别是工商企业和服务企业的优质高效服务是企业生存和竞争的生命。

开展服务型公共关系工作，公共关系部要有明确的服务目标和方向。要服务得好，又要服务得巧；只有高效率的服务，才能有高效的收益。波音公司是美国最大的飞机制造公司，在它遍及世界各个角落的经营活动中，波音公司做了大量急人所急之事：当阿拉斯加航空公司需要适合煤渣简单跑道的着陆轮时，波音公司立即奉上；当加拿大航空公司的飞机发生风道冰堵故障时，波音公司的工程师赶到那里通宵抢修，使对飞机下班次的影响减少到最低限度；1981 年 12 月，意大利航空公司的一架飞机在地中海上空失事时，该公司急需得到一架替代飞机，意航总经理拨通了波音的长途，当时，要想得到一架 727 飞机需要两年时间，任何一家飞机制造公司都不敢轻易答应，但波音公司却使意航一个月内便如愿以偿。正是从这件事中意航看到了波音公司真诚地为他人排忧解难的善心和强烈的服务意识，波音公司从意航得到了一笔巨大的订货业务。

服务型公共关系工作是企业运行机制的反映，是企业员工精神的反映，是企业文化的反映，更是企业生存、发展和竞争的基础。

六、征询型公共关系

征询型公共关系主要就是向组织的经营管理决策提供征询或咨询，同时也包括对市场，如社会情况及公众意向等信息的收集、整理与研究。其目的是通过信息的采集，如舆论调查、民意测验等工作，了解社会舆论，为组织机构的经营管理决策提供咨询，使组织尽可能地与国家的总体利益、市场发展趋势及民情、民意一致起来。由于征询型公共关系工作的功能主要在于为组织经营管理提供科学依据，提供最优化的理论、策略和方法，并对有关情况进行预测，人们将其列入软科学一类，并认为它能起到"智囊"的作用，能为组织发展出谋献策。随着现代组织决策科学化、专业化的不断发展，征询型公共关系在组织与社会中的影响及地位也日益重要。征询型公共关系，一旦能够获得公众的配合，那么组织就有了"千里马"、"顺风耳"，能够及时地对民意和舆论的变动作出反应，保持组织与社会环境之间的动态平衡。

征询型公共关系工作的开展主要有两种存在的形式。一种是隶属于某组织内的，它理所当然地为其组织服务。一方面收集与本组织发展相关的一切信息，同时对之进行研究、分析，形成结论或预测设想，另一方面则向组织决策提供有关资料或数据，以及将他们的意见或设想提供给组织作参考。一般地说，各个组织都必要安排人员开展这方面的工作，或专办，或兼办。另一种是独立于任何组织之外的、专门性的咨询公司或机构。由于它们不属于任何组织，所以其工作范围就比较广泛，可以为许多组织提供咨询服务，而且，所能提供的信息、策略等也是多方面的甚至是全方位的。这一点当然与它们是独立的、专业化咨询机构分不开。例如，美国的兰德（Rand）公司就是一个典型。"兰德"是英文"研究与发展（research and development）"的缩写，从词义上来理解，就可以知道该公司是专门研究有关信息，为人们提供咨询以促进发展的一个机构。该公司工作人员有千名左右，其中一半为专家、学者，其具体服务范围已扩展到外交、城市管理、能源、教育、保健、环境保护等多方面。

征询型公共关系的工作手段主要有舆论调查、民意测验、市场综合分析等，其目的当然是从提高工作效率出发，力求全面、科学地收集与征求有关信息，并进一步利用这些信息进行深入的科学研究，以及时向有关组织提供咨询。例如，可口可乐公司通过征询调查，掌握主动权，战胜百事可乐。由于了解公众舆论及社会情况是征询型公共关系工作的起点或基础，所以为了做好这项工作，除了应采取以上不同工作手段以外，还应考虑具体的了解民意及社会现象的调查形式。根据一般的经验，这方面的形式主要有鼓励合理化建议、举办征求所需信息比赛、开展征文、征求产品设计意向、有奖测验等。另外，还应提倡开办为公众提供的咨询服务，如有关商品使用、保养、维修知识的咨询，交通运输部门设立旅客问讯处，制定公众来信来访制度和相应的接待机构等，做好组织与社会公众之间的桥梁，一方面将公众对组织及产品、服务的各种反馈信息收集起来，经整理再供组织决策参考，另一方面将组织的有关情况反馈给公众，使之与组织间增进了解。总而言之，在征询型公共关系中，重视公众及社会的有关信息是其工作开展的先决条件，应当认真对待，切实办好，否则，为组织的经营管理决策提供咨询也就成了一句空话。

七、建设型公共关系

建设型公共关系特指适应组织初创时期或新产品、新服务首次推出时为打开局面而进行的公共关系工作的模式。这种模式的主要功能是提高组织的知名度，开展工作的重点是宣传和交际，向社会公众介绍组织，努力结交各种朋友，尽量地使更多的公众知道组织、理解组织、接近组织，进而取得公众的理解和支持。

建设型公共关系的目的是要在组织初创或新产品、新服务首推阶段，让公众形成良好的"第一印象"，使公众对新组织、新产品有所认识，表示出兴趣，从而转变为理解和支持的行为。这种模式可采用的方法有很多，主要有：开业广告、开业庆典、新产品展销会、新服务介绍、免费试用、免费招待参观、开业酬宾、赠送宣传品、主动参加社区活动、新闻发布会等多种形式。

开展活动时，公共关系人员一定要掌握一定的分寸，不要带有过多宣传的痕迹，更不可胡吹乱捧，对于能不能引起公众的好感，会不会吸引住顾客，能否获得更多的支持者，关键要看组织自身工作的好坏，即产品的质量和服务的优劣，"金玉其表，败絮其中"，最终将遭到公众的反对。

建设型公共关系活动的形式主要有以下几个方面。

1）密切沟通，包括寄送贺卡、节日卡、信件，以增进友谊，加强组织与公众之间的沟通。

2）创造"事件"，包括赞助活动、参与重大事件，从而创造一个机会，加强组织的文化形象，如果是企业，它有助于扩大市场的影响。

3）举办专题活动，精心策划，并有效地借助新闻媒介，能极大地扩大组织的知名度，提高美誉度。

4）建立长期客户关系，如进行免费培训、提供技术服务、赠送礼品等，以赢得更多公众的支持和信任。

5）加强公共关系宣传，包括一定的见报率，接待各界参观者，在高大建筑物上贴上组织的名称和标志等。

八、宣传型公共关系

宣传型公共关系主要是指组织以各种传播媒介为工具，围绕某个特定主题向公众有意识地传播有关信息，目的是向有关公众介绍自身，表白自身，从而创造于己有利的社会舆论环境。其特点是自主性、时效性强，能比较有效地传播与媒介和公众的沟通关系，并能够获得比较广泛的沟通面。主要做法是：利用各种媒介和交流方式，进行内外传播，让各类公众充分了解组织，支持组织，进而形成有利于组织发展的社会舆论，使组织获得更多的支持者与合作者，达到促进组织发展的目的。

宣传型公共关系活动当然离不开传播媒介，这些能供他们运用的媒介主要有三种：

一是新闻媒介，如报纸、杂志、电台、电视台、网站等；二是广告媒介，如路牌广告、车船广告、印刷广告、幻灯广告等；三是自控媒介，如广播站、黑板报、厂报等。此外，还有一些特殊的宣传媒介，如演讲报告、订货会或展销会等。由于各种媒介的性能效果、费用开支各不相同，所以在具体选择时必须与以下两个因素结合起来考虑。

1. 公众类型

组织的宣传型公共关系所面临的公众也不外乎内部与外部两大类公众。如果是内部公众，通常只需要运用自控媒介就可以进行有效的宣传。例如，单位的政务公开栏，目的是为了宣传单位的政务是公开的、平等的、无私的，让群众在第一时间了解单位下一步要做的工作。如果是外部公众就比较复杂了，那就需要因人而异，选择适当的传播媒介。例如，本地人就利用报纸、电台、电视台，外地人就运用外地或全国性的报纸、电台、电视台。如果具体到妇女、老人、学生等特殊类型，那就需要有针对性地选择更佳宣传效果的传播媒介，如针对妇女可以选择美容时尚杂志等。

2. 具体的宣传主题

任何一个组织在具体工作进行中，由于各种情况的不同变化及本身工作的正常需要，经常会有目的地开展各不相同的主题宣传活动。一般说来，宣传型公共关系多围绕组织庆典、产品发布、社会赞助、事件说明等主题展开。由于宣传活动的主题不同，故组织在具体选择传播媒介时也就会做针对性的考虑，以求获得既经济又实惠的效果。举例来说，某厂产品在全国的同类产品质量评比会上独占鳌头，喜讯传来后，厂方当然会召开一次庆祝活动，以利用这一活动更广泛地扩大本组织影响，吸引更多的客户，同时自然也有嘉奖、鼓励厂内职工之意，这无疑能增加职工的荣誉感与自豪感。在此情况下，自控媒介与广告媒介显然不作主要考虑，他们倾心选择的是社会新闻媒介，并有可能同时选择几种大范围的乃至全国性的新闻媒介，以使这一于己有利的信息得到尽可能广的传播。

在宣传型公共关系工作进行过程中，有几点情况值得注意，一是宣传主题及目的要明确、突出；二是宣传的事实或信息应客观、真实；三是宣传工作的安排、开展必须及时、迅速；四是宣传的方式方法一定要恰当、适宜。如果能切实注意到这几个方面，宣传型公共关系就能搞好。

相关链接 8.3

国内公共关系领域资深专家评论"蒙牛诽谤门"事件

"蒙牛诽谤门"爆发后引起各界热议，随后蒙牛、伊利两大乳业巨头各自向公众发出喊冤和揭秘的声明。短短一天后，伊利公司进一步爆料，称今年 2010 年 7 月开始曾引起全国家长恐慌的"深海鱼油、伊利 QQ 星等含 EPA 对儿童有害"事件实为蒙牛幕后策划。伊利更是在声明中毫不留情地曝光了蒙牛乃至蒙牛公共关系公司、网络营销公司涉案人员姓名和已被司法机关控制的人员名单。

中国国际公共关系协会常务副会长兼秘书长郑砚农在评论此事时将其定性为"违背公共关系基本原则的伪公共关系行为"，"是危害公共关系行业的三聚氰胺"。此类"伪公共关系"是普遍存在，还是个别现象？如此的企业间恶性竞争，伤害的究竟是竞争对手、消费者，还是行业自身？国内公共关系领域四位资深专家对此事表达了各自的见解。

1. 郑砚农：将向国务院新闻办等部门提出对策和建议

中国国际公共关系协会常务副会长兼秘书长郑砚农将此事件"定性"为企业的恶意竞争事件，它破坏了市场有序竞争、和谐共存的大环境。而涉案公共关系公司的行为则违背了公共关系行业的基本准则，是名副其实的"伪公共关系"。

郑砚农表示，网络媒体的规范化势在必行。他透露，协会经过一年的酝酿和起草，今年3月刚刚出台了国内首部《网络公关服务规范》（指导意见），为网络公共关系明确了包括业务内容、技术应用、工作流程和职业道德等标准和内容，提倡从业人员遵从道德行为规范，约束职业行为。针对目前网络营销业内形形色色的不规范现象，他透露，协会下属的公共关系公司工作委员会正在与中国互联网协会下属的网络营销工作委员会进行联合调研和摸底，之后将向国务院新闻办等相关部门提出对策和建议，对互联网营销从业人员出台职业道德规范，并从技术上和工具上来防范不规范行为。

2. 任一农：恶意营销往往选择网络媒体

前国务院新闻办官员、资深媒体人、71岁的任一农教授分析此案称，从媒体曝光的该公共关系公司和网络营销公司为蒙牛制订的《DHA借势口碑传播》方案中看，调研、分析策划、实施、评估等步骤完备，使用了公共关系市场运作的常用手法。但这样的传播方案，违背了公共关系最高原则，即讲事实、讲真话的铁律，是为攻击竞争对手而进行的恶意营销。涉案人员忘记了公共关系行业的基本理念是以专业的服务，发挥协调各方关系，促进和谐的作用。百年公共关系，行业一直是尊奉这样的宗旨，而在刚刚起步的中国公共关系业，一些从业人员并不具备基本的职业知识，不能分辨黑白，再加上新兴的网络媒体缺乏规范，便成为假新闻的发源传播媒介。

任老认为，与新兴媒体相比，传统媒体相对比较严谨。因而恶意营销往往选择新兴的网络媒体作为阵地。譬如，在此案中，网络写手所发的《专家："深海鱼油"危害超过地沟油》等文章题目触目惊心，随意到不可想象的地步。这样的文章极具煽动性和破坏性。任老表示，这样的事件应该引起业内深刻的反思。

3. 田耕："伪公共关系"滋生将导致企业、公共关系公司、传媒、受众等多方没有赢家的局面

曾供职过爱立信、柯达等多家跨国公司的资深外企公共关系总监田耕说，公共关系人员最根本的就是要有原则、有道德，站稳脚跟。此次事件确实对公共关系公司和职业公共关系人都是一个没有脸面的事。但这绝不是真正的公共关系。

媒体的过度商业化，企业核心价值观的错位，网络信息的虚假泛滥，公众媒介素养的缺失，都是此类"伪公共关系"滋生的土壤。这件事绝不单是公共关系公司的问题，企业、公共关系顾问公司、网络营销公司、媒体和网站，已经不自觉地形成制造假新闻的产业链条。而在这个链条上，公共关系公司在企业和媒体面前其实是弱势群体，成为企业的服务供应商已经是很幸运的事，对于企业的要求不得不百依百顺，然后通过非常渠道打通媒体，同时在网络上大肆渲染，形成报纸、网络再回到报纸的联动效应。当然，公共关系公司为了自身的赢利也起到推波助澜的作用。此外，公众也要提高对各种媒介信息的获取、解读、评判、过滤、传播及应用的能力。在媒介化的社会中，政府、媒体和公众媒介素养水平的高低，在很大程度上决定了一场突发公共事件能否得到成功处置。

现在某些本土公共关系公司操作不规范，年轻一代的公共关系公司媒介和客服人员没有经过正规的职业教育，缺乏真正的公共关系理念和职业技能，误认为有偿新闻、花钱买字、软文炒作、聊天话术等都是正常的公共关系操作，这已经严重阻碍了本土公共关系公司健康和可持续发展。田耕认为这必然导致一个"多输"的格局：媒体愈发丧失公信力，企业自毁商誉，网络信息将不具备可信性，公众因经常被误导而丧失对企业新闻的兴趣。

4. 刘希平：在美国，只要发涉及产品的帖子必须亮明发帖人真实身份

一直服务于外资公共关系公司的刘希平，目前是万博宣伟公共关系公司中国区总经理。他谈到在多年从业生涯中，从未遇到过如此恶意营销的情况。

刘希平谈到攻击竞争对手的行为非常短视，短期内消费者可能的确会转移消费，但长期下来会让整个行业失去消费者的信任。并举例说，如几年前的冠生园月饼事件。该事件之后，使整个月饼行业 20%的下滑。而国外企业相对来说要成熟得多，如波音飞机出了事，其他的飞机企业绝对不会出声音，更不会落井下石。因为他们担心这样会影响公众对飞机的信任。

刘希平也注意到目前国内利用互联网营销很火的现象。这一新兴营销在国内发展很快，而在更早出现网络营销的美国，已经对这一行业进行立法规范。例如，只要涉及产品、企业和品牌评价的帖子，必须亮明发帖人的真实身份，以防止可能发生的恶意竞争。他相信，随着互联网营销的发展，我国在这方面的立法也将逐渐出台和完善。

（资料来源：http://bbs.chinapr.com.cn/viewthread.php?tid=253811）

第三节 危机事件

古人云："天有不测风云，人有旦夕祸福。"机遇往往与危机同在。公共关系中把那种出人意料的"突发事件"称为"危机公共关系"。在危机面前，也有极好的机遇可以把握，这主要取决于公共关系活动策划者本身的应变素质和经验，取决于他们对重大事件的判断和预测能力。

一、概念、发展阶段、特点、类型与成因

1. 危机事件的概念

危机事件是指危及组织利益、形象、生存的突发性或灾难性的事故与事件。处理化解危机事件历来是组织形象管理的一项重要任务。

相关链接 8.4

35 次紧急电话

曾经有一则被美国公共关系协会推举为世界性公共关系范例的"35次电话"，很能说明及时补救是遏制危机蔓延的重要手段。

一次，一位名叫基泰丝的美国记者，来到日本东京的"奥达克余"百货公司。她买了一台"索尼"唱机，准备作为见面礼送给住在东京的婆家。售货员彬彬有礼，特地给她挑了一台未启封的机子。

回到住所，基泰丝开机试用时，却发现该机没有装内件，根本无法使用。她不由得火冒三丈，准备第二天一早就去"奥达克余"交涉，并迅速写好一篇新闻稿，题目是"笑脸背后的真面目"，准备第二天送报社。

第二天一早，基泰丝在动身之前，忽然收到"奥达克余"打来的道歉电话。50分钟后，一辆汽车赶到她的住处。从车上下来的是"奥达克余"的副经理和提着大皮箱的职员。两人一进客厅便俯首鞠躬，表示特来请罪。除了送来一台合格的唱机外，又加送蛋糕一盒、手巾一套和著名唱片一张。接着，副经理又打开记事簿，宣读了一份备忘录。上面记载着公司通宵达旦地纠正这次失误的全部过程。

原来，当天下午4点30分清点商品时，售货员发现错将一个空心货样卖给了顾客。她立即报告公司警卫迅速寻找，但为时已迟。经理接到报告后，马上召集有关人员商议。当时只有两条线索可寻，即顾客的名字和顾客留下的一张"美国快递公司"的名片。据此，"奥达克余"公司连夜开始了一连串无异于大海捞针的行动：打了32次紧急电话，向东京各大宾馆查询，但都没有结果，再打电话问纽约"美国快递公司"总部，深夜接到回电，得知顾客在东京婆家的电话号码。终于弄清了这位顾客在东京期间的住址和电话。这期间所打的紧急电话，合计35次。

这一切使基泰丝深受感动。她立即重写了新闻稿，题目叫做《35次紧急电话》。

（资料来源：http://www.cztvu.cn/teacher/cow）

即问即答 8.5

在所有的弥补过程中，最能打动基泰丝的是什么？

2. 危机事件发展的阶段

危机事件从其自身发展来说，一般存在四个阶段：前兆期、加剧期、处理期和消除期。

1）危机事件的前兆期是向人们发出警告的阶段，大量事例表明，它是一个真正的转折点，以上例子充分表明这一点。假如对危机的前兆熟视无睹，那么，人们在危机事件加剧阶段，只能使任何控制危机的努力变成对损失程度的控制。

2）危机事件的加剧期一经到来就不会自行消失。这时，问题暴露、公众投诉、媒介追踪，声誉大降，情况危急。

3）危机事件的处理期包括调查清理、自我分析、安抚公众、联络媒介等。

4）危机事件的消除期主要落实整改，依靠公共关系手段消除影响，矫正形象。

3. 危机事件的特点

危机事件的特点是指危机事件具有突发性、普遍性、严重性。

1）危机的突发性是指危机的发生往往是不可预见的或不可完全预见的。例如，有的组织根据产品的特点得知消费者如果使用不当很容易出现问题，但究竟何时何地何人会发生，却不得而知，不可预见。可谓"已知的求知"。

2）危机的普遍性是指任何能出错的都会出错。这是危机的法则。据调查，89%的企业领导认为"企业发生危机如死亡和税收一样，是不可避免的"。也有人说，危机是不注意积累的灾难。因此，危机普遍性的特点告诫人们必须防患于未然，做到居安思危。

3）危机的严重性是指出现危机对组织形象的影响是很大的，有时甚至是灾难性的。根据美国学者的调查表明，每有一名通过口头或书面直接向公司提出投诉的顾客，就有约 26 名保持沉默的感到不满意的顾客。这 26 名顾客每个人都有可能会对 10 名亲朋好友造成消极影响，而这 10 名亲朋好友中约有 33%的人会有可能再把这个坏消息传给另外 20 个人。换言之，只要有 1 名顾客不满意，就会产生 $1+(26×10)+(10×33\%×20)$，即 327 个人不满意。可见，一个小小的非媒介投诉，产生的影响如此之大。

4. 危机类型及成因

这里探讨的危机是除了自然灾害危机、人为破坏危机（如劫机、抢劫银行等）、社会宏观环境危机（政治的、经济的）以外的危机。这种危机类型可分为经营危机、管理危机、法律危机、素质危机和关系危机等。经营危机包括投资失误，产品定位失误，销售网络的丢失，经营骨干的跳槽，广告宣传传播失误等；管理危机包括对人、财、物管理的失误，产品质量出问题，社区投诉环境污染等；法律危机包括合同未履行，偷税漏税，以权谋私等；素质危机包括人心涣散，技术水平低下，缺乏文明礼仪等；关系危机包括与相关公众的关系不和谐、公众投诉增多等。

相关链接 8.5

地震与公共关系

2008 年是中国的本命年，这一年距新中国成立整整 59 年，按民间算法，新中国虚岁已经 60 了，接近一个甲子年，所以，这两年是中国的转折年。

2008 年发生了很多事，奥运是喜事，要邀请各国选手共赴体育盛会，这是国家的公共关系，通过奥运，世界人们更加了解中国，中国更加开放也会获得更多的机遇；2008 年的地震是灾难，处理不好，会有各种危机。这次每个人都看到，温总理第一时间来到震灾现场，安抚灾区民众。随后，19 日连续 3 年的国难哀悼日，也让所有人感到人文精神的力量。可见，中国政府地震的危机公共关系非常出色。

面对地震的时候，无论是卷看还是救灾我发现，很多企业表现不尽相同，也在"地震公关"中取得了不同的效果，以下 5 个案例仅供参考。

1. 王石和万科

万科第一时间捐了 220 万，但万科总裁王石在博客上回复网友时，认为"200万是个适当的数额"，"普通员工的捐款以 10 元为限"，这番带有赌气的话，在网民中一石激起千层浪，有网友甚至认为"王石该不该引咎辞职"。最近，王石道歉了，而且还表示"再投入 1 个亿进行灾区重建"。虽然说，"亡羊补牢，未为晚矣"。不过想想，当初 1000 万再加上几句真心的慰问，就能过得去，可现在即使再投 1 个亿，也弥补不了万科品牌的伤害。

1000 万的公共关系，做成了 1 个亿，效果还大打折扣，几乎是负面的。坦白地说，这是一次失败和被动的公共关系。

2. 辽宁女和久游网

久游网是一家很本分的公司。他们的高管没有像王石那样大放厥词，也在默哀日按照要求关闭了游戏服务器，可是他们还是遭遇到了公共关系危机。

一个 85 后的辽宁女生，用极其恶毒的话诅咒灾区人们，她的话激怒了所有网民。通过人肉搜索，人们认为这是一个玩劲舞团的女孩，因为网吧里玩不了游戏，才录制了这段恶毒的视频。

在随后的几天，人们纷纷将矛头指向久游网，网民甚至将劲舞团陈年的旧账也翻出来，劲舞团这个曾经被文化部门评定为绿色网游的游戏，成了"很黄很情色"的游戏。人民网上有专人连续撰写久游网的负面文章，大喇叭涉嫌敛财等质疑也冒出来，劲舞团在百度的贴吧几乎爆吧。

而释疑的声音，直到6月10日以后才出现。久游网副总吴军《回应劲舞团××××××》的文章6月10日才见诸网络，距离辽宁女事件已经20天，距离大批量负面文章发布过去了两周。此时，久游网总裁王子杰，也在新浪财经频道做了一次专访，这是新浪财经频道一年来第一次为游戏公司做品牌访谈。一个游戏公司不在游戏频道做访谈，而选在了财经频道品牌栏目，久游网的意图非常明显，就是为了弥补久游网品牌上的损失。

可此时，久游网的流量已经大幅下跌，而品牌方面的损失更无法估量。王子杰在访谈时，称久游网现在不缺钱，每个季度有上亿元的现金流。据保守估计，由于久游网没有及时化解辽宁女危机，短期的损失在千万级，而长久的品牌损失在亿元以上。

3. 马云和阿里巴巴

阿里巴巴也是震灾公共关系的受害者。尽管阿里巴巴在第一时间捐款200万，随后又发动网民和企业、站长捐款，累计超过两千万。但对阿里巴巴的质疑声仍不绝于耳。其中包括两方面：一是捐款数额，200万；另外一个就是早年马云参与的1元捐款。

这两件事都不是什么大事。马云从来不控股阿里巴巴，他的股份并不多，捐款数量并不是他个人控制，企业站长和网民长期受益于阿里巴巴，能够在阿里巴巴平台上捐款，也说明阿里系企业在赈灾中的价值；1元捐款是一种理念，李连杰壹基金的"每天、每人捐一元"，数额不大，但真正做到的人不多。另外，一元捐款是一种理念，而非针对突发灾害。况且马云绝不可能在汶川地震中只捐1元。

对于这次地震公共关系危机的处理，阿里巴巴非常迅速。一方面是快速辟谣，阿里巴巴网站上就专门制作了关于谴责地震谣言的专题，一些熟悉阿里巴巴的记者，博客也快速在网络上发表自己的观点，声援阿里巴巴；另一方面，马云受邀和柳传志一起，成为6月3日"赢在中国第三季"的总裁判。在比赛现场，马云对选手精彩点评，之后6月10日的创业演讲，也让人们对阿里企业顿生敬意。

阿里巴巴虽然是地震公共关系中的受害者，却快速化解了这次危机。声援阿里巴巴的声音几乎和谣言同时发出，谣言很快就遭受到质疑，这些是从点和线上，做出的快速反应；而在央视上露面，就是大面积化解危机。

4. 马刚和瑞星

瑞星是软件行业捐款最早的企业之一。100万不算多，与软件业大鳄相比似乎不值一提。但随后瑞星公司组织的救灾队和包机行动，是很多大企业无法相比的。

马钢是瑞星的市场总监，也是瑞星公司组织的救灾队领队。他介绍，地震后的半个多月，瑞星市场部，乃至整个瑞星公司（除研发部门以外）都变成了物流公司，一个运送救灾物资的物流公司。

马钢和瑞星的员工及网络同行（techweb 等）包下几辆大货车，将互联网同行的救灾物资源源不断送到灾区人民手里。在震区，他们随时面临着余震的威胁，他们所能做的是简单的搬运。瑞星为灾区提供了数千顶帐篷，马钢称他们提供的帐篷数量约占全国帐篷总数中的 1%左右。有时，在废墟里用双手救出几个奄奄一息的人，也会让救援队的人们感到欣慰。除了救援队，瑞星公司还组织了专门的包机，把互联网行业的救灾物资源源不断地运往灾区。

瑞星公司的捐款也许微不足道，但瑞星公司救援队和包机，却是很多企业望尘莫及的。他们捐出了 100 万，但他们的实际行动带来的价值也许超过了千万。

5. 吴海军和神舟

吴海军和神舟与王石形成鲜明的对比，神舟电脑董事长吴海军"滚蛋令"至今让人们记忆犹新。震灾不久，吴海军的一句"不向灾区捐款，就从我公司滚蛋"一时成为网络流行语，他本人也成为热议人物。在网上可以轻易查到，神舟电脑和吴海军的捐款累计超过了 200 万，和万科打算投入的 1 个亿相比，不在一个数量级。但神舟和吴海军的 200 万，在网民对"滚蛋令"的讨论中，慢慢发酵，膨胀，效果是万科的几十倍。或许有一天人们忘记神舟捐了 200 万，但人们一定不会忘记吴海军和神舟，不会忘记"滚蛋令"。

列举了 5 个企业，5 个不同类型的捐助，5 个不同类型的地震公共关系：万科失败地炒作，久游失败地处理，阿里巴巴成功地化解，瑞星务实地捐助，神舟成功地炒作。在汶川大地震中，人们看到了行行色色的企业，形形色色人物。或许，用公共关系的角度去分析地震后企业捐助的动机并不恰当，可在某些人看来，捐助就是一种公共关系。对此，有学者并不认同，这太过功利。

2008 年是中国的奥运年，现在看来也是中国的多灾年，除了地震、还有雪灾、股灾，半年内，上证 A 股已经跌掉一半，股民叫苦不迭；2008 年应该也是中国的公共关系年，无论是刚刚发生的震灾，还是奥运，都在考验国家的公共关系能力。只不过，前者对外，后者更多是内部，前者是红色，后者是黑色。奥运是国家公共关系，抗震是国家的危机公共关系。而这二者都在考验政府的公共关系能力，处理外部和内部的关系能力，正如 2003 年的"非典"对国家公共关系能力的考验。

（资料来源：http://www.senoshh.com）

二、处理

各种类型的危机事件有不同的处理方法，但在程序上是基本相同的。一般都经历以下几个程序。

1. 深入现场，了解事实

深入现场，了解事实是危机处理中最必需的第一步，有的危机事件组织领导人还必须亲自出马。中外成功的危机公共关系案例都有一个共同的特点，领导者亲赴第一线，给人一种敢于负责，有能力、有诚意解决危机的形象。2000 年 8 月，俄罗斯发生载有118 位官兵的"库尔斯克"号核潜艇沉没事件时，普京总统没有立即终止休假，赶赴现场，犯了公共关系错误，导致普京的支持率从 7 月份的 73%下降到 65%。

2. 分析情况，确立对策

分析情况，确立对策实际上是制订危机处理的方案，即如何对待投诉公众、如何对待媒介、如何联络有关公众、如何具体行动等。

3. 安抚受众，缓和对抗

安抚受众，缓和对抗很关键，因为一般的处理方式往往是先自我表白，一个劲地为自己做解释工作，这是危机处理时的大忌，即便有千条理由，而此时就应该先安抚受害公众，真心诚意地取得他们的谅解，这样危机才有可能顺利化解。在"库尔斯克"号事件中，如果说普京在前半期处置有失当之处，而在这一步的处理就"公共关系"多了。在营救行动结束后，普京来到了"库尔斯克"号核潜艇的营地。他一到那里，做的第一件事就是会见遇难官兵的家属。由于失去亲人，家属们情绪激动。普京同他们的谈话持续了两个半小时，耐心地回答了他们的要求和问题。他答应每个遇难官兵家属将得到 10年工资的补偿，国家还将会给他们提供住房。同时，普京决定授予"库尔斯克"号核潜艇官兵崇高的荣誉称号，为他们建立纪念碑，他们的纪念物品将被陈列在莫斯科的纪念馆。8 月 30 日，民意测验显示：普京的支持率又上升到 70%。

4. 联络媒介，主导舆论

危机事件发生后，各种传闻、猜测都会发生，媒介也会纷纷报道。这时组织应委派"发言人"主动与媒介联络，特别是首先报道事件的记者，以"填补信息真空"，掌握舆论主导权。1990 年 6 月 2 日，《解放日报》头版以《一批新拖拉机病卧田头》的报道，披露了上海拖拉机厂的名牌产品"上海 50"病卧田头，返修状态严重。金山县县长呼吁：目前正值农忙时期，这到底是支农还是坑农？全文语气激烈，影响很大。厂领导立即决定：亲自带上技术人员，赶赴金山现场听取意见，现场整改，并马上与撰写此文的两位记者联络，一同前往，请记者参与整个处理过程。由于态度诚恳，而且整改措施迅速，得到了农民兄弟的谅解。随后，全厂上下以此事为契机，经过 80 余天的停产整顿，产品重新达到名牌的标准，赢得客户满意。6 月 5 日、6 月 19 日、7 月 20 日，两位记者将整个过程连续发了 3 次长篇报道，彻底挽回了企业的声誉。

5. 多方沟通，加速化解

多方沟通，加速化解主要是争取其他的公众、社团、权威机构的合作，协助解决危机。这是增加组织在公众中信任度的有效策略和技巧。1993 年 6 月，美国著名的饮料公司百事可乐发生罐装饮料中发现注射针头事件。虽然这件事不合逻辑，但媒介报道却让人宁可信其有。为了有力地澄清事实，百事可乐公司与美国食品与药物管理局密切合作，由该局出面揭穿这是一起诈骗案，请政府部门主管官员和公司领导共同出现在电视荧屏上，更增加了处理这件事的权威性。

6. 有效行为，转危为安

危机这个术语通常用于消极方面，但其真正含义并不仅限于此。韦氏（Webster）词典认为危机是"变好变坏的转折点"。所以，成功的危机处理不仅能消除危险，而且还能创造机遇，和谐关系。

第四节　谈　　判

社会组织在其运行过程中，必然会与它的各类公众在追求合作与沟通的前提下，发生利益上的矛盾。为了解决这些矛盾，并在解决过程中既维护自身的合法或合理利益，又兼顾到对方的利益，故在社会组织的公共关系实务活动中就形成了专门的谈判领域。

一、含义和特征

公共关系谈判是指社会组织的代表与它的公众为协调利益关系而进行一种专门性的信息交流行为。

在公共关系范围中，谈判有一个明确的基本前提和目标，这就是在谈判中社会组织必须兼顾双方利益。从公共关系来说，任何损人利己的谈判结果，都不会成功，成功和圆满的谈判应该是也只能是双方合理的利益要求都基本上得到满足，双方都是谈判桌上的胜利者。谈判具有以下特征。

1）谈判是人际关系的一种特殊表现，是一种普遍的社会现象。在日常生活中，人们经常讨论谈判活动。谈判就是协商，所涉及的范围和内容是极其广泛的。

2）谈判在于一方企图说明另一方理解、允许、接受自己所提出的观点，维护基本利益所采取的行为方式。因此，谈判各方都希望通过谈判得到利益上的满足，这是谈判的核心。需要注意的是，一般情况下，这种满足是彼此双方的满足，如果只考虑自己的需要，而忽视另一方的需要，谈判很有可能没有结果。

3）谈判只有在双方观点、利益和行为等方面既相互联系，又发生冲突或差别的情况下才能产生。

4）谈判的主体是具有相对独立或对等资格的法人或自然人。法律地位平等是谈判的前提条件。例如，一个军事强国，企图霸占相邻的军事弱国，他们不仅在观点、利益和行为上都表现出不一致，在很多场合，他们之间不会有谈判。因两国的军事力量悬殊太大，军事强国只需凭借自己的武力就可以征服弱国。形成谈判的双方，必须在物质力量、地位、人格等方面具备相对独立或对等的资格，这是谈判依赖的又一重要条件。

5）谈判是借助语言传递交换信息的双向沟通活动。谈判是两个不同方面的代表为各自的利益而进行的沟通活动，他们之间都想把自己一方的信息通过语言传递给对方，通过进行不断磋商，争取双方的想法、观点和意见基本趋于一致。因此，语言在传递和交换信息的过程中将直接影响谈判能否顺利地进行。

二、原则

谈判双方智慧的充分发挥和实力的直接较量，将在正式谈判过程中显示出来。为了做好谈判工作，真正紧扣谈判的过程，获得谈判的成功。在谈判的过程中应该坚持以下原则。

1. 以最低限度的目标为标准与最大限度地争取实现满意结果相统一的原则

如前所述，谈判的双方都是带着自己的某种需要，实现某种目标而进入谈判过程的。产生谈判的重要条件之一就是双方在观点、基本利益及行为方式等方面出现了既相互联系又相互冲突的状况，并且双方在人格、地位、物质等方面具有相互独立或对等的资格，因而期望目标的完全实现是少有的。一般而言，通过谈判的较量之后，总要作出不同程度的让步、修正，以求达到相对的平衡，双方利益基本一致。谈判结果就是这种相对平衡的具体表现。如果谈判者不明了这一点，一味坚持自己较高的期望目标，那么出现谈判的破裂现象就不足为奇。这样的谈判者缺少谈判基本的技法和艺术。

当然，优秀的谈判者不但有自己的期望目标，而且审时度势、权衡利弊，为实现自己的期望目标而不懈努力。在整个谈判过程中，始终以自己的最低限度目标为最后防线而坚守，如果对方企图突破这道防线，那就宁可使谈判破裂。需要注意的是，这道防线是必须严格保密的，一般只能是高层领导或主谈人员掌握。

期望目标到最低限度目标，应确定几个低于期望目标而又高于最低限度目标的次级目标。谈判中从期望目标开始，就应做出积极的艰苦努力。只有经过多方努力仍不能实现，才能转入次一级目标。只有这样，才能在谈判中获得最大限度的满意效果。例如，在商品交易活动中，卖方期望目标是 100 元，如果能实现，当然最满意，但往往买方要讨价还价。因此，卖方应估计自己的最低价格限度，如果卖方的最低价格限度是 60 元，卖方就从 100 元开始，如果通过步步为营不能实现，就求实现 90 元的目标，如果经过千方百计的努力仍不能实现，再退到 80 元的目标，通过多次的讨价还价不懈的努力，如果实现 80 元的目标，那么卖方就达到了当时情况下最大限度的满意结果。虽然比期望目标少了 20 元，但比最低限度目标却高出了 20 元。

2. 沉着应对与充分思考相统一的原则

谈判是一种极为复杂的斗智活动。双方都为实现自己的目标，或握手言欢，或唇枪舌战，或先发制人，或后发制人，或和颜悦色，或冷若冰霜。面对谈判这种场面的出现，谈判者应采取的正确原则是：冷静沉着、充分思考、最重要的是赢得时间，在不知如何获得充分思考的时间之前，不作任何决定，如引导对方充分发言，自己不急于插嘴或打断对方的发言；以需请示上级为由，使谈判暂停休会等。赢得了时间，就可挫伤先声夺人的气势，就可击破吹毛求疵的战术，从而使谈判者保持清醒的头脑，进行周密的思考，变被动为主动，为成功的谈判奠定良好的基础。

3. 把握全局与突破重点相统一的原则

谈判无论内容怎样，无论时间长短，在这一过程中，总离不了要交换一些意见，讨论一些事情，力争实现各自的目标，达到谈判的目的。一种情况是容易出现双方在争论某一具体问题时而逐渐转移到另一个与谈判内容不相干的问题上去。结果花费了不少时间和精力，谈判却丝毫没有进展。究其原因，不外一是对方故意设置，目的是拖延谈判时间；二是谈判者本人在不知不觉中造成的。另一种情况是往往双方把注意力放在一些细节问题争论不休而关系全局的重点问题还未涉及，或不分主次与轻重缓急，在每一个问题上都均衡时间争论一番，眉毛胡子一把抓，认为这才是对工作高度负责，结果使谈判遭受了不应有的损失。

为此，作为谈判工作人员，一旦承担了谈判任务就需对谈判中的全局及关系全局的重点问题了如指掌。在谈判中无论出现何种复杂局面，都要牢牢围绕谈判的中心，紧紧抓住重点问题不放。要反对"全线抵御"和"全线出击"。在谈判中，要把注意力始终放在全局问题上，并力争在影响全局的重点问题上取得战果，从而获得全局的胜利。

以上讲了谈判的 3 个主要原则，这些原则不是孤立的，在谈判的具体工作中是一个有机的统一体。谈判中坚持和利用这些原则，对于指导谈判工作，获得满意效果是大有好处的。

三、准备

谈判前的准备工作是谈判获得成功的前提和基础，它对谈判的成功与否具有重大意义。对于一名优秀谈判者来说，应把相当大的精力放在谈判前的准备工作上。为了做好这个阶段的工作，必须遵循以下三条主要原则。

1. 从实际出发，知己知彼的原则

产生谈判的前提条件是人们在观点、基本利益和行为方式等方面出现了不一致或矛盾。因此，对这种不一致或矛盾就必须事前有一个认识。

作为一名优秀的谈判者，从谈判开始前就要遵循和坚持实事求是的原则，对自己和谈判对方有一个充分的了解。对己，主要了解在谈判中所要达到的最高目标和要坚持的最低要求；对自己有利和不利的条件，可利用的外部环境，何种情况下让步，让什么、让多少，何种情况下才让等。应充分了解对方诸如优势和劣势、期望和追求、对方可能采取的策略及个性特征、爱好等。假如对方喜欢游泳，那么在谈判休息时间，可邀他们一起去游泳，以培养谈判进程中融洽的气氛，这对圆满完成谈判将有莫大的益处。

2. 预测可能发生的情况，提出相应对策原则

俗话说："凡事预则立，不预则废。"这说明预测对于人们取得谈判成功的重要性。预测对手在谈判进程中可能会发生的情况，可以减少行动中的盲目性，做到有备无患。

对谈判前所作的预测，主要是对对方参与谈判人员的预测。如果是代表团，谁任团长？谁担任主谈？由哪几方面人员组成？对方可能提出的最高要求和可能作出的让步？预测是手段，是为谈判目的服务的。因此，预测作出后，就要针对预测采取相应的措施或对策，使自己能有效地掌握谈判的主动权，从而达到自己的目的。

3. 形成整体设想，制定实施步骤原则

在谈判前，应对整个谈判的过程有一个整体设想。例如，谈判是由哪些方面哪些部分组成，谈判达到的总目标和具体目标应是什么等。要努力去实现具体目标，因为它是总目标的构成因素。但是，从根本上组织关心的是总目标能否实现。如果改变某一具体目标或放弃某一目标不影响妨碍总目标的实现，甚至为了总目标的实现，组织可以改变或放弃某些具体目标。

相关链接 8.6

如何通过技巧性的谈判使谈判对手接受我方的建议和安排

法国客户 JB 主营北非阿尔及利亚市场，是一家很有实力的公司，年订单量很大。该客户也是十分难对付的客户，提出的一些要求我方很难接受。以下是业务部门与客户沟通与洽谈的基本情况。

2004 年年底，JB 欲从我方购买空调，双方达成协议：一次性订购 60 个柜的空调，货物总值 USD2 040 805.00，价格条款为 FOB，客户指定 CMA 船公司，付款条件为生产前 TT25%，装运前 TT40%，到港前 TT 35%。因货物是出口到阿尔及利亚，属高风险地区，在办理信用保险不成的情况下（中国信保给该客户的额度只有 USD60 万），公司管理层对付款条件存在分歧，故拖延了一个多月，货物于 2005 年 2 月 20 日才发运，提单 SHIPPER 为我方，开船日为 2005 年 2 月 26 日。客户在支付总货值

40%的货款后，并未按协议将余款电汇给我方，并提出改变付款条件，要求余款以信用证方式结算，这时货物已快到目的港。在确认客户拒绝按原协议 TT 款后，我方指示船公司 CMA 将货物 HOLD 在 MALTA，JADE 跑到 CMA 总部要求将货物继续发运，局势骤然变得紧张。双方也展开了艰难的谈判和较量，问题的焦点是 MR Lizar（对方公司的合伙人之一，谈判代表）始终想说服我方接受余款全部用 L/C 来支付，但是被我方拒绝，因为我方考虑到货物已经发出了，再开 L/C，则我方交单就会陷入被动接受，又因为对方对 L/C 的要求很多是不符合 UCP500 规定的，所以无法做到单证一致，这样交单有很大风险。

（资料来源：http://www.mellnet.com/mellnet/363/blog/news20100613110329.html）

Mr Lizar 几次飞赴我方，经过较长时间的谈判，双方再次达成以下协议。

1）余款中的 USD930 934.60 于 4 月 14 日前分批 TT 到我方账户，然后 CHIGO 同意货物离开 MALTA 港。

2）余款中的 USD276 363.00 以信用证方式结算，信用证要符合我方要求。

3）2005 年 4 月 9 日收到客户开出的信用证；4 月 14 日左右，收到客户 TT 款；4 月 15 日要求船公司修改提单，制作全套单据；4 月 25 日交单议付；5 月 17 日收汇。

第二年，该客户又主动找到我方下了总价值 USD1 333 940.00 的订单。

付款条件：装运前 TT USD864 290.00 L/C USD469 650.00。

在国际贸易中，控制货物所有权，十分重要。在该案例中，我方控制了提单，SHIPPER 也是我方，我方具备了发货人最基本的权利、货物的停运权和回运权，才能有效地控制货物。故此，本该属于组织的权利，不要随便让渡给客户。需要特别指出的是，一些 VIP 客户自恃订单量大，组织有求于他，故拼命对组织进行漫天要价，提出许多无理要求。对此，组织要进行客观分析，冷静面对。客户提出的较合理的要求，在组织承受范围内的，组织可以接受，一些无理要求则要明确无误地拒绝。

上述谈判的策略就是明确风险所在，确定应对策略，耐心说服客户，达成互惠双赢。

四、议程

谈判的议程是完成利益双方交易极为重要的阶段，既涉及谈判实质性问题，又涉及法律、技术等一系列问题；同时又由于谈判双方存在着不同的心理、观念、性格等多种可控和不可控的因素，谈判过程中会经常出现许多意想不到的情况，因此，要维持谈判的正确方向。一般而言，正式谈判基本议程又可分为以下 7 个步骤。

1. 探测

彼此双方第一次坐在一起进行谈判，都会以谨慎而积极的态度，努力窥测对方意图，捕捉对方所追求的迫切需要，了解各自愿望，并通过多种手段了解对方心理动向。如果谈判双方都认为对方是可依赖的老客户，则应免探试为宜，应直接进行实质性的磋商。

2. 略表目的

双方应将自己的意图、基本设想作扼要的介绍，主要是创造一种相互信任的和谐谈判氛围。

3. 介绍方案

在谈判的基础上，进一步对略表目的及基本条件作比较详细的介绍。这一阶段，应尽量注意以自己的需要为出发点，以适合对方的需要表达自己的方案，要尽量找准为彼此双方都能接受的最佳结合点进行介绍。这样才能较好地消除对方的疑虑，使谈判能顺利进行。

4. 交换意见

交换意见有两种可能，一是心平气和，二是激烈交锋。无论哪种情况，都站在自己的立场，针对具体问题用诱导、暗示的办法来解决问题。注意避免无益的争议，通过交换意见，双方目的更加明朗，从而推动谈判继续向前发展。

5. 解决争议

谈判的分歧和争议是不可避免的。解决争议的办法一方面用社会公认的标准，双方承认的原则，另一方面还需通过让步、坚持等方式使谈判获得进展。需要注意的是，让步不可急于，要让必须要有进的准备，让是形式，进才是目的。坚持也不可拼意志，坚持也是形式，而目的在于解决问题，就是在坚持中设法使问题得到解决。不能解决问题的坚持也是没有意义的。因此，在谈判中既要坚持原则、立场，又要不伤对方感情；既要据理力争，又要不失谈判形象和风度；既要策略艺术，又要不胡搅蛮缠不搞文字游戏。

6. 协议

在谈判双方基本达到和满足共同需要的基础上，达成原则性协议，并在此基础上，双方对协议条文进行具体拟定、审查、修正、补充。协议中应加上监督条款和处罚内容，目的在于保证协议的实际履行和不完全履行应承担的责任。

7. 结束阶段

结束阶段不是指一项谈判的全部了结，而是指通过正式谈判达成协议后的工作阶段。这一阶段主要的任务是对达成的协议履行签字。重要的谈判先要进行草签，然后举行正式签字仪式。这个阶段是谈判的特殊阶段，具有重要意义。一方面表明谈判双方通过桌上的唇枪舌剑，顷刻间成了相互合作的伙伴，此时，双方都应真诚祝贺合作的成功；另一方面，通过协议的签字，表明协议生效并具有法律效力。

小　　结

　　按主体身份的不同，可划分出 10 种不同类型的公共关系：生产型企业公共关系、商业企业公共关系、旅游酒店业公共关系、运输企业公共关系、金融企业公共关系、政府公共关系、教育部门公共关系、卫生部门公共关系、新闻单位公共关系和公用事业公共关系等。

　　功能型公共关系是以公共关系在组织中所发挥的实际作用为标准而加以划分的，它渗透、贯穿于公共关系与对象公共关系之中。按其功用作具体归纳，大致可分为以下 8 种：开拓型公共关系、预防型公共关系、矫正型公共关系、社会型公共关系、服务型公共关系、征询型公共关系、建设型公共关系和宣传型公共关系等。

　　以上各种类型的公共关系各有特点和工作重点。

　　危机事件是指危及组织利益、形象、生存的突发性或灾难性的事故与事件。处理化解危机事件历来是组织形象管理的一项重要任务。危机事件的特点是突发性、普遍性、严重性。

　　危机类型可分为经营危机、管理危机、法律危机、素质危机和关系危机等。经营危机包括投资失误、产品定位失误、销售网络的丢失、经营骨干的跳槽、广告宣传传播失误等；管理危机包括对人、财、物管理的失误，产品质量出问题，社区投诉环境污染等；法律危机包括合同未履行，偷税漏税，以权谋私等；素质危机包括人心涣散，技术水平低下，缺乏文明礼仪等；关系危机包括与相关公众的关系不和谐、公众投诉增多等。

　　各种类型的危机事件各有不同的处理方法，但在程序上是基本相同的。一般都经历这样几个程序：①深入现场，了解事实；②分析情况，确立对策；③安抚受众，缓和对抗；④联络媒介，主导舆论；⑤多方沟通，加速化解；⑥有效行为，转危为安。

　　公共关系谈判是指社会组织的代表与它的公众为协调利益关系而进行一种专门性的信息交流行为。

　　在谈判的过程中应该坚持以下原则：①以最低限度的目标为标准与最大限度地争取实现满意结果相统一的原则；②沉着应对与充分思考相统一的原则；③把握全局与突破重点相统一的原则。

　　正式谈判基本议程又可分为七个步骤：探测、略表目的、介绍方案、交换意见、解决争议、协议和结束阶段。

知识掌握题

1．生产型公共关系与商业型公共关系有什么区别？

2．酒店旅游业公共关系工作的重点是什么？

3．政府公共关系与公用事业、教育部门、卫生部门、新闻单位公共关系有什么样的联系?

4. 解释开拓型公共关系, 预防型公共关系, 建设型公共关系。

5. 怎样正确处理危机事件?

6. 谈判的原则和议程是什么?

✎ 自测题

1. 在公共关系中, 将追求平等和双赢作为处理各种关系的行为准则而形成的公关观念, 一般称为 (　　)。

　　A. 协调观念　　　　　　　　　B. 服务观念

　　C. 传播观念　　　　　　　　　D. 互惠观念

2. 组织的自我形象是其 (　　)。

　　A. 实际的社会形象　　　　　　B. 公众形象

　　C. 期望建立的社会形象　　　　D. 过去已建立的社会形象

3. 当某组织发现自身利益与公众目标要求相冲突时, 应该重点 (　　)。

　　A. 强化正面形象　　　　　　　B. 进行形象转换

　　C. 进行形象修补　　　　　　　D. 减弱正面形象

4. 一企业有一新产品刚投放市场,这个时候它应该选择的公共关系行为方式是(　　)。

　　A. 建设型公共关系　　　　　　B. 维系型公共关系

　　C. 进攻型公共关系　　　　　　D. 征询型公共关系

✎ 知识应用与课堂讨论题

百事可乐, 每瓶一元?

——家乐福江北金观音店巧妙处理突发事件

一句广告语的歧义, 使收银员不知所措, 面对数百顾客结果会怎么样呢? 开张仅 10 天的重庆 "家乐福江北金观音店" 中, 一大批顾客突然向饮料货柜涌去, 抢购 1.25 升的百事可乐。但是, 当顾客按每瓶 2 元的价格付款时, 收银员却不知所措……

事前, 商场准备开展为期 3 天的特价酬宾活动, 其中 1.25 升的百事可乐售价 5 元, 同时赠送一听 2 元的天府可乐。为何顾客以 2 元买 2 瓶可乐呢? 原来, 当天重庆某报上刊登了一则 "家乐福" 特价酬宾广告, 由于广告有歧义, 造成顾客理解与商场原意不符。

就在顾客与收银员僵持不下时, "家乐福" 江北店的法国店长, 只说了一句话: "尊重顾客的意愿。"

几十人上百人, 一会儿就把 500 件百事可乐购买一空。商场马上调货补充, 并调集保安人员维持秩序。最后, 为不影响整个商场秩序, 商场不得不规定每人限购两瓶, 并在本市报纸上发出启示对原广告进行修正, 才将问题圆满解决。

显然, 金观音店卖出的百事可乐大大低于成本。问及该店的损失, 店长说: "我不在乎利润受损失，我的宗旨是顾客满意为先。"对这一事件的处理，被重庆市民称颂。

古人云："智者千虑，必有一失。"这一点对于现代企业而言，也不例外，任何一个历经发展的企业都绝不可能一帆风顺、十全十美。偶尔暴露出一些问题与不足也是情理之中的正常现象，关键看企业如何面对，怎样处理。而处理问题的关键，很大程度上取决于公共关系从业者和企业成员的素质和意识。发生在重庆商界的这一"花絮"，直观而言，是店长一句话使家乐福从危机边缘走了出来。实际上，真正使这一商场摆脱困境的是店长所具有的危机意识——事态僵持下去，势必会酿成危机；形象意识——危机的出现必然会破坏企业的形象；公众意识——"尊重顾客的意愿"，充分体现了家乐福服务公众的意识。他的这一举措，不仅赢得了在场消费者的好评，而且"引起了新闻媒体的关注"，从而赢得了重庆市民乃至更大范围的消费者的好评。"公共关系绝对不是救火，它应该是一项必须持之以恒的工作"，所以，企业不能仅仅靠夸夸其谈而应该靠坚持不懈的工作来赢得人们对企业的认同。正是从这个意义上而言，重庆"家乐福"能在整个事件中给人们留下最为深刻的印象，关键得益于店长在处理危机问题上的举措。

（资料来源：http://www.jiaocaibook.com/book/bookinfo.asp?id=6382）

思考：

1）怎样理解"尊重顾客的意愿"？

2）在经营过程中要把消费者放在第一位，企业应该采取什么措施？

情景模拟题

1. 情景介绍

伊莱克斯境遇惨淡

在欧洲，每销售 10 台洗衣机就有 7 台出自伊莱克斯。作为具有百年家电制造历史的知名品牌，伊莱克斯自 1987 年进入中国以来也曾有过快乐时光，然而，近 10 年来，伊莱克斯的境遇可谓惨淡，如短时间内频频换帅等。

而与之相对应的是，其业绩也难以让人称道——伊莱克斯曾经是中国空调市场上表现最为活跃的外资品牌之一，但是，仅仅在很短的时间其空调便悄然退市；而在冰箱市场，伊莱克斯同样节节败退。是什么让这个家电巨人的产品如此不受国内消费者的欢迎？下面这些用户的投诉或许可窥一斑。

315 消费电子投诉网数据显示，近一段时间来网站相继接到 10 多位消费者的投诉，反映的情况无一例外地是伊莱克斯冰箱内胆破裂，并且，涉及的机型甚广，包括了BCD-251E、BCD-221E、BCD-231ES、BCD-216F、BCD-248、BCD-205F、BCD-223EH、BCD-252T 等。

众所周知，内胆作为冰箱重要部件，主要用于保温和隔热，一旦破裂，就会直接影响到保鲜质量，导致无法正常使用。短时间内同一问题被较多用户投诉，这值得企业深思。

2．模拟训练

1）以学习小组为单位，讨论如果你作为伊莱克斯公共关系人员，应该怎样充分利用网络公共关系，来重新塑造形象，化解这场危机公共关系。

2）以小组为单位，安排一名同学代表小组分析和交流网络公共关系方案。

3）现场提问。

4）表演结束后请全班同学分别给各小组评分。

项目 ＼ 得分	优（90～100分）	良（80～89分）	中（70～79分）	及格（60～69分）	不及格（60分以下）
回答内容					
演讲水平					
回答技巧					
效果					

实践训练题

项目：以小组为单位，整理公共关系实务研究性学习报告。

1．实训项目

公共关系实务研究性学习报告。

2．实训目的

各小组自选教材中的公共关系实务项目，掌握此类公共关系工作的程序、方式方法，并能利用公共关系原理更好地为社会组织服务。

3．实训内容

1）进行市场调研。

2）整理一份本小组的研究性学习报告。

4．实训组织

根据公共关系实务的不同类型，把全班同学分成几大组，各个组分别收集整理资料、形成报告。

5．实训考核

1）要求每组形成一份研究性学习报告。

2）由一名同学代表本小组进行演讲。同学可进行提问。

3）教师评阅后写出评语，实训体会在全班交流。

得分　项目	优（90～100分）	良（80～89分）	中（70～79分）	及格（60～69分）	不及格（60分以下）
研究性学习报告内容					
演讲水平					
回答技巧					
效果					

【课下补充参考资料】

纪华强，杨金德．1999．公共关系的基本原理与实务：21世纪广告丛书．厦门：厦门大学出版社．

孟建．2006．2005～2006年中国公共关系发展报告．太原：山西教育出版社．

吴友富．2007．中国公共关系20年发展报告．上海：上海外语教育出版社．

余明阳．2007．中国公共关系史1978～2007．上海：上海交通大学出版社．

布莱克．2000．公共关系学新论：海外公关译丛．上海：复旦大学出版社．

德莱玛．2007．公共关系历史经典与当代杰作．上海：复旦大学出版社．

西泰尔．2008．公共关系实务．8版．北京：清华大学出版社．

第九章 公共关系专题活动

学习目的

通过本章学习，要求达到：

知识目标：了解公共关系专题活动的注意事项；

素质目标：熟悉公共关系专题活动的类型；

技能目标：掌握公共关系专题活动的程序；

能力目标：能够运用所学公共关系专题活动理论、方法和技巧组织开展实际的公共关系专题活动。

主要概念和原理

公共关系专题活动 记者招待会 展览会 赞助活动 典礼与仪式 联谊活动

公共关系专题活动是指社会组织为了某一明确目的，围绕某一特定主题而精心策划的公共关系活动。公共关系专题活动是社会组织与广大公众进行沟通，塑造自身良好形象的有效途径。因此，国内外许多组织经常采用公共关系专题活动的形式来扩大影响，提高声誉。

公共关系专题活动对于改善组织的公共关系状态有着极为重要的意义。它往往能够使组织集中地、有重点地树立和完善自身的形象，扩大自己的社会影响。成功的公共关系专题活动，往往使组织形象出现意想不到的飞跃，是塑造组织形象的有力驱动器。

公共关系专题活动的特殊作用对举办它有着特殊的需求，公共关系人员在举办活动时必须掌握一个基本原则：只可成功，不可失败。成功的专题活动有巨大的效应；同样，不成功的专题活动也会产生巨大效应，却是负效应。

案例导入

青岛海尔赞助上海世博会山东馆

2010年3月27日上午，青岛海尔与山东省上海世博会参展工作领导小组办公室在上海齐鲁大厦签署战略合作协议，正式成为山东馆的合作伙伴。此举宣告海尔集团正式启动全球世博公共关系营销计划，山东馆也将以国际化的视野向世人展示未来的生活体验。

　　"齐鲁青未了"是山东馆的展示主题，整个场馆划分为序厅——"城市智慧"、主展厅——"城市家园"和尾厅——"城市畅想"3个展区。环顾山东馆，以"过去、现在、未来"时间主题展开空间分布，由"鲁班锁营造智慧开启美好家园"起始，以"孔子登岱而小天下的胸怀铸造城市灵魂"提升，最终以海尔的物联网家电畅想美好生活收尾，让游客在宽松、愉悦的馆区环境中体验"登泰山观日，听圣贤教诲，到齐鲁人家做客"的真实情境。如果说，孔子和鲁班等先哲能人代表着齐鲁文化悠久的历史和辉煌，那么由海尔呈现的物联网生活则浓缩了人类当今的智慧和对未来的畅想。

　　构筑于山东馆尾厅的海尔 U-home 物联网家庭，会聚了智慧与创新，致力于打造美好的生活体验，这一切与山东馆勾勒的"智慧、创造、文明、和谐的城市让人们生活更美好"的核心理念完美融合。日益临近的物联网时代即将掀起又一次信息产业浪潮，海尔集团早已未雨绸缪，以世界家电行业领导者的睿智，全面抢占物联网创新与发展的制高点，相继研制出里程碑式的革命性产品——世界第一台交互功能的"物联网冰箱"，以及令全球业界为之惊艳的融合物联网与互联网功能的全球首台"无尾电视"。这些颇具划时代意义的创新产品，为"冰冷"的家电产品赋予"热情"，令人与物、物与物之间的沟通对话成为可能，进而使得人们的生活方式简单快捷又多姿多彩。在海尔参与构建的尾厅内，采用虚实结合的方式，让每个参观者可以通过亦真亦幻的互动体验，感受到一个未来的三口之家一天 16 小时内如何使用物联网家电带来的高科技、轻松健康、愉快的生活体验，拥抱"身在外，家就在身边；回到家，世界就在眼前"的创享新生活。

　　据悉，赞助中国山东馆，只是海尔世博公共关系营销计划的序曲。接下来，美国海尔、欧洲海尔、澳洲海尔等将陆续赞助其当地国家馆。海尔作为 2008 年北京奥运会唯一的白电赞助商，成功地为奥运会 37 个场馆提供了逾 6 万件绿色整套家电，把海尔国际化的品牌形象更加真实、全面地展示给中国和世界；2009 年海尔稳步发展，以 5.1%的市场占有率成功跃升为世界白色家电第一份额品牌，其中冰箱、洗衣机等产品稳居世界第一。2010 年，海尔将在全球开展系列"把世界带回家"的公共关系营销活动，因为拥有成功赞助奥运公共关系营销的经验，相信海尔的世博公共关系营销会成为全球家电公共关系营销史上又一亮点。

（资料来源：http://www.hiao.com/content/2010-03-28/content_8335822.htm）

案例分析

　　从奥运到世博，海尔的公共关系营销战略体现出一个真正的国际化品牌公共关系营销思路，凭借创新的科技与产品，海尔将为全球160多个国家和地区的忠实支持者带来一场世博盛宴。一方面，海尔着力通过在中国本土举行的世博会上，将当今全球领先的"创新、智慧、环保"的美好生活体验带入中国寻常百姓家中；另一方面，借力世博会这一国际盛事，再次让海尔国际性的战略公共关系营销思想和品牌理念闪耀全球。

公共关系工作应抓住一切时机来扩大组织影响，塑造组织形象。这就要求公共关系人员不仅要做好有规律的、意义重大的经常性工作，而且还应精心组织好各种专题活动，认真安排好平凡的日常活动，使这些活动与其他公共关系工作互相配合、相得益彰。公共关系专题活动是指组织为塑造自身形象而围绕某一特定主题所开展的专门公共关系活动，是组织与公众传播沟通的有效途径。这种活动每次都有一个明确的主题，围绕这一主题筹划和安排出一系列特定的活动，或者加强组织与某一部分公众的联系，或者促进公众对某一部分和某一个侧面的理解。其目的是使公共关系专题活动的参加者在特定的气氛中，更真切地感受到组织的存在和作用，感受到组织与众不同的特点。例如，日本钟表行业为了打破瑞士钟表垄断世界市场的局面，决定通过一次公关关系专题活动来证明日本手表质量更好。于是他们精心设计安排了一次活动：让公众目睹从飞机上向地下抛撒日本手表，以此表明日本手表即使从空中撒落也摔不坏，并且丝毫不影响它走时的精确性。这一特殊的专题活动，使公众获得了日本手表质量上乘的真切感受，结果使日本手表销售一举走俏。

公共关系专题活动与广告活动相比，公共关系专题活动往往花钱更少、效果更显著，有的公共关系专题活动甚至能引起广泛的社会轰动效应；与危机公共关系相比，公共关系专题活动更具有主动性、开拓性和积极进取精神。公共关系人员应把公共关系专题活动作为公共关系策划的重要内容，密切注视社会生活中发生的各种与组织有关的事件，适时推出一系列精心策划的公共关系专题活动。

公共关系专题活动之所以能成为公共关系活动的一种方式，主要是因为有以下一些特点。

1）针对性强。公共关系专题活动是在审时度势后，根据组织或公众的某种特殊需要而举办的，这就使得它的目标明确，同时活动也比较集中，能较好地解决某一特殊问题。

2）不受时间限制。公共关系专题活动举办的时间可长可短，既可短小精干，只用一两个小时，又可持续数周，开展活动的时间可选在需要的任何时候。

3）活动方式灵活。公共关系专题活动除了方式很多，举办时间不受限制以外，其规模大小随需要而定，活动内容也可以根据需要不定期安排，在活动过程中还可以随时作一些调整。

4）感染力强。由于公共关系专题活动使特定的公众对象身临其境，或耳闻目睹，或直接交往、沟通，这种亲身体验，能给公众留下更深刻的印象，再加上情境气氛的烘托，往往具有较强的感染力。

5）拾遗补阙。弥补日常公共关系工作或经常性公共关系工作之不足。在制订公共关系计划和进行经常性公共关系活动中，难免有疏忽和遗漏，这些疏忽和遗漏多多少少会给组织造成一些麻烦，给公共关系工作带来一些不利影响。公共关系专题活动则可以灵活地拾遗补阙，使整个公共关系活动更加完整无缺。公共关系专题活动还可以突出重点，使平淡而又平凡的日常工作"异峰突起"，从而引起公众的注意和兴趣。

公共关系专题活动的种类形式很多，任何组织都可根据自己的性质、特点和需要，精巧地构思出一种别出心裁的专题活动来表现自己，不过公共关系专题活动也有一些常用的活动方式，下面分别予以介绍。

第一节 记者招待会

记者招待会又称新闻发布会或信息发布会，它是政府、企业、社会团体或个人把新闻机构的记者召集在一起，发布某一与组织有关的消息，并让记者就此进行提问，然后由召集者回答的一种特殊会议。

一、特点

1. 权威性强

社会组织以记者招待会的形式发布组织信息，其形式比较正规、隆重，而且规格比较高，有极强的权威性。

2. 针对性强

记者招待会上，答问是活动的主要形式，在活动中记者就自己感兴趣的话题进行提问，针对性强，同时在提问中，记者们还可相互启发，能更深层地掌握信息。

3. 较高的价值性

举办记者招待会一般在组织急需情况下进行，要求紧迫，如组织拟定了重大发展规划或新决策即将付诸实施之时；新发明、新产品试制成功之日；组织涌现了典型先进人物；组织突然事件发生时，等等。这样使召开记者招待会的信息，必然具有较高新闻价值，值得新闻媒介和广大公众广泛重视和报道。

4. 难度大、要求高

召开记者招待会不仅成本高，而且占用组织者和与会记者的时间也较长，对组织发言人和主持人的要求较高，如发言人和主持人要求头脑清晰、思维敏捷、逻辑性和应变能力强，因此举办记者招待会与其他专题活动相比，难度较大。

5. 有利于感情交流

在记者招待会上，主持人或主要发言人与记者进行面对面的交流，可就一些问题达成共识，加强了组织与新闻记者的相互沟通。

即问即答 9.1

组织是否只有在遇到利好事情时才主动召开记者招待会？

二、前期的准备工作

社会组织举办记者招待会的目的是借助新闻媒介向公众传播真实、清晰、权威性的重要信息，引起社会公众的广泛关注，成败得失至关重要。因此，在举办记者招待会之前，必须进行周密筹备。

1. 确定举办记者招待会的必要性

根据记者招待会的特点，在记者招待会举办之前必须对所发布的消息是否重要，是否具有广泛传播的新闻价值，以及记者招待会的紧迫性和最佳时机，进行研究和分析，只有在确认召开记者招待会的必要性和可能性后，才可决定举办记者招待会。企业中具有举办记者招待会价值的事件一般有：厂房起火、爆炸、毒气泄漏等严重事故，或受到公众和新闻界的公开批评事件；对社会产生重大影响的新技术、新产品的开发和投产；企业对社会所做的重大公益事业；企业开张或倒闭；企业合并转产；企业重大庆祝日或纪念日等。

2. 确定记者招待会的主题

主题是记者招待的核心内容，整个活动都要围绕主题开展。在召开记者招待会之前，必须确定会议的中心议题，同时要从新闻媒介和公众的角度出发，进一步考察主题的重要性，看是否具有广泛传播的新闻价值，能否对公众产生良好的重大影响等。

3. 选择记者招待会的主持人和主要发言人

由于记者的职业要求和习惯，他们提出的问题大都比较尖锐、深刻，有时甚至很棘手。这就对会议主持人和主要发言人提出了很高的要求，要求他们对问题比较敏感和清楚，思维敏捷，反应迅速，有很强的口头表达能力和灵活的应变能力，有较高的文化修养和品德涵养。一般说来，会议主持人应由具有较高专业及公共关系技巧的人担任；而会议的发言人应是组织的高层领导。因为他们清楚地掌握组织整个发展情况及方针、政策和计划等全局性、长远性问题，只有他们的回答才具有权威性。

4. 准备发言提纲和辅导材料

要组织熟悉情况的人成立专门的发言起草小组，全面收集有关资料、信息，写出准确、生动的发言稿供发言人参考。还可以写出报道提纲，在会上发给记者作为采访报道的参考。要特别注意会前应该将会议主题、发言稿和报道提纲的内容通报一下，统一口径，防止会上口径不一，在记者中引起猜疑和混乱。辅导材料要围绕主题准备，尽量做到全面、详细、具体和形象，形式应多种多样，要有口头的、文字的、实物的、照片和模型等，这些辅导材料要根据会议主题和内容的具体要求而定，在会议举行的现场摆放或分发，以增强发言人的讲话效果。

5. 拟定邀请记者的范围

根据信息的重要程度和事件的影响范围拟定应邀记者的范围。如果事件涉及全国，则要邀请中央新闻单位的记者出席；如果事件影响仅限于本埠，则邀请当地新闻单位的记者出席；如果事件涉及较为专门的业务，则邀请专业性的媒介和新闻单位内部从事专门报道的记者出席。邀请的记者覆盖面要广，各方新闻机构都应照顾到，不仅有报纸杂志记者，还要有电台、电视台的记者；不仅要有文字记者，还应有摄影记者。特别注意对记者要做到一视同仁，不能厚此薄彼。发请柬时，认识的记者可以发给本人，不认识的可发到新闻机构。请柬可提前若干天发送，临近记者招待会举行时，还应电话联系提醒记者或者确定能否出席。

6. 确定记者招待会的地点

在地点的选择上主要考虑给记者创造各种方便采访的条件，如录像、拍摄的辅助灯光，视听辅助工具，幻灯、电影的播放设备等，还要考虑交通是否方便，会议地点环境要求安静不受干扰。同时，会场所用的桌椅要尽量适宜于记者记录、拍摄用等。

7. 确定记者招待会的时间

时间安排应尽量避开节假日和重大社会活动的日子，以免记者不能参加招待会。一周之中周末举行不大适宜，就具体时间而言，一天之内最好安排在上午 10 点和下午 3 点左右，会议时间控制在一小时左右为宜。

8. 组织记者参观的准备

记者招待会前后，可以配合会议主题组织记者进行参观活动，给记者创造实地采访、摄影、录像等机会，增加记者对会议主题的感性认识，应该在记者招待会前安排好将要参观的地方，并派专人接待，介绍情况。

9. 小型宴会的安排

如果必要，且财力和时间允许，可以在记者招待会或参观活动后，邀请记者参加午餐或晚餐，这是一种相互沟通的好机会，可以利用这种场合融洽与新闻界的关系，同时还可以在这种轻松愉快的气氛中，使记者在招待会上没有解决的问题得到更为满意的解答。

10. 制定经费预算

经费预算可按记者招待会不同的规格和规模进行制定，预算时应留有余地，以备急需，其经费预算一般包括：场租费、会场布置费用、印刷费、饮食费、礼品费、文书用具费、音响器材费、邮费、交通费、电话费、传真费、上网费等。

三、注意事项

1）一个记者招待会只能确定一个主题，同时发布互不相关或关联不大的几个主题的信息，会分散新闻媒介与公众的注意力，影响主题新闻价值的实现。

2）会议主持人要充分发挥主持和组织作用。言谈要庄重、有涵养、有感染力，能活跃会议气氛，引导记者踊跃提问。切记把握主题范围，当记者的提问偏离主题太远时，要巧妙地将话题引向会议主题，会议出现紧张气氛时，能够及时调节缓和，不要随意延长会议预定时间。

3）会议发言人要掌握好回答问题的"火候"，不要用语言、表情、动作及其他任何方式对记者表示不满，也不要随便打断记者的提问。即使有的记者提出带有很强偏见或明显挑衅性的问题，也不要激动和愤怒，应很有涵养地用平静的话语以确凿的事实给以纠正或反驳。

4）对于不能透露的信息，应婉转地向记者作解释，希望记者理解，如果吞吞吐吐，反而更会使记者追根究底，造成尴尬局面。遇到回答不了的问题时，不能简单说"不清楚"、"不知道"、"无可奉告"、"我不能告诉你"等生硬的话，应采取灵活而又通情的办法给予回答，切忌引起记者的不满和反感，以避免记者发表对组织不利的报道。

5）在回答记者提问时，主要发言人和其他发言人口径要统一，防止因口径不一而引起记者的猜疑和会场秩序的混乱。

6）发言人发布的信息和回答的问题必须准确无误，如果发现错误应及时予以更正。

7）发给与会者的请柬应精致美观，请柬发出后不要随意改变会议地点或时间，以免产生不郑重之感。

8）组织记者招待会的人员应穿戴整洁、适宜，仪表端庄，精神饱满，并佩戴胸牌，与会记者要发给写上姓名和传播机构名称的座牌，会议桌上座牌要分清主次依次排好。

四、程序

1. 签到

在接待站设签到处，接待最好由组织的一个主要人物出面迎宾，一方面表示主人的礼貌和会议的郑重，另一方面也可通过问候寒暄加强接触了解，建立感情。

2. 发资料

在会议正式开始前，要将准备好的资料有礼貌地分发下去，让记者对会议有一个粗略的了解，以便在主持人发布信息时对会议主题有更进一步的认识和理解。

3. 会议开始

由主持人说明召开会议的目的，所要发布的信息和有关情况的介绍、说明。

4. 发言人讲话

发言人就事件的内容作详细、准确的讲述。

5. 答问

发言人答记者提问。

6. 会议结束

会议结束时，组织领导应站在门口，笑脸相送，以感谢记者光临，为以后更好地合作打下良好的基础。

五、后期工作

1）尽快整理出记者招待会的记录材料，对记者招待会的组织、布置、主持和回答问题等方面的工作作一总结，从中认真总结经验，吸取教训，并将总结材料归档备查。

2）搜集与会各记者在各媒体上的报道，进行归类分析，检查是否达到了举办记者招待会的预定目标，是否有由于失误而造成的谬误，对检查出的问题，要分析原因，设法弥补失误。

3）对照会议签到簿，看与会记者是否都发了稿件，并对记者所发稿件的内容及倾向作一分析，以此作为以后举办记者招待会邀请记者范围的参考依据。

4）搜集与会记者及其他与会代表对记者招待会的反应，检查记者招待会在接待、安排、提供服务等方面是否有欠妥之处，以便今后改进工作。

5）如果出现不利于本组织的报道，应作出良好的应对策略。如果出现不正确或歪曲事实的报道，应采取行动，说明真相，向新闻机构提出更正要求；如果报道的虽然是正确事实，但不利于本组织，这种情况完全是由组织内部错误造成的，对此应通过媒介表示虚心接受并致歉意，以挽回组织声誉。

相关链接 9.1

温家宝总理8年记者招待会观察：向世界说明中国

中国总理记者招待会，作为特定时空语境下的政治传播活动，已成为中国对外传播的高端平台，成为向世界说明中国的重要载体。如今，参加总理记者招待会的中外记者有 1000 人之多，可见总理记者招待会的影响力。从 2003～2010 年温家宝总理记者招待会中，可以发现一些值得关注的变化和特征。

1）中国媒体占据半壁江山。中国总理记者招待会是中国搭建的面向世界的政治传播平台，在这一重要的传播领地上，中国媒体扮演主角。从统计中，可以看出，在 2003～2010 年的记者招待会中，共有 13 个国家（地区）52 家媒体的记者提问。其中，中国内地媒体有 8 家，比例达到 15.3%，如果加上中国香港 9 家（17.3%）和中国台湾 8 家（15.3%）媒体，获得提问的中国媒体比例达到近 50%，也就是说，中国媒体在记者招待会上占据了半壁江山的比重。可见，中国媒体在中国总理记者招待会上扮演着绝对的主场角色，这些国家级媒体的表现关乎中国舆论的宏观走向。

2）西方强势媒体颇受关注。美、英、德、法、日、俄 6 国的媒体，共获得了 46 次提问，占总计 104 个提问中的 44.2%。特别是美国媒体，是除中国内地的媒体之外得到提问次数最多的媒体，达到 16 次之多，平均每次招待会有 2 次。在中国总理记者招待会上，中国媒体发挥了主场作战的优势，掌握了绝对的话语权，但从中国之外的媒体格局看，西方主流媒体的优势地位是很显著的，这基本反映了现今国际传播格局的真实境况。

3）不同媒体立场存在差异。在参加记者招待会的记者身上，都或深或浅地体现了特定国家或媒体的利益立场。这就造成媒体、记者所提问题框架的差异。不过，如果处理得当，完全可以利用这个平台来增进国外媒体对中国的理解，改变一些媒体记者的意识形态偏见，促进不同问题框架之间的理解和对话。

4）传播技巧逐渐娴熟。中国总理记者招待会多是以现场直播的形式进行的。记者招待会各角色直接进入状态，以进行时的方式对外界直播。虽然在记者招待会之前，尽可能把准备活动做足做透。即便这样，在记者招待会现场，还会有预料不到的问题出现，出现猝不及防的"险情"问题。处理这些问题，要看发言人现场"急智"能力，同时考验发言人的"控场"经验。温家宝总理在记者招待会上，面对这些棘手问题，特点是真诚、沉着，如在 2004 年的记者招待会上，有记者问：如果群众有了困难得不到解决，就可能选择上访和信访，请问您怎么看群众上访的问题？您在平时的工作中是否接触过群众上访的事？您又是怎么处理的？温家宝的回应有原则，也有弹性，他说，解决涉及群众利益的问题，从根本上来说，是要靠制度，靠政策，靠法律。

5）展示感性的政治魅力。所谓"感性政治"就是为维护权力而使用感性的、非理性的"使人激动的东西"，即利用某种象征和仪式来调动人们的感情和情绪来维护权力；所谓"理性政治"就是诉诸合理且明智的"使人可以确信的东西"，即通过理论和实际符合的意识形态等来获得人们对权力的理性支持。成功的政治，需要这两种政治的互济。借助感性政治策略进行政治营销，对于塑造成功政治人物形象有莫大助益，有助于政治沟通的成功。总理是一个国家、政府的人格化身。在温家宝总理的记者招待会上，感性政治得到了展示。在 2003 年记者招待会上，刚刚走马上任的温家宝以林则徐的诗句明其心志："苟利国家生死以，岂因祸福避趋之。"时隔 8 年，2010 年，他又吟诵《离骚》中的诗句"亦余心之所向兮，虽九死其尤未悔"抒怀言志。这有利于丰富中国总理的媒体形象。

（资料来源：http://news.163.com/10/0320/10/62798M62000146BC.html）

第二节　展　览　会

展览会是一种综合运用各种传播媒介、手段推广产品，宣传组织形象和建立良好公共关系的大型活动，它通过实物、文字、图表来展示成果，图文并茂，给公众以极强的心理刺激，从而加深公众的印象，提高组织和产品在公众心目中的信誉。

一、特点

1）展览会是一种复合性的传播方式。一个展览会通常同时运用多种媒介进行立体交叉混合传播，包括：①文字媒介，如文字注解、宣传手册、介绍材料等；②声音媒介，如讲解、交谈、现场广播等；③图解媒介，如照片、图片、幻灯片、录像等；④实物或模型。因为展览会这种复合性传播方式综合了多种传播媒介的优点，所以它的沟通效果通常会令人满意。

2）展览会是一种十分直观、形象和生动的传播方式。展览会一般以展出实物为主，并以专人讲演和示范产品的使用方法等方式进行现场的示范表演。这种形象记忆能起到强化效果的作用，如雕塑作品展览会上艺术家当场雕刻作品，民间艺人现场捏泥塑品等。展览会这种直观形象、声情并茂的传播方式，能吸引大批公众前来参观，使参观者对展品留下较深刻印象。

3）展览会能给组织提供与公众进行直接双向交流的机会。展览会为组织与公众提供了直接接触、相互交流的机会，通过听取意见、相互交流、深入讨论，参展单位在让公众了解自己的同时，也在了解公众对展品、组织形象的意见反应，可根据公众反馈的信息及时改进工作。这种直接双向沟通的交流性、针对性强，收效大。

4）展览会是一种高度集中和高效率的沟通方式。一个展览会可以集中许多行业的不同产品，也可以集中全国甚至全世界各种品牌的同类产品，这为参观者提供了更多的方便和选择余地，节省了时间和费用，提高了选购效率，采购人员不会错过与自己业务有关的展览会，同时也给新组织和新产品提供了一个脱颖而出的好机会，许多参展者也正是通过展览会而建立了自己的良好形象和打开销路的。在展览会上购销双方或当场交易，或签订购销、订货协议，活动结束，都能及时统计出成交额，效果直观集中，立竿见影。

5）展览会是一种大型活动，往往能成为新闻媒介追踪的对象，是新闻报道的好题材，会对公众产生很大的影响。展览会一般都预先做广告，搞宣传，开幕时一般还要请政府官员、知名人士前来庆贺，参展单位可以利用展览会来制造新闻，扩大影响，并利用这一机会搞好与新闻界的关系。

6）展览会带有娱乐性和优惠性，可以吸引公众前来参观和选购，以增加对组织的了解。有的展览会放映电影、录像、幻灯，有的还设置电动模型、电子游戏，进行有奖竞答，使展览会变得生动活泼，有的参展单位往往还对采购者实行各种优惠措施和有奖促销，吸引公众参观和选购。

7）展览会可以显示组织和国家的实力，从而有助于塑造组织和国家的良好形象。展览会上参展单位往往将自己的新产品、新成果公之于众；有时也将自己拥有的高新设备、技术、高级人才等情况公之于众，以显示其实力。

二、类型

展览会按不同的分类标准，大致可分为以下几类。

1）按展览会的性质可分为展销会和宣传展览会。展销会的特点是既"展"又"销"，展出实物产品，并当场出售，目的是做实物广告，促进商品销售，如"迎春节吃穿用商品大展销"、"迎中秋月饼大展销"等。宣传展览会主要是为树立组织、产品或人物形象而举办的，其目的是宣传一种观念、思想、成就等，通常通过展出照片、资料、图表和有关实物达到宣传组织形象的效果，如北京的中国国际展览中心举办的国际图书博览会。

2）按展览会的内容范围可分为综合性展览会和专题性展览会。综合性展览会，又称为横向展览会，是全面介绍一个国家、一个地区或一个组织的情况，要求纵览全局，内容全面，有一定的整体性和概括性，既要突出重点，又要照顾一般，力求给受众以完整印象，如"世界博览会中国馆"、"广州中国出口商品交易会（简称广交会）"等。专题性展览会，又称为纵向展览会，是围绕某一专题、某一专业或某类产品举办的展览会，要求主题突出，内容集中，有一定的深度，如"汽车展览会""房地产展览会"、"园艺博览会"等。

3）按展览会举办地可分为室内展览会和露天展览会。大多数展览会在室内举办，显得较为隆重，且不受天气影响，举办时间较灵活，长短皆宜，但室内展览会的设计布置较为复杂，花费较大。露天展览会的最大特点是布置工作较为简单，费用较少，但受天气影响较大，往往由于天气原因而影响展览会效果。通常在露天举办的展览会有农副产品、园艺、大型机械展览等，而较为精致、价值高的商品展览则宜在室内举办。

4）按展览会的规模可分为大型展览会、小型展览会及微型展览会。大型展览会通常由专门的单位举办，规模大，参展项目多，搞好展览会需要很高的举办技术，如"世界博览会"、"广交会"、"全国糖酒会"等。小型展览会规模小，一般由组织自己举办，展出自己的商品，地点常常选择在各类建筑物的门厅、图书馆、候车室或专辟陈列室、样品室等。此外，还有微型展览会，即商店的橱窗展览和流动的展览车等。

5）按展览会的时间长短可分为长期固定的展览会、定期更换内容的展览会和一次性展览会。长期固定的展览会，如北京的故宫博物院、自然博物馆等；定期更换内容的展览会，如北京的工业展览馆、农业展览馆等；一次性展览会，如食品展销会、服装展示会等。

此外，还有巡回展出，如"自贡灯会"、"盆景展览"等；特殊展品，在现场展示样品，让人反复试用证明其性能，如在铁路站台及机场铺设地毯，以便证明经受了成千上万旅客的踩踏，引起顾客的兴趣及有价值的询问；名城街，是指具有历史文物价值的历史城街，是重要的旅游地点，也是开放的城街博览，如北京的文化街"琉璃厂"与"大观园"、天津的"食品街"、开封的"宋城"、西安的"唐城"、杭州的"阮公墩"、成都的"春熙路"等，都是一种特殊形式的展览，是一个国家、地区和城市重要的公共关系活动方式和"名片"。

相关链接 9.2

北京国际汽车展览会

创始于1990年的北京国际汽车展览会（Auto China），至今已连续成功举办了十届。经过近20年的发展，北京国际汽车展览会的品质、规模、档次逐届提高，展会的硬件设施和各项服务日渐完善，已经成为在全球有相当影响的品牌展览会。众多国际知名汽车公司将北京车展列为全球A级车展，国内汽车企业也在北京车展上展示自主知识品牌的最新成果。北京国际汽车展览会一贯坚持展品精、品牌全、国际化的办展理念和特色，努力打造为中外汽车业界展示品牌形象、技术创新和技术交流的平台。当前，全球汽车行业受金融危机的影响，面临巨大的困难，2010（第十一届）北京国际汽车展览会有信心依托中国广阔的汽车市场，与国内外汽车业携手共度时艰，为促进中外汽车业界的交流与合作、为中外汽车业的振兴和发展作出新的贡献。2010（第十一届）北京国际汽车展览会将在位于北京顺义区天竺地区的中国国际展览中心（天竺）新馆和朝阳区静安庄的中国国际展览中心两个场地同期举行。中国国际展览中心新馆主要展示国内外乘用车、商用车；中国国际展览中心主要展示国内外汽车零部件和相关产品。这样的安排突出了展会专业化的特色，有利于参展商和不同诉求类型观众的选择，使展商和观众在参展和观展上更为便利和经济。

（资料来源：http://www.china-autoshow.com/2010bjx/CH/Intro.Asp）

即问即答 9.2

某汽车厂商参展北京国际汽车展览会，这是企业公共关系活动还是企业的市场营销活动？

三、组织

组织展览会的一般原则是：展览会主题思想明确，布局结构合理、布置美观大方、经济、新颖，解说精练、流畅、动人，给人以深刻印象。

1）明确的主题思想。无论是组织自筹展览会，还是参加展览会，其内容都是多而复杂，要使展览会达到预期效果，必须要有明确的主题思想，并使其发挥提纲挈领的功效，达到参展实物、图片、文字说明有机结合在一起的目的。

2）确定参展单位、参展项目和展览会类型。举办者可以采取广告或给有可能参展的单位发邀请函的方式吸引相关单位参加，广告和邀请函要写清展览会的宗旨、展出项目类型、展览会的要求和费用及对参观人数和类型的预测等，给潜在参展单位提供决策所需的资料。

3）明确参观者的类型。参观者的类型将影响到信息传播手段的复杂性和多样性，如果参观者对展出的项目有较深的了解和研究，展览会讲解人就需要这方面的专家，介绍的资料要较为专业化和详细深入；如果是一般参观者，则应采取通俗易懂的语言，进行直观普及性的宣传。在展览会筹备阶段就应对展览会针对的公众及其所包括的范围有较精确的估计。

4）选择展览会的时间和地点。有些展览会要顾及到时间性和季节性，如农副产品展览、花卉展览、月饼展销等。在选择地点上要考虑：①方便参观者，如交通方便、易寻找，有标志性建筑、公交车直达等。②展览会地点的周围建筑是否与展览会主题相得益彰。③辅助设施是否容易配备和安置，如珍贵物品的安全存放设施，消防设施，食品标本的保鲜、保色、防冻、防潮、防脱水等设备。我国的展览会喜欢选在闹市区举办，而国外则一般选在郊外，因为闹市区很难解决大量停车的问题。

5）培训工作人员。展览会工作人员的素质和展览技能的高低对整个展览会效果有重要影响。因此，必须对展览会工作人员如讲解员、接待员、服务员和操作员等进行良好的公共关系意识和技能培训，并就展览会内容进行必要的专业知识训练。

6）成立专门对外发布信息的机构。该机构负责与新闻界联系的一切事宜，并要制订信息发布的计划，如确定发布的内容、时机、形式等，公共关系人员应发掘展览会上有新闻价值的东西，写成稿件，以扩大展览会的影响。

7）准备展览会所需要的各种辅助宣传资料。例如，录音、录像带、光碟、幻灯片、各种小册子、展览会目录表、招贴画等。

8）准备展览会的辅助设施和相关服务。例如，业务洽谈室、合同签订室、文书业务、影视、音响、灯光、展柜、广告栏及银行、邮政、海关、检验、交通运输、停车场等。

9）布置展览厅。在展览厅入口，设置咨询服务台和签到处，并贴出展览会平面图，作为参观指南，展览会布置应考虑角度、方向、背景、光线等综合因素，要使展品展出后整齐、美观、富有艺术色彩，给人以美感。

10）设计制作展览会徽标，备好展览会纪念品，以强化对展览会的印象。

11）策划采用一些展览会技巧。例如，邀请政府要员或知名人士出席或剪彩，为参观者签名留念等，总之尽量把展览会办得生动活泼，别具一格，富有创意，吸引社会公众注意。

12）制定展览会经费预算。具体列出展览会的各项费用，加以核算，有计划地分配展览会的各项经费，防止超支和浪费。

四、实施

1．赠送资料

参观者进入展览厅最渴望的是对本展览会有一个全面的了解，服务人员如能面带微笑送上一份图文并茂的资料介绍，正好满足参观者的需要。

2．细心解说

讲解员一段条理分明、生动具体而又娓娓动听的解说词，会使展览会充满生机，使展览给参观者留下深刻印象，讲解人员在解说时，应根据参观者的人员层次、年龄、专业、爱好和不同要求来调整解说的重心、节奏、语言和方式。

3．动手操作

对于一些机械产品，有时需要技术人员亲自动手操作，并在操作过程中进行讲解，必要时还可播放录音、录像以增加展品动态感，这样可以激发参观者的兴趣和购买欲望，达到成交的目的。

五、展览会举办效果评估

展览会举办效果的评估是对实施展览工作所带来的社会效益的测量和评估。它主要体现在参观者对展品的反映，对组织的认识和对整个展览会举办形式和效果的看法等方面。其评估方法主要有以下几种。

1）参观者留言的形式。举办者或参展者在展览厅出口处设置参观者留言簿，主动征求参观者意见。

2）召开观众座谈会。在展览会过程中，随机找一些观众座谈，谈论一下对展览会的观后感，并要求提出其看法和意见。

3）记者采访的形式。在展览会期间，记者活动在展览会上，随时随地提出一些双方感兴趣的问题让观众回答，来收集观众意见。

4）问卷调查的形式。展览会结束后，向观众分发调查问卷，了解展览会举办的实际效果。

5）当场举办有关展览会内容的知识竞赛，当场提问，当场解答，当场发奖。

第三节　赞 助 活 动

一、目的

赞助活动是指社会组织向人们所关心的社会事业提供资金、物质、技术或劳动力等帮助的一种公共关系专题活动。赞助活动是一项较高投入的公共关系活动，要求组织具有一定经济实力。通过赞助活动，一方面可以向社会公众表明，自己是社会的一员，组织不仅是为经济利益，而且也关心社会公益事业，承担社会责任和义务，要为社会贡献一份力量；另一方面，通过赞助活动，组织同被赞助的社会事业同步成名，并受到政府和社会公众的广泛关注和支持，为自己树立良好形象，同时也有利于社会公共事业的发展，创造一个良好的社会环境，反过来又促进组织的发展。一个只顾自己的社会组织，不仅会影响自己的知名度和美誉度，而且还可能导致声名狼藉。

随着现代社会经济的高度发展，赞助活动作为公共关系的一项重要活动，也越来越盛行起来。一些大企业、大财团把视角关注在社会公益事业和慈善事业上，纷纷解囊相助。例如，香港"金利来"集团董事局主席曾宪梓先生 2003 年在中国载人飞船成功飞行后捐款 1 亿元人民币用于祖国航天事业的发展，使其在国人心中树立起振兴民族的良好形象。有人称赞助活动是"取之于民，用之于民"，这不无道理。所以，组织利用有利时机，进行必要的赞助活动，是一种富有远见卓识的行为。

赞助活动是由慈善事业发展而来的，弗兰克·杰弗金斯将其称为现代化的施舍形式。但社会组织作为施主，并非是为了当一个纯粹的慈善家，而是基于以下几个目的。

1. 树立关心社会、承担社会责任和义务的良好形象

在世人眼里，商人都是唯利是图的，要改变这一形象，一个有效途径就是把从社会中赚取的钱回报社会。因此，西方一些企业家十分重视赞助活动，这对于消除公众对他们的误解非常有效，也可以消除或缓和与社区、社会环境的紧张关系，表明他们不仅追求经济效益，也关心社会效益，具有高度社会责任感。例如，20 世纪初美国大资本家——洛克菲勒曾被当时的新闻媒介称为"强盗大王"，搞得他焦头烂额、臭名昭著，后来他聘请"公共关系之父"——艾维·李担任他的公共关系顾问，在艾维·李的建议下，向社会慈善机构捐款几十万美元，修建学校、医院和公园等，这些赞助活动经新闻界报

道后，受到公众的普遍好评，全面恢复了洛克菲勒的名声。当今富翁更是不甘落后，据美国《商业周刊》2003 年 11 月 20 日排出的本年度 50 位最慷慨的慈善家，其中微软公司创始人比尔·盖茨及其夫人美林达名列榜首，在 1999~2003 年，他们已经捐献和计划捐献的慈善款总额高达 230 亿美元，占他们家财的一半；英特尔公司的创始人戈登·穆尔及其夫人捐献了 70 亿美元，排名第二；投资家乔治·索罗斯排行第三，捐款达 24 亿美元，这占了其资产的 68%。

2. 通过赞助活动做广告宣传，来增强组织的说服力和影响力

赞助活动可以使组织的名称、产品、商标和服务获得新闻媒介的广泛报道，有利于扩大组织的知名度，更可以配合组织的其他传播活动使公众对组织留下深刻的印象。许多赞助活动都具有新闻效应，常被新闻媒介报道，这是一种变相的广告宣传，而它产生的广告效益，却远远超过单纯的广告宣传。例如，李宁牌服装赞助我国参加奥运会的代表，运动员穿着李宁牌服装，驰骋运动场，登上领奖台，全球瞩目，并通过电视转播，传遍全世界，这是任何广告宣传都无法比拟的；又如当韩国现代公司得知第 24 届奥运会将于 1998 年在汉城（今首尔）举办时，便决心抓住这一良机，不惜重金，利用各种手段，大造声势，宣传现代公司的产品和取得的成就，提高公司在世界上的知名度。正因为如此，许多企业在搞赞助活动时恐怕就是冲着广告效应这一点来的。

3. 培养与某类组织或某类公众的良好感情

培养与某类组织或某类公众的良好感情，为组织争取稳定的顾客群。例如，美国柯达胶卷公司专门出资举办 16 岁以下世界少年足球赛，使柯达胶卷的形象深深地印在热爱足球运动的少年及其亲友的心目中，使他们对柯达胶卷产生感情，成为潜在的顾客群。浙江淑江市东港公司专门设立"资助博士生基金"，与青年知识分子培养了良好感情，吸引了许多高层次的人才前来就职和献计出力。美国可口可乐公司通过专门赞助多种青年人的活动，培养了与青年公众的良好感情。

即问即答 9.3

赞助的财物越多，树立的公共关系形象越好吗？

二、类型

赞助活动的类型很多，涉及社会生活的各个领域，从大型的体育比赛到一部电视剧的拍摄，从教育事业到车站、码头的路牌、车牌设施，都可以接受赞助者的捐助。下面谈谈几种主要的赞助活动。

1. 赞助体育运动

赞助体育运动是赞助活动最常见的一种方式，因为体育活动是广大群众喜闻乐见的活动，也是许多公众热心的活动，涉及的公众层面宽、范围大，使赞助活动影响的广度和深度都很大。赞助体育活动一般出于增强广告效果，或扩大与体育有关的许多产品的销路，或测试新产品的性能，便于改进考虑，赢得更多的用户。赞助体育活动的方式有提供经费、场地、饮料、食品、服装、器械、人员和其他便利条件及组织体育比赛等。最近国内还发展起一种新的赞助方式，就是提供运动员的生活补贴、奖金和训练、比赛的经费等，实际上是养一支体育队伍。例如，我国的十几支甲A足球队就是被一些企业"买"去，以这些企业或企业的产品名称命名，如"大连万达实德足球队"、"上海申花足球队"、"深圳平安足球队"、"北京国安足球队"、"山东鲁能泰山足球队"、"广东万宝足球队"等。据美国《商业周刊》消息，1983年，美国各大企业用于赞助体育运动的开支约3.5亿美元，1987年，这个数字达13.6亿美元，如果再加上用于转播体育比赛的电视广告及运动员做广告等费用，美国企业1987年花在体育方面的赞助经费达35亿美元，平均每家企业要花费100万美元。日本电器公司（NEC）自1982年起，每年以10亿日元赞助包括上海女子马拉松赛、戴维斯国际网球赛等体育项目，以及中国中央电视台"体育之窗"节目。

2. 赞助文化活动

文化活动吸引的公众层面较宽，影响较广，品味较高。赞助的文化活动主要有音乐会、电影电视节目、文娱演出、书画展、摄影作品展览等。例如，英国中部银行坚持赞助卡化特乐园的歌剧演出；日本越秀屋百货商店赞助画展；美国早年有不少描写爱情与家庭生活的影片由著名肥皂商普洛克特与甘普尔公司（P&G）出资赞助，成为家庭主妇们消遣的好节目，给人的印象极深，时至今日，许多人习惯上还把这类影片称为"肥皂剧"。又如，国内深圳奥林天然饮料有限公司与成都军区战旗歌舞团联合主办奥林之声歌舞晚会；四川新津酒厂与四川省文联联合主办周又郎篆刻展；正大集团赞助中央电视台举办的"正大剧场"等。

3. 赞助教育事业

十年树木，百年育人；百年大计，教育为本。随着社会的进步，科学的发展，社会对人类素质提出了越来越高的要求，教育日益受到社会各界的重视。然而教育是消耗性智力投资，常常陷入经费困扰之中。赞助教育事业既为组织树立了关心教育的良好形象，又和教育界建立了良好的关系，为组织的人才招聘和培训创造了条件。赞助教育事业的方式有提供奖学金，兴建校舍，赠送图书资料和教育仪器，资助学校教研活动，支持"希望工程"及协助学校进行职业训练等。例如，香港的包玉刚先生捐资修建的宁波大学；

李嘉诚先生捐资修建的汕头大学，以及他出资 1 亿港元给内地教育部设立的"长江学者奖励基金"；霍英东先生捐资修建的北京英东游泳馆；邵逸夫先生捐资在内地各类大中小学修建的"逸夫楼"；曾宪梓先生资助内地教育事业达 3 亿元人民币……

4. 赞助科研学术活动

赞助科研学术活动的影响面虽然不大，但意义重大而深远。一是可推动与本组织性质、产品和服务有关的研究深入发展，为组织发展提供基础研究理论和技术支撑；二是可以提高本组织在同行中的知名度和影响面。这类赞助活动的形式有：提供科研基金，资助科研设备的购买，赞助学术研讨会，资助学术专著出版等。

5. 赞助社会福利事业

赞助社会福利事业有助于组织与社区、政府搞好关系，也可向社会表明其所承担的义务和责任，更能体现组织对社会公益事业的关心，这类赞助人情味最浓，商业味最淡，最易博得公众的好感。赞助对象主要是社会需要救济的对象、有具体困难的公众和社会弱势群体等。这类赞助活动的形式有捐款、捐赠生活设施和其他所需物资，赞助康复中心、修敬老院、提供残疾人基金、赈灾募捐，到福利院、孤儿院、荣军院慰问，义演、义卖，提供医疗设施等。例如，有"海上霸王"之称的台湾长荣海运公司，每年的慈善捐款达上亿元新台币，其董事长张荣发向《亚洲周刊》表示："企业家一定要回报社会，尽富人的义务。"为了回报社会，张荣发设立了"张荣发基金会"，致力于公益事业。

6. 赞助社会公益事业活动

赞助社会公益事业活动有赞助修路、修桥、治理黄沙、兴修水利工程等。这类赞助活动一家出钱，万家受益，社会影响范围广，是为公众办实事的行为。

7. 赞助各种竞赛奖励活动

赞助各种竞赛奖励活动有赞助电台、电视台、报社、杂志举办的各种有奖知识竞赛、摄影比赛、小发明小创作奖励等。

8. 赞助节日庆典活动

赞助节日庆典活动有赞助教师节、校庆、厂庆、奠基仪式等。这类赞助活动参加人员来源广泛，影响面广。

9. 赞助特殊领域

赞助特殊领域有建立基金组织，专门支持某一特殊领域，如保护文化古迹和文化遗产；或设立专业奖项，如最佳摄影奖、新闻奖、设计奖等。

10. 赞助环保事业

环境保护是功在当今，利在千秋的公益事业，涉及广大公众的切身利益，是公众和媒介关注的热点。赞助环保事业能收到经济效益、社会效益和生态效益的三丰收。

11. 其他赞助活动

其他赞助活动有赞助制作宣传用品、旅游图、日历等。

公共关系人员应勤于思考，设计出别具一格的赞助形式，以提高组织的知名度和建立良好的公共关系。

相关链接 9.3

中国首善陈光标向舟曲等地捐款、物合计 2600 万

2010 年 8 月 13 日上午，"中国首善"陈光标再行善举，由他捐赠的 1000 万现金及 5000 台电脑将通过中华慈善总会、江苏省光彩事业促进会、公益中国爱心联盟送达遭受泥石流灾害的甘肃舟曲县及新疆、青海、云南、贵州、四川、山西等省区。至此，陈光标已累计捐出善款 13.39 亿。当天上午，在陈光标创办的南京黄埔防灾减灾培训中心，在炎炎烈日下，一场捐赠活动拉开帷幕。在 5000 台电脑堆成的电脑墙前，中华慈善总会副会长邓铜山代表慈善机构从陈光标手中接过了 1000 万现金支票。陈光标表示，此次捐赠的重点是遭受特大山洪泥石流灾害的甘肃舟曲县。1000 万现金及 5000 台电脑将用于甘肃舟曲地区的抗灾救援及支持新疆、青海、云南、贵州、四川、山西等偏远地区教育事业发展。陈光标说："今年春节，我带着中国企业家光标榜样爱心团赴新疆、青海、云南等地发'红包'时向他们承诺要送他们电脑，这次的 5000 台电脑算是我兑现承诺。"据了解，8 月 7 日，甘肃省舟曲县发生特大山洪泥石流灾害，第二天陈光标就派出重型机械 16 台，并从江苏黄埔再生资源利用有限公司在兰州、西安进行拆除施工的队伍中抽调 23 人组成救援队赶赴灾区，投入救援工作。多年来，热心慈善环保公益事业的陈光标，每每捐赠都有一句必说的话"作为改革开放的受益者，有责任有义务替党和政府分担重任"。他如是说也如是做，每一次捐赠款项之巨都引来社会的侧目。此次合计 2600 万的款物捐出，"中国首善"陈光标向社会捐赠款物累计已达 13.39 亿元。

（资料来源：http://news.cnfol.com/100813/101,1596,8214094,00.shtml）

三、应遵循的原则

赞助活动的项目和方式很多，只要公共关系人员留心，就不难发现各种有利于组织

形象的赞助活动。在赞助活动中，公共关系人员充分考虑的是如何使有限的经费发挥出最好的社会效益。一是因为从我国目前的经济发展来看，需要赞助的事业和活动太多，社会组织的经济实力有限，不可能解决很多问题；二是因为社会上一些部门趁社会组织重视赞助活动之机，刮起一股"摊派"歪风。为了解决"供不应求"的经费缺口问题和抵制摊派歪风，就要求组织在赞助活动中遵循以下原则。

1）所赞助的项目和活动应具有积极的社会意义和广泛的社会影响，具有良好的社会效益。

2）所赞助的项目和活动有利于扩大本组织的知名度和美誉度。一般来说，组织赞助与自身业务有关的活动，这有利于扩大本组织在有关公众中的影响，同时也易于为公众所接受。

3）量力而行，要在自己经济承受能力范围内开展赞助活动。组织千万不要"打肿脸充胖子"或者是一时冲动轻易承诺，否则会使自己陷入被动局面，赞助额一定要根据自己的经济能力确定，并非越多越好，赞助额与其他组织相比，能突出本组织的特色形象，赞助要用得好、用得巧、用得有意义，有效才做，有力才做。

4）制订赞助计划，一定要留有余地，以防由于突发事件（如天灾、市场变化、政策调整等不可预测因素）而造成被动，并注意留有一部分机动款，作为遇到临时、重大活动时备用。

5）对明显不能满足其要求的征募者，应坦率而诚恳地解释组织的有关政策，坦诚地告诉自己的难处，委婉地表示减少赞助费或不宜参与此项赞助活动，对无理纠缠者不必为威胁利诱而屈服，而可以当面揭露其用心或向有关部门反映，必要时可诉诸社会舆论或法律手段，以保障组织的合法权益。

6）掌握赞助的时机。赞助应抓住当前公众关心和媒介关注的一些热点、焦点或重大事件和活动，既不要太早，也不要太迟，把握赞助的时机，善于借势、造势、用势。

四、步骤

1. 确定赞助活动的类型和赞助对象

赞助活动首先要确定赞助活动的类型，即采用哪种赞助形式，这要根据赞助的目的来确定。如果要扩大组织的影响和知名度，可采用赞助体育活动；如果要树立良好形象，可采用赞助教育事业；如果要培养感情，增进社会理解，可采用赞助社会公益事业等。接着要确定赞助对象，要分析赞助对象是否需要，是否被社会各界关注，是否是新闻热点，这关系到赞助活动是否有意义，是否带来很大的社会反响。因此，仔细确定赞助对象至关重要。

2. 确定赞助金额

赞助活动需要一定数量的经费，这要根据组织的经济实力来确定，也要考虑赞助对象的具体情况和赞助的经费是否给他们带来影响，一般由公共关系部门提出具体方案，再报组织决策部门审定，赞助也可以是实物，但要在实物的数量、品种上作出规定。

3. 赞助活动的可行性研究

赞助活动的两种形式：一是组织主动提出赞助，如 1998 年长江发生特大洪灾后，许多组织纷纷主动表示赞助现金、食品、药品、防汛器材，以及其他群众生活物质和抗洪物质等。二是根据某些组织的请求提出申请，予以赞助，如第 23 届奥运会在筹备阶段发出赞助请求，两个月内就收到 1.2 万余家企业的申请。但是组织如果想获得更好的信誉和形象，最好采用第一种主动赞助的形式。无论采用哪一种赞助形式都要进行可行性分析研究。可行性研究是对所立项目和与之相关的因素进行分析论证，从而得出可行或不可行的结论。赞助活动是一种高投入的公共关系活动，弄不好就可能造成人力、物力和财力上的极大浪费，甚至还可能费力不讨好，因此必须对每一项赞助活动作可行性分析研究，分析组织目标和公共关系工作是否有必要通过赞助活动来传播形象、扩大影响，赞助活动是否能达到组织预定的目标，赞助活动的内容是否可行，还要分析成本投入和赞助效益，以及赞助对象被社会关注的程度和需要的程度等。在此基础上，向组织决策部门提交赞助活动的可行性分析报告。

4. 制订赞助活动计划

赞助活动的可行性分析报告被决策部门批准后，就要着手制订赞助活动计划。赞助活动计划的内容包括赞助的目的、范围、对象、形式、组织管理、费用预算、实施步骤等。赞助活动计划应是赞助活动可行性研究的具体化，一定要尽量具体和留有余地，做到有的放矢，使组织通过计划来控制赞助的范围和规模，防止赞助规模超过组织承受能力，使赞助活动有计划、有步骤地进行。

5. 赞助活动的实施

赞助活动应由专门的公共关系人员负责，公共关系人员应首先弄清楚赞助活动的目的、内容和具体细节，所有宣传活动的安排、步骤和程序。为了扩大影响，赞助活动应举办一定规模的签字仪式，邀请政府部门的负责人、新闻记者、各界朋友参加，并在签字仪式上宣布赞助金额，展示实物。被赞助单位应本着互利互惠的原则，尽可能为赞助单位提供宣传的机会，使宣传与赞助活动同步进行，协调一致。赞助单位对赞助资金的使用，赞助项目的落实，以及传播补偿条件的兑现，要进行必要的监督，并在赞助资金的兑现上，应分阶段到位，按实施效果分段提供，以便从经济上约束赞助接受单位，实现赞助的目标。在实施的过程中，公共关系人员还应充分运用各种有效的公共关系技巧，使组织尽可能借助赞助活动扩大其对社会的影响。例如，在 1987 年第 6 届全运会上，日本富士公司的赞助活动就颇有新意，它除了出资和为采访全运会的每位摄影记者免费赠送 15 卷富士胶卷，并设立服务台免费为采访记者冲洗外，还给采访全运会的每位记者提供一件色彩鲜艳的太空背心，上面印有"富士胶卷第六届全运会指定胶卷"字样，全运会开幕没几天，广州气候突然下降十几度，无衣御寒的记者们不得不纷纷穿上"富士背心"，他们为抓新闻四处奔波，自然成了富士公司的活广告。

6. 赞助活动效果评估

赞助活动结束后，赞助组织应对赞助活动的效果进行评估检测。检测赞助活动的目标和计划是否完成？赞助活动是否成功？新闻媒介和社会公众有什么反响？有哪些成功和不足？原因何在？还可以进一步检测被赞助单位获得赞助后对其产生什么作用和影响。调查员工对赞助活动的了解程度，对赞助活动的意义和作用认识。通过赞助活动评估，可以总结赞助活动的成功与不足，可以提高公共关系人员的业务素质，同时又为今后的赞助活动提供了可供借鉴的宝贵经验。

第四节　典礼与仪式

为了融洽关系，增强双向沟通、相互合作、相互了解，组织常常需要安排一些典礼与仪式，因此公共关系人员应熟悉和掌握这些典礼与仪式的基本礼仪。

一、类别

典礼与仪式是指社会组织本身重大事件的仪式活动和组织所处社会环境中有关的节日庆典及大事庆典活动的总称。典礼与仪式的类别很多，常见的有：开业（工）典礼、落成典礼、剪彩仪式、交接仪式、签字仪式、发奖仪式、周年纪念大会、地方传统节日、重大活动的开幕式和闭幕式等。典礼与仪式活动的形式很多，如周年纪念可举行员工大会，或举行周年纪念酒会，还可举行颁奖大会、茶话会、上街义务劳动和服务等。

典礼与仪式活动由于其不同于组织平常活动的特殊性和隆重性，一般能引起社会公众较多的关注，因此它是扩大组织社会影响力的极好机会。如果公共关系人员能抓住这个有利时机，借助喜庆热烈的气氛来渲染组织形象，往往能收到意想不到的公共关系效果。

二、组织工作

1）要明确典礼与仪式活动的主题，围绕主题来安排活动内容。每次典礼与仪式活动似乎都已经有了名目，这就是举行典礼与仪式的事由。但是这仅仅是形式主题，公共关系人员根据组织需要和公众的需要进行精心设计，还可以在形式主题下巧妙地再插进一个主题。在确定真正主题后，再围绕主题来安排穿插有关活动内容和活动形式。例如，日本电通广告公司，在 1967 年 7 月电通公司成立 66 周年纪念日这一天，由银座的旧址迁入筑地的新楼，当天清晨，2000 名员工在公司总经理的率领下，举着"谢谢银座各界人士过去的照顾"、"欢迎筑地各界人士以后多赐教"的旗帜，浩浩荡荡地由银座向筑地行进，沿街公众目睹了这一盛况，日本各大报纸和电视台也纷纷报道了这一周年纪念日的乔迁之喜，使电通公司闻名遐迩，给广大公众留下了美好的记忆。电通公司的这一活动形式上是以纪念和乔迁为主题，实际上是向新老朋友致意，表示友好并张扬名声。

2）拟定典礼与仪式活动的程序，落实有关任务，明确职责分工。典礼与仪式活动一般都比较盛大，工作任务繁重，需要组织内部有关人员密切配合，共同完成。要做到有条不紊、忙而不乱，就要确定典礼与仪式活动的程序，并按照典礼与仪式规格确定司仪人员，按照有关活动内容将任务具体落实到有关人员身上。尤其是后勤工作和组织工作一定要有专人负责，对负责签到、接待、摄影、录像、音响、现场布置等人员要讲清活动内容、礼节、纪律等要求，在典礼与仪式活动前要仔细检查有关设备和材料。

3）拟定邀请宾客的名单。宾客名单不仅要考虑有关单位和左邻右舍，而且最好能邀请一些社会名流和新闻界人士，还应包括一些公众代表和员工代表。拟定名单后，应将请柬于一周前送达出席人员手中，请柬中应写明活动事由、方式、时间和地点。

4）确定致贺词的宾客名单和双方剪彩的人员。参与致贺词的宾客要有一定的代表性，或者有一定的社会地位，参与剪彩的己方人员应是组织的负责人，客方人员应邀请地位较高和有一定声望的知名人士。

5）为典礼与仪式活动安排一些制造气氛的活动和促进理解的活动。制造气氛的活动主要是指为了活跃典礼与仪式活动气氛而安排的一些辅助活动，如敲锣打鼓、挥舞彩旗、燃放鞭炮、舞狮、合唱歌曲、呼喊口号等，这类活动还有典礼与仪式活动后的歌舞演出、电影放映等。促进理解的活动主要是配合典礼与仪式活动而安排的辅助活动，如典礼与仪式活动结束后的茶话会、就餐会、酒会、恳谈会、参观、游览等。

6）利用新闻媒介扩大典礼与仪式活动的社会传播面和影响面。能够参加典礼与仪式活动的公众毕竟是有限的，典礼与仪式作为公共关系活动应争取传播到更大公众范围中去，这就需要借助新闻传播媒介来扩大影响，如果能争取到新闻报道还可以起到鼓舞士气的作用。例如，成都饭店全面改建竣工周年纪念活动就借助新闻报道，简述了活动内容，回顾了饭店历史，选载了国家旅游局的贺电，表达了饭店与同行搞好关系、交流经验和为公众提供优质服务的良好愿望，从而扩大了自己的影响。

要组织好典礼与仪式活动，给公众留下深刻的印象，需要公共关系人员用心构思、认真策划、精心组织，使活动热烈隆重、富有特色。

相关链接 9.4

成都电子机械高等专科学校图书馆举行开工典礼

2008 年 7 月 3 日上午 10:18，伴随着音乐声的响起，成都电子机械高等专科学校郫县校区图书馆工程举行了热烈的开工典礼！参加开工典礼的人员有成和平副校、校基建处、监审处等相关领导人员，中建六局第三建筑工程有限公司、成都衡泰工程管理有限责任公司、四川海洪建设工程造价审计事务所有限公司等建设主体单位均到场参加。

开工典礼上，中建六局第三建筑工程有限公司项目经理做了发言："我公司将秉承中国建筑，服务跨越五洲；工程精品，质量重于泰山的工程项目管理理念，我个人将亲历亲为，以高标准的职业道德、扎实的专业技能和精益求精的敬业精神，同建设方、监理等相关单位共同努力，把图书馆工程建设成标志性的精品工程，努力争创'芙蓉杯'、'天府杯'。"

最后，成和平副校长作了重要讲话："学校希望参与建设的各单位努力工作，抓紧工期，确保工程质量和安全施工，控制好造价，保质准时地完成图书馆这一标志性工程项目！"并宣布："图书馆工程正式开工"，放礼花，挖掘机、装载机一同鸣笛，图书馆工程轰轰烈烈拉开了建设帷幕！

图书馆地上 11 层，地下 1 层，总建筑面积约 30 000 平方米，主要承担学校的图书、期刊的收藏借阅、电子图书阅览、档案、校史陈列、学术会议、办公、科研等功能，成为学校标志性建筑！

（资料来源：http://www.cec.edu.cn/2009/newscenter/preview.asp?id=4375）

即问即答 9.4

典礼是否一定要邀请一些社会名流？

三、剪彩仪式

通常开工典礼、竣工典礼、奠基仪式、开业（开张）仪式、展销会、展览会等活动，都要举行剪彩仪式。

（一）剪彩仪式的准备工作

1. 确定剪彩人员

剪彩人员最好由客人担任，或是上级领导、或是主管部门负责人、或是某一方面的知名人士，有时也可由主办组织的主要负责人担任，但人数不宜太多，应事先将有关事宜通知剪彩者。

2. 挑选或聘请礼仪小姐

礼仪小姐应选容貌端庄、气质高雅、身材苗条的年轻姑娘担任，配以统一的服装，可以佩戴绶带，她们的工作主要是托送彩带花和扎花剪刀。

3. 准备剪彩用具

剪彩用具包括扎有彩带的剪刀、用丝绸扎成的彩带花和托盘，剪刀数量应与剪彩人数相等，剪刀要锋利，彩带花应比剪彩人员多一朵或一条。

（二）剪彩仪式的程序

1. 请与会者入座

如果不是对号入座，可提醒与会者自选位置坐好，对就座于主席台上的贵宾或负责领导，应事先通知说明，由工作人员或礼仪小姐引领入座。

2. 宣布剪彩仪式开始

主持人宣布剪彩仪式开始后，应鼓掌向与会者表示谢意，如有必要还应向与会者介绍一下参加剪彩仪式的领导、贵宾，并对他们的到来表示感谢。

3. 安排简短性发言

发言一般由主办组织的主要负责人担任，发言内容是介绍该项组织活动的宗旨和意义，并可对有关过程进行汇报，同时也可安排其他有关部门的人员致祝贺词。

4. 进行剪彩

剪彩时主席台上的人员一般应尾随于剪彩者身后 1~2 米处，待剪彩完毕时，转身向四周公众鼓掌致意。

5. 组织参观、座谈或宴请

组织参观、座谈或宴请可视不同的剪彩仪式而灵活决定。

（三）剪彩者的礼仪要求

1. 注意着装打扮

由于剪彩者特殊的角色地位，他的穿着打扮总会在其他来宾和周围观众中引人注目，这直接关系到剪彩者的形象和仪式的效果。因此，剪彩者应注意穿着整齐、干净和利落，打扮要不落俗套，以给人留下一个美好印象。

2. 掌握举止仪表

剪彩者应注意使自己保持一种稳重的姿态，快而不乱，忙而不慌。走向剪彩绸带时，要步履稳健、面带微笑、神情自然，千万不要去和别人打招呼。当礼仪小姐用托盘呈上剪刀时，应以微笑表示感谢。然后向手拉绸带的礼仪小姐微笑致意，聚精会神地把彩带一刀剪断。

3. 节制谈笑

剪彩完毕，把剪刀放入托盘内，转身向四周的人们鼓掌致意，并与主人进行礼节性的交谈，但时间不宜过长，也不宜旁若无人似的纵情谈笑。

四、签字仪式

（一）基本要求

1）双方签字人的身份应大体相当，这要根据所需签订文件的级别性质由缔约双方确定。

2）参加签字仪式的人员一般应是双方参加会谈的人员，如一方因某种原因要求让未参加会谈的人员出席，另一方应予以同意。

3）双方人数应大体相当。

（二）准备工作

1）及早做好签字文体的定稿、校对、印刷和装订等工作。

2）准备好使用文具、国旗等物品。签字仪式上，国旗有 3 种悬挂方式：①悬挂在签字桌中间的旗架上。②悬挂在签字桌后方。③悬挂在各自的签字桌上。

3）布置好现场。签字现场应在正面中间悬挂"××××签字仪式"横幅，涉外签字仪式，横幅文字应以东道主文字为主。签字桌的摆放应视具体情况而定：如果是双方签字仪式，厅内可设长条桌 1 张或圆桌 2 张，桌面用深绿色厚台布覆盖，桌后安放椅子 2 张作签字人的座位，主人位于左，客人位于右；如果是多边签字仪式，则可在桌后只设 1 个座位；如果是集体签订，则需根据签字项目多少划分轮次，以每轮签字人数布置现场。

4）安排助签人员。助签人员一般由熟悉情况的人员担任，有的组织为了塑造形象，需要招聘礼仪小姐或公共关系先生担任助签人员，应安排熟悉情况的人员做好指导工作，助签人员事先应洽谈好有关细节。

（三）程序

1）迎宾人员引领与会人员进入签字现场。

2）主持人宣布仪式开始。

3）签字人员入座，其他人员按身份高低顺序排列于各自签字人员的后方，助签人员分别站在各自签字人员外侧。

4）工作人员或礼仪小姐送上签字文本和签字工具。

5）助签人员协助翻揭文本和指明签字处。

6）签字人员在本方保存的文本上签字。

7）助签人员互相传递文本。

8）签字人员在对方保存的文本上签字。

9）双方签字人员交换文本，互相握手。

10）合影留念。

在某些特殊情况下，还可在签字仪式完毕后，请各方负责人讲话致辞。多边公约的签字仪式，因为只设 1 个座位，应先由公约保存方代表签字，然后各方代表按一定次序，轮流上前签字。

第五节　联 谊 活 动

一、参观活动

参观活动是组织为了增加其透明度，加强组织与公众之间的联系，增进相互了解所进行的公共关系活动。具体做法是，公共关系部组织有关公众进组织参观访问，了解组织的生产、经营状况、发展历史、技术装备、职工队伍、福利待遇等。使公众能身临其境地了解组织的全貌或部分情况，获得较深刻的印象，增加公众对组织的信赖感。

1. 参观活动的对象

参观活动的对象既要考虑参观者的代表性，又要重视特定的目标公众，同时也要考虑组织的承受能力。如果参观者像潮水般涌来，组织就可能疲于奔命和应付。因此，参观对象要仔细选择和确定。

参观活动的对象主要包括以下几种。

1）目标公众。包括客户、经销商、消费者、原材料供应者、生产协作者、运输部门等。

2）一般公众。包括社会团体、学校、文化单位、研究机构、社会各界代表、职工家属、社区居民等。

3）股东公众。包括股东、证券商、证券专家和从业人员、证券主管部门等。

4）党政部门。包括各级党政部门、主管部门、上级部门等。

5）其他相关部门。包括银行、金融机构、保险公司、新闻媒介、司法部门、环保部门等。

6）社会名流。包括专家学者、各类明星、新闻人物等。

7）国外投资者、外国客商、观光者、旅游者等。

8）各类慈善组织和社会福利团体等。

2. 搞好参观活动应做的工作

搞好参观活动应做好以下几个方面工作。

1）明确参观活动的目的。参观活动是一项细致而复杂的工作，涉及组织内部和外部的各种因素，一定要明确目的是什么？解决组织什么问题？达到什么样的目标和效果？只有在此基础上，才有可能进一步策划和组织好参观活动，使整个活动有的放矢地进行。

2）明确主题。组织参观活动，应有一个明确的主题来体现组织的精神和活动宗旨，这既可以使整个参观活动的组织工作围绕主题进行，突出中心，又能以其鲜明的主题给参观者留下深刻印象。

3）设立筹备和接待机构。参观活动一般要有专门的机构负责，一方面负责筹备组织工作，落实具体事项，组织人力、物力；另一方面要接待不断涌来的参观者。筹备小组的成员应有组织的负责人参加，还应有公共关系人员和有关部门人员参加，以便协调工作。

4）安排参观活动的时间。这里的参观活动时间，主要是针对公众参观的时间，应尽可能安排在一些有意义的特殊日子里，如周年纪念、庆典活动、逢年过节等，使参观者有充足的时间和兴趣来参观。同时要避开一些重大政治事件和新闻事件，因为此时公众的注意力和兴趣已关注在这类事件上，参观活动的效果就会大大降低。实际上由于工作需要，一些部门负责人、党政要员、专家学者、社会名流、外商等的参观并没有时间限制，根据他们的需要，何时来参观都是欢迎的。

5）确定参观内容和参观路线。参观内容是全局开放，还是局部开放？应由组织决策部门审定。在此基础上才能确定参观的路线，并在参观路线的拐角处设置路标，有利于参观者按路线有顺序地进行参观，也防止一些参观者逾线参观一些不开放的内容，出现不必要的麻烦。参观内容的每一个项目既是独立的，又是组织整体的一部分，应体现它们之间的先后顺序和逻辑联系，才能使参观者获得较为系统和完整的认识。因此，参观路线的确定，也要体现这一原则。

6）做好传播宣传工作。为了配合参观活动的有效进行，要做好传播宣传工作，尽可能邀请新闻记者参观，应和新闻媒介保持良好的密切联系，为他们采访报道提供一切便利条件。还应准备各种有关的宣传材料，如广告、关于组织和产品的说明书、画册、纪念册，配备有关的视听材料为参观者播放。有条件的组织还可以向参观者赠送一些宣传材料、纪念品、公共关系礼品，以保持参观的持久效应。

7）培训接待人员和向导。参观活动要有一些具有一定素质的接待人员和向导从事接待工作。要组织专门的接待人员和向导进行培训，使他们不但要充分了解组织的情况，具有一定的专业知识，还应具有公共关系的一定素质，特别是演说口才、接待礼仪等，才能把参观活动开展得生动、活泼、有声有色，给参观者留下深刻的印象，为组织树立良好的形象。

8）发出邀请。对参观公众的邀请，可以通过广告发布信息，还可以向有关公众发出邀请函。邀请对象既要重视目标公众，又要充分考虑一般社会公众，尽可能邀请一些党政要员、社会名流、明星来组织参观，以制造新闻热点。考虑到组织的接待能力，邀请参观的时间不要太集中，应分期分批安排。要编制来宾名册，对参观者进行签到、留言，以便于事后统计。

相关链接 9.5

康定师专来成都电子高专学校新校区参观考察

2007 年 11 月 5 日，康定民族师范高等专科学校（简称"康定师专"）詹副校长一行 6 人对成都电子机械高等专科学校（简称"成都电子高专"）郫县新校区进行了实地参观考察，在成都电子高专成和平副校长和指挥部部分成员的陪同下，詹副校长一行参观了大门、教学楼、实验楼、学生宿舍、学生食堂、运动场等，成和平副校长介绍了郫县新校区的规划设计方案和建设情况。成都市第七建筑工程公司体育场地项目部华建明经理向康定师专一行人员介绍了运动场各类材料的施工工艺及各自优缺点、价格差异等。詹副校长也向成都电子高专陪同人员介绍了康定师专学校新校区（500 亩）的建设情况。

通过这次实地考察，不仅增强了高校间的交流往来，而且使成都电子高专学习到了许多兄弟院校新校区建设的宝贵经验，为成都电子高专学校新校区的下一步建设提供了许多参考意见。

（资料来源：http://www.cec.edu.cn/2009/newscenter/preview.asp?id=3311）

二、文艺演出

邀请公众观看文艺演出可以增进公众对组织的了解和感情，同时又是一种艺术享受和娱乐活动。组织文艺演出应遵循以下程序。

1）选定节目。节目的选定既要从活动的目的与可能出发，又要考虑符合客人的欣赏习惯和兴趣，一般应注意选择具有本国或本地区民族风格的节目，对节目内容要有所了解，以免因政治内容、宗教信仰、风俗习惯等问题引起不愉快。

2）发出邀请。邀请客人应使用较为讲究的请柬，可附带提示一下文艺演出的主要内容，同时要考虑场地的容纳量，对节目应备有说明书，用主客双方文字印刷，提前提供给客人。

3）座位安排。看节目的座位，一般根据客人的身份事先作出安排，观看文艺节目，一般以第 7、8 排座位为最佳，看电影则 15 排前后为宜。专场文艺演出通常把贵宾席留给主人和主要客人，其他客人可排座位，也可自由入座。如果要求对号入座，应将座位号与请柬一起发出。

4）入席与退席。专场文艺演出可安排普通观众先入座，主宾和客人在开幕前由主人陪同入场，演出进行中观众不得退场。演出结束，全场起立向演员热烈鼓掌表示感谢，一般观众待观众贵宾退场后再离去。

5）献花。许多国家习惯于演出结束后向演员献花，此种安排，应主随客便，如来宾提议献花、接见或照相，主人要陪同客人一起上台。

相关链接 9.6

成都电子机械高等专科学校

隆重举行 95 周年校庆

——暨第 32 届纪念 "12·9" 运动 "校园之春" 大型文艺晚会

为庆祝成都电子机械高等专科学校 95 周年华诞暨纪念 "12·9" 运动 73 周年，由成都电子机械高等专科学校校团委承办的 "95 周年校庆暨第 32 届纪念 "12·9" 运动校园之春大型文艺晚会" 于 2008 年 12 月 10 日晚 7 点在新校区篮球场隆重举行。学校领导、知名校友和兄弟院校的嘉宾应邀出席了晚会，学校 4000 余名师生共同观看了晚会。晚会开始前，学校副校长郑予捷发表了激情洋溢的讲话，她回顾了近年来学校建设和发展所取得的重大成就，描绘了学校今后发展的宏伟蓝图，并对回校参加校庆的知名校友们表示了亲切的问候，向全校同学提出了殷切的希望。

随着一曲激扬的健美操表演，晚会拉开了帷幕。在绚烂的灯光中，节目精彩纷呈，令现场高潮迭起。亮丽的月光之下，同学们热情饱满，欢呼声，掌声此起彼伏。震撼灵魂的舞蹈，动人心弦的歌声，感同身受的表演，每个节目在师生共同的努力下都各具亮点。晚会期间，还进行了抗震救灾光荣模范的表彰仪式。最后，晚会在 "爱与希望" 的感人歌声中落下了帷幕。

晚会虽然结束了，但晚会所倡导的 "我与祖国共奋进，我与学校同发展，我为青春添光彩" 的主题将永远为人铭记，激励新一代成都电子机械高等专科学校的优秀学子们拼搏奋进。

（资料来源：http://www.cec.edu.cn/2009/newscenter/preview.asp?id=4904）

三、宴请活动

（一）宴请的类型

1. 宴会

宴会为正餐，在宴别上有国宴、正式宴会、便宴之分；在举行时间上有早宴（早餐）、午宴、晚宴之别；其隆重程度、出席规模及菜肴的品种与质量等均有区别。晚上举行的宴会较之白天举行的更为隆重。

1）国宴。是指国家元首或政府首脑为国家的庆典，或为外国元首、政府首脑来访而举行的正式宴会，其规格最高，要排座次，宴会厅内悬挂国旗，安排军乐队演奏国歌及席间乐，席间要致辞、祝酒。

2）正式宴会。除不挂国旗、不奏国歌及出席规格不同外，安排大体与国宴相同，有时也安排乐队奏席间乐。菜肴通常包括汤和热菜，另有冷盘、甜食、水果，如有条件餐前可在休息室稍事叙谈，备以茶、咖啡和啤酒等，席间一般可用两种酒：甜酒和烈性酒，也可以佐以餐前开胃酒。

3）便宴。是一种非正式宴会，常见的有午宴、晚宴，有时也有早餐。这类宴会形式较随便、亲切，可以不排座次，不做正式讲话，菜肴道数也可酌减。家宴是便宴的一种形式，即在家中设便宴招待客人，往往由主妇亲自下厨烹调，家人共同招待。

2. 招待会

招待会是指各种不备正餐，较为灵活的宴请形式，备有食品、酒水饮料，通常不安排座次，可以自由活动。

1）冷餐会。菜肴以冷食为主，也可以用热菜，主客可以自由活动，自取食物，酒水可自取，也可由招待员端送。冷餐会在室内或室外举行均可，可设小桌、坐椅，自由入座，也可不设坐椅，站立进餐，规模和隆重程度可高可低，时间一般在中午 12 时至下午 2 时或下午 5 时至 7 时。

2）酒会。又称鸡尾酒会，以招待酒水为主，略备小吃，不设座位，仅设小桌，可以随便走动，举行的时间也较灵活，中午、下午、晚上均可。请柬上往往注明整个活动的持续时间，客人可在其间任何时候入席退席。酒会不一定都用鸡尾酒，通常酒类品种较多，并配以各种果汁，不用或少用烈性酒。食品多为三明治、面包、小香肠、炸春卷等小吃，以牙签取食。饮料和食品由招待员托皿端送，或放在旋转小桌上供人们自取。这种招待会形式较活泼，便于广泛接触交谈。

3. 茶会

茶会是一种更为简便的宴请形式，是请客人品茶交谈。通常不在餐厅，而设在客厅，设茶几、坐椅，不排座次，举行时间一般在下午 4 时（也有在上午 10 时）左右。茶会对茶叶、茶具要有所讲究。茶具要用陶瓷器具不用玻璃杯，用茶壶而不用热水瓶。

4. 工作进餐

工作进餐是现代交际中经常采用的一种非正式宴请形式。这种宴请只请工作人员，不请配偶等与工作无关人员。工作进餐按时间分为早餐、午餐和晚餐。双边工作时用餐往往排席位，为了便于谈话，常用长桌。

（二）宴请的组织

1. 确定目的、名义、对象、范围和形式

宴请的目的是多种多样的，可以是为了某一件事，如代表团来访、庆祝纪念日、展览会开闭幕、工作交流等。

宴请名义和对象主要依据主客的身份。大型宴请一般可以单位名义发邀请函，也可以个人名义发邀请函。小型宴请可视具体情况以个人或夫妇名义邀请，工作进餐可以单位名义邀请。

宴请范围是指邀请哪些人士出席，请到哪一级别，请多少人，主人一方由谁出面作陪。宴请范围要兼顾诸如宴请性质、宴请规格等。宴请形式要根据人员状况而定，人数多则以冷餐或酒会更为合适，妇女界活动多用茶会。宴请的形式还要取决于活动目的，邀请对象及经费情况等因素。

2. 确定宴请时间、地点

宴请应选择对主客都合适的时间，尤其宴请外宾更要注意对方的禁忌，如避开 13 号和星期五；在伊斯兰的斋月，宴请宜在日后举行。最好事先征询主宾意见，然后再作决定。

宴请的地点要按活动的性质、规模大小、宴请形式、主人意愿及实际可能而择定。

3. 发出邀请

各种宴请一般均发请柬，这既礼貌，也是对被邀请人起提醒备忘作用。便宴经约妥后也可不发请柬。工作进餐一般不发请柬。

请柬一般要提前一至两周发出，以便被邀请人及早做安排，已口头约妥的通常还要补发请柬。需要安排座位的，往往要求被邀请人答复能否出席。对此可以在请柬上注明，也可以在请柬发出后，用电话询问能否出席。正式宴会一般在请柬或请柬信封（一般在下角）注明席次号。

4. 订菜

宴请的酒菜应根据形式和规格选择安排。选菜不宜以主人爱好为准，而应考虑主宾的喜好和禁忌。如果部分人或个别人有特殊要求，还应给予区别，提供特殊照顾。大型宴会更应照顾到各方面。菜肴的道数和份量要适宜，内容要体现当地特色。如果需要还应负责制作精美的菜单，一般一桌放置两三份，也可一人一份。

5. 桌次席位安排

正式宴请一般均排桌次和席位，也可只排主桌席位，其他只排桌次或自由入座。无

论采取哪一种方法，都要事先通知出席人，使其心中有数。现场还要有人引导。需要排座次的宴请，要提前在桌上放置桌次牌。桌次的安排以主桌位置为准，右高左低。

席位安排，我国习惯于按职务高低排列，如夫人及女士出席，通常将女方排在一起。即以男主人为准，男主宾在男主人右手方，女主宾在女主人右手方。外国习惯于男女掺插安排，以女主人为准，男主宾在女主人右手方，女主宾在男主人右手方。两桌以上的宴会，其他各桌第一主人的位置可以与主桌主人位置相同，也可以相反。只要安排席位，就应提前在座前桌上摆放名签。

6. 餐具准备

根据宴请人数、酒的品种、菜的道数准备足够的餐具，餐桌上的一切用品要十分清洁卫生。桌布、餐巾都应浆洗熨平。玻璃杯、筷子、刀叉、碗碟，在宴请前都要洗净擦亮。如果是宴会，应该准备每道菜撤换用的菜盘。

中餐用筷子、盘、碗、匙、小碟、酱油碟等。水杯放在菜盘上方，右上方放酒杯，酒杯数目和种类要与所上酒的品种相同。餐巾叠成花插在水杯中，或平放在菜盘上。宴请外宾时，除筷子外，还应摆上刀叉、酱油、醋、辣油等作料，通常一桌数份。公筷、公勺，应备有筷、勺座，其中一套摆在主人面前，餐桌都应备有烟灰缸、牙签筒等。

西餐具的摆设与中餐不同。西餐具有刀、叉、匙、盘、杯等。刀分食用刀、鱼刀、肉刀（刀口有锯齿，用以切牛排、猪排等）、奶油刀、水果刀；叉又分为食叉、鱼叉、龙虾叉；匙有汤匙、茶匙等。杯的种类更多，茶杯、咖啡杯均应为瓷器；不同的酒使用的酒杯规模不同，宴会上有几种酒，就配有几种酒杯。公用刀叉规模一般大于食用刀叉。西餐具的摆法是：正面放食盘（汤盘），左手放叉右手放刀，食盘上方放匙（汤匙及甜食匙），再上方放酒杯，右起依次为烈性酒或开胃酒杯、葡萄酒杯、香槟酒杯、啤酒杯（水杯）。餐巾插在水杯内或摆在食盘上。面包奶油盘在左上方。吃正餐时刀叉数目应与菜的道数相等，按上菜顺序由外至里排列，刀口向内。用餐时应按此顺序取用。撤盘时，一并撤去使用过的刀叉。

7. 宴请程序

主人一般在门口迎接客人。视宴会重要程度，还可有少数其他主要人员陪同主人排列成行迎接客人。迎接到客人，互致问候后，由工作人员将客人引至休息厅室，如无休息厅室，则直接到宴会厅，但不入座。休息厅室要有相应身份的人员照顾客人，并由招待员送饮料。主宾到达后，由主人陪同进休息厅与其他客人见面。

主人陪同主宾进入宴会厅，全体人员落座，宴会即开始。如果休息厅较小或宴会规模较大，也可请主桌以外的客人先入座，主桌人员最后入座。

如果有正式讲话，我国习惯一般在热菜之后，甜食之前进行。主人先讲，然后主宾讲。也有一入席即讲话的，冷餐和酒会的讲话时间较灵活。

吃完水果，主人和主宾起座，宴会即告结束。

8. 现场工作

工作人员应该提前到现场检查准备工作。如果是宴会，事先摆好座签和菜单。座签置于酒杯前或平摆于餐具上方，菜单放在餐具右边。还可在宴会厅进口前陈列宴会排列图，印制全场席位示意图，在出席人到达时发放。如果有讲话，要落实讲稿，通常主客事先交换讲话稿。如果需译员，也应提前安排妥当。

9. 宴会服务工作

在宴会服务工作中，应注意以下几点。

1）宴会入场时，应在宴会厅门口迎接客人。当客人到达时，要表示欢迎。在客人卸去衣帽后，将其迎入休息厅，并招呼客人坐下，随即上茶，递上毛巾等。

2）客人入席时，应面带微笑，引请客人入座。照顾客人入座时，要用双手和脚尖将椅子稍微撤后，然后向前徐徐轻推，使客人安稳落座。

3）斟酒时，应当走到客人的右侧，斟入的酒约占酒杯的 3/4 或 4/5 即可。斟酒时，瓶口不应紧挨着酒杯，酒杯无须拿起。

4）上菜应按照顺序进行。一般应先上冷盘，再上热菜，最后上甜食、水果等。凡两桌以上的宴会，上菜应同步。上菜方式大致有 3 种：一是把大盘的菜端到桌上，由客人自取；二是招待者托上菜盘逐一往客人的食盘中分让；三是单吃，即用小碗或小碟盛装，在每位客人的桌面前放一份。

5）席间如果客人不慎将餐具碰落在地，不要大惊小怪，应及时为客人换上干净的餐具。

6）宴会结束客人起身离座时，应为其拉开坐椅，疏通走道，并将客人送出宴会厅。

即问即答 9.5

公共关系宴会成功的关键在于菜品和酒水是否高档和名贵？

四、舞会

（一）舞会的组织工作

1）被邀请的男女客人，在人数上要大体相等，对已婚者一般均邀请夫妇。

2）较正式的舞会要发请柬，请柬上要写明舞会持续时间，客人可在其间任意到场离场。

3）舞会场地应宽敞，邀请总人数要与场地相适应，人数过多会显得拥挤，太少又会造成冷场。

4）舞池地板要上蜡保持光滑。舞厅内可用彩灯装饰，把握光线明暗，光线要柔和，不宜太强，最好安排乐队伴奏，应在场地、灯饰、舞曲等方面为跳舞的客人创造热烈气氛。

5）如果有必要和条件，还可准备茶水和点心，以便客人随时饮食。

（二）参加舞会应注意的事项

1）服装要整齐，仪态要端庄。舞会前不要吃味道强烈的食物，不要饮酒。

2）较正式的舞会，第一场舞，由主人夫妇、主宾夫妇共舞；第二场舞，男主人与主宾夫人、女主人与男主宾共舞。舞会上男主人应主动陪无舞伴的女宾跳舞，或为她们介绍舞伴，并要照顾其他客人。男主宾则应轮流邀请其他女宾共舞，其他男宾则应争先邀请女主人共舞。

3）男子应避免主场只与一位女子共舞，尽量避免男子与男子、女子与女子共舞。

4）男方邀请女方跳舞，如其丈夫或女方的父母在旁，应先向其丈夫或父母致意。请舞时，应姿态端庄，向对方点头表示邀请，待对方同意后，陪伴入舞池。如果对方不同意，不能勉强。女方无故拒绝男方的邀请是不礼貌的，如果实在不能接受邀请，要婉言辞谢。已辞谢后，一曲未终，不要再同另外的男子跳舞。

5）跳舞时要注意舞姿，动作不要太大。不熟悉的舞步不要轻易下场。跳舞时注意不要过于剧烈，以防大汗淋漓。

6）在舞场内不要吸烟，不得大声喧哗，要遵守舞会秩序。

7）一曲完毕，男方应向女方致谢，陪送其回原处，并向其周围亲属致意，然后离去。

五、联欢活动

联欢活动是指社会组织为了达到内部员工之间、社会组织成员与社会公众之间，或者社会组织与社会组织之间联络感情、增进友谊的目的而组织的活动。社会组织内部的联欢活动可以调节员工文化生活，创造和谐的人际关系。社会组织对外部所组织的联欢活动可以增进公众对社会组织的关注和了解，加强相互联系和协作交流。

组织内部的联欢活动应注意形式的多样性，以满足员工的不同需求和对员工情绪的及时调节，领导者也应参加联欢活动，以作为和员工建立信任关系的一种方式，同时也应注意满足员工携带亲属、好友参加联欢活动的要求。

社会组织在与外部公众开展联欢活动时应注意把握以下几个问题。

1. 选择联欢活动的对象

联欢对象的选择要遵循互助互利的原则。联欢的双方或多方都要有联欢的要求、内容和能力，这三者缺一不可。选择联欢对象的过程，应该是一个奠定联欢活动基础的过程。

2. 确定联欢活动的层次

联欢活动是有层次的，应由低到高、由浅入深，一般有以下 3 个层次。

1）感情型。联欢活动是以联络感情为主要内容的，如利用节假日、厂庆等机会，互致信函，出席庆祝活动，互赠纪念品，使双方互相建立对对方良好的印象，为今后进一步加强联系奠定感情基础。

2）信息型。联欢活动是以互相沟通信息为主要内容，如就各自掌握的与双方有关的信息（如原材料、资金、销售市场等信息）进行沟通交流，达到信息共享，努力使双方在适应市场的变动中掌握主动。

3）合作型。联欢活动是以经济合作为主要内容的，这是高层次的联欢活动，是联欢活动成果的最终体现，通过一些生产项目或经营项目的合作，促进双方经济效益的共同提高，实现双赢。这种合作性的联欢活动是一种实质性的联欢活动，组织公共关系人员应把着眼点和落脚点放在这个层次的联欢活动上。

3. 把握联欢活动的原则

1）真诚原则。联欢活动不能以损人利己，坑害别人为出发点。

2）互利原则。联欢活动应使双方共同受益，同时不能损害公众利益、社会利益和生态利益。

3）效益原则。联欢活动要在有限的时间和空间范围内取得效益。

小　　结

公共关系工作应抓住一切时机来扩大组织影响，塑造组织形象。这就要求公共关系人员不仅要做好有规律的、意义重大的经常性工作，而且还应精心组织好各种专题活动，认真安排好平凡的日常活动，使这些活动与其他公共关系工作互相配合、相得益彰。公共关系专题活动是指组织为塑造自身形象而围绕某一特定主题所开展的专门公共关系活动，是组织与公众传播沟通的有效途径。这种活动每次都有一个明确的主题，围绕这一主题筹划和安排出一系列特定的活动，或者加强组织与某一部分公众的联系，或者促进公众对某一部分和某一个侧面的理解。其目的是使公共关系专题活动的参加者在特定的气氛中，更真切地感受到组织的存在和作用，感受到组织与众不同的特点。

公共关系专题活动之所以能成为公共关系活动的一种方式，主要是因为它有针对性强、不受时间限制、活动方式灵活、感染力强、拾遗补阙等特点。

公共关系专题活动的种类形式很多，任何组织都可根据自己的性质、特点和需要，精巧地构思出一种独出心裁的专题活动来表现自己，不过公共关系专题活动也有一些常用的活动方式，它们是：记者招待会、展览会、赞助活动、各种典礼与仪式、联谊活动等。

记者招待会又称新闻发布会或信息发布会,它是政府、企业、社会团体或个人把新闻机构的记者召集在一起,宣布某一与组织有关的消息,并让记者就此进行提问,然后由召集者回答的一种特殊会议。

展览会是一种综合运用各种传播媒介、手段推广产品,宣传组织形象和建立良好公共关系的大型活动,它通过实物、文字、图表来展示成果,图文并茂,给公众以极强的心理刺激,从而加深公众的印象,提高组织和产品在公众心目中的信誉。

赞助活动是指社会组织向人们所关心的社会事业提供资金、物质、技术或劳动力等帮助的一种公共关系专题活动。

典礼与仪式是指社会组织本身重大事件的仪式活动和组织所处社会环境中有关的节日庆典及大事庆典活动的总称。

联谊活动包括参观活动、文艺演出、宴请活动、舞会、联欢活动等。

📎知识掌握题

1. 怎样策划好一个记者招待会?
2. 怎样办好展览会?
3. 怎样搞好赞助活动,提高组织的知名度和美誉度?
4. 典礼与仪式的组织工作有哪些?
5. 搞好参观活动应做好哪些工作?
6. 组织文艺演出应遵循什么程序?
7. 如何组织好宴请活动?

📎自测题

1. 下列不属于公共关系专题活动特点的是(　　)。
   A. 针对性强　　　B. 感染力强　　　C. 经常性　　　D. 拾遗补阙
2. 记者招待会的第一道程序是(　　)。
   A. 发资料　　　B. 签到　　　C. 发言人讲话　　　D. 答问
3. 宣传手册属于(　　)。
   A. 文字媒介　　　B. 声音媒介　　　C. 图解媒介　　　D. 实物或模型
4. 赞助(　　)能收到经济效益、社会效益和生态效益的三丰收。
   A. 教育事业　　　B. 福利事业　　　C. 公益事业　　　D. 环保事业

📎知识应用与课堂讨论题

北京建筑工程学院举办2010年校园开放日活动

2010年4月10日早8时,北京建筑工程学院2010年校园开放日暨高考招生咨询活动顺利拉开帷幕,共有北京理工大学等31所高校参加这次开放日活动,进行联合现场咨询。这是今年北京市首场大型高考咨询活动，吸引了大批高三的考生和家长，开放日当天2万多名考生家长涌入该校对各自所关心的专业、政策、历年分数等进行咨询，北京建筑工程学院鲜明的专业特色和良好的就业前景吸引了家长对该校的关注。

校领导非常重视校园开放日活动，为了更好地组织开展此项活动，学校专门成立校园开放日领导小组，由校长郑文堂担任组长，党委副书记王伟、副校长朱光、汪苏担任副组长，有关职能部门和各二级学院招生宣传负责人担任组员，对整个开放日活动进行了精心的组织和策划，从而保证了校园开放日的顺利开展。

党委书记钱军、校长郑文堂、党委副书记王伟、副校长朱光、宋国华等校领导亲临咨询现场组织指导，纪委书记何志洪亲自坚守在招生办展台上以丰富的专业知识和报考经验为考生家长答疑解惑。各二级学院院长、书记和各专业的教授、专家都为考生和家长们就专业选择和志愿填报等问题一一做了细致耐心的解答。通过开放日的咨询，让更多考生和家长了解了北京建筑工程学院，北京建筑工程学院的专业，对该校的发展充满了希望和期待。

北京市政府教育督导室主任、市委教育工委副书记线联平和北京教育考试院院长王健、北京教育考试院高招办主任高福勤、副主任覃华、马春成等领导也亲临现场，指导考察了校园开放日工作，并和北京建筑工程学院领导、教师亲切交流、共议发展。为了充分体现学校的专业特色，领导一行人还专程来到该校建筑学院研究生复试考场，参观具有建筑学专业特色的6小时快题设计的考场。通过观看学生的设计过程，领导对北京建筑工程学院严谨的办学态度和优质的办学理念，给予了充分的肯定和高度评价。

在校园开放日期间，北京建筑工程学院近70名在校学生为参加咨询的各兄弟院校和考生家长提供了全面的服务，该校学子热情、周到的服务给考生家长们留下了良好印象。

本次校园开放日在学校方方面面的支持下，取得了圆满的成功，为考生家长与北京建筑工程学院交流提供了良好的平台，这将有助于吸引优秀生源报考北京建筑工程学院。

（资料来源：http://www.eol.cn/kuai_xun_3075/20100413/t20100413_465115.shtml）

思考：

1）北京建筑工程学院为什么要开展"开放日"这一活动？

2）北京建筑工程学院的开放日活动的主要对象有哪些人？

3）北京建筑工程学院的开放日活动为什么选择在4月上旬？

4）结合本案例谈谈良好的舆论环境对组织发展的意义。

情景模拟题

1. 情景介绍

王石的个人博客

万科企业股份有限公司成立于1984年5月，是目前中国最大的专业住宅开发企业。王石是上市公司万科的董事长，也是中国广为人知的企业家。2008年5月12日，汶川地震发生当天，万科集团总部决定公司捐款人民币 200 万元。鉴于万科的市值规模及行业地位（2007 年，万科销售额排名内地第一，超过 523 亿元，净利超过 48 亿元），有部分人通过网络表示对万科捐赠额的"不以为然"，尤其是在这次大灾之后，慷慨解囊、千万级以上的企业捐赠者不在少数。因此，不少网友"呼吁万科再多捐点，不要显得寒酸、抠门"。事出王石在博客上发表的若干他个人对于"企业捐赠活动"的观点。两天后，王石开始在个人博客上作出连续回应，"对捐出的款项超过 1000 万的企业，我当然表示敬佩。但作为董事长，我认为：万科捐出的 200 万是合适的。这不仅是董事会授权的最大单项捐款数额，即使授权大过这个金额，我仍认为 200 万是个适当的数额。中国是个灾害频发的国家，赈灾慈善活动是个常态，企业的捐赠活动应该可持续，而不成为负担。万科对集团内部慈善的募捐活动中，有条提示"每次募捐，普通员工的捐款以 10 元为限。其意就是不要慈善成为负担。"王石因发表"捐款不应成为负担"、"万科普通员工捐款上限是 10 元"等不当言论，被网友炮轰"冷血、麻木"，为了发泄愤怒，不少网民自发组织"抵制购买万科住宅、抵制持有万科股票"的活动，使万科深信"赖捐"是一种不道德行为。

（资料来源：http://finance.ifeng.com/news/hgjj/200805/0517_2201_546099.shtml）

2. 模拟训练

1）同学们可自由组合或由指导老师组合成若干小组，分别扮演记者招待会主持人、王石、万科公司员工、媒体记者、社会公众等，商讨应对策略。

2）每一小组推出 1 名代表上台发表演讲。要求学生事先准备好值得发布的新闻信息和书面材料，发言要踊跃、尖锐，回答要及时、全面透彻、有针对性。目的在于训练学生主办记者招待会及传递信息的能力。

3）表演结束后请全班同学分别给各小组评分。

项目＼得分	优（90～100 分）	良（80～89 分）	中（70～79 分）	及格（60～69 分）	不及格（60 分以下）
回答内容					
演讲水平					
回答技巧					
效果					

4）最后由指导老师进行点评和总结。

实践训练题

1. 实训项目

在你所在城市举行展览会期间，真实受聘为某一个实际参加展览会的商家服务。

2. 实训目的

通过实习训练，增加感性认识，了解公共关系专题活动的程序，熟悉公共关系专题活动，理解公共关系专题活动理论，掌握公共关系专题活动的方法和技巧，培养开展公共关系专题活动工作的实际能力。

3. 实训内容

1）为商家推销商品。　　　　　2）展位布置及服务。

3）公共关系专题活动。　　　　4）公共关系广告。

5）公共关系促销。　　　　　　6）新闻宣传。

7）公共关系危机处理。　　　　8）CI 策划。

9）市场调查。　　　　　　　　10）收集参会商家的公共关系策划方案（策划书）。

4. 实训组织

同学们可以个人或以小组为单位受聘为某一个参加展览会的商家服务。

5. 实训考核

1）要求每位学生写出实训报告，其内容包括：参加了哪些活动，进行了哪些项目的训练，有何收获和体会。

2）实训接收单位对该生的实习情况作出评价，即实训鉴定。

3）组织学生将实训体会在全班交流。

4）教师根据学生写的实训报告、实训鉴定和班上交流情况进行评阅，写出实训评语，评出实训成绩。

【课下补充参考资料】

http://www.chinanews.com.cn/.

http://www.expo-china.com/.

http://www.zhaozanzhu.com/.

第十章 公共关系社交礼仪

学习目的

通过本章学习，要求达到：

知识目标：了解公共关系礼仪的重要性，理解公共关系礼仪的基本原理，理解公共关系礼仪的原则和基本要求，了解公共关系在实际操作中涉及的业务领域；

素质目标：提高社交礼仪的运用意识，展现个人的素养，为职业活动奠定基础；

技能目标：掌握公共关系活动中礼仪的主要形式、内容和方法等，学会运用公共关系礼仪操作的要求和技巧；

能力目标：提升个人的社会交往水平，学会在职业活动中运用公共关系礼仪提高公共关系成效的能力，为个人的发展和组织任务的完成增加砝码。

主要概念和原理

礼仪　公共关系礼仪　人际交往　仪表　见面　拜访　会见　庆贺

社交礼仪是人们在社会交往过程中形成的并得到共同认可的各种行为规范，它是人们以一定的程序、方式来表现的律己、敬人的完整行为。

公共关系社交除了具有一般人类的社交活动目的外，还离不开公共关系的总体目标，即创造良好的公共关系状态，使组织与内外公众处于协调、融洽的社会环境之中。

公共关系礼仪是指社会组织的公共关系人员或其他人员在公共关系活动中，为了树立和维护组织的美好形象，构建组织与内外公众和谐的理想型关系所应遵循的尊重公众，讲究礼貌、礼节，注重仪表、仪容、仪态等的规范或程序。公共关系礼仪的目的是内求团结、外求发展，塑造良好的组织形象。

案例导入

小张能等到录用通知吗

一次某公司招聘文秘人员，由于待遇优厚，应聘者很多。中文系毕业的小张同学前往面试，她的背景材料可能是最棒的：大学4年，在各类刊物上发表了3万字的作品，内容有小说、诗歌、散文、评论、政论等，还为6家公司策划过周年庆典，英语表达也极为流利，书法也堪称佳作。小张五官端正，身材高挑、匀称。面试时，招聘者拿着她的材料等她进来。小张穿着迷你裙，露出藕段似的大腿，上身是露脐装，涂着鲜红的唇膏，轻盈地走到一位考官面前，不请自坐，随后跷起了二郎腿，笑眯眯地等着问话，孰料，3位招聘者互相交换了一下眼色，主考官说："张小姐，请回去等通知吧。"她喜形于色："好！"挎起小包飞跑出门。

问题：小张能等到录用通知吗？为什么？假如你是小张，你打算怎样准备这次面试？

（资料来源：http://news.cnlist.com/CnlistNewsDetail.aspx）

案例分析

通过案例分析，小张等不到录用通知。主要原因如下。

1）衣着。面试的时候应该穿正装，最好是带有职业性质的服装或套装。

2）面容。面试的时候化妆是对对方的尊重，但是一般是以淡妆为主，嘴巴涂有一定颜色的唇彩，让人觉得自己精神就行，不需要太艳丽的颜色。

3）坐姿。坐下的时候，如果穿的是裙子可以选择两脚并拢往左边或右边斜着，这样既美观又落落大方；如果穿的是裤子而且又要跷脚，那么跷腿时把脚尖压下去，用脚尖对着别人是对别人的不尊重。

4）走路。走路不应该过急或过慢，尤其是面试有了一定结果的时候更不应该选择跑，这样给对方造成不好影响还有可能撞到其他人。

5）笑。在礼仪中讲究的笑是露出八颗牙齿，这样既能表达笑又不觉得做作。

礼仪不仅可以美化人生，而且可以培养人们的社会性，同时还是社会生活和交往的需要。孟德斯鸠曾说："我们有礼貌是因为自尊。""礼貌使有礼貌的人喜悦，也使那些受人礼貌招待的人喜悦。"注重言语礼仪，可以有一个和睦、友好的人际环境，注重行为的礼仪，可以有一个宁静、洁净的生活环境，可以促进人际关系的和谐，也可以美化人生，美化社会，因此礼仪习惯的培养是精神文明建设的一项重要内容。

一个知书不达理、知识水准和道德水准严重不协调的学生，不可能成为一个优秀人才。

第一节 社交与社交礼仪

交往是人类社会活动的基本形式之一，是人类社会发展中最奥秘和最丰富的学问，也是公共关系中最生动和最活跃的组成部分，是社会组织与内、外部公众沟通的重要途径。了解社交的基本原理，认识社交与礼仪的关系，才有助于掌握和应用公共关系社交礼仪。

一、社交的概念

社交通常是指社会交际或社会交往，是人们在社会生活中为了满足某种需要或者达到特定的目的而进行的信息交流、联系和相互作用。

1. 交往是人类社会特定的社会现象

即问即答 10.1

人际交往是社会成员生存的方式吗?

马克思说:"人的本质是一切社会关系的总和。"交往是人类历史发展的必然伴侣,同时也是人们日常生活和日常接触的必然伴侣。人们从交往中获得生存、工作、学习、自我教育等所需要的信息;通过交往处理人与人之间的矛盾、协调人际关系;人们从交往中得到他人的尊重、信任、认可,满足其社交需要;在现代信息社会中,人们所从事的劳动和工作越来越复杂,社会化程度越来越高,既有严密的科学分工,又有严密的整体配合,人们比以往更多地渴望对话,更多地渴望合作,更多地渴望文化生活和精神交往。因而交往是人类社会特定的社会现象。

2. 社交的功能与作用

综合来讲,人们从事社交活动主要目的有以下四点。

1)交流信息。也称为信息资源共享。在生活中需要获取大量信息以供生计参考,由于个人的活动范围有限,直接获取一手信息资源的能力也就受到很大的限制,而这众多的信息大多是在与他人打交道时所获取来的。

2)增进感情。在社交上投入的时间将带来感情上的收获,如与亲戚朋友在一起休闲娱乐。

即问即答 10.2

每个人以自我出发或满足私欲的目标来交往,会是什么样的结果呢?

3)建立关系。社交在很多情况下是建立诸如商业合作、感情姻缘等关系的纽带。在建立关系的过程中,记得要学会跟进关系,避免忘记。日近日密,日疏日远。

即问即答 10.3

有人认为:在生活和工作中,人们都希望充分地发挥自己的才能,但是,人们又常常感到,有时自己的才能得不到充分的发挥,其中原因之一是受人际关系的影响。这话对吗?

4)充实自我。丰富人生阅历和人性情感。

青蛙与蜘蛛

有一天，一只老青蛙遇见一只老蜘蛛，大吐苦水道："我一辈子都在辛勤工作，但只能勉强糊口。现我年老力衰，等待我的命运却是要饥饿而死。而你，我从没见你劳动过，却衣食丰足，即使现在老了，仍不愁吃喝，自有投网者，送来美味佳肴，这世道真不公平啊！"

老蜘蛛回答说："你说得不对，想当年，我每天操劳，日复一日地织我这张网，好不容易生活才有了依靠。就是现在，我还随时要修复经常出现的破洞。你之所以生活艰辛、老而无靠，那是因为你是靠四条腿在生活，而我是靠一张网在生活，网不会因我年老而衰，所以我虽然年事已高，而生活不愁。如果我也像你一样靠我这几条纤细的腿来生活，我会过得比你还惨百倍。"

（资料来源：http://www.shineblog.com/user1/18810/archives/2005/134190.shtml）

3. 社交需要礼仪

社交是人内心自然的需求。有一句名言："如果你把快乐告诉一个朋友，你将得到两个快乐，而你如果把忧愁向一个朋友倾诉，你将被分掉一半忧愁。"人的天性是喜欢得到快乐，摆脱忧愁，而社交可以满足人们的这个愿望。它可以使人们获得知心朋友，可以得到他人的关怀和帮助，可以活跃而丰富人们的社会生活，有益于人们的身心健康。但如果只为获得这样的结果而社交，没有必要的相互尊重和规范，社交会达到目的吗？社交的好处有很多，它是人生要完成的首要课题之一，谁掌握了社交的本领，懂得社交的礼仪，谁就可能感受生活的愉快和欢乐。

二、社交礼仪

礼仪是人们在社会交往过程中形成的并得到共同认可的各种行为规范，它是人们以一定的程序、方式来表现的律己、敬人的完整行为。它体现了一个国家、一个民族、一个地区的道德风尚和人们的精神面貌。所以，礼仪是人类精神文明的产物。礼仪的历史是漫长而久远的。它随着人类社会的产生而产生，随着经济的发展、社会的进步而不断前进。

1. 注重社交礼仪，是青年学生成熟的标志之一

即问即答 10.4

一个排斥社交、更不知社交礼仪的人，在心理和社会生活上会是怎样的状态？

礼仪是人们步入文明社会的"通行证"。人类自诞生那天起，便开始了对文明与美的追求。礼仪体现了人类社会不断摆脱愚昧、野蛮、落后，促使整个社会的进化，也是一个国家、一个民族进步、开化与兴旺的标志。我国作为东方文明古国和东方文化的发源地，素有"礼仪之邦"的美誉。数千年对文明的不懈追求，形成了丰富多彩的东方文化和礼仪。

1）学习礼仪做一个有素质的社会人。礼仪是一个人乃至一个民族、一个国家文化修养和道德修养的外在表现形式，是做人的基本要求。中华民族自古以来就非常崇尚礼仪，号称"礼仪之邦"。孔夫子曾说过："不学礼，无以立。"就是说一个人要有所成就，就必须从学礼开始。可见，礼仪教育对培养文明有礼、道德高尚的高素质人才有着十分重要的意义。随着社会生产力的不断发展，物质生活条件的逐步改善，社会文明程度的日益提高，人们对礼仪倍加推崇。讲文明、懂礼貌，尊重他人，服务社会已成为人们的共识。无论是人际的、社会的以至国与国之间的交往，抑或是旅游、商业、服务业等行业的接待服务工作，都离不开对礼仪规范的遵守。现代人都开始注重文明修养，讲究礼仪，几乎每个人都成为礼仪的载体、文明的化身。

2）学习公共关系礼仪、提升个人的职业素养。对现代职业人士而言，拥有丰富的礼仪知识，以及能够根据不同的场合应用不同的交际技巧，往往会令事业如鱼得水。但交际场合中事事合乎礼仪，处处表现得体着实不易，需要不断的学习和训练，掌握交往艺术与沟通技巧、交际交往中的礼仪重点，从而为职业活动奠定良好的基础。

✎ 相关链接 10.2

修养的作用

　　有一批应届毕业生共22人，实习时被导师带到北京的国家某部委实验室里参观。全体学生坐在会议室里等待部长的到来，这时有一个秘书给这些学生倒水，同学们表情木然地看着她忙活，其中一个还问了句："有绿茶吗？天太热了。"秘书回答说："抱歉，刚刚用完了。"林某看着有点别扭，心里嘀咕："人家给你水还挑三拣四。"轮到林某时，他轻声说："谢谢，大热天的，辛苦了。"秘书抬头看了他一眼，满含着惊奇，虽然这是很普通的客气话，却是她今天唯一听到的一句。

　　门开了，部长走进来和这些学生打招呼，不知怎么回事，静悄悄的，没有一个人回应。林某左右看了看，犹犹豫豫地鼓了几下掌，同学们这才稀稀落落地跟着拍手，由于不齐，越发显得凌乱起来。部长挥了挥手："欢迎同学们到这里来参观。平时这些事一般都是由办公室负责接待，因为我和你们的导师是老同学，非常要好，所以这次我亲自来给大家讲一些有关情况。我看同学们好像都没有带笔记本，这样吧，王秘书，请你去拿一些我们部里印的纪念手册，送给同学们作纪念。"接下来，更尴尬的事情发生了，同学们都坐在那里，很随意地用一只手接过部长双手递过来的手册。部长脸色越来越难看，来到林某面前时，已经快要没有耐心了。就在这时，林某礼貌地站起来，身体微倾，双手握住手册，恭敬地说了一声："谢谢您！"部长闻听此言，不觉眼前一亮，伸手拍了拍林某的肩膀："你叫什么名字？"林某照实作答，部长微笑点头，回到自己的座位上。早已汗颜的导师看到此景，微微松了一口气。

两个月后，毕业分配表上，林某的去向栏里赫然写着国家某部委实验室。有几位颇感不满的同学找到导师："林某的学习成绩最多算是中等，凭什么选他而没选我们？"导师看了看这几张尚属稚嫩的脸，笑道："是人家点名来要的。其实你们的机会是完全一样的，你们的成绩甚至比林某还要好，但是除了学习之外，你们需要学的东西太多了，修养是第一课。"

（资料来源：http://wenwen.soso.com/z/q128522667.htm?ri）

3）学习礼仪为构建和谐社会做贡献。礼仪是人们在长期的社会交往中共同遵守的对他人表示尊重的礼节和各种仪式的总称。礼仪自古有之，而今更是现代人立足社会、成功开创事业的有力保障。尤其是随着社会的不断发展和进步，人与人之间交往的日益频繁，礼仪已成为人们生活和工作中不可或缺的组成部分。它不仅体现着一个人的知识、道德修养，同时也是促进社会主义精神文明建设、构建社会主义和谐社会的重要标志。

2. 社交礼仪的内容丰富多彩。

随着时代的变迁、社会的进步和人类文明程度的提高，礼仪的内容也在不断地推陈出新。礼仪是礼节和仪式的总称、是人们在各种社会交往中，互相尊重而约定俗成、共同认可的行为规范和程序。礼仪的种类内涵丰富，渗透于人们生活的每一个细节中。从识人到交人到工作，可以说处处都要应用礼仪。

一般来讲，礼仪的类型可以分为以下4种。

1）日常生活礼仪。包括见面礼仪、介绍礼仪、交谈礼仪、宴会礼仪、会客礼仪、舞会礼仪、馈赠礼仪、探病礼仪。

2）节俗节庆礼仪。包括春节礼仪、清明礼仪、端午礼仪、重阳礼仪、中秋礼仪习俗及结婚礼仪、殡葬礼仪和祝寿礼仪。

3）涉外交际礼仪。包括见面礼节、交谈礼节、拜访和赴宴礼节等。

4）商务礼仪。包括会议礼仪、谈判礼仪、迎送礼仪及谈判禁忌知识等。

其他还有公共关系礼仪、公务礼仪、家居礼仪和求职礼仪等。

即问即答 10.5

仪表、仪态与礼仪的关系是什么呢？

礼仪与仪态是指人在行为中的姿势和风度。姿势是指身体呈现的各种形态，而风度则是一种气质。有些人长相端正，妆饰得体，却毫无风度可言，这是因为其内在修养不够高深，展现不出那种属于精神层次的气质。

在礼仪知识中，仪态是很重要的一环。常常凭借一个人的仪态可以判断其品格、学识及道德的修养程度。仪态是礼仪的体现，风度优雅、举止得体的人无论在任何场合，都会受到人们的欢迎和喜爱。仪态与长相并无直接的关系。天生相貌好，固然是一种优势，但如果没有相应的仪态，只能被称之为绣花枕头。相反，有些相貌平平的人，却让人感到他浑身充满魅力而乐于同他交往，这便是仪态的魅力了。

在人际交往中，人的感情流露和交流往往借助于人体的各种姿态去体现，这就是常说的"身体语言"。许多时候，适当的身体语言往往比口若悬河更有效。人要培养良好的仪态，并不是一朝一夕的功夫，只有在日常生活中时时注意纠正不正确的姿势，养成良好的"身体语言习惯"，才可以在任何场合都一展风华，令人羡慕和称赞。

3. 掌握社交礼仪的基本原则

社交礼仪的原则是处理人际关系的出发点和指导原则。主要有以下几个方面。

1）真诚尊重的原则。真诚是对人对事的一种实事求是的态度，是待人真心真意的友善表现。真诚和尊重首先表现为对人不说谎、不虚伪、不骗人、不侮辱人，所谓："骗人一次，终身无友"。其次表现为对他人的正确认识，相信他人，尊重他人，所谓心底无私天地宽，真诚的奉献，才有丰硕的收获，只有真诚尊重方能使双方心心相印，友谊地久天长。

相关链接 10.3

小节的象征

一位先生要雇一个没带任何介绍信的小伙子到他的办公室做事，先生的朋友挺奇怪。先生说："其实，他带来了不止一封介绍信。你看，他在进门前先蹭掉脚上的泥土，进门后又先脱帽，随手关上了门，这说明他很懂礼貌，做事很仔细；当看到那位残疾老人时，他立即起身让座，这表明他心地善良，知道体贴别人；那本书是我故意放在地上的，所有的应试者都不屑一顾，只有他俯身捡起，放在桌上；当我和他交谈时，我发现他衣着整洁，头发梳得整整齐齐，指甲修得干干净净，谈吐温文尔雅，思维十分敏捷。怎么，难道你不认为这些小节是极好的介绍信吗？"

由此可以看出，讲究礼仪对个人的成功是至关重要的，因为它关系到个人的形象。个人形象，是一个人仪容、表情、举止、服饰、谈吐、教养的集合，而礼仪在上述诸方面都有自己详尽的规范，因此学习礼仪，运用礼仪，无疑将有益于人们更好地、更规范地设计个人形象、维护个人形象，更好地、更充分地展示个人的良好教养与优雅的风度。

（资料来源：http://wenwen.soso.com/z/q128522667.htm?ri）

2）平等适度的原则。平等在交往中，表现为不要骄狂，不要我行我素，不要自以为是，不要厚此薄彼，更不要傲视一切，目空无人，更不能以貌取人，或以职业、地位、权势压人，而是应该时时处处平等谦虚待人，唯有此，才能结交更多的朋友。适度的原则是交往中把握分寸，根据具体情况，具体情境而行使相应的礼仪的原则，如在与人交往时，既要彬彬有礼，又不能低三下四；既要热情大方，又不能轻浮谄谀，要自尊不要自负，要坦诚但不能粗鲁，要信人但不要轻信，要活泼但不能轻浮。

3）自信自律的原则。自信是社交场合的一份很可贵的心理素质，一个有充分信心的人，才能在交往中不卑不亢、落落大方，遇强者不自惭，遇到磨难不气馁，遇到侮辱敢于挺身反击，遇到弱者会伸出援助之手。

4）信用宽容的原则。信用即讲信誉的原则，孔子说："民无信不立，与朋友交，言而有信。"在社交场合，尤其要讲究一是要守时，与人约定时间的约会、会见、会谈、会议等，绝不应拖延迟到；二是要守约，即与人签订的协议、约定和口头答应的事，要说到做到，即所谓：言必信，行必果。故在社交场合，如没有十分的把握就不要轻易许诺他人，许诺做不到，反落了一个不守信的恶名，从此会永远失信于人。宽容是一种较高的境界，容许别人有行动与见解自由，对不同于自己和传统观点的见解要耐心公正地容忍。站在对方的立场去考虑一切，是争取朋友的最好方法。

4. 学习礼仪的基本方法

1）要以学会尊重他人为起点。礼仪本身就是尊重人的外在表现形式，只有从内心尊重人，才会有得体的礼仪言行，尊重他人是人与人接触的必要和首要态度。

2）要以提高本人自尊心为基础。正确的自尊心应具有待人谦逊、不骄不躁的品格。在学会尊重他人时，自己也得到他人的尊重，自尊心在提高的同时，其内心的道德要求也在提高。

3）要重在实践。一个人的礼仪只有在言行中才能反映出来，不说不动就不能说某个人有没有"礼仪"。每个人都要在理解礼仪要求的基础上，敢于在日常的言行中、平时的待人接物中展现自己文明有礼的形象。

第二节　公共关系社交

公共关系作为一种管理职能、传播行为和现代组织的沟通方式，已被广泛地应用于各类组织的经营管理活动之中。在国际交流与合作日益密切的今天，任何组织想求生存、求发展，建立良好的信誉和形象，都必须重视学习和运用公共关系的知识和技巧，通过一系列成功、有效的公共关系活动的开展，达到提高组织知名度、扩大组织影响、取得公众信任、树立良好组织形象的目的。

一、特征

公共关系社交是指公共关系人员在公共关系活动中为了满足某种需要或者达到特定的目的而进行的信息交流、联系和相互作用。公共关系社交除了具有一般社交的特征外，还有以下几个独有的特征。

1. 关注公众需求，树立组织形象

一般人类的社交活动目的，主要是为了接触社会、获得知识、结成友谊、认识自我。公共关系社交除了具有一般人类的社交活动目的外，还离不开公共关系的总体目标，即创造良好的公共关系状态，使组织与内外公众处于协调、融洽的社会环境之中。因此，公共关系社交一方面要使组织在公众中享有美好的形象和良好的声誉，另一方面又要有充分的关注和满足组织内、外公众的需求和利益。

2. 强化角色意识，明确交往对象

"角色"是社会学中的一个术语，是指个人或组织在社会这个大舞台中，根据相互交往的对象不同，在不断变换着自己所扮演的角色，是多种社会角色的集合体。例如，个人在单位是职工，面对上级是下级，面对下级又是上级。组织同样也有多种社会角色，面对上级组织是下级组织，面对下属单位又是上级组织，面对同行是兄弟单位、是朋友、是竞争对手，面对社区管理部门是社区内的单位之一。在社会这个大舞台中，不同的角色都有与之相适应的角色规范，不可模糊，更不能混淆。公共关系是一种社会关系，表现在具体的社会角色的相互作用之中，也是一种"角色关系"。在社会交往中，无论是对内部公众还是外部公众，无论是对上级还是下级，也都有特定的角色规范，作为公共关系人员，应该努力强化角色意识，掌握各种社交技能，尽量避免角色冲突。

即问即答 10.6

你现在应该是什么样的角色？你的公共关系社交的对象、内容、方式和目标是什么？

由于组织面临着纵横交错的关系，在强化角色意识的同时，公共关系人员需要理顺公关社交的各种对象，对不同层次、不同职业、不同年龄、不同文化素养和兴趣爱好、不同社会阶级组成的整体等交往对象，既要着眼于广大公众，又要考虑对象的不同特点和个性，区别不同层次，选择不同的内容，采取不同的社交方法。

3. 立足长远利益，坚持互惠互利

公共关系注重的是双向沟通，追求的是组织的长远利益，要使双方关系得到协调和沟通，坚持社交中的互惠互利是非常重要的。这种互惠互利，不仅指物质上的"惠"和

"利"，而且指精神上的"惠"和"利"。前者是有形的，后者是无形的。从公共关系社交的角度看，两者应该并重，在某种情况下，精神的比物质的显得更重要。

4. 精心组织活动，周密安排实施

公共关系社交是一项有目的、有计划的活动，为了达到预期的效果，公共关系人员需要对重要的社交活动，如组织庆祝会、记者招待会、宴会、茶话会等，精心组织，认真实施。一是要有活动计划，如活动的目的、形式、范围、时间、地点等。二是要有明确的公共关系对象，对参加的人员要认真进行组织，对被邀请参加的人员，如男女比例、文化修养、职位高低、关系状况和席位安排等因素要全面考虑。三是要提前发出邀请信息，及时掌握重要人员反馈的信息，做好参加活动人员迎送工作。四是要按时举行，不要随便更改。

二、作用

公共关系社交活动是公共关系不可分割的重要组成部分，在组织的发展中发挥着重要的作用。主要体现在以下几个方面。

即问即答 10.7

公共关系社交的目的与公共关系活动的目的有什么样的联系？

1. 塑造形象

良好的社会形象是组织生存和发展的重要条件，是公共关系的最终目标。组织社会形象包括组织的产品形象、职工形象、整体形象和理想形象等许多方面，公共关系社交的塑造形象作用主要是通过个人形象的塑造促进组织形象的塑造。公共关系中的人际交往具有个体化与非个体化的双重性，交往过程既带有个体性，又具有组织性。个体在交往活动中表现出的礼貌、态度、知识修养等，往往直接影响对方用他所代表的组织的印象。因此，在社交场合组织的各个成员，特别是组织的公共关系人员，不仅要打扮得体、举止大方、稳重，而且要充满自信心，主动、积极地与人交往。这样，才能赢得公众的信任，获得更多的朋友，从而树立个人和组织良好的社会形象。

2. 搭建桥梁

公共关系社交中人际交往的双重性特征，往往不是同时发生作用的，有时是先由组织交往关系开始，逐渐产生融洽的个体交往关系，进而使交往顺利发展；有时却是由于个体间融洽的交往关系，导致组织交往的产生和发展。个人与个人之间深厚的友情和长久的交往，往往包含着彼此深厚的信任，它能增加双方对对方所代表的那个组织的信任，从而促进组织的有关交往。

3. 协调沟通

组织与其相关公众之间的关系，就和人际关系一样。如果彼此尊重、互让互谅，就能够和睦相处，携手并进；如果偏见固执、不能坦诚相见，就会激化矛盾，不欢而散。这就需要公共关系人员在社会交往中协调和沟通。协调沟通包括上下级之间、员工之间、内外之间、组织之间等范围。

4. 团结凝聚

公共关系社交是组织"内求团结，外求发展"的重要手段。这一手段主要体现在通过公共关系社交活动的安排和实施，强化组织全体成员的公共关系意识，从而使得组织内部上下一心，团结一致，凝心聚力。一般来说，凝聚力有益于组织目标的完成，但并不是任何凝聚力都有利于组织目标的实现。根据研究，只有在员工凝聚力的目标与组织目标相一致的基础上，增强凝聚力才有利于社会组织。否则，两个目标背道而驰，则员工之间的强凝聚力反而会有碍组织目标的实现。因此，在这方面公共关系社交的重点是如何使员工凝聚力的目标与组织目标相一致。

三、要求

公共关系社交的特征和作用表明，它与一般的社会交往既有联系又有区别，要做好公共关系社交工作，必须在"德"、"能"、"情"、"行"等4个方面下工夫。

1. "德"

即问即答 10.8

公共关系交际就是请客吃饭，勾兑关系，各取所需，与"德"没什么关系，对吗？

"德"是指在公共关系社交活动中，公共关系人员要有良好的道德风尚，自觉地遵守道德规范，认真地做到：尊重他人、关心他人、谦虚待人、理解别人。

2. "能"

公共关系人员是组织代言人，经常在许多正式和非正式的场合，如同外交家，要代表组织与外界交往，参加各种交际活动。良好健康的精神风貌、强烈社交意识和出色的能力是公共关系人员"能"的体现。

3. "情"

"情"是指公共关系社交要充满感情。社会交往过程不仅是认识上的相互沟通，行为上的相互影响，而且是感情上的相互交流。因而，公共关系社交的过程，是联络感情的过程，公共关系人员应该倾注感情。

即问即答 10.9

公共关系交往中难免会遇到虚情假意的情况，我们该如何对待？

4.“行”

“行”是指公共关系人员在社交场合体现出的得体、良好的言谈、仪表、举止。公共关系人员在社交场合言谈很重要，不要高谈阔论、言之无物、道听途说、强词夺理、一言堂、言而无信；在仪表上要合体、合适、合度，要注意时节、地点、场合；在举止上要文雅、有风度、稳重、大方。

相关链接 10.4

两 种 妆 扮

　　王某，某高校文秘专业高才生，毕业后就职于一家公司做文员。为适应工作需要，上班时，她毅然放弃了“清纯少女妆”，化起了整洁、漂亮、端庄的“白领丽人妆”：不脱色粉底液，修饰自然、稍带棱角的眉毛，与服装色系搭配的灰度高偏浅色的眼影，紧贴上睫毛根部描画的灰棕色眼线，黑色自然型睫毛，再加上自然的唇型和略显浓艳的唇色，虽化了妆，却好似没有化妆，整个妆容清爽自然，尽显自信、成熟、干练的气质。

　　但在公休日，她又给自己来了一个大变脸，化起了久违的“青春少女妆”：粉蓝或粉绿、粉红、粉黄、粉白等颜色的眼影，彩色系列的睫毛膏和眼线，粉红或粉橘的腮红，自然系的唇彩或唇油，看上去娇嫩欲滴，鲜亮淡雅，整个身心都备感轻松。

　　心情好，自然工作效率就高。一年来，王某以自己得体的外在形象、勤奋的工作态度和骄人的业绩，赢得了公司同仁的好评。

　　工作当中，打扮得大方、得体对公司的领导同事都有一个很好的印象，说明这个人比较注重着装，认真对待工作，公休时间可以做回自己原本美的可爱、青春活力的一面。

（资料来源：http://wenwen.soso.com/z/q128522667.htm?ri）

第三节　公共关系礼仪

公共关系礼仪是指社会组织中的公共关系人员或其他人员在公共关系活动中，为了树立和维护组织的美好形象，构建组织与内外公众和谐的理想型关系所应遵循的尊重公众，讲究礼貌、礼节，注重仪表、仪容、仪态等的规范或程序。公共关系礼仪的目的是内求团结、外求发展，塑造良好的组织形象。组织形象的建立与维护，离不开公共关系礼仪的滋润与培育。公共关系礼仪主要包括礼貌、礼节、仪式3要素，具有共同性、继承性和时代发展性的特点，应当遵循诚信、谦恭、宽容、平等、适度等原则。

一、见面时的礼仪

1. 称呼

与人见面，需要热情、友好、得体地称呼别人。我国一惯通用的称呼是"同志"前面冠以姓氏或名字。后来，又渐渐通用"师傅"一词。近些年来，随着我国改革开放进程步伐的加快，国际交往的日益增多，称呼也变得丰富多样起来。

一般来说，对已婚女子或年纪稍大的妇女，称"夫人"。对未婚女子称"小姐"。对不了解其婚姻状况的女子称"小姐"或"女士"。对男子称"先生"。这些称呼的前面，可以冠以姓名或职务，如"王先生"、"陈小姐"、"路校长"、"林书记"、"赵主任"、"鲁教授"等。对长辈、领导、老师，称呼时要用"您"而不用"你"，以示谦虚。除长辈对晚辈、老师对学生、同学、爱人、战友之间外，一般不要直呼其名。应当注意的是不要随便称别人外号（或绰号），尤其不可称呼别人弱点或生理缺陷的外号。但外号如果能显示别人的优点、而且文雅，适当称呼反而会显得友好，如称某位书法爱好者为"我们的书法家"，他听了也不会反对。

2. 打招呼

打招呼，又称为见面致意，是指与相识的人见面时，表示问候，沟通感情的一种方式。

1）打招呼的方式。一是根据见面时的时间问候。"早上好"、"晚安"。"这么早就上班呀？""这么晚了还去加班呀？"被问者应予礼貌简单的回答。二是根据见面时的时间间隔长短问候。相隔一段时间后见面的，问候"您（你）好！"，"近来一切还好吧？"，以示关心。三是根据见面时的地点问候。在异地见面，问候"您（你）好！"，"真高兴我们在这里见面！"四是根据见面时的场所问候。在公共场所，问候"您（你）好！"或者举手（右手）、点头示意。五是根据见面时的状态问候。自己骑车，一般要下车问候，有事在身或距离较远，可用手打一下招呼，或说声"有××事就不下车了"，以示歉意。六是根据见面的对象问候。遇到长辈、领导、老师，应该有礼貌地点头致意，问候"您好！""欢迎！"等。

2）打招呼的要求。一是顺序要求。一般情况是男性先向女性致意，年轻者先向年长者致意，下级先向上级致意，学生先向老师致意。但相互致意时，可以不拘泥于这个规范。二是表情要求。表情要尽量显得和蔼可亲，彼此交换目光。但是女性在一般场合，微笑点头示意即可。三是距离要求。不要在相距很远（如20米以外）就与对方打招呼，不要大大咧咧，毫无礼貌地高声叫喊。四是时间要求。见面致意过后，该做什么就做什么，不要"马路天使"般说起话来没完没了。六是还礼要求。认识的人和你打招呼一般都应该还礼，同路人（无论男女）的熟人向你致意时，即使你并不认识对方，也当还礼。如果你不想与什么人打招呼，不能在人家跟前故意地扭身转向一边，而应在相距尚远就走到一旁去。如果迎面走来一位熟人，据你看来，他不愿意让你看见或认出他，那你就尽量不去看他，或在不得已的情况下，假装没有认出他。

3. 握手

握手是在社交场合中，相互见面和离别时及在相互介绍时表示热情、礼貌、致意的常见礼节。

1）握手的方式。一是手心向下，实验研究发现，地位显赫的人习惯使用，有高人一等的感觉，应避免使用。二是手心向上，实验研究发现，谦虚的人习惯使用，如伸出双手相握，更加显得毕恭毕敬。三是手心向左，平等相握。

2）握手的顺序，应由主人、年长者、身份职位高者和女子先伸手；客人、年轻者、身份职位低者和男子见面时先问候，待对方伸手后再伸手相握。多人同时握手时，注意不要交叉，待别人握过后再伸手。主人要主动、热情、适时地握手以增加亲切感。军人戴军帽与对方握手，应先行举手礼，然后再握手。

3）握手的姿态。伸出右手，手心与身体处于垂直状态，身体微微向前倾斜，双目注视对方，面带笑容，切不可漫不经心或东张西望。

4）握手的力度。握手时，不能有气无力地伸出手去，一般情况下，握一下即可，不必过分用力。但是如果是久别重逢的朋友相遇，握手力度可大一些。男子与女子握手时，只需要微微握一下女子的手指部分即可，也不可过分用力。

5）握手的时间。一般情况下，握手的时间不宜太长，五秒左右即可，也不可匆匆一握，敷衍了事。

6）握手的禁忌。一忌戴着手套与别人握手。二忌脏手相握。如果客人来了，主动向你伸手，而恰巧你在干活把手弄脏了，你可一面点头致意，一面摊开双手说明情况，表示歉意。三忌交错握手。四忌争强握手。

4. 介绍

1）介绍他人。在正式场合，首先应介绍地位较高的人和女同志，表示尊重；当面介绍时，首先把年轻者、男子、未婚的女子、资历较浅的一方介绍给年长者、女子、已婚女子及资历较深者，之后，再向另一方介绍。介绍的内容要实事求是。介绍姓名，应该口齿要清楚，语言要规范，必要时作出说明，如"陈书记"的陈是"耳东"陈。有时，还可以主动提一下各方的工作特点、业余爱好等，为双方提供交谈的机会。介绍别人相识后，不能马上走开，特别是被介绍者是陌生的男女或不善交际者，要引导双方交谈。

2）自我介绍。在交际场合，如果你想结识某人，一个简便而又有效的方法是自我介绍。一般的情形下，你面带微笑，先说一声"您好！"以提醒对方注意，然后报出自己的姓名和身份，并简单表明结识对方的愿望或缘由，不能自吹自擂，态度要谦虚，语言要得体。可以使用名片进行自我介绍，名片上应该印有姓名、职务、工作单位、通信地址和电话号码等个人信息。传递名片时，有名字的一面朝上，双手拿好，双目注视对方，微笑致意再递交对方；收取一方也应双手接过，并轻声道谢，接过名片后可当面读出，对不清楚的地方当面请教，然后郑重地收好。一般情况下，在接受别人名片后，应回赠本人名片。如果手头没有，可以向对方说明情况表示歉意并主动介绍自己。一般不要伸手向别人要名片，必须要时，应以请求的口气说："如果您方便的话，请给我一张名片，以便日后联系"，或含蓄地问对方贵姓，这样如果人家有名片就会送给你。

3）他人介绍。在交际场合想结识某人，还可以通过他人介绍。当别人为你作介绍时，要主动以礼貌的语言向对方问候或微笑点头致意。待介绍完毕后，通常应先握一握手并说声"您好！"、"幸会！"、"久仰"，还可以重复一下对方的姓名。在未被介绍给对方时，不宜插嘴对方的谈话，也不宜用手指着对方。介绍时，除女性和年长者外，一般应起立，但在宴会或会议桌上，可不必起立，只需微笑点头即可。

4）随意介绍。如果是非正式场合，对年龄相仿的年轻人，可随便作介绍，不必考虑介绍秩序。如果与友人在路上同行又遇见另一位朋友，一般没有特殊原因可不作介绍，两个相识者打个招呼就过去了。如果要停下交谈较长时间，可以先简单地把两人介绍一下。

5. 递名片

在人际交往中，名片不但能推销自己，也能很快地助你与对方熟悉，它就像持有者的颜面，不但要很好地珍惜，而且要懂得怎样去使用它。现代名片是一种经过设计、能表示自己身份、便于交往和开展工作的卡片，名片不仅可以用作自我介绍，而且还可用作祝贺、答谢、拜访、慰问、赠礼附言、备忘、访客留话等。

1）名片的放置。一般说来，把自己的名片放于容易拿出的地方，不要将它与杂物混在一起，以免要用时手忙脚乱，甚至拿不出来；如果穿西装，宜将名片置于左上方口袋；如果有手提包，可放于包内伸手可得的部位。不要把名片放在皮夹内，工作证内，甚至裤袋内，这是一种很失礼雅的行为。另外，不要把别人的名片与自己的名片放在一起，否则，一旦慌乱中误将他人的名片当做自己的名片送给对方，这是非常糟糕的。

2）出示名片的礼节。名片的递送先后虽说没有太严格的礼仪讲究，但是，也是有一定顺序的。一般是地位低的人先向地位高的人递名片，男性先向女性递名片。当对方不止一人时，应先将名片递给职务较高或年龄较大者；或者由近至远处递，依次进行，切勿跳跃式地进行，以免对方误认为有厚此薄彼之感。

3）出示名片的礼节。向对方递送名片时，应面带微笑，稍欠身，注视对方，将名片正对着对方，用双手的拇指和食指分别持握名片上端的两角送给对方，如果是坐着的，应当起立或欠身递送，递送时可以说一些："我是××，这是我的名片，请笑纳。""我的名片，请你收下。""这是我的名片，请多关照。"之类的客气话。在递名片时，切忌目光游移或漫不经心。出示名片还应把握好时机。当初次相识，自我介绍或别人为你介绍时可出示名片；当双方谈得较融洽，表示愿意建立联系时就应出示名片；当双方告辞时，可顺手取出自己的名片递给对方，以示愿结识对方并希望能再次相见，这样可加深对方对你的印象。

4）接受名片的礼节。接受他人递过来的名片时，应尽快起身或欠身，面带微笑，用双手的大拇指和食指接住名片的下方两角，态度也要毕恭毕敬，使对方感到你对名片很感兴趣，接到名片时要认真地看一下，可以说："谢谢！"、"能得到您的名片，真是十分荣幸"，等等。然后郑重地放入自己的口袋、名片夹或其他稳妥的地方。切忌接过对方的名片一眼不看就随手放在一边，也不要在手中随意玩弄，不要随便拎在手上，不要拿在手中搓来搓去，否则会伤害对方的自尊，影响彼此的交往。

二、拜会时的礼仪

拜会又称拜访或者拜见。在一般情况下，拜会是指前往他人的工作地点、私人居所或者其他商定的地点，探望、会晤对方，或是与对方进行其他方面的接触。不论是在因公交往还是在因私交往中，拜会都是人们习以为常的一种交往方式。作为交往方式之一，拜会实际上是一种典型的双向应酬活动。

在拜会中，访问、做客的一方为客，称做来宾；做东、待客的一方为主，称作主人。任何一次正式拜会的成功，都离不开宾主双方的密切配合与共同努力。对宾主双方而言，在拜会的整个进行过程中都必须恪守本分、善待对方，依照相应的礼仪规范认真行事。从总体上讲，充当客人拜访他人时，一定要讲究客随主便；充当主人款待他人时，则一定要讲究主随客便。

1. 做客

做客是拜会的基本组成部分。访友做客，一般情况下要考虑以下八个方面的礼节。

1）要事先预约，不当不速之客。

2）要按时到达，不迟到也不能太提前到达。

3）要叩门进入，不能不请自入。

4）要问候施礼，不能不请擅坐。

5）要礼物妥当，不要留行贿之嫌。

6）要注意仪表，不能衣冠不整。

7）要稳重文明，不要乱看乱动。

8）要适时告别，不能该走不走。

2. 待客

在拜会期间，待客也是一个重要的组成部分。待客是拜访对象对拜访者所进行的接待。一般情况下要考虑以下六个方面的礼节。

1）要适当准备，不能马虎大意。如果知道有客人要来访，要搞好环境卫生、了解客人习惯、爱好、忌讳等情况、准备好待客之物、安排膳食住宿、准备交通工具等。

2）要热情欢迎，不要拒之门外。客人到来，要欢迎进入。如果客人是第一次来访，应给家人一一介绍，使相互之间尽快熟悉起来。如果家里已有客人，又有新客人来访，应将客人相互介绍，一同接待。如果来客不是自己的客人，而是家里其他成员的朋友、同事或同学，也要热情接待。

3）要适当陪同，不要冷淡客人。如果客人来时，自己正忙于做事，应立即把要做的事放下来，接待客人。手头的事一时实在放不下的，应向客人说明情况，请家人作陪，不要让客人坐冷板凳。如果客人来时，有要事外出，非走不可，要向客人解释清楚，请客人原谅，并约请客人改日再来。

4）要客气挽留，不要有逐客之意。客人提出告辞，主人应客气挽留。客人执意要走，也要等客人起身告辞时，主人再站起来相送。

5）要慎对馈礼，不留受贿之嫌。客人临走时，馈赠了礼品，要当面查看，如果礼品适当，情理之间，主人要表示感谢，并请客人以后不要再破费，同时应回赠一些合适的礼物让客人带走；如果礼品不当，价高过度，应该谢绝接受。不能对客人的礼物无动于衷。

6）要热情送客，不能不管不问。一般送客送到门口，但是远道而来又是年老体弱的客人，最好送到码头或车站。分别时应邀客人有空再来。客人正式离去时，主人要目送客人远去，主动向其挥手致意，只有客人真正离开以后，主人方可转头回家。

三、通信时的礼仪

即问即答 10.10

信息时代，给我们的社会生活带来了哪些变化？又如何使我们获得的信息更有效地利用，促进我们的人生不断进步呢？

现代社会是一个信息社会，对于公共关系人员而言，信息就是资源，信息就是财富，信息就是生命。为了更好地获取信息、利用信息，必须对通信礼仪认真加以遵守。通信，一般是指人们利用一定的电讯设备来进行信息的交流与传递。通信礼仪，通常指的就是人们在使用各种通信工具时，所应当自觉遵守的礼仪规范。

（一）电话交往

1. 拨打电话

使用电话时，如果主动把电话打给别人，则称作拨打电话。应该注意的礼仪有以下几个方面。

1）把握通话时间。第一要选好通话时机。除非有要事相告，一般不宜在他人休息或用餐的时间内给对方打电话。给海外人士打电话时，还须了解此地与彼地之间的时差，免得昼夜难分。第二是要注意通话时间长度。每一次拨打电话的具体时间长度，基本的要求是以短为佳，一般不超过"三分钟"，在通话期间，最忌讳没话找话，浪费时间。

2）准备通话内容。一是要事先准备。拨打电话前，尤其是拨打重要电话前，拨打电话者应当尽量提前做好准备，如果有可能，最好是事先动笔开列出一份通话提纲。二是要直言主题。拨打电话，一定要做到务实不务虚，长话短说，开宗明义，直入正题、适可而止。

3）注重通话行为。在通话过程里，一是要语言文明。在语言上注意文明礼貌，不得滥用"脏"字。通常电话接通后的第一句话是："您好"或者"你好"而不是"喂"，第二句话是自我介绍："我是某某单位的某某某"，最后结束道上一声"再见！"。二是要有良好的态度。需要总机接转电话时，勿忘首先向总机的话务员问好。假如自己所找的人不在现场，而需要别人代为寻找、代为转告时，除了"请"、"劳驾"、"拜托"、"谢谢"等礼貌用语必不可少外，在电话上还要不失态度上的谦和。三是要举止文明。在拨打电话时，任何人对自己的举止动作都不应当自由放任。通话中，嗓门不宜过高，免得让接听电话者承受不住。标准的做法是：用自然语言，声音适当，大约使口部与话筒之间保持 3cm 左右的距离，终止通话时，应以双手将话筒慢慢地、轻轻地放下。千万不要用力一摔，使接听电话者震耳欲聋，甚至产生误解。通话结束后，要轻轻地把电话机放回原处。

2. 接听电话

接听电话者在本人受话时和代接电话时，在礼仪规范上的要求各有不同。

本人受话礼仪。本人受话，是指由接听电话者本人亲自接听别人打给自己的电话。一是接听及时。电话铃响三声之前，应立刻停止自己所做的事情，尽快赶去接听。接听电话时，通常不宜请别人代劳。二是应对谦和。在拿起话筒之后，接听电话者首先应当向拨打电话者问好，并且随之自报家门，如"您好，这里是某单位，我是某某某"。在通话过程中，应聚精会神接听，不要三心二意。对于对方所谈论的问题，要积极参与，不允许一言不发，有意冷落对方。三是主次分明。在接听电话的过程中，一般不要再做其他事情，专心接听。万一在处理重要事情或接待重要客人期间有人打进来电话，而此刻不宜与对方深谈的话，可在接听电话时向其讲明原因、表示歉意，并且约上一个具体时间，届时由自己主动打电话过去。

（二）手机交往

当前，以手机为典型代表的移动通信工具正在国内迅速普及。在使用手机时须掌握一些基本的礼仪规范。

即问即答 10.11

手机交往已经是我们每个人常用的交际手段，你有哪些在手机交往中遇到的困惑是什么呢？

1）正确使用。是指手机使用者，一定要认真讲究社会公德，切记不可使自己的所作所为妨碍到其他人士。首先从安全的角度考虑，驾驶车辆、乘坐飞机、探访病人和加油站前及其他一切标有文字或图示禁止使用手机的地方，都应当自觉地遵守规定。其次，从公共秩序的角度考虑不能在公共场所里滥用手机。在公共场所应自觉地关闭自己的手机或者使之处于震动、静音状态。切不可任其随时随地地大呼小叫，有碍于人。

2）保证畅通。使用手机的主要目的之一，是为了保证使用者与外界联络的畅通无阻。首先是将手机号码相告于人时应力求准确。否则，既有可能误事，又有蓄意骗人之嫌。将其书面告之于人时，必须书写清楚。如果是口头相告的，则应当重复一至两遍，以便让对方有机会进行一下核对验证。其次是手机号码变动之后应主动通报于人。由于某种内部或者外部的原因而变更了自己的手机号码之后，应当尽早地向自己重要的交往对象进行通报，以防使双方的联系出现中断。第三是手机暂不使用时应加以说明。万一因故暂时不使用自己的手机应提前在寻呼台、语音信箱上留言，或者口头告之重要交往对象。第四是要在接到他人的手机电话后，一般均应当即与对方进行联络。

3）重视私密。通信自由，在我国受到法律的保护。在通信自由之中，私密性，即通信属于公民的个人私事和个人秘密，是其重要内容之一。首先是不要轻易向他人索要手机号码。其次是不要随意向他人借用对方的手机。

（三）互通电子邮件

电子邮件，又叫做电子信函或者电子函件。它是利用电子计算机所组成的互联网络，向交往对象所发出的一种无纸化电子信件。使用电子邮件同外界进行联络，不仅安全保密、节省时间、防止丢失、清晰度极高，不受篇幅限制，而且还可以使通信费用相对而言大大地降低。使用电子邮件，应遵守以下四个方面礼仪规范。

1）撰写。向他人发出的电子邮件，一定要尊重收件人，邮件内容要认真构思，精心撰写。应该注意的地方有：首先是主题要明确。每一封电子邮件，大都应当只有一个主题，并且往往需要由发件人在它的前面加以注明。发件人若是将其归纳得当，则收件人便可以一目了然了。其次是语言要流畅。为了便于阅读，撰写时，尽量不要使用生僻字、异体字或者收件人不懂的语种。第三是内容要简短。网上的时间是极其宝贵的，因此发件人在撰写电子邮件时，一定要注意删繁就简，抓住要点，去掉一切无用之语。

2）慎用。在信息社会里，时间对于每一个人而言都无比珍贵。为了节约时间，不要滥发电子邮件。首先是没有特殊原因，不要以电子邮件联络别人，不要利用电子邮件来来往往地跟别人聊天。其次是不要在网上乱交网友，即使是跟值得信赖的网友保持联络，也不一定非要多发电子邮件。

3）有礼。在收发电子邮件的过程中，要讲究礼仪。首先是要自爱。发出电子信件时，轻易不要匿名。一般而言，在每一封电子邮件的末尾不仅应当署名，而且还应当署以真名实姓。在网上交友或征友时，切忌男扮女、女充男。在与他人进行电子邮件的往来时，不论双方是否相识，都不要口出轻狂、污秽、放肆之言，不允许不尊重异性。其次是有"网德"。要讲究"网德"，不充当"黑客"，随意侵入别人的网站，擅自盗取别人的资料，偷窥别人的私人电子邮件。第三是要及时回复。要养成定期检查本人电子信箱的习惯。一经发现需要回复的电子邮件，通常均应尽快回复。万一无法立即回复，也要及时有所表示。例如，可告知对方，将在某个时间之前详细作答。第四是要适时留言。假如出差在外，应启动自动回答功能，在电子信箱里留言相告电子邮件发出者。

四、男女交往的礼仪

男女异性间的交往，首要问题是要有一个正常的心态。与比自己年纪大些的异性交往，就如同是自己的师长、兄长、大姐；同自己年纪相当的异性交往，就如同是自己的同学、同事、战友、兄弟、姊妹；与比自己年纪小些的异性交往，就如同是自己的弟弟、妹妹。不论是与什么样的异性交往都要大方、自然、有礼貌和有分寸。

相关链接 10.5

小贺错在哪里

在一个秋高气爽的日子里，迎宾员小贺穿着一身剪裁得体的新制衣，第一次独立地走上了迎宾员的岗位。一辆白色高级轿车向饭店驶来，小贺目视客人，礼貌亲切地问候，司机熟练而准确地将车停在饭店豪华大转门的雨棚下。小贺看到后排坐着两位男士、前排副驾驶座上坐着一位身材较高的外国女宾。小贺一步上前，以优雅姿态和职业性动作，先为后排客人打开车门，做好护顶关好车门后，小贺迅速走向前门，准备以同样的礼仪迎接那位女宾下车，但那位女宾满脸不悦，使小贺茫然不知所措。通常后排座为上座，一般凡有身份者皆在此就座。优先为重要客人提供服务是饭店服务程序的常规，这位女宾为什么不悦？

（资料来源：http://www.yiito.com/blog/article.asp?id=165）

平等友好，尊重妇女和女士优先是男女交往基本的礼仪，一般情况下，应该注意以下几个方面。

1. 问候施礼

在需要问候其他人时，一定要首先问候在场的女士。例如，"女士们！先生们！"。向多人见面、道别需要施礼时，一定要首先向在场的女士施礼。

2. 就座交谈

就座时，男士应请女士先就座。男士与女士交谈，应该语言文明。

3. 外出进入

外出行路时，男士应走远离建筑物的外侧，让女士走靠近建筑物的内侧，以防各种车辆溅起的浮尘和泥浆。男女一起初到某地，男士应该先行带路，让女士走在后面；一般情况下，男士应该让女士走在后面。进门时，如果门开着，男士应该让女子先走；如果门关着，男子应把门推开先进去，然后用手拉住门让女子进来。

4. 上车下车

上车时，男士应为女子打开车门；下车时，男士先下，为女子拉开车门。男子随时给予女子以必要的帮助。

5. 消费付款

一般场合，尤其是偶遇，不一定非男方出钱，要尊重女士的意愿；如果女方是在男方的邀请下同往某地，男方应该支付所有的费用。

6. 时间频率

男女交往既要反对"男女授受不亲"，又不宜过分随便，要尊重对方，应当把握适宜的交往时间和频率，任何一方只要有了恋人，就应适当减少往来，以免造成不必要的误解。

7. 恋爱中的男女应注意的交往礼节

随着爱情帷幕的拉开，你和她已经走到了一起。你们彼此倾心，相互爱慕，像所有的恋人一样，潇洒地挽着手臂，倘佯在月色、美景之中。可是作为男友的你，在与恋人的接触中，时常被一些小事搞得局促不安。这就涉及了恋爱阶段男女交往中的一些礼节了。

在男女之间的交往中，常会有一方，较多者是男方，很不拘小节。例如，在公园里乱扔果皮，在公共场所旁若无人地大呼小叫，女友带他到朋友家做客，他会随便吐痰，或是把烟灰弹到洁白的桌布上，等等。这些不良习惯，常使恋爱的对方向他提出黄牌警告，引起对方的不满，甚至分道扬镳。

五、庆贺礼仪

庆贺是公共关系交往中经常遇到的一种礼仪，是组织公共关系部经常主办或者参加的日常活动之一。

1. 庆贺活动的类型

按照举办庆贺活动的主体不同，庆贺活动有以下三种类型。

1）个人之间庆贺活动。遇上亲戚、朋友、同学、同事的寿辰纪念日、新婚之喜、工作上获得重大成就等喜事时，亲朋好友一般要前往看望并表示由衷的祝贺。

2）组织的庆贺活动。例如，组织成立、更名及各行各业进行横向联合的周年纪念活动等。

3）民间节日庆贺活动。

即问即答 10.12

你知道我国有哪些主要的传统节庆活动、少数民族的主要节庆活动和现代庆祝活动？

2. 庆贺活动的形式

庆贺活动的形式多种多样，一般可以举行招待会、联欢会、座谈会、团拜会和文娱晚会，邀请有关公众参加。特别重大的活动可互派代表或代表团。如果是跨地区、跨省市、跨国界的庆祝活动还可以通过贺电贺函祝贺。

3. 庆贺活动的主持

主持各种庆贺活动应有的礼仪规范所述如下。

1）不冷淡每一位客人。对客人都要以礼相待、迎接送别、热情服务、安排席位等待。

2）重要宾客特殊关照。例如，政府要人、社会名流、新闻界人士、外宾、合作伙伴等重要宾客要给予特殊关照。一是特别邀请，除发出请束外，还应在活动前通过拜访或电话再次邀请，并商定专车接送的时间。二是重点安排，如安排贵宾在休息室休息，安排讲话，安排颁奖，这样既可以使他们感到受到了尊重，又可以为庆祝活动增辉。三是慰问感谢，活动后，要通过信函或电话表示感谢，并慰问是否劳累。

3）程序规范精心主持。公共关系人员要认真安排活动的各项程序，在活动中注意个人卫生及衣着举止，始终保持喜庆愉快的表情和精力充沛的神态。

4. 庆贺活动的参加

无论是以主人身份主持庆祝活动，还是以宾客身份参加其他单位组织的庆祝活动，对于公共关系人员来说都是开展公共关系活动的良机。公共关系人员参加庆祝活动，要认真做到以下几个方面。

1）认真参加。不迟到、不早退，尽量参加完活动的全过程，以表示对主办单位的支持和尊重。

2）积极发言。争取机会发表贺词，这样既可以加深和主办单位的感情，又可以宣传自己，提高知名度。

3）广交朋友。参加庆贺活动的同时，要把握机遇，联络感情，多交朋友。

4）虚心学习。参加庆贺活动，要注意学习举办单位的组织经验、管理经验，多说赞扬的话，不说有损于主办单位形象的话，不在庆祝活动中拒绝主人的各项要求，实在做不到时要讲明实情。

5）尊重他人。对主办单位的人士要彬彬有礼、热情问候，对活动中的其他客人要尊重。

6）摆正位置。要明确自己是参加庆贺的客人，要客随主便，服从安排，不乱提建议，不喧宾夺主。

六、吊唁礼仪

吊唁是对亲友或组织的职工及其家庭成员的不幸去世给予真诚的关怀和慰问。主要的礼仪有：送花圈和挽联，参加追悼会或者遗体告别仪式，以示祭奠、哀悼之情。在追悼会或者遗体告别仪式期间，表情要严肃，服装颜色以黑色或深颜色为宜，不要化浓妆，打扮要素雅、庄重，也不要佩戴饰物。不能亲自前往吊唁的，如因距离较远时，可以写唁信或致唁电哀悼。唁丧或参加追悼会，还应视关系的亲疏，对死者家庭予以安慰，劝他们节哀、保重。如果是至亲好友，应帮助处理一些具体事情，逢年过节还应前去探望死者家属。

七、涉外礼仪

涉外礼仪，又称涉外交际礼仪。其基本内容就是和外国人交往时应当遵守的礼仪。世界之大，无奇不有，各国礼俗，五花八门。随着国际交往的频繁，公共关系人员必须坚持求同存异、不卑不亢、热情有度、入乡随俗和女士优先交际原则，认真搞好涉外交往。

1. 迎送

1）迎宾礼仪。根据来宾的来访目的、身份及双方或两国关系情况，决定接待规格，派对口的人员前往迎候。如果身份相应的主人因故不能前往，被委托的代表应礼貌地作出解释。根据来宾抵达时间，应提前 15 分钟前往迎候。陪车时，应请客人坐在主人右侧，译员坐在司机旁边。下榻之后，主人应将日程安排向客人交代清楚，并简要介绍有关情况，预定再次见面的时间、地点、方式及联系办法；迎送人员不宜久留，应尽早让客人休息。

2）送客礼仪。主动协助办理出境手续，购买回程票，提前办理托运，安排代表将客人送到机场或者码头。

2. 称呼

在国际交往中，一般对男子称"先生"，对已婚女子称"夫人"，未婚女子称"小姐"，或统称为"女士"。这些称呼前面可以加上姓名、职称、官衔等。对医生、教授、法官及律师等，可单独称之。有的国家对将军、元帅等高级官员称阁下。与我国一样有同志相称的国家，均可称同志，在前面不加职衔、姓名或职务等。

3. 赴宴

1）接到邀请后，应尽快答复出席与否。如果出席则应守信，并要核实时间、地点和是否带配偶等事项。

2）出席宴会应打扮整齐，容光焕发；按时出席，不能过早或过晚；在赴宴、乘车与行走时，右为上，左为下；三人同行，中为尊；前后行，前为尊；如果乘轿车，客人或被尊重者从后右方上车为上，左后方上车为下；三人并坐，中间为大，右次之，左更次之。

3）抵达后先向主人问候，再向其他客人问好。按主人的安排入座，并主动协助邻座的年长者或女性入座。

4）用餐时，将大餐巾折起，折口向外平铺腿上，可用其内侧拭嘴，小餐巾打开直接放在腿上；中途离座要将餐巾放在坐椅上。一般用左手拿叉，右手拿刀，用刀将食物切成小块，用叉将食物送入口内，用刀切食物时，不要发出撞击盘子的声音。取菜一次不宜过多，吃完再取；对不合口味的菜，不要拒绝或面露难色，可取少许放入盘内；吃东西不要发出声音，汤、菜太热不可用嘴吹；骨、刺等物应以餐巾纸掩口，取出放入菜盘内。

5）正式敬酒是在上香槟酒时，不喝酒应事先声明，不应将酒杯倒置。在餐桌上可自由交谈，但不可嘴含食物与人交谈。

6）宴席结束应不要忘记向主人致谢。

4. 送礼

1）礼品价值不宜过重。古语说："礼轻情谊重。"实际上，国外许多国家都坚持这个原则。在欧美国家，礼物过重就会被认为是贿赂。

2）要充分考虑对方的习俗和不同国家忌送的礼物。

国 别 习 俗

国内某家专门接待外国游客的旅行社，有一次准备在接待来华的意大利游客时送每人一件小礼品。于是，该旅行社订购制作了一批纯丝手帕，是杭州制作的，还是名厂名产，每个手帕上绣着花草图案，十分美观大方。手帕装在特制的纸盒内，盒上又有旅行社社徽，显得是很像样的小礼品。中国丝织品闻名于世，料想会受到客人的喜欢。

旅游接待人员带着盒装的纯丝手帕，到机场迎接来自意大利的游客。欢迎词致得热情、得体。在车上他代表旅行社赠送给每位游客两盒包装甚好的手帕，作为礼品。

没想到车上一片哗然，议论纷纷，游客显出很不高兴的样子。特别是一位夫人，大声叫喊，表现极为气愤，还有些伤感。旅游接待人员心慌了，好心好意送人家礼物，不但得不到感谢，还出现这般景象。中国人总以为送礼人不怪，这些外国人为什么怪起来了？

（资料来源：王爱玲. 2001. 公共关系案例. 北京：民族出版社）

3）送礼的场合。这一点各国也不一致。对英国人最好是在请人用完晚餐或看完戏之后进行，对法国人则在下次重逢之时为宜。

5. 会见

会见，国际上一般称接见或拜会。凡身份高的人士会见身份低的，或是主人会见客人，这种会见，一般称为接见或召见。凡身份低的人士会见身份高的，或是客人会见主人，这种会见，一般称为拜会或拜见。拜见君主，又称谒见、觐见。我国不作上述区分，一律统称会见。接见和拜会后的回访，称回拜。

会见就其内容来说，有礼节性的、政治性的和事务性的，或兼而有之。礼节性的会见时间较短，话题较为广泛。政治性会见一般涉及双边关系、国际局势等重大问题。事务性会见则有一般外交交涉、业务商谈，等等。

会谈是指双方或多方就某些重大的政治、经济、文化、军事问题，以及其他共同关心的问题交换意见。会谈也可以是指洽谈公务，或就具体业务进行谈判。会谈，一般说来内容较为正式，政治性或专业性较强。

东道国对来访者（包括外国常驻外交使节到任和离任），从礼节及两国关系上考虑，一般均根据对方身份及来访目的，安排相应领导人和部门负责人会见。来访者及外交使节，也可根据国家关系和本人身份，以及业务性质，主动提出拜会东道国某些领导人和部门负责人。一般说来，礼节性拜会，身份低者往见身份高者，来访者往见东道主，如果是正式访问或专业访问，则应考虑安排相应的会谈。外交使节到任后和离任前，还应对与本国有外交关系的国家驻当地使节作礼节性拜会。外交团间对同等级别者之间的到任礼节性拜会，按惯例均应回拜，身份高者对身份低者可以回拜，也可以不回拜。

1）会见座位的安排。会见通常安排在会客室或办公室。宾主各坐一边。某些国家元首会见还有其独特礼仪程序，如双方简短致辞、赠礼、合影等。我国习惯在会客室会见，客人坐在主人的右边，译员、记录员安排坐在主人和主宾的后面。其他客人按礼宾顺序在主宾一侧就座，主方陪见人在主人一侧就座。座位不够可在后排加座。

2）会谈座位的安排。双边会谈通常用长方形、椭圆形或圆形桌子，宾主相对而坐，以正门为准，主人占背门一侧，客人面向正门。主谈人居中。我国习惯把译员安排在主谈人右侧，但有的国家也让译员坐在后面，一般应尊重主人的安排。其他人按礼宾顺序左右排列。记录员可安排在后面，如果参加会谈人数少，也可安排在会谈桌就座。小范围的会谈，也有不用长桌，只设沙发，双方座位按会见座位安排。

3）会见和会谈中的几项具体事项。提出会见要求，应将要求会见人的姓名、职务及会见什么人、会见的目的告知对方。接见一方应尽早给予回复，约妥时间。如果因故不能接见，应婉言解释。作为接见一方的安排者，应主动将会见（会谈）时间、地点，主方出席人，具体安排及有关注意事项通知对方。作为前往会见一方的安排者，则应主动了解上述情况，并通知有关的出席人员。会见和会谈的双方，应准确掌握会见、会谈的时间、地点和双方参加人员的名单，及早通知有关人员和有关单位做好必要安排。主人应提前到达。

相关链接 10.7

错"时"的代价

巴西一家公司到美国去采购成套设备。巴西谈判小组成员因为上街购物耽误了时间。当他们到达谈判地点时，比预定时间晚了 45 分钟。美方代表对此极为不满，花了很长时间来指责巴西代表不遵守时间，没有信用，如果总是这样下去，以后很多工作很难合作，浪费时间就是浪费资源、浪费金钱。对此巴西代表感到理亏，只好不停地向美方代表道歉。

谈判开始以后美方代表似乎还对巴西代表来迟一事耿耿于怀，一时间弄得巴西代表手足无措，说话处处被动。无心与美方代表讨价还价，对美方提出的许多要求也没有静下心来认真考虑，匆匆忙忙就签订了合同。等到合同签订以后，巴西代表平静下来，头脑不再发热时才发现自己吃了大亏，美国谈判代表成功地使用挑剔式开局策略，迫使巴西谈判代表自觉理亏在来不及认真思考的情况而匆忙签下对美方有利的合同。

（资料来源：http://zhichang.china.cn/zcsy/txt/2006-10/10/content_219641_2.htm）

　　会见、会谈场所应安排足够的座位。如果双方人数较多，厅室面积大，主谈人说话声音低，宜安装扩音器。会谈如果用长桌，事先排好座位图，现场放置中外文座位卡，卡片上的字体应工整清晰。

　　如果有合影，事先排好合影图，人数众多应准备架子。合影图一般由主人居中，按礼宾次序，以主人右手为上，主客双方间隔排列。第一排人员既要考虑人员身份，也要考虑场地大小，即能否都摄入镜头。一般来说，两端均由主方人员把边。

小　　结

　　礼仪是礼和仪的综合。礼是表示敬意的通称，仪为表示敬意而隆重举行的仪式，叫做礼仪。礼仪是指一个国家、一个民族、一个部门、一个行业、一个团体、一个家庭乃至一个人，在其内部和在其与外界进行各种交往活动时，必须遵循的道德行为规范和准则。礼仪的本质就是通过一些规范化的行为以表示人际间的相互敬重、友善和体谅。公共关系礼仪主要包括礼貌、礼节、仪式3要素，具有共同性、继承性和时代发展性的特点，应当遵循诚信、谦恭、宽容、平等、适度等原则。

知识掌握题

　　1. 为什么当今的人比以往的人更多地渴望对话，更多地渴望合作，更多地渴望精神文化生活的交往？

　　2. 为什么说注重社交礼仪，是青年学生成熟的标志之一？

　　3. 礼仪的类型和社交礼仪的基本原则是什么？

　　4. 从公共关系礼仪的角度看一下"刘备三顾茅庐"的故事遵循了什么礼仪原则？

　　5. 公共关系社交的特征、作用和基本要求是什么？

　　6. 公共关系活动的目的和公共关系社交的目的是什么关系？

自测题

　　1. 人们进入交际状态情感交流开始实施的第一个礼节是（　　）。

　　　　A. 应邀礼节　　　　　　　　　B. 见面礼节

　　　　C. 招呼礼节　　　　　　　　　D. 馈赠礼节

　　2. 公共关系社交活动是公共关系不可分割的重要组成部分，在组织的发展中发挥着重要作用。以下不属于其中作用的是（　　）。

　　　　A. 塑造形象作用　　　　B. 桥梁作用　　　　C. 凝聚作用

　　　　D. 协调作用　　　　　　E. 提高经济效益的作用

　　3. 国际社会公认的"第一礼俗"是（　　）。

　　　　A. 女士优先　　　　　B. 长者优先　　　　　C. 少儿优先

　　4. 电话礼仪要求，应在电话铃响不超过（　　）内接听。

  A．1 声响 B．2 声响 C．3 声响 D．4 声响 E．5 声响

  5．会见通常安排在会客室或办公室。宾主各坐一边。我国习惯在会客室会见，客人坐在主人的（ ）。

    A．右边   B．左边

知识应用与课堂讨论题

"一口痰"的代价

  这是一场艰难的谈判。一天下来，美国约瑟先生对于对手——中国××医疗机械厂的范厂长，既恼火，又钦佩。

  这个范厂长对引进"大输液管"生产线行情熟悉，考察缜密。不仅对设备的技术指标要求高，而且价格压得很低。在中国，约瑟似乎还没有遇到过这样难缠而有实力的谈判对手。他断定，今后和务实的范厂长合作，事业是能顺利的。于是，他信服地接受了范厂长那个偏低的报价。

  "OK！"双方约定第 2 天正式签订协议。天色尚早，范厂长邀请约瑟到车间看一看。车间井然有序，约瑟边看边赞许地点头。走着走着，突然，范厂长觉得嗓子里有上百条小虫在爬，不由得咳了一声，便急急地向车间一角奔去。

  约瑟诧异地盯着范厂长，只见他在墙角吐了一口痰，然后用鞋底连忙擦去，油漆的地面上留下一片痰渍。

  约瑟快步走出车间，不顾范厂长的再三挽留，坚决要回宾馆。第二天一早，翻译敲开范厂长家的门，递给他一封约瑟写的信："尊敬的范先生，我十分钦佩您的才智和精明。但车间里您吐痰的一幕使我一夜难眠。恕我直言，一个厂长的卫生习惯可以反映一个工厂的管理素质。况且，我们今后生产的是用来治病的输液管。贵国有句谚语：人命关天！请原谅我的不辞而别，否则，上帝会惩罚我的……"

  范厂长觉得头"轰"的一声，像要炸了。

        （资料来源：白巍．1994．公关警策 200 谈．北京：农村读物出版社）

  思考：

  这则案例对你有何启示？对照公共关系礼仪规范，检查一下自己的日常行为有哪些不合礼仪之处，相互交流、讨论。

情景模拟题

  1．情景介绍

  本专业三年级一个班的学生到一家大型企业实习，实习时被导师带到企业研发中心与领导见面，全体学生坐在会议室里等待中心主任的到来，这时中心的秘书给每位同学倒水，门开了，中心主任走进来和同学们打招呼，一一握手，同学们就座后，部长给同学们介绍了中心的情况，然后，秘书拿着中心纪念手册，由部长亲自发到每一位同学手

里，接着，同学们分别做自我介绍，班长代表全班讲话，最后，部长讲话。

2．模拟训练

1）同学们按照班级的人数，每 15 个人为一组，由指导老师指定 2 位同学分别扮演部长和秘书，指导教师要指定一个总负责人，对这次见面会作总体安排，并说明注意事项。

2）每一组选一个负责人。然后，依据情景介绍的程序每一小组进入会见过程。

3）各小组表演结束后，请全班同学分别评说各小组的表现，指出在礼仪上的优缺点，最后，每小组起草一个针对本次见面会同学们要具备的礼仪要点，由总负责人向全体同学宣读，寻找共同的礼仪要点。

实践训练题

实训 1：

日常基本体态礼仪训练。

实训内容：日常基本礼仪的讲解及站姿、坐姿、行姿的练习。

实训方式：通过观看视频，结合老师的要点讲解，让学生分组练习，并派代表上台表演示范，由同学之间进行分析和点评，互相指正。

实训 2：

办公室礼仪训练。

实训内容：见面礼仪、介绍礼仪、握手礼仪和名片使用礼仪、办公室礼仪、会议礼仪。

实训方式：通过观看视频，结合老师的要点讲解，模拟商务工作中的初次见面场景，让学生自由组合，分别演示称呼礼仪、介绍礼仪、握手礼仪和名片使用礼仪。

实训 3：

求职面试模拟训练。

实训内容：面试中的礼仪规范和禁忌介绍，拨打求职电话和现场求职面试模拟。

实训方式：让学生分组练习，分角色扮演求职者和应聘者，自由设计现场求职情形和问题，选取部分同学上台模拟演示，由同学进行正误评判。

【课下补充参考资料】

亢淑芬．1995．交际礼仪．北京：中国国际广播出版社．

金正昆．2010．公关礼仪．新版．北京：北京大学音像出版社．

秦启文．1994．现代公关礼仪．重庆：西南师范大学出版社．

王晓华，田素美．2009．现代公关礼仪．天津：天津大学出版社．

泽林．1994．经商礼仪与经商箴言．大连：大连出版社．

中国国际公共关系协会：http://www.cipra.org.cn/．

http://www.chinapr.com.cn．

第十一章　公共关系语言艺术

通过本章学习，要求达到：

知识目标：了解公共关系语言艺术的一般原则；

素质目标：熟悉公共关系活动中的非自然语言和跨文化沟通中的语言运用；

技能目标：掌握公共关系语言艺术的主要方法；

能力目标：能运用所学公共关系语言艺术和原理分析、解决公共关系问题。

主要概念和原理

非自然语言　表情语言　动作语言　体姿语言　跨文化沟通

公共关系是组织与公众之间的传播沟通行为，公共关系人员的语言必须准确、真诚、切境、得体、有效。公共关系人员要把握公共关系语言的主要方法，熟练运用非自然语言，了解不同文化的差异，才能成功进行公共关系传播与沟通。

案例导入

公共关系语言艺术

20世纪30年代，电力并不像现在一样被所有美国人认可，对于那些身处偏僻乡村的人来说，电力简直就是一种奢侈而无用的东西。可是，就是在这种情况下，某电气公司的电力销售员威伯与很多乡村客户建立了十分友好的关系，他的销售业绩一度居于该电气公司的首位。

威伯曾经到一所富有的农家销售电力，给威伯开门的是一位老太太——这家的女主人。当得知威伯在推销电力时，老太太把威伯推出了门外，然后任凭威伯再三恳求，老太太也不肯开门。

第二天，威伯继续到这家叫门。老太太从窗户中看到仍然是电气公司的销售员时，依旧不客气地把威伯挡在了门外。威伯只好在门外与老太太进行沟通，他说："真是不好意思，我知道您对用电不感兴趣。所以这次并不是来推销电的，而是来向您买一些鸡蛋。"听到这些，老太太把门开了一条小缝，可是她心中仍然有许多怀疑。威伯看到门缝开了一点，他继续说："很多人都说您这里的鸡蛋是全村最好的，我想买一些新鲜的鸡蛋回城。"说完之后，威伯停顿了一会儿，他想要看看老太太的反应。

老太太果然对威伯的话很感兴趣，她把门开得更大了，并且问威伯："为什么不回到城里买鸡蛋？"

威伯诚恳地回答："城里的鸡蛋哪里有乡村的鸡蛋好吃？而且我太太就喜欢您这里的鸡蛋，她说您这里的鸡蛋既好吃又好看，而且保证新鲜。所以她特意让我到您这里购买一些鸡蛋回去。"

听到对自己的夸奖，老太太感到十分高兴，她打开家门邀请威伯到家里坐坐。威伯表示，想要到鸡舍看看。来到鸡舍以后，他们继续聊有关鸡蛋和鸡的事情，威伯恰到好处的夸奖已经让老太太把他视为知己了。老太太还主动向威伯介绍了许多养鸡经验，威伯认真听着，并且时不时地问一些问题。后来，威伯寻找到一个机会，假装不经意地向老太太提出建议："如果能用电灯照射的话，那么鸡蛋的产量就会更高。"这时，老太太已经不再对有关电的问题那么排斥了，她反而向威伯询问了有关用电的一些问题，威伯给予了她认真的解答。同时，威伯还告诉老太太："其他乡村的一些养鸡户已经把电接到了鸡舍中，据说已经使鸡蛋产量得到提高。您可以到这些养鸡户家中去了解一些情况。"

之后，威伯带着新鲜的鸡蛋回去了，老太太热情地把他送到了大门外。不到半个月，威伯再一次来到老太太家中，只不过他这次是带着施工人员来为老太太的鸡舍接通电线的。

（资料来源：http://wenku.baidu.com/view/4d0035eeaeaad1f346933fd6.html）

案例分析

人与人接触、联系、交往，离不开语言。列宁说过，"语言是一种极其重要的人类交际手段"。语言在大多数情况下能调节人们的行为，公共关系人员必须学会运用公共关系语言艺术进行有效传播与沟通。在上述案例中，电力销售员威伯熟练驾驭公共关系语言，采用迂回的方式，成功说服老太太使用自己公司的电力。该案例启示人们，作为一名合格的公共关系人员，必须能在交际场合迅速与他人建立友好关系，并善于保持这种关系；能在各种活动中制造融洽的气氛，促进宾主之间的交流；能面对各种特殊情况沉着自如，体面地摆脱困境或应付尴尬局面，从而使个人或个人所代表的组织给人留下美好的印象，并进一步产生良好的效益，这就要求掌握公共关系语言艺术。

语言是人类最重要的交际工具，自有人类社会以来，人们根据生产斗争和社会交际的需要，运用语言来表达感情，交流信息，古往今来人们一直把它作为一种立身、报国、处事、治天下的重要工具。古语有"一言可以兴邦，一言也可误国"之说，有"一人之辩重于九鼎之宝，三寸之舌强于百万之师"之论。公共关系是组织与公众之间的传播沟通行为，它所使用的最重要的方法和手段之一就是语言传播。

"语言就是力量"。本章主要通过介绍公共关系语言艺术的一般原则和主要方法，以及公共关系活动中的非自然语言和跨文化沟通中的语言，使读者在领会的基础上，进一步掌握公共关系语言艺术，提高交际能力。

第一节　公共关系语言艺术的一般原则

在公共关系信息传播过程中，公共关系语言艺术使得公共关系中的语言沟通超出一般语言交流的要求，体现出公共关系语言的特色，这就需要公共关系人员必须首先了解和把握公共关系语言艺术的原则。

公共关系语言艺术的一般原则如下。

一、准确

准确是语言表达中最基本的要求。在公共关系传播中，语言媒介的作用就是真实、准确地表达公共关系组织要传播给公众的信息，并力求让公众按组织意欲传播的意义来理解信息。具体地讲，就是语言的形式与信息内容之间要高度统一，保证有效地引导公众在理解信息时，与组织要表达的信息相一致。

在公共关系传播中要把握准确这一原则，首先应对需要传播的信息进行精心设计制作，即在语言运用的目的、意图、话语的整体风格、语体形式等方面进行选择和设计，使语言表达具有特指性、确切性和鲜明性。其次，要考虑到预定接受公众的特点，尽可能减少传播过程中信息的损耗和误差。例如，XO 白兰地，因为级别比一般白兰地高，多为高级宴会选用。为了继续提高知名度，让它的名字为更多人所熟悉，公共关系人员煞费苦心，为 XO 酒瓶设计一个特别长的颈子，其广告改为幽默、亲切而响亮的"长颈 XO 高人一等。"正好与它的形象彼此衬托，相得益彰，表达得十分贴切。因此，在公共关系语言选择上，切忌语言模糊，让人感觉不知所云。

即问即答 11.1

公共关系语言的准确性是否与生动形象性相冲突？

二、真诚

真诚是指真实可信。它要求公共关系组织如实地向公众传递真实而可靠的信息。只要是涉及公众利益无论好坏都要如实相告。既不因好而添枝加叶，也不因坏而遮遮盖盖。许多国家的公共关系协会，都把信息传播的真实可信作为协会主张的一项重要内容。例如，英国公共关系协会要求会员做到信息传播"不得参加任何意在败坏传播媒介真实性的活动"。美国公共关系协会要求"各会员都应坚持社会公认准则、真实与口味高尚的标准"。由此可以看出，公共关系是多么看重信息传播的真实可信性。

对于公共关系语言来说，"真诚"是具有特殊而重要的意义，"诚于中而形于外"。对于社会公众心理来讲，态度上的"诚"形之于语言，就表现为一种能使人感到可以信赖的语言品质。"精诚所至，金石为开"，只有真诚的语言才能打动公众，感召公众，赢得公众的信任和支持。对于公共关系组织来讲，要使自己与公众之间相互沟通、适应、形成互益的关系，从而求得自身的生存和发展，离开了"真诚"，是无法在公众中确立组织的形象和信誉的。

在实际公共关系活动中，成功的公共关系活动正是在传播语言中选择了真诚。例如，某暖通设备厂，它的产品曾是省的"头名状元"，它在报刊登广告推出产品"钢制散热器"时，在介绍该产品优点之后，用同样的字体写道："别光看优点，还要记住缺点，下面是省行业评比中的 4 个缺点（略）。另外，水煤气输送管道的防腐问题没解决。本产品不宜作土暖气民用，请用户不要误选。"这则广告没有多余的修饰，没有回避自身的缺点，自动为产品定位，维护了公众的利益，因此，也赢得了公众的信任和好感。真诚给企业带来了信誉，信誉使企业赢得了市场。相反，在当今社会上，也有一些社会组织出于极端自私的考虑，在信息传递上，故意运用模糊语言，表意不清，作错误引导，诱使公众上当受骗，最终只能自食其果。正如林肯所说："你能在所有的时候欺骗某些人，也能在某些时候欺骗所有的人，但不能在所有的时候欺骗所有的人。"一旦真相大白，组织在公众中的形象就会解体，它的下场如一句古老的谚语说的那样："爱说谎的人，即使他的房子烧光，人家也不相信他家失了火。"

相关链接 11.1

职场竞争：说话的魅力在于真诚

某天，笔者走进一家电器商店，一台音色清纯透亮，低音浑厚、震撼力强的音响引人注意。一位男售货员热情地迎上来，满脸职业微笑，主动介绍这种新产品。他的介绍很在行，很流畅，从性能优势到结构特点，从价格比到售后服务，一一道来，还一边进行了演示。起初笔者被他那热情而熟练的介绍感动，对产品产生几分好感。本想问点什么，可是他连珠炮似的讲着，笔者总也插不上嘴。他不管你懂还是不懂，也不管你反应如何，喋喋不休地讲下去，似乎你不掏出钱包他就决不罢休。于是，心里有几分不悦了，特别是当他褒扬自己的品牌而贬低其他品牌时，笔者不免对他的动机产生了疑问：如此夸夸其谈后，产品性能是否果真高超？顿时，这种疑虑把先前产生的好感一扫而光。只是出于礼貌不好意思走开，幸好这时又来了一位顾客，笔者乘机"逃"出了商店。不消说，那位售货员为他白费了口舌而有几分失望和怨愤。

笔者不能不说这是一位训练有素且内行的推销员，但却又是一个不懂得说话奥妙的推销员。为什么他那滔滔不绝的介绍反而扑灭了顾客的购买欲望呢？这是值得深思的。

大量事实证明，说话的魅力并不在于你说得多么流畅，滔滔不绝，而在于是否善于表达真诚！最能推销产品的人并不一定是口若悬河的人，而是善于表达真诚的人。当你用得体的话语表达出真诚时，你就赢得了对方的信任，建立起人际之间的信赖关系，对方也就可能由信赖你这个人而喜欢你说的话，进而喜欢你的产品了。

某学院有这样一个实例：有位教员写了一本"思想政治工作方法"的书，出版社让他推销一千册。对他来说，这远比讲课要难得多。为了把书推销出去，他在学员队搞了一次演讲，他说："……当老师的在这里推销自己写的书，总不免有些尴尬。不过，如今作者也很难，写了书，还得卖书。出版社一下压给我一千册，稿费一文没有，所以我不推销不行。这本书写得怎样，我自己不好评说。不过有两点可以保证：第一，这本书是我用 3 年时间完成的，是我心血的结晶；第二，书的内容绝不是东拼西凑抄下来的，是我自己长期思考的见解。前不久，这本书被思想政治工作研究会评为社科类图书的二等奖，这是获奖证书。说实话，对于我们这些教书匠来说，搞推销比写书还觉得难，只是硬着头皮来找大家帮忙。不过，买不买完全自愿，绝不强迫。如果觉得这本书对你有用，你又有财力就买一本，算是帮我一个忙。谢谢。"他的这次演讲立即产生了效果，一次就卖掉了 300 多册。

这位教员不是专职推销员，但是他却获得了成功。从某种意义上说，他的成功就在于他恰到好处地表达了自己的真诚，赢得了听众的信赖。这再一次说明，在讲话中学会表达真诚要比单纯追求流畅和精彩更重要。

（资料来源：http://info.txooo.com/Work/2-1339/1277270.htm）

即问即答 11.2

讲真诚原则是否意味着公共关系活动无秘密可言？

三、切境

切境是指要求公共关系语言的运用与所处的特定的语言环境相切合、相适应。在公共关系活动中，组织的语言沟通对象不可能是固定的公众，固定的场合。这就是说，公共关系人员不可能脱离特定的公众，特定的环境，按照一种固定的语言模式去沟通，而必须把社会环境、自然环境、交际场合、沟通对象、双方的各种相关因素考虑进去，认真研究语言环境，作出最佳的选择。

对于公共关系人员来讲，运用切境原则，即要求公共关系人员能主动、自觉地运用语言环境所提供的有利条件，去努力调动语言所具有的多种潜藏的表达功能，以使公共关系语言信息传递达到最大的传递量，使双方信息沟通最大限度地畅通。要达到这一目的，一方面要依据特定的语言环境选用语言中相适应的语言同义形式，务必使语言表达功能利用达到最佳地步；另一方面利用语言环境条件消除歧义，使表达具有明确的单义性。例如，一支来我国旅游的外国旅游团刚达到目的地，便遇到了滂沱大雨，客人们大为扫兴。怎么处理这一情况呢？我国接待人员立即满面春风地向客人问好，并说中国有句古语，"有朋自远方来不亦乐乎！你们看，连老天爷也来为各位接风洗尘！"客人们一听，都开颜而笑，游兴倍增。这里把"下雨"和"洗尘"联系起来，切情、切境都达到了良好效果。

很显然，在公共关系语言传播中，恰当地利用环境提供的条件，采用与语言环境相适应的表达方式，对取得公共关系活动的成功至关重要。但有时也会出现有意无意忽视环境的情况。例如，在某火葬场入口处曾挂着"经济搞上去，人口降下来"宣传标语，其传播效果是可想而知的。

相关链接 11.2

说话要注意场合

鲁迅先生有一篇散文《立论》，非常生动地揭示了说话应注意场合的特点：

某一人家生了一个男孩子，合家高兴透顶了。满月的时候，抱出来给客人看——自然是想讨点好兆头。一个人说："这孩子将来要发财的。"他于是得到一番感谢。一个人说："这孩子将来要做官的。"他于是收回几句恭维。一个人说："这孩子将来是要死的。"他于是得到一顿大家合力的痛打。

这篇故事性散文里，孩子满月是喜事，主人这时愿意听赞美之词，尽管是信口之言；而说孩子将来必死确是有据之言，却使主人反感。因为在轻松的场合言语也要轻松，在热烈的场合言语也要热烈，在清冷的场合言语也要清冷，在喜庆的场合言语也要喜庆，在悲哀的场合言语也要悲哀。所以说话要看场合，到什么时候唱什么歌。

一位早年毕业于某高等院校中文系、勤勤恳恳工作了几十年的老教师退休了，为此，学校为他和另一位曾多次荣获过先进的退休老同志一并举行了一个欢送会。领导对他们的工作和为人进行了热情洋溢而又非常得体的肯定和赞扬，相比之下，对那位曾多次荣获过先进的老同志的美誉则尤多。当轮到两位受欢迎的退休老同志致答词的时候，他们对大家的欢送做了深情的感谢。一时间，会场里充满了一种令人动情的温馨气氛。作为答谢，话本该说到这里为止；然而，那位老教师却并未就此打住，而由人们对另一位"先进"的赞扬中引起了感触，并做了颇为欠当的联想和发挥："说到先进，很遗憾，我从来也没有得过一次……"

话犹未尽，坐在他对面的、平日与他相处得不很融洽的一位青年教师突然抢了话头："不，那是我们不好，不是你不配当先进，是怪我们没有提你的名。"话语带着不肯饶人而又让人难堪的"刺"，冷不防，老教师的眼角眉梢被"刺"出了一股感伤的表情，一时间会场中出现了令人难堪的尴尬气氛。

领导见势不对，马上接过话茬，想把气氛缓和一下。照理说，这时，他应避开"先进"这个敏感的话题，转而谈论其他。然而，他却反反复复劝慰那位退休老教师，叫他对"先进"的问题不要在意，说没有评过先进，并不等于不够先进，先进不仅在名义，更要看事实。如此等等，一席话，等于是把本应避而不谈的话题做了重复和引申，使本已尴尬的局面显得更为尴尬。

这是一个发生在我们身边的真实故事，我们不妨把它叫做一个"不会说话的故事"。从这个故事中，我们能引出几点发人深思的教训来。

1）那位退休老教师的教训：不该作无谓的比照。比照，是谈话中常用的一种手法。用得好，可以使谈话产生某种积极的效果。这里，"积极的效果"是应该特别注意的。在退休欢送会这样的场合，人家所说的都是一些富有情感而又不失真意的十分得体的人情话和好话。对于这种充满人情味的好话，听话者要善于倾听，善于应答，大可不必拿别人的长处来衡量自己的短处，从而引起不快。

2）那位青年教师的教训：不要在别人失意之火燃烧时加油。一位勤勤恳恳工作了一辈子的老前辈即将退休时，虽然可能因为老先生平时在某些方面不善为人处世而与自己伤了和气，然而在欢送会这种场合，我们却不能乘别人一时失言，抓住不放，图一时之痛快而说出那些不合人情的刻薄话，在这种场合，无论如何，还是要在"欢"字上多考虑一些，"欢送欢送"，"欢"而"送"之，要尽可能多留一点美好给人家。

3）那位领导人的教训：应注意避开敏感话题。领导者的能力固然表现在原则性上，在会场一时出现了某种始料不及的尴尬局面时，他没有直接去批评那位言之有失的青年教师，而是竭力肯定那位教师的贡献，具有这种应急应变的意识并立即着手应变，这些都是无可厚非的。然而，从具体的应变能力和说话方式的一面看，却又显得很不够。照理说，在这种场合，他应竭力避开"先进"这个敏感的话题，"顾左右而言他"，巧妙地把话题岔开，使欢送会的气氛由暂时的不欢而重新转向欢快，并顺势掀起新的高潮，而不是如他所做的那样，在敏感的话题上唠叨不休。能否机敏地避开某些不宜多说的话题，对领导者的领导能力也是一种很好的检验。

3个方面的教训，合为一点，就是：说话要注意场合。不看场合，随心所欲，信口开河，想到什么说什么，这是愚者的表现。人，总是在一定的时间、一定的地点、一定的条件下生活，在不同的场合，面对着不同的人，不同的事，从不同的目的出发，就应该说不同的话，用不同的方式说话，这样才能收到理想的效果。

（资料来源：http://book.qq.com/s/book/0/20/20731/52.shtml）

四、得体

得体是语言运用上的重要要求。是指语言运用恰当、贴切、恰到好处，把对语言表达手段、语言材料的选择放置在一种既保持话语内部各组成部分与风格色彩的统一，又和题旨情境相切合的双重适应关系中去考虑，衡量得失利弊，寻求最佳表达方式。

公共关系语言运用得体的要求：一是在实用基础上的平实语言风格；二是用语色彩中性化倾向；三是话语表达上要恰如其分；四是在互相尊重的前提下，色彩文明、庄重。在语言表达上，一般要求叙述实事求是，既不夸大，也不过分客气谦虚，忠实事物的本来面目。说话要留有余地，不把话说绝。在修饰成分上，首先要避免运用那类带有武断味的话语。要适当选用一些模糊词语。多用陈述句和一般疑问句，少用或不用命令语气。

例如，1984 年，时任美国总统里根访问我国，日程之一是到复旦大学向全体师生作演说。如何使演说开始时语言运用得体呢？白宫的智囊班子做了精心设计，决定里根以平民总统形象出现在复旦大学师生面前。事前，由里根总统与复旦大学留美学生建立联系，直接进行一次交谈。来华之后，演说一开始，里根总统即以"我带来了你们的同学 XX 向大家的问候"为话头，一下就缩短了台上台下的距离，为演说的成功奠定了基础。

相关链接 11.3

职场上不但要会做事还要会说话

在一些重要场合，总是因为讲错话而砸锅？得罪人，自己还不知道？心直口快等于不得体，口才好才能面面俱到？说话是一门看似简单，其实最复杂的学问。

想说话得体，绝非只是增加说话技巧而已。它代表你的思考、对环境的观察、对人性的掌握，以及当下的反应，是职场上一种不可或缺的能力与智慧。

哪些状况最容易说错话？哪些名人说话最值得参考？只要抓住诀窍，你也可以聪明说对话，放大你的实力，让成就加倍。

你会说话吗？不要怀疑，这个问题不是拿来问牙牙学语的 3 岁小孩，而是每天在职场上说话次数多到无可计量的你我。

2006 年，《华尔街日报》（*THE WALL STREET JOURNAL*）针对企业雇用商学院毕业生的看法进行调查，结果发现，他们最讨厌 MBA 毕业生的项目，第 1 名是极差的书写与口语能力。

至于另外一项刊登在美国《就业辅导期刊》（*JOURNAL OF EMPLOYMENT COUNSELING*）的研究指出，问到硅谷 104 家公司对大学生最不满意的一点时，说与写同样荣登榜首，而且连词汇运用与自我表达都要经过再训练。

台湾虽没有类似的数据，但《*CHEERS*》杂志首度制作的说话力大调查中，却遥相呼应。将近 96%的受访者认为会说话容易升迁，但是只有不到一半（48%）的受访者觉得自己说话很得体。

（资料来源：http://blog.china.alibaba.com/blog/yinghe56666/article/b0-i5620625.html）

五、有效

有效即公共关系语言的运用要达到预期的目的，收到预期的效果。有效原则既是公共关系语言的原则，也是对公共关系语言效果进行检测的标准。

衡量公共关系语言的效果可分为四个层次：

1）信息层次。这一层次要求通过公共关系语言传播把组织所需要传递给公众的信息传递给公众，或者是公众所需知道的有关信息通过公共关系语言传播让公众及时、准确、充分地获知。

2）感情层次。这一层次要求通过一定的活动方式、一定的行为，如亲切交谈、友善服务态度等，引起公众对组织的好感，与公众连接起感情的纽带。

3）态度层次。这一层次要求通过公共关系语言传播引起公众态度朝组织期望的方向发展，不断巩固已有公众对组织的信心和支持态度，不断转变与组织异己的公众态度。

4）行为层次。这是公共关系语言运用效果最高层次，即最终引起公众产生期望的行为。

这四个效果层次是紧密联系、逐层递进的，总的来说，语言运用引起公众行为是最高层次，但它是以前几个层次效果为基础的。从这一意义上讲，每一层次语言运用效果对整个公共关系目的的实现，都是有效的。

即问即答 11.3

公共关系传播达到上述任一层次是否可以认为有效？

第二节　公共关系语言艺术的主要方法

公共关系语言艺术的运用，目的在于更好地实现组织与公众的沟通。高超的公共关系语言艺术能充分展示公共关系人员驾驭语言的能力和技巧，使公共关系语言产生一种自然的魅力和美感，从而增强语言表达效果。公共关系语言艺术的主要方法有接近的语言艺术、说服的语言艺术、应急的语言艺术、拒绝的语言艺术、批评的语言艺术等。

一、接近

公共关系人员要与对象公众沟通，首先必须接近对象公众。这种"接近"并不能机械地理解为开场白，或者是一种花言巧语，而是以真诚、热心、礼貌、得体为主，通过语言表达，从一开始就与对象公众形成"悦纳"、"融洽"的心理关系。具体地讲，接近人的语言艺术有下面几种方法。

（一）介绍得体，称谓合适

公共关系人员与陌生人见面，第一个问题就是如何介绍自己和称谓对方。介绍得体即要求介绍的语言既要简洁明了，又能使对方从你的介绍中找出继续谈下去的话题；既要使对方通过你的介绍对你有所了解，又不使对方觉得你是在自吹自擂。

称谓合适即要求你对对方的称谓能激发起对方职业或岗位的自豪感，并且使你对对方的尊敬之情溢于言表，从而使对方在感情上更接近。如果面对青年听众，那么"青年朋友们"的一声称呼，就把自己和青年置于平等地位中；将大学生称为"未来的××师、××家"，确实能激起他们的自豪感；把护士称之为"白衣天使"，尊敬之情就溢于言表。

即问即答 11.4

在不同场合，如何得体地介绍你自己？

（二）善于提问，投其所好

公共关系人员在与不熟的人交往中，设计巧妙的提问，不仅能起到投石问路的作用，还能使交谈沿着自己希望的轨道向深层展开，达到相互沟通的目的。一般提问是采用限制性提问。这类提问有两个特点：一是在提问中便限制了对方可能作出的回答，有意识、有目的地把对方的思路引向提问者所希望的答案上；二是这类提问能使对方从中感受到问者的诚意，心理上达到相融，感到盛情难却，不好意思拒绝，即使原来想拒绝，也会不由自主地改变主意，顺着说话人的意思作出答复。

在设计提问时必须投其所好，从一开始就投到对方感兴趣的话题，然后根据特定的情境去发掘话题中你想要知道的问题，并恰到好处地运用。如美国记者访问肯尼迪总统，见面就说："我看你像个人文主义者。"这一下子就引起了肯尼迪很大的兴趣，破例与这名记者长谈了两个小时。此外，公共关系人员还要善于借助媒介，作为引发交谈的"因子"。例如，一位陌生人手里拿着一张报纸，你如果想结识他，就可以以报纸为媒介，对他说："同志，对不起，打扰一下，请问报纸上有什么新闻吗？"这样，对话就有了可能。

相关链接 11.4

同陌生人交谈的技巧

不久前出差住在一家旅店，亲眼目睹了一场"话剧"，一个先我而住的悠闲地躺在床上欣赏电视节目；一个后我而住的，放下旅行包，稍拭风尘，冲了一杯浓茶，边品茶边研究起那位先我而来者："师傅来了好久了？""比这位客人先来一刻。"先我而来者边指着正在看书的我边说。"听口音不是苏北人啊？""噢，山东枣庄人！""啊，枣庄是个好地方啊！我在读小学时就在《铁道游击队》连环画上知道了。三年前去了一趟枣庄，还颇有兴致地玩了一遭呢。"听了这话，那位枣庄客人马上来了兴趣，二人从枣庄和铁道游击队谈开了，那亲热，不知底细的人恐怕要以为他们是一道来的呢。接着就是互赠名片，一起进餐，睡觉前双方居然还在各自身边带来的合同上签了字：枣庄客人订了苏南某人造革厂的一批风桶，苏南客人从枣庄客人那里弄到一批价格比较合理的议价煤。

同陌生人交谈是口语交际中的一大难关，处理得好，可以一见如故，相见恨晚；处理得不好，又能导致四目相对，局促无言。同陌生人交谈，技巧一般有：

1. 察颜观色，寻找一个共同理由

一个人的心理状态、精神追求、生活爱好等，都或多或少地要在他的表情、服饰、谈吐、举止等方面有所表现，只要你善于观察，就会发现你们的共同点。例如，一位退伍军人乘车同一陌生人相遇，位置正好在驾驶员后面。汽车上路后不久就抛锚了，驾驶员车上车下忙了一通还没有修好。这位陌生人建议驾驶员把油路再查一遍，驾驶员半信半疑地去查了一遍果然找到了病因。这位退伍军人感到他的这绝活可能是从部队学来的。于是试探道："你在部队待过吧？""嗯，待了六七年。""噢，算来咱俩还应该算是战友呢。你当兵时部队在哪？"……于是这一对陌生人就谈了起来，据说后来他们还成了朋友。而这就是在观察对方以后，发现都当过兵这个共同点的。当然，这察颜观色发现的东西，还要同自己的情趣爱好相结合，自己对此也有兴趣，打破沉寂的气氛才有可能。否则，即使发现了共同点，也还会无话可讲，或讲一两句就"卡壳"了。

2. 以话试探，侦察共同点

两个陌生人对面，为了打破这沉默的局面，开口讲话是首要的。有人以招呼开场，询问对方籍贯、身份，从中获取信息；有人通过听说话口音、言辞，侦察对方情况；有人以动作开场，边帮对方做某些急需帮助的事，边以话试探；有人甚至借火吸烟，也可以发现对方特点，打开口语交际的局面。两个年轻人从某县城上车，坐在一条长椅上。其中一人问对方："在什么地方下车？""到底，你呢？""我也是，你到南京什么地方？""我到南京山西路一亲戚家有事，你就是此地人吧？""不是的，我是从南京来走亲戚的。"经过双方的"火力侦察"，双方对县城熟悉，对南京了解，都是走亲戚的共同点就清楚了。两个人发现与对方的共同点后谈得很投机，下车后还互邀对方做客。这种融洽的效果看上去是偶然的，实际上也是有其必然的："火力侦察"，发现共同点，向谈话深处掘进而产生的效应。

3. 听人介绍，猜度共同点

你去朋友家串门，遇到有生人在座，作为对于二者都很熟悉的主人，会马上出面为双方介绍，说明双方与主人的关系，各自的身份，工作单位，甚至个性特点、爱好等，细心人从介绍中马上就可以发现对方与自己有什么共同之处。一位县物价局的股长和一位县中学的教师，在一个朋友家见面了，主人把这对陌生人作了介绍，他们马上发现都是主人的同学这个共同点，马上就围绕"同学"这个突破口进行交谈，相互认识和了解，以至变得亲热起来。这当中重要的是在听介绍时要仔细地分析认识对方，发现共同点后再在交谈中延伸，不断地发现新的共同关心的话题。

4. 揣摩谈话，探索共同点

为了发现陌生人同自己的共同点，可以在需要交际的人同别人谈话时留心分析、揣摩，也可以在对方和自己交谈时揣摩对方的话语，从中发现共同点。在广州的某百货商店里，一位在南海舰队服役的战士对服务员说："请你把那个东西拿给我看看。"还把"我"说成字典里查不到的地道的苏北土语。旁边另一位也是苏北人的在广州某陆军部队服役的战士，听了前者这句话，也用手指着货架上的某一商品对营业员说了一句相同的话，两句字里行间都渗透着苏北乡土气息的话，使两位陌生人相视一笑，买了各自要买的东西，出了店门就谈了起来，从老家问到部队，从眼下任务谈到几年来走过的路，介绍着将来的打算。身在异乡的一对老乡的亲热劲，不知情的人怎么也不会相信这是因为揣摩对方一句家乡话而造成的结果。可见细心揣摩对方的谈话确实是可以通过找出双方的共同点，使陌生的路人变为熟人，发展成为朋友的。

5. 步步深入，挖掘共同点

发现共同点是不太难的，但这只能是谈话的初级阶段所需要的。随着交谈内容的深入，共同点会越来越多。为了使交谈更有益于对方，必须一步步地挖掘深一层的共同点，才能如愿以偿。一个度假的大学生和一位在法院工作的同志，在一个共同的朋友家聚餐，经主人介绍认识后，两位陌生人谈了起来，慢慢地二人都发现对社会上的不正之风的看法有共同点，不知不觉地展开了讨论，他们从令人发指的社会现象，谈到产生的土壤和根源，从民主与法制的作用，谈到对党和国家的期望。越谈越深入，越谈双方距离越缩短，越谈双方的共同点越多。事后双方都认为这次交谈对大学生认识社会，对法院同志了解外面的信息和群众要求，增强为纠正不正之风尽力的自觉性都是有益处的。

　　寻找共同点的方法还有很多，譬如面临的共同的生活环境、共同的工作任务、共同的行路方向、共同的生活习惯等等，只要仔细发现，陌生人无话可讲的局面是不难打破的。

（资料来源：http://www.0512ghost.cn/thread-30767-1-1.html）

（三）学会转移话题和情绪

　　公共关系人员在与对象公众接触中，也许第一次提问并不顺利，没有引起对方的兴趣。这就需要另辟蹊径，寻求转机。但转移话题能否起到"山穷水复疑无路，柳暗花明又一村"的效果，关键在于公共关系人员要从第一次接触中总结经验，作出正确的判断，弄清对方的心理、性格、文化素养等特点，寻找能为对方接受、被对方理解，能打开缺口的话题。话题转移不是随心所欲，也不仅仅是为了无话找话，而是必须为原来的话题展开创造条件，铺平道路，因而话题的转移必须非常自然。转移情绪是在接触开始时，对方心理上存在紧张或者排斥的情绪，公共关系人员应通过巧妙的语言过渡，从平等、尊重对方的热情出发，转移对方的原有情绪。或是一句幽默语，或是一句平常的话，都会起到不小的作用。

相关链接 11.5

话题转移法

　　人们在紧张的心理状态下，如果突然被提示另一方向的话题，会很容易把注意力转移到另一方向去。

　　某些国家的国会咨询问答，经常出现这种场面：被某党议员们严厉追问的另一政党的议员们，不慌不忙地、轻易便将话题移开。"关于这件事，正如先生所言，的确非常有道理，但是，暂且先谈刚才那个提案……""正如您所言，这是非常重要的问题，所以稍后调查再作报告，在这之前先……""这些宝贵的意见且先搁置，我们换个角度来看……"高手就这样巧妙地转移主题，诱导到利于自己的局面上来。

　　人类的思考，在处于非常紧迫的心理状态时，无意中被提示一句另一方向的话时，不知不觉中便会把注意力倾向另一方去，这在越是紧张的场面越能发挥效果。

　　据说骗取了大量金钱的骗子们，在被迫还钱时，便会圆滑地把话题转移到下一个赚钱的话题中，企图获得更大的利益，这或许令人难以置信，但如果"转移话题"的是高手，大概可以不动声色地避开吧。

　　这种心理伎俩乍看好像只适合欺骗小孩子，但是当对方语气尖锐地逼问时，或是当对方热衷追问某一件事时，却意外地有效，可以在转瞬间就转移了对方的心情。比如，小孩子吵着要玩具，大人不知怎么办时，突然指着天空说："快看飞碟。"那么就可以转移孩子的注意力。有人把这个称为"对话中的飞碟战法"，这也是一种十分符合心理学的高明手法。

　　作为这种战法的变化语言，有"待会儿再说"、"或许稍微离题了，但……"等，从主题平和地转移到别的话题的方法也有，比如，在谈判或会议中，想要使自己的主张或意见通过时，以转移话题法插进一句相关语，便可以使别人附和自己的话，而且使用这种手法，对方便会毫无抵抗地接受。

（资料来源：http://women.sohu.com/news/0202news9.html）

即问即答 11.5

转移话题是不是顾左右而言他？

二、说服

　　公共关系人员与对象公众语言交流的目的在于说服对方，获得他们对组织的支持、信任和理解。成功地接近对象公众等于开了一个好头，接下来就是要如何巧妙地说服对方。说服人的语言艺术主要有以下几种方法。

（一）循循善诱，鼓动激励

　　善问等于与对象公众打开了话题，如何把话题引向深入，就需要善诱。循循善诱，即有步骤、有耐心地引导对方思考，要"诱"得得当、巧妙，使对方心悦诚服。在"善诱"的同时，还要注意以信任的态度，不断鼓动激励对方的讲话情绪，以理诱之，以情导之，最终达到双方极为融洽的境地。

（二）借此说彼，侧击暗示

　　公共关系人员在与对象公众接触中，有些问题不适于直接提问，正面交锋。在这种情况下，采用借此说彼，侧击暗示不失为有效的手段。借此说彼即利用两类事物或两种情况之间相类似的方面，借甲事物（事情）来说明乙事物（事情），不仅通俗易懂，且说服力也很强。侧击暗示即通过曲折隐晦的语言形式，把自己的思想、意见暗示给对方，引起对方心理或行为上的反应。借此说彼和侧击暗示既巧妙地引出了问题，把自己所要表达的意思传递给对方，又避免了由于问题的直接和敏感而引起对方的不快。

相关链接 11.6

侧击暗示说服方法的应用

十九世纪著名的意大利作曲家罗西尼遇到一个作曲家带着一份七拼八凑的乐曲稿来请教他。演奏过程中，罗西尼不停地脱帽。那位作曲家问他："屋里太热了？"罗西尼回答说："不，我有见到熟人脱帽的习惯。在阁下的曲子里，我碰到那么多熟人，不得不连连脱帽。"罗西尼巧妙地用"那么多熟人"来暗示曲子缺乏新意，抄袭太多，既含蓄又明确地向对方表明了自己的看法和意见。

（资料来源：http://blog.china.alibaba.com/blog/hzyqhwx4/article/b0-i7317316.html）

（三）心理接触，融情动心

心理接触即通过语言交流使双方心理不断相融，达到双方情感的共鸣；融情动心即在心理相融的基础上，以自己的感情来打动对方的心。要达到这一目的，必须设身处地为对方考虑，使对方感受到双方的立场是一致的，然后，再通过自己出色的"表演"，以诚挚而令人感动的语气与对方交流，方能说服对方。

相关链接 11.7

"融情动心"说服方法的应用

一个出租车女司机把一男青年送到指定地点时，那个男青年掏出尖刀逼她把钱都交出来，她装作害怕的样子交给歹徒 300 元钱说："今天我就挣这么点儿，我还有一把零钱也给你吧。"说完又拿出 20 元找零用的钱。见"的姐"如此爽快，歹徒有些迷惑。"的姐"见自己说中他的弱点，便说："你家在哪儿住？我送你回家吧。这么晚了，家人肯定等着急了。"见"的姐"是个弱女子又不反抗，歹徒便把刀收了起来，让"的姐"把他送到火车站去。趁气氛缓和，"的姐"也不失时机地启发歹徒："我家里原来也非常困难，咱又没啥技术，后来就跟人家学开车，干起这一行来。虽然挣钱不算多，但日子还算过得不错。何况自食其力，穷点儿还会怕谁笑呢？"见歹徒沉默不语，"的姐"继续说："唉，男子汉四肢健全，干点儿啥都差不了，走上这条路一辈子就毁了。"火车站到了，见歹徒要下车，"的姐"又说："我的钱就算帮助你的，用它干点正事，以后别再干这种见不得人的事了。去学一门技术再自食其力吧！"一直不说话的歹徒听罢突然哭了，把 300 多元钱往"的姐"手里一塞说："大姐，我以后饿死也不干这事了。"说完，低着头就跑走了。在这个事例中，"的姐"典型地运用了心理接触，融情动心的方法消除了男青年的防范心理，最终达到了说服的目的，自己也没有任何损失。

（资料来源：http://www.movo.tv/movo/blogShow!initPage.do?marticleId=92149）

（四）设置"陷阱"，请君入"彀"

公共关系人员经常会遇到那些固执己见、刚愎自用的对象公众。如果直接陈述自己的意见，一般是很难达到目的的，对于这些人，既要有耐心，更要讲究策略，设置"陷阱"，请君入"彀"。即就对方的看法和观点，设置一个个陷阱，引导对方暴露其自相矛盾之处，最后用自己的话来否定他自己的看法和观点，从而达到说服的目的。这种方法的运用关键是对问题要精心设置。设计什么样的问题，放在什么时候提出，都是必须非常巧妙的，必须是围绕着你的核心目的进行的。这种方法虽然在语言技巧上有一定的难度，但用得好能收到极好的效果。

相关链接 11.8

请 君 入 彀

彀，圈套、罗网。请君入彀，比喻用某人整治别人的办法来整治他自己，而"引君入彀"是一般意义下的吸引他人自投罗网。成语"请君入瓮"故事见于《资治通鉴·唐纪则天皇后天授二年》。武则天时期有两大酷吏，一名周兴，一名来俊臣。有一回，一封告密信送到武则天手里，内容竟是告发周兴与人联络谋反。武则天大怒，责令来俊臣严查此事。来俊臣请周兴喝酒时问周兴："如果犯人不认罪，不知老兄有何办法？"周兴得意地说："这还不好办！"来俊臣立刻说："哦，请快快指教。"周兴阴笑着说："你找一个大瓮，四周用炭火烤热，再让犯人进到瓮里，你想想，还有什么犯人不招供呢？"来俊臣连连点头称是，随即命人抬来一口大瓮，按周兴说的那样，在四周点上炭火，然后回头对周兴说："有人告你谋反，请老兄自己钻进瓮里吧。"周兴赶忙跪倒在地，磕头认罪。

（资料来源：http://baike.baidu.com/view/332089.htm）

即问即答 11.6

设置"陷阱"，请君入"彀"的方法是不是要先认可对方的错误观点？和"以子之矛攻子之盾"的方法有没有异同？

三、应急

在公共关系人际传播过程中，有时会出现一些意料之外的事情。如果公共关系人员缺乏应变能力，处理不当，就会使信息交流受阻，影响公共关系目标的实现。公共关系人员的应变能力集中体现在处于这种情景中的语言表达技巧和选用的语言表达形式。恰当的语言表达形式和高超的语言艺术常使紧张的气氛变得轻松，使窘迫的场面变得自如，使危急的形势得到缓和，使被动变得主动。具体地讲，应急的语言艺术主要有以下几种。

（一）因势利导，顺势牵连

因势利导即在对方思维朝某一方面进行时，公共关系人员把自己所要表达的意思，顺着对方的思维进行巧妙的表达；顺势牵连即在对方突然提出问题，无法正面回答时，巧妙地联系其他事物进行回答。这些都要求公共关系人员对"势"要"导"得好、"牵"得妙。例如，山东蓬莱一位导游在给日本游客讲"八仙过海"的故事时，日本游客提出"八仙过海飘到哪里去了呢？"这个问题是无法考证的。导游一看有八位日本游客，就巧妙地回答："我想，为了发展中日人民的友谊，八仙过海渡去邻邦日本了。"日本客人一听，高兴得笑起来。导游回答得非常巧妙，妙就妙在把眼前情景、巧合的数字，顺着客人的问话和中日两国人民的友谊自然联系了起来，使回答既得体，又意味深长。

（二）有意岔题，巧释逆境

有意岔题，巧释逆境即是公共关系人员在突然出现于自己不利情况时，把话题岔开，巧妙地进行别出心裁的解释来挽救危急的局面，岔题是应付突发事件的有效方法，但要使岔题成功必须注意两个问题：一是要自然。岔开的话题要与原来的话连得上，说得通，要有某种联系或读音相近，意义相连，话题概念相近，或两种事物处在同一语境。二是岔题要及时。要抓住时机，找准岔口，在对方话题尚未展开之前就以新话题取而代之，使对方不知不觉中离开原来的话题，将注意的中心转移到新话题上来。巧释的关键在"巧"，即对问题有别出新裁的解释，使解释朝自己所要表达的意思方面引导。

（三）借题发挥，反口诘问

借题发挥即在对方企图抓住自己弱点进行宣传时，公共关系人员就对方原来的话题进一步引申，使话题朝着自己优势的一面展开。一般是在重述对方话题，甚至作进一步引申之后，突然转折，就自己优势一面，作充分展开。反口诘问是在对方所提出的问题，即不能如对方所愿，作出明确回答，陷入进退两难时，循着对方提出的问题，反口诘问，迫使对方自己解答。这样不仅可以达到回避难题的目的，还可以化被动为主动。例如，美国一家电视台曾采访知青出身的作家梁晓声，当记者问他："没有'文化大革命'，可能不会产生你们这一代青年作家，那么'文化大革命'是好还是坏呢？"这个问题很难直接回答。梁晓声随机反问道："没有第二次世界大战，就没有以反映第二次世界大战而著名的作家，您认为第二次世界大战是好还是坏呢？"

即问即答 11.7

借题发挥，反口诘问是不是以谬治谬，模拟必须相当？

四、拒绝

公共关系人员每天都要和各类公众打交道，公众的要求，有合理的，也有不合理的；有正当的，也有不正当的。因此，不可能都能予以满足，拒绝也就在所难免。公共关系人员对公众的拒绝，应是以诚恳的态度，恰当得体的语言表达，减少公众由于被拒绝而带来的失望和不快，并取得公众的谅解和认可。常见的拒绝语言艺术有以下几种。

（一）推托、拖延

对于公众无法满足的要求，推托、拖延也不失为有效的拒绝方法。推托即借他人之口，如组织有某项规定，超出自己的权限不能做主等理由推托；拖延即拖延时间，以时间的推移来减少公众对于被拒绝而带来的不快，也使公众有时间对自己的要求进行认真考虑其是否合理。例如，某单位职工找到车间主任要求调工种，车间主任明知调不了，但没有马上说"不可能"，而是说："这个问题涉及好几个人，我也决定不了，我把你的要求带上去，让厂部讨论，过几天，我告诉你，好吗？"这样，一可借厂部研究之口拖延时间，二可让职工认真考虑自己的要求是否合理、可能。

> **相关链接 11.9**
>
> 推托、拖延的语言艺术
>
> 有一次庄子向监河侯借钱，监河侯敷衍他，含糊地说道："好！再过一段时间，等我去收租，收齐了，就借给你300两金子。"监河侯的敷衍很有水平，不直接说不借，也不说马上就借给他，而是说过一段时间收租，收齐后再借。这话有几层意思：一是目前我没有钱，还不能借给你；二是我并不是富人；三是过一段时间，时间并不明确说明，到时借不借还是另一说。庄子听后已经很明白了。用这种方法拒绝庄子，他也不会怨恨什么，因为监河侯并没有说不借，只是过一段时间再说而已，还是有可能会借的。
>
> （资料来源：http://www.movo.tv/movo/blogShow!initPage.do?marticleId=92158）

（二）诱导对方自我否定

对于公众提问的、自己无法直接回答的问题，通过用对方的方式诱导对方作出回答，而对方的回答应是预料之中的，也正是自己要说，只是借对方的口说出来而已，从而达到拒绝回答的目的。例如，罗斯福当美国总统之前，曾在海军担任要职。一天，一位朋友问起海军在加勒比海一个小岛建立潜艇基地的计划。罗斯福向四周看了看，压低声音问："你能保密吗？""当然能。"罗斯福接着说："你能我也能。"

（三）先表示同情而后拒绝

有时公众提问的要求并非完全无理，其中存在一定的合理性，但因条件有限而无法予以满足。在这种情况下，拒绝的言辞要尽可能委婉，予以安慰，使其精神上得到一些满足，以减少因拒绝而产生的不快和失望。在语言表达上可采用"先肯定后否定"的形式，但要委婉，留有余地。例如，一家公司的经理对一家工厂的厂长说："我们两家搞联营，你看怎么样？"厂长回答："这个设想很不错，只是目前条件还没有成熟。"这样既拒绝了对方，又给自己留了后路。

（四）隐晦曲折

有时，对一些明显不合情理或不妥的做法，必须予以拒绝，但为了避免因此而引起冲突，或由于某种原因不便明确表示，可利用隐晦曲折的语言向对方暗示以达到拒绝的目的。同时也可以采用绕圈子的语言形式。其中最关键的是既绕过了最敏感、最刺激对方的词句，但又能达到拒绝对方的目的。有一位老板，一天，他把一位青年雇员叫到办公室对他说："小伙子，我真难以设想，如果我们公司没有你，我们的日子将怎么过，但是，从下星期一开始，我想试试看，再见。"这位老板绕着圈子，避开了"辞退"的字眼，用动听的词语达到了辞退对方的目的。

（五）避实就虚

即对难以回答的问题，避开实质性的关键点，故意用模棱两可的语言作出具有弹性的回答，既无懈可击，又达到在要害问题上拒绝作出答复的目的。例如，第二十四届汉城奥运会期间，记者问李梦华："中国能拿几块金牌？""中国能超过韩国吗？"李梦华说："10月2日以后，你们肯定能知道。"记者又问："中国新华社曾预测能拿8块至11块金牌，你认为客观吗？"李梦华说："中国有充分的言论自由，他们怎么想就可以怎么写。"

相关链接 11.10

周总理的智慧

一次记者招待会，周恩来总理介绍我国建设成就。一个西方记者问："中国人民银行有多少资金？"这涉及国家机密，不可能直言相告。总理眉头一皱，很快答道："有18元8角8分。"在场的人全都愕然。总理解释说："中国人民银行的货币面额为10元、5元、2元、1元、5角、2角、1角、5分、2分、1分，共十种主辅人民币，合计为18元8角8分。中国人民银行有全国人民作后盾，信用卓著，实力雄厚，人民币是世界上最有信誉的一种货币。"话音刚落，全场响起热烈的掌声。总理有意回避问题的实质，以"总面额"替代"总金额"，于是既堵住了外国记者的口，又不损害招待会和谐的气氛，避实就虚，使语言犀利而风趣，充分表现出了他过人的应变能力和高超的语言艺术。

（资料来源：http://www.xici.net/main.asp?url=/u9718897/d47653580.htm）

在某些特殊情况下，以笑代答或装聋作哑也不失为巧妙有效的拒绝方法。

五、批评

批评是一种有阻力的沟通，正因为有阻力，批评更需要艺术性。公共关系需要的是一种积极的、建设性的批评。它的目的是既要批评犯错误的人，但更要指出错误本身的危害；既要表达自己的不满，但更要帮助对方重新振奋；既要查清原因、责任，但更要着力于问题的解决。要进行这种建设性的批评，有几点值得注意：

（一）将犯错误的人和人犯的错误分开，寓教育于批评中

《陈毅市长》中记载陈毅在解放初期出任上海市长期间，老部下童军长因麻痹轻敌而忽视防空部署，致使许多工厂商店遭受敌机空袭。事后，陈毅对童军长的错误进行了严厉的批评，但批评过后，又向上级请求不要处分他，并留他吃午饭，使童军长一方面深刻认识到了自己的错误，另一方面也感受到了首长的关怀和爱护。

（二）维护对方自尊，控制谈话气氛

对当众的批评应极其慎重，有许多领导在大会上批评××人时，他对于"那么一个人"、"那么一件事"批评得非常严厉，可是他就是不点那个人的名。这样，既作了一个给人印象深刻的批评又不至于伤害当事人的自尊心。相比之下，一名厂长当着工人们的面对一名车间主任大声呵斥："你们这个车间在这个月的生产竟然是如此糟糕，想不到你的工作能力竟是如此低下！"这样当众斥责人，等于是当众剥去了对方的尊严，使其尤感难堪，而且还使在场的每一个人感到尴尬，感受到一种"下一次是不是轮到我"的气氛，这是极不可取的。同时，批评的效果如何，应注意谈话的气氛。例如，双方各坐在会议桌的两头，或让当事人站着，自己坐着，和双方坐在同一张长沙发上的气氛就不一样。再如在酒席桌上批评人与办公室里批评人，气氛也不大一样。又如批评时不看对方与握握对方的手、拍拍对方的肩，气氛也不一样。这些都会对批评的效果产生影响，领导人应当注意。

即问即答 11.8

维护被批评者的自尊，控制谈话的良好气氛，效果是不是等于没批评？

（三）与表扬相辅，采取过渡与含蓄批评法

玛丽·凯·阿什提出一个批评公式：先表扬，后批评，再表扬，即无论批评什么事情，也必须找点儿值得表扬的事情留在批评前和批评后说。美国人际关系专家戴尔·卡耐基说过这样一件事：玛桑小姐在一家食品包装公司当市场调查员，刚接下第一份差

事——为一项新产品做市场调查。但当结果出来时，她吓坏了，由于计划工作的一系列错误，整个结果全错了，必须从头来做。更糟的是，报告会议即将开始，她已经没有时间同老板商量这件事。当主持会议的老板要她报告时，她吓得发抖。她尽量地使自己不至于哭出来，她简短地说明了情形，并表示要重新改正过来，以便在下次会议时提出。坐下后，她等待老板大发雷霆。可结果呢？玛桑小姐回忆道：出乎意料的，他先感谢我工作勤劳，并表示新计划难免都会出错。他相信新的调查一定正确无误，会对公司有很大收益。他在众人面前肯定我，相信我尽了力，并说我缺少的是经验，而非能力。我挺直胸膛离开会场，并下定决心不再有第二次这种情形发生。老板对玛桑小姐的失误当然提出了批评，但这种批评是将经验与能力分开的，而且，老板还在这种批评的前后加入了表扬，其效果当然是令人满意的。如果老板在会议上劈头盖脸地将玛桑小姐大骂一顿，虽然玛桑小姐也无话可说，但是，她不可能再"挺直胸膛"了。

总之，公共关系中使用批评语言要讲究艺术与策略，其要领就在于：要使受批评的人认识错误，抖擞精神，重新干好工作，而不是将其骂得垂头丧气，甚至憋了一肚子怨气与怒气。

第三节　公共关系活动中的非自然语言

公共关系人员在运用公共关系语言艺术时，除了掌握和熟练运用有声语言外，非自然语言的把握也是公共关系活动中语言交流不可缺少的辅助语言手段。

一、公共关系活动中非自然语言的意义

非自然语言即无声语言，主要包括表情语言、动作语言、体姿语言。在公共关系的许多活动中，如谈判、演讲、讲座、交谈、宴请等，有时有些无法或不适于以言辞表达的意思，往往须借助于表情、动作和体态的作用。利用这些表情、动作、体态可以加深语义和语感的效果。心理学家甚至认为：无声语言所显示的意义要比有声语言多得多、深刻得多，而且在特定的语言环境中，非自然语言的作用是其他载体所无法替代的。

有时候，经过精心设计、周密考虑过的言语往往不能表露一个人的心态；有时候，也会由于语言表达能力的影响，而使口中传递出来的信息不完全等于所欲传递的信息。因此，不仅信息传播者需借助于非自然语言的辅助作用，而且受传者也需要借助于对方的脸部表情、身体动作、仪表举止来捕捉隐藏在有声语言之内或之外的"真意"。非自然语言与有声语言并用是一种复合的过程，因此，在人际交流的过程中，将二者结合起来确能帮助受传者更清晰、更准确地获取信息，减少信息传递中的误差，增加信息传递量，达到更好的了解和沟通。

相关链接 11.11

非自然语言的重要性

在人与人面对面的沟通中，一半以上的信息是通过肢体语言来传递的。通过肢体的一些举动便可以看穿一个人的心理活动，通过肢体可以了解对方。

有这样一个小故事，代女士是北京一家公司的人力资源经理。有多年的工作经验的她总结出了"观举止识人"的门道。

在一次招聘市场部经理的面试会上，求职者是个年轻女性，面试时，左腿架在右腿上坐着，手安静地放在膝头，一直正视着代女士。

"我问她有什么薪水要求，她眼睛眨都不眨就告诉我了。我又问她是否喜欢以前的工作，她仍然直视着我说自己喜欢。当被问到为什么离开以前的工作单位这个问题的时候，她的眼睛忽然转向一边，在一瞬间中断了和我的眼神接触，然后才回答我的问题。回答时，还挪动了座椅，把右腿换成架在左腿上，一度把手放在嘴前面。"

"你好像很注意她的身体动作，那很重要吗？"

"当然很重要。我研究的就是她的身体语言。她告诉我原先的公司没什么发展机会，但是她的身体语言却告诉我说她的说法是有问题的。"

代女士继续解释说，求职者对此问题的焦虑情绪当然不足以证明对方在说谎，但是她的反应却说明这是一个值得深入挖掘的问题。

"我就继续考验她。"代女士说，"我换了一个比较中性的问题，问她喜欢在什么类型的公司工作。女孩重新恢复了镇定，把双手交叠在膝头，说她想在小公司工作，可以操作很多项目，获得丰富的实践经验。

"我问了一个之前的问题：除了缺少发展机遇，是不是还有别的原因使她离开从前的公司呢？不出所料，求职者又挪了一下椅子，再次暂时中断了和我的目光接触，说话时两个小胳膊一直相互摩擦。"

代女士说，她又继续和这个求职者交谈了一会儿，不过根据对女孩身体语言的观察，她最终决定不录用此应聘者。

人力资源专家和警察审问嫌犯所使用的测谎技术是相同的。他们都善于分析身体语言的意义。事实上，我们一般人也常能凭借直觉感知身体语言传递出的信息，从而识别谎言。

一个出版社招聘编辑，面试了一名求职者之后，负责面试的人事主管对同事说："我有点儿怀疑这个人，我觉得他说的那些成绩可能不是真的。"

"你认为他在说谎？"同事问。

"我觉得他肯定是在说谎，但是我还拿不出证据来，可就是觉得不对劲。"

用人单位经常会遇到这个问题，他们对求职者产生某种怀疑，但是却拿不出证据。针对这个问题，一些团体会在招聘员工时使用测谎仪检测谎言。西方一些司法机构也常常在审问犯罪嫌疑人时使用测谎仪。

有趣的是，测谎仪实际上根本就不能测谎，它只是一种可以监测人的神经系统波动状态的机器，它可以检测出人的呼吸频率、出汗情况、脸红程度、心跳、血压以及其他生理指标的变化。

那这东西准确吗？准确，一般情况是准确的。普通人在说谎的时候，会出现情绪波动和身体状态的改变，这些变化又会进一步引起说谎者陷入焦虑。自然，有经验和受过训练的说谎者是可以愚弄测谎仪的。

就算你从不说谎，但你有时会面临被别人用语言感染情绪或者说服的情况，那个时候，对于人说谎时身体语言的了解就会派上用场。小伙子跟姑娘讲述自己的事业成功时，可能会移动自己的屁股。推销员在向客户介绍产品功能时，可能会揉自己的脖子。这些小动作都是有意义的。

事情还不仅如此。一个本不紧张的演员可能会松开他的衬衫领子，因为舞台上很热；一个在户外讲话的领导可能会频繁地眨眼睛，因为当天风很大。这些焦虑的动作，都是偶然产生的，却容易给旁观者留下有什么问题不对或对方在说谎的印象。

擅长沟通的人为了避免类似情况的发生，会有意识地控制任何可能导致别人误会的动作的发生。他们专注地看着谈话对象，他们从不用手摸脸，就算是胳膊疼，他们也不按摩疼痛处，就算是鼻子痒，也从来不搔痒。屋里再热他们也不松开衬衫的领子，风沙再猛他们也不眨眼睛。他们不会在人前擦汗，甚至汗珠已经流到眼睛上正在遮蔽视线。他们甘心难受，他们知道任何焦虑的动作都可能影响人们对自己的信任程度。

1960年9月25日，美国总统候选人尼克松和肯尼迪进行电视辩论，辩论结束，有评论家立刻断言尼克松选不过肯尼迪，批评他总在摄像机镜头前皱眉头，显得过于紧张，缺乏自信。

要是你想以一个值得信赖的形象出现在人前，就必须在和人打交道时，尽可能地控制住所有无关紧要的小动作。

（资料来源：http://www.boraid.com/darticle3/list1.asp?id=135441&pid=3107）

即问即答 11.9

一个人的举止能否出卖他的内心？

公共关系人员认识非自然语言，不仅可以准确地洞察对象公众的深层心理，而且巧妙、准确、自如地使用非自然语言能达到完美的交流和沟通效果。

二、非自然语言和自然语言的关系

（一）非自然语言能辅助和补偿自然语言

非自然语言能加强自然语言的表达效果，起到加深语义和语感的作用，甚至传递出来的无声信息是自然语言所不能取代的，如美国著名幽默大师卓别林的表演。再如著名作家梁实秋先生回忆著名历史人物梁启超一次演讲时，曾这样描述："他走向讲台，打开他的讲稿，眼光向下面一扫，然后是他极简短的开场白，一共只有两句，头一句是：'启超没有什么学问——'，眼睛向上一翻，轻轻点一下头，'可是也有一点！'……"这里，梁启超的许多动作和表情，均是非自然语言，它们辅助自然语言把梁启超个人的独特魅力活脱脱地表现了出来。

（二）非自然语言能取代自然语言

在许多情况下，非自然语言可以代替自然语言独立使用。例如，不懂外语的人接待外宾，可以借助于动作或手势作简单示意；客人坐久了，主人感到厌倦，又不便直说，往往也用些动作或表情来传递信息，通常都能达到目的。再如我国著名女乒乓球国手邓亚萍，每当比赛赢球时，特别是打出好球得分时，总是举起紧握的拳头在桌旁来回奔跑，发出增添力量的呼声，以表示自己胜利的信心，给观众极大的鼓舞，深深地感染着观众。

三、公共关系活动中的非自然语言

（一）表情语言

表情指的是人的面部表情。在形体语言中，面部表情的"词汇"是最丰富，也是最富有表现力的。它能最迅速、最灵敏、最充分地反映出人类的各种感情，人们还可以从面部表情的微妙变化中看到人类各种感情之间错综复杂的形式。面部表情语言主要是通过脸色的变化，眼睛、嘴等动作来表现的。

脸色的表现是人的心理状态的展露。满面红光、容光焕发是兴高采烈、踌躇满志的表露；脸色绯红是害羞的表示；面红耳赤是激动的反映；脸色铁青说明生气或者愤怒；脸色苍白也许是紧张；面呈猪肝色则说明内心极度恐惧。

眼睛的表现力是最为复杂、微妙的，也更为深刻。眼睛生辉，炯炯有神，是人心情愉快，对前途充满自信的反映；愁眉紧锁，目光无神，神情呆滞是无能力的表现；坚定自若的目光会产生一种威慑的力量；正直敏锐的目光会获得对方信赖；游移不定的目光表示心神不定或心不在焉。

相关链接 11.12

眼睛透露的信息

眼睛能够最直接、最完整、最深刻、最丰富地表现人的精神状态和内心活动，它能够冲破习俗的约束，自由地沟通彼此的心灵，能够创造无形的、适宜的情绪气氛，代替词汇贫乏的表达，促成无声的对话，使两颗心相互进行神秘的、直接的窥探。眼睛通常是情感的第一个自发表达者，透过眼睛可以看出一个人是欢乐还是忧伤，是烦恼还是悠闲，是厌恶还是喜欢。从眼神中有时可以判断一个人的心是坦然还是心虚，是诚恳还是伪善：正眼视人，显得坦诚；躲避视线，显得心虚；乜斜着眼，显得轻佻。眼睛的瞳孔可以反映人的心理变化：当人看到有趣的或者心中喜爱的东西时，瞳孔就会扩大；而看到不喜欢的或者厌恶的东西时，瞳孔就会缩小。目光可以委婉、含蓄、丰富地表达爱抚或推却、允诺或拒绝、央求或强制、讯问或回答、谴责或赞许、讥讽或同情、企盼或焦虑、厌恶或亲昵等复杂的思想和愿望。眼泪能够恰当地表达人的许多情感，如悲痛、欢乐、委屈、思念、温柔、依赖等。

（资料来源：http://baike.baidu.com/view/529998.htm?fr=ala0_1_1）

即问即答 11.10

如何理解眼睛是心灵的窗户？

嘴传递信息的能力仅次于眼睛，主要通过嘴的不同动作构成不同的"笑"来表达信息。公共关系活动中，公共关系人员常用轻笑来实现招呼新朋友或委婉拒绝的目的。用微笑来促进双方沟通，融合双方感情，使之产生"共振效应"。以适度的哈哈大笑来缓解紧张的气氛，打破双方的僵局。

在面部表情语言中，"无表情"也是一种表现形式。无表情一般在这几种情况下出现：当人处在极度失望时；当人对某人某事极度厌恶愤恨时；当人对某人某事不想立即表达己见，持观望态度时；当人对某件事的处理有充分把握，头脑非常清醒时；当人想将一切掩盖起来不愿为人所知时。

以上各种表情语言，公共关系人员通过对方的各种表情变化把握对方心理，同时，根据自己的需要选择恰当的表情语言形式，用以表达思想、情感，进而最大限度地感染、打动、征服对方，从而实现公共关系目标。

（二）动作语言

在动作语言中，手是传情达意最有力的手段。手的"词汇"非常丰富。公共关系活动中，常见的动作及它所传达的信息主要有以下这些：双手紧绞在一起，显示的意义是精神紧张、不安或害怕；双手指尖组合形成"教堂塔尖"形，显示的意义是充满自信；用手指或笔敲打桌面，或者在纸上乱画，显示的意义是不耐烦或无兴趣；搓手，显示的意义是有所期待，跃跃欲试；摊开双手，显示的意义是真诚和率直；握拳，显示的意义是下决心、愤怒、不满、怀有敌意；用单手支着头，显示的意义是不耐烦、厌倦；将手放在脸颊边，显示的意义是怀疑或表示愿意合作；把手插入口袋，显示的意义是不信任；捏弄拇指，显示的意义是心中紧张，缺乏自信；手放在大腿上，显示的意义是冷静；手放在颈背上，显示的意义是"防卫式"的攻击；不自觉地用手摸脸、摸鼻子、摸眼睛，显示的意义是说谎；用手托摸下巴，显示的意义是老练、理智；突然用手把没抽完的烟掐灭，显示的意义是下决心；手拿烟不动且让其烧着，显示的意义是紧张地思考问题；脱下帽子，用手将头发往后一掠，抓抓后脑勺，显示的意义是急于事情的成功，等等。

握手是公共关系活动的一种礼节和手段，包含着一定的信息，如何将握手运用得恰到好处，是大有讲究的。握手时用力的大小、时间的长短、握的部分和方式不同，都有不同的意义，例如，握手用力太轻，被认为是冷淡不热情的表示；用力较重，紧紧握着，是热情、诚恳和力量的反映；力度均匀适中，说明情绪稳定；握手时拇指弯向下方，不把手全伸出来，表明不愿让对方握着自己的手，是对对方的一种藐视；用两只手握着对方的一只手，并且左右轻轻摇动，是热情、欢迎感情的表现；一接触对方的手旋即放开，是冷淡和不愿意与人合作的反映。在日本，男女之间除恋爱关系的双方外，一般不握手。

相关链接 11.13

握手透露的信息

武侠小说里常有这样的情节：两个侠客初次会面，便如老友相逢一般，忙不迭地互相见礼，作谦谦拱手状。他们的脸上堆满笑意，嘴里也说着客气话，手上却都毫不含糊地暗暗蓄着劲，都想借拱手之机较量较量，探探对方的功夫深浅。

在我看来，现代人在交际场上的握手，跟侠客们的这种较量类似，只不过是把拱手改成了握手。握手，在表示友好的同时，也透露了双方的底细。两只看上去没多大区别的手一相握，就握出了天大的区别。早些年读作家谈歌的某部小说，小说中有一个细节，说某人去见某官，一和人家握手，就暗自感慨：凭这握手的水平，这家伙的官还得升啊！读到此处，我也是连发感慨：真是"行家一伸手，便知有没有"，这两个人都不简单啊！

惭愧的是，参加工作很多年了，也见过一些场面，我却始终没学会轻松自如、优雅得体地与人握手。我有一双奇怪的手，这双手一年四季都是温润的，即使在冬天，手心里也总是微微地沁着汗。每次握手，我的手都无法达到足够的干燥。而一只不那么干燥的手，一定会让对方觉得很不礼貌，或者误以为我有些紧张。但我从来没讨厌过自己的这双手。因为我发现，不会握手的人很多。常见一些衣冠楚楚、看上去很有些能耐和修为的年轻人，遇着重要场合，该和人握手了，就很突兀地，让人猝不及防地，猛地把一只挺直的胳膊刺向对方。一个握手的动作，泄露了他们外包装下的秘密。

从网上搜索出不少关于握手的信息，有的提示说怎样握手才规范，有的还对握手的人做了性格分析。看了这些信息我才明白，握手是一种技术含量很高的活，微妙处还真是难以把握。就说握手的力度吧，你用力握了，人家说你虽然做事认真，但性格冲动刚烈，欠缺圆滑；你不用力吧，人家又说你冷漠，敷衍，或自信心不足。再说握手的时间，你握得长了，人家说你表现夸张，为人虚伪，爱做表面文章；你握得短了，又说你满不在乎，感情快来快去，只适宜做点头之交。

而某些大人物，讲话多，应酬多，握手也多，按说最懂握手的奥妙，可他们在跟人握手时，尤其是跟像我这样的小人物握手时，从来不按规矩来。有的大人物见了你，远远地就夸张地伸出巨掌，做出很领袖的样子，把你整只手收入其中。那张笑得有点变形的脸，露出很满足很不屑的神情；而有的大人物，你真诚地伸出手，却根本握不到他的手，最多只能碰到手指尖。他用手指尖轻轻碰一下你的手指，就迅速撤了回去，在你面前，只留下一张皮笑肉不笑的脸和一副凸起的肚子。

握手的精通程度和在职场上能达到的高度有着隐秘的联系。

（资料来源：http://www.ycwb.com/ycwb/2006-11/08/content_1273611.htm）

在动作语言中，除了手的动作之外，腿部的动作常常不自觉地表露出人的潜在意识。如小幅度地抖动腿部，频繁地变换腿姿势，用脚尖或脚跟拍打地面等动作，都是人紧张不安、焦躁不耐烦的情绪的反映。

（三）体姿语言

体姿语言包括人的各种静态姿势，如立姿、坐姿、睡姿、蹲姿、俯姿等。其中与公共关系活动比较密切的是立姿和坐姿。

在公共关系活动中，不同的立姿、坐姿是不同信息的表达。缺少自信，消极悲观的人站立时往往弯腰曲背；充满自信，乐观豁达的人，站立时总是把脊背挺得笔直，有时还要两手插在腰间；关系友好，有共同语言的两个人面对面站立时距离会很近，相反则会自然拉开站距；挺着腰笔直的坐姿，表示对对方或对谈话有兴趣，也是一种对人尊敬的表示；弯腰曲背的坐姿是对谈话不感兴趣或感到厌烦的表示；斜着身体坐，表示心情愉快或自感优越；交谈时喜欢并排坐的两个人，一般说来关系亲密，共同点较多。

仪表也是体姿语言的重要组成部分。通过对仪表的观察可以看出对方的文化素养、知识水平、品格情操、身份地位。公关人员可以通过对自己仪表的修饰来向对方传递这些信息。

四、公共关系活动中运用非自然语言应注意的问题

非自然语言在公共关系活动中具有很重要的意义，但公共关系人员要如何准确、自如地运用非自然语言，还必须注意以下几个问题。

（一）全面、准确地理解对方的非自然语言

非自然语言不是对人的行为状态含义的精确描述，而是可变性强、含义广而深，所以不能机械地把上述语言的形式搬到实际中去。因为对方通过非自然语言传递的信息与真实的内心想法并不完全一致，有时甚至就是一种假象，必须谨慎机智地来对待。全面、准确地理解对方的非自然语言，一是要在综合基础上进行理解，即通过对方一系列动作的观察，综合起来进行理解。因为一种心态往往是通过非自然语言表现的，有些是对方有意识的控制，有时则是无意识的流露。二是善于观察。在无法一时判断对方非自然语言的含义时，可恰当地借助于有声语言进行试探，观察对方的反应，最后作出准确的判断。

相关链接 11.14

正确解读身体语言的三大规则

规则 1：连贯地理解

初学者经常会犯一个最致命的错误，那就是将每个表情或动作分离开来，在忽视其他相联系的表情或动作以及大环境的情况下，孤立、片面地解读他人的肢体语言。譬如说，挠头所表示的含义包括尴尬、不确定、去头屑、头痒、健忘或者撒谎等等，所以，其具体含义应当取决于同时发生的其他表情和动作。和说话一样，肢体语言也有词组、句子和标点之分，每一个表情或动作就好比一个单词，而每一个单词的含义都不是唯一的。例如，在英语中，"dressing"一词就至少有十种解释，其中包括穿衣服的动作、食物的调味料、肉类食物的配菜、伤口的包扎敷料、化肥以及马饰等等。

因此，只有当你把一个词语放到句子里，配合其他词语一起理解时，才能彻底弄清楚这个词语的具体含义。以"句子"的形式出现的动作或表情被称为肢体语言群，就好比我们如果想说一句话，就至少需要用三个词语来组织才能清楚地表达说话的目的。可以这么说，如果一个人能够读懂无声的肢体语言长句，并且准确地将它们用有声的话语表达出来，那么，他的"感知力"一定很强，或者说他的"直觉"一定很灵敏。

当我们感到无聊或是有压力的时候，我们常常会不断地重复做一个或者多个动作。不停地摸头发或玩头发就是这种情况下我们最常见的一种表达方式，可是，假

如不考虑其他动作或表情，同样的动作却很有可能表示这个人心中很焦虑，或是不确定。人们之所以会在这样的情况下做出摸头发或抚摸头部的动作，完全是因为当他们还是个小孩的时候，他们的妈妈就是用这样的方式来安抚他们的。

为了证明在解读肢体语言的过程中综合理解方式的必要性，我们给出了一种常见的边缘动作。当人们没有记住刚才所听到的话语时，常常会摆出这样一个姿势：当对方的言辞无法说服自己时，最常见的动作就是将手移至脸旁，用拇指支撑着下巴，食指保持一种向上的姿势贴在脸颊上，而剩下的三个手指则正好将嘴巴挡住。

另外，双腿紧紧交叉，双臂也以类似的姿势环抱于胸前（一种防御的状态），与此同时，他的头和下巴均保持一种下垂的姿势（一种否定或不友善的态度）。

种种迹象都表明该聆听者已经对所听到的内容作出了自己的评价。聆听者通过这一连串的肢体语言"群组"，就是想告诉对方"我对你的话不感兴趣"、"我不同意你的说法"或"虽然我对你的话很不满意，但是我正在努力克制自己的不满情绪"。

规则2：寻找一致性

研究表明，通过无声语言传递的信息所产生的影响力是有声话语的五倍。当两个不同的人进行面对面交流的时候，尤其当这两个人都是女人的时候，她们几乎会全部依赖于无声的肢体语言进行交流，而无视话语所传递的信息。

如果你是一名演讲者，在某次演讲中，你邀请某位听众上台来发表他对你演说内容的意见，他回答说，他并不赞同你的观点，那么，他通过肢体语言所传递的信息就应该与他的话语表意相吻合，也就是说，两种语言所表达的意思完全一致。相反，假如他口头上表示赞同你的话，但是，他通过肢体语言所传递的信息却并非如此，那么，他就很可能是在撒谎。

当一个人的话语与他的肢体语言相矛盾的时候，女性听众大都会忽视他的话语意思。

当你看见一位站在演讲台后的政治家一边信心十足地向观众们说，他有多么尊重年轻人的意见，并承诺一定会虚心接受他们的建议；一边却又将自己的双臂环抱于胸前（以示防御），并且下巴微沉（批判、充满敌意的象征），那么，你还会相信他的说辞吗？

假如他试图用热情且充满关切之情的口吻来打动你，并且还不时地用手敲打演讲台以吸引你的注意，那么，你是否会真的被他的言行所征服呢？西格蒙德·弗洛伊德曾经遇到过一个案例。案例中，病人告诉他，她的婚姻生活十分幸福。在谈话中，这位病人不断地将她的结婚戒指取下，然后又戴上。弗洛伊德注意到了她的这一无意识的小动作，他很清楚这意味着什么。所以，当有消息传来说她的婚姻出现问题时，弗洛伊德丝毫并不感到惊讶，因为一切都在他的意料之中。

规则3：结合语境来理解

对所有动作和表情的理解都应该在其发生的大环境下来完成。例如，如果在一个寒冷的冬天，你看见某个人坐在一个公交车的终点站里，双臂紧紧环抱于胸前，双腿也紧紧地夹在一起。那么这个时候，你就应该知道，他之所以摆出这种姿势，很有可能是因为他很冷，而并不是因为他想保护自己。但是，如果是你和某人隔桌而坐，而你又试图向他阐明自己的一些观点，或是向他推销某种产品和服务，面对你的说辞，对方摆出了一个和上面那个人一样的姿势，那么这个时候，你应该明白，对方其实是想借此告诉你，他对你的话持否定的态度，或者说他对你的推销很抗拒。

观察肢体语言群组，注意肢体语言与有声话语的一致性就好比两把金钥匙，能够帮助我们打开肢体语言的宝库，从而正确地解读出无声语言背后的真正含义。同时，请不要忘记，结合当时的情景来理解肢体动作和表情。

（资料来源：http://data.book.hexun.com/chapter-1502-1-13.shtml）

（二）恰当地运用非自然语言

在公共关系活动中，非自然语言对有声语言有着辅助和完善的作用，公共关系人员恰当地运用非自然语言有利于交流和沟通，达到理想的效果。公共关系人员要恰当地运用非自然语言：一是要善于观察和联系，把握非自然语言表现的分寸；二是要掌握机会，在恰当的时机使用非自然语言；三是要把握公共关系对象、场合、背景，准确地使用非自然语言。

第四节　跨文化沟通中的语言

在公共关系信息传播和沟通过程中，当信息的发出者是一种文化的成员，而接受者是另一种文化的成员时，就发生跨文化的沟通。在现代公共关系活动中，公共关系组织的对象公众已经突破国家、民族、文化之间的界限，需要面对更为广泛的对象公众开展公共关系活动，跨文化传播和沟通就成为现代公共关系活动的新特点。因此，对公共关系人员来讲，能否了解、掌握、运用跨文化沟通中的语言和言语行为准则，将会直接影响到涉外公共关系活动的成效。

一、跨文化对语言沟通的制约

任何民族语言都是在其特定的社会历史、风俗习惯、文化背景下形成的，相对具有不同的特指性。同时，特定的社会环境、历史背景、文化特征，往往会赋予语言除本身意义之外的特殊附加意义和功用。在跨文化沟通中，不同文化之间的差异对于语言的交流和沟通具有很明显的制约作用。

（一）不同的文化给语言表达打上各自不同的印记

在中国文化中，汉语的某些习俗用语，如"丢车保帅"、"半斤八两"，往往体现中华民族的独特文化。对中国人来讲，这些都是可以理解的。但在跨文化沟通中，一个不了解中国文化的外国公众，对此是无法理解的。同样，在外国文化中的独特语言，中国人也感到是不可思议的。例如，Let the cat out of the bag（无意中泄露了机密）。

相关链接 11.15

中西文化中的"猫"和"狗"

同样的一件事物，不同的文化背景，看法大相径庭。中国人蔑视狗，因而有"走狗"、"狗腿子"、"狗东西"、"赖皮狗"、"狗急跳墙"、"狗仗人势"、"狗眼看人低"等说法。而在西方国家，人们则欣赏狗的勇敢和忠诚，对狗的赞誉也屡见不鲜，并把人比做狗，如 a luck dog（幸运儿），love me love my dog（爱屋及乌），Every dog has his day.（凡人皆有得意日）。形容人"病得厉害"用 sick as a dog，"累极了"是 dog—tired。与此相反，中国人十分喜爱猫，用"馋猫"比喻人贪嘴，常有亲昵的成分，而在西方文化中，"猫"被用来比喻"包藏祸心的女人"。

（资料来源：http://english.cersp.com/ziyuan/200804/4084.html）

（二）不同的文化背景影响对语句意义上的理解

中国人见面时会问："吃饭了吗？"、"上哪儿去？"这是一种表示友好的招呼语，会使人感到亲切、友好，能起到联络感情的作用。但同样的这些话，在一些外国人听来，却能引起不快和误解。问他饭是否吃过了，会认为你准备请他吃饭；问他一早上哪儿去，他会认为你是在干预他的私事。中国人真心实意感激别人，常会连续说："谢谢！"如用于欧美人，对方会感到无法容忍，会认为你感情虚伪，从此对你敬而远之。

（三）不同文化之间的差异造成语义的非对应性

语言本身是文化中最重要的部分，同文化中其他组成部分密切相关。跨文化沟通中的语言翻译，一定要顾及文化因素，应尊重人的本意，不能简单地直译，以免造成沟通阻塞。例如，英语中"He is a fox"，中文译成："他是一只狐狸。"与原意相符，因中英文化中，都习惯把狐狸和"狡猾"联系在一起。但英语"she is a cat"却不能直译为"她是一只猫"。因在英语中，把猫同"包藏祸心的女人"联系在一起，而中国没有这个习惯。如果把"胸有成竹"直译为英语，外国人不会认为你对这事有把握，反而认为你应该送医院动手术，把肚子里的竹子取出来。由此可见，跨文化沟通中的语译，绝不能像"对号入座"一样完全对应，必须考虑这些语言能否在原语和译语接受者中间引起相同的反响。特别要注意将原语中蕴涵的各种文化因素与译语加以比较，使之在交际功能上协调一致。

（四）不同的文化价值观念会造成沟通中的误解

文化价值观念是指人们对社会行为的评价态度，是制约每个社会成员的伦理道德规范。由于价值观念在不同文化体系中的巨大差异，因此，不同文化背景的人对社会的认知态度就不尽相同，这些会影响到跨文化语言的沟通。例如，谦虚在我国誉为一种美德，因此，我们的学者在作学术演讲时，常常会说："本人才疏学浅，只有一点不成熟的看法，希望大家批评。"西方学者听后，会觉得非常不解，你既然没有才华，为什么要来糊弄我们；既然你的研究还不成熟，何必要公开出来呢？物美价廉是中国促销的有效措施，而西方人却不理会这些。一家涉外商店的营业员就因为向一位英国人介绍商品时说："先生，这件不错，又比较便宜。"结果顾客放弃了购买。因为在英国人看来，买便宜货是自己经济力量和社会地位低下的表现。这些完全是由不同的文化价值观念造成的误解。

相关链接 11.16

浅谈中西方文化差异

在中国 2000 多年的封建社会历史过程中，儒家思想一直占据着根深蒂固的统治地位，对中国社会产生了极其深刻而久远的影响。中国人向来以自我贬抑的思想作为处世经典，这便是以儒家的"中庸之道"作为行为的基本准则。"中"是儒家追求的理想境界，人生处世要以儒家仁、义、礼、智、信的思想道德观念作为每个人的行为指南。接人待物，举止言谈要考虑温、良、恭、俭、让，以谦虚为荣，以虚心为本，反对过分地显露自己表现自我。因此，中国文化体现出群体性的文化特征，这种群体性的文化特征是不允许把个人价值凌驾于群体利益之上的。

西方国家价值观的形成至少可追溯到文艺复兴运动时期。文艺复兴的指导思想是人文主义，即以崇尚个人为中心，宣扬个人主义至上，竭力发展自己表现自我。"谦虚"这一概念在西方文化中的价值是忽略不计的。生活中人们崇拜的是"强者"、"英雄"。有本事、有才能的强者得到重用，缺乏自信的弱者只能落伍或被无情地淘汰。因此，西方文化体现出个体性文化特征，这种个体性文化特征崇尚个人价值凌驾于群体利益之上。

正因为如此，中西两种文化在对某些单词所带有褒贬色彩上有差异。例如，ambition 一词，本身具有褒贬两种含义。中国人用其贬义，表示"野心勃勃"，而英美人则取其褒义，表示"雄心壮志"。Aggressive 一词，中国人常用来形容某人"挑衅"、"好斗"，而美国人则用来形容某人"进取上进，有开拓精神"。

我国的群体性文化，非常重视家庭亲友关系，把它视为组成社会的细胞；而在西方国家，崇尚独立自主、自强自立。中国人重视传统的君臣父子关系，论资排辈，等级森严，而在英美国家，长辈与晚辈间地位平等，不计较老少界限，多以朋友相处。中国人的传统观念历来崇尚"四世同堂"、"合家团圆"，自古就有"父母在，不远游"的良言古训；而在英美国家，18 岁的子女仍住在家里依靠父母生活是不可思议的事情，他们必须依靠自己的双手去独立生活。同样，年龄大的父母即使失去了生活自理能力，一般也不会拖累子女，他们往往要住进老人院，由社会关照。

文化的不同带来价值观念的不相同。例如，"old"一词，中国人历来就有"尊老敬老"的传统，"老"在中文里表达尊敬的概念，如老祖宗、老爷爷、老先生等。称"老张"、"老王"、透着尊敬和亲热，称"张老"、"王老"更是尊崇有加。中国人往往以年龄大为荣。和别人谈话时，年龄越大，资格越老，也就越会得到别人的尊敬。"姜还是老的辣"。在我们看来，长者不仅是智慧的化身，也是威望的象征。然而，西方国家极少有人愿意倚老卖老而自称"old"。在他们看来，"old"是"不中用"的代名词，是和"不合潮流"、"老而无用"的含义连在一起的。英美人不喜欢别人说自己老，更不会倚老卖老。在西方文化中，他们把年龄作为个人极为重要的隐私看待。尤其是女士，更忌讳别人问自己的年龄。即使愿意谈论自己的年龄，也要别人猜测其年龄，而此时，他们的真正目的是期望别人恭维他们看上去比实际年龄小，是多么年轻。又如，英美人忌讳莫深的"fat"一词，见人说"fat"会令人沮丧不快而且反感。说到"fatmeat"（肥肉）多半会被认为是毫无价值的该扔掉的废物。而中国人见了小孩子说"胖嘟嘟"、"胖乎乎"，表示对孩子的喜爱，对成年男子说"fat"有"发福"之义，对成年女子讲"fat"有"丰满"之义，都有赞美恭维之意。日常生活工作中，也经常听到人们说某种东西是块"肥肉"或某差使是个"肥缺"的话语，言下之意是不可多得的东西或是求之不得的位置。中国人不但不讨厌"fat"，而且对其赞美有加。

（资料来源：http://english.cersp.com/ziyuan/200804/4084.html）

二、跨文化沟通中的语言运用

公共关系语言运用都是在一定社会文化背景下进行的。公共关系人员在涉外公共关系活动中，对公共关系语言作选择和运用时，必须了解和考虑到不同文化之间的差异，一方面要力求避免和克服与特定对象公众的社会、历史、文化背景不相协调、不相适应的情况；更重要的一方面是要有意识地主动联系其特定的社会、历史、文化背景的特点，选择和安排语言表达手段，以有效地发挥语言手段的表达功能，实现与对象公众交流和沟通的目的。

跨文化沟通中语言运用包括以下几个方面。

（一）了解和掌握不同文化中的礼仪语言的差别

礼仪也是一种文化价值的层面，这一层面以高度的仪式化和全无定的行为两极而界定的。在跨文化传播中，礼仪语言往往反映了民族文化的特征。

1. 见面语

中国人见面语有"你好"，"你上哪去？"，"吃饭了吗？"等。而这些话用于欧美人打招呼就会引起不快和误解。因为欧美人认为，吃饭、去什么地方，纯属个人私事。他们见面常用的招呼语有"Good morning"、"Hi"等，有时也谈谈天气，但大多是没有什么实际意义，随便附和一下就很得体了。

2. 称呼语

中国人的称呼语有：同志、名字、职务等。先生、夫人、小姐等称呼，在我国大城市也广泛使用。欧美人称呼语有：对已婚妇女称"夫人"，未婚妇女称"小姐"。在比较严肃场合一般通称"女士"。但在日本对妇女一般不称"女士"、"小姐"，而称为"先生"。"爱人"在我国专指配偶，而在海外理解为"情人"。

在汉语里，一般只有彼此熟悉亲密的人之间才可以"直呼其名"。但在西方，"直呼其名"比在汉语里的范围要广得多。在家庭成员之间，不分长幼尊卑，一般可互称姓名或昵称。在家里，可以直接叫爸爸、妈妈的名字。对所有的男性长辈都可以称"叔叔"，对所有的女性长辈都可以称"阿姨"。这在中国是不行的，必须要分清楚辈分、老幼等关系，否则就会被认为不懂礼貌。

汉语中的亲属称谓有泛化使用的倾向，常用于非亲属之间：年轻人对长辈称"叔叔"、"阿姨"；对平辈称"大哥"、"大姐"。但在英语中，亲属称谓不广泛地用于社交。如果对母语是英语的长辈称"Uncle Smith"、"Auntie Brown"，对方听了会觉得不太顺耳。英语文化中只有关系十分密切的情况下才使用此类亲属称谓且后面不带姓，只带名，如"Uncle Tom"。又如 teacher 的含义是"老师"，人们也就相应地把"王老师"称为"Teacher Wang"。其实，英语中 teacher 只是一种职业；汉语有尊师的传统，"教师"已不仅仅是一种职业，而成为一种对人的尊称。由于这种文化上的差异，造成中国人的简单理解：王老师＝Teacher Wang。此外，还把汉语中习惯上称呼的"唐秘书"、"张护士"称为 Secretary Tang、Nurse Zhang，英语国家的人听起来感觉不可思议。英语中称呼人一般用 Mr、Miss、Mrs 等。

3. 受礼语

中国人受礼往往表现出不好意思，说些"不敢当"、"太客气"之类的套语，并再三推辞。等客人走后，才将礼物打开看个仔细。否则，会被视为贪心。而欧美人受礼时如果不对礼物当即表示赞赏及表示感谢，送礼者就会认为这份礼物不受欢迎，或者对方不接受自己的情谊。因此，欧美人在接受礼物时总是边看边说："这正是我所需要的"、"太好了，我很喜欢它"等有礼貌的话。

一般来说，中国人在家族成员之间很少用"谢谢"。如果用了，听起来会很怪，或相互关系上有了距离。而在英语国家"Thank you"几乎用于一切场合，所有人之间，即使父母与子女，兄弟姐妹之间也不例外。送上一瓶饮料，准备一桌美餐，对方都会说一声"Thank you"，公共场合，不管别人帮你什么忙，你都要道一声"Thank you"，这是最起码的礼节。

当别人问是否要吃点或喝点什么时（would you like something to eat / drink?），我们通常习惯于客气一番，回答："不用了"、"别麻烦了"等。按照英语国家的习惯，你如果想要，就不必推辞，说声"Yes，please"，如果不想要，只要说"No，thanks"就行了。这也充分体现了中国人含蓄和英语国家人坦荡直率的不同风格。

4. 道别语

在分手道别的表达上，中国人一般除了说"再见"、"一路顺风"外，更多的时候还会说"走好"、"慢走"、"路上当心"等。而欧美人的道别语则很简单，只需使用通常的"Good bye""Bye-bye"或"Bye"就行了。如果分别时，你让他们"走好"或"慢走"，他们会觉得不理解；让人们"路上当心"，他们会反感，仿佛你对他的驾车技术不信任。

（二）尽可能多地掌握对方的文化背景知识，并在言谈中适当地利用来增加跨文化沟通效果

任何民族文化中都有其独特的内容和历史，在跨文化沟通中，了解和适当地加以运用，其作用是相当重要的。例如，在寻找话题时，可以选择文化中最值得骄傲的内容作为话题，尽可能缩短双方由于文化背景中的差别而造成的心理距离。对印度人可以谈印度历史文化，对意大利人谈足球，对美国人谈橄榄球等。在作演讲时，可以联系对方的历史文化背景。又如，1979年，邓小平访美，在谈到台湾问题时，他说："我们知道，不少朋友关心台湾的前途。统一祖国，这是全体中国人民的夙愿。我想曾经在一百多年前受过国家分裂之苦的美国人民，是最能理解中国人民统一祖国的民族愿望的。"短短数言，巧妙地联系美国历史上经受国家分裂的事实，唤起听众心中的民族感情，一下子便得到了美国人民的理解和感情上的共鸣。

三、跨文化沟通中的语言禁忌

在各种文化中，都存在着一些禁语，虽无明文规定，但已约定俗成。好比中国人对"死"一词的禁忌一样，在外国语言中同样也存在一些禁忌语言。公共关系人员如果不了解这些，即使是无意之中触及到对方的禁忌语言，也会引起对方的不快，甚至是勃然大怒。

（一）内容的禁忌

在西方国家，年龄、婚姻、体重、工资收入等，都是应该避免主动提起的问题，否

则，会被认为干涉别人的隐私。

在亚洲的一些宗教国家，应避免谈论中东历史问题。在犹太人和以色列人中，不要谈及有关集中营的事。

（二）数词的禁忌

在跨文化传播中，要注意数词运用。

对数字语吉利与忌讳的理解，几乎在各国都有特定的内容。公共关系人员欲使社交顺利进行，需对其作一番研究。我国汉族历来用偶数象征成双、吉利，但对奇数"5"和"9"却又青睐，因为"5"在中国的传统文化中，具有"完全"、"圆满"的意思；"9"是过去皇室专用数字，所有事物能用"9"表达的都有"9"，"9"后来演变成至高无上的意思，如"重霄九"、"九重天"，而"9"的倍数则成了它的对立面，如"十八层地狱"等。广东和港澳特别重视数字的谐音，如"18"（实发），"168"（一路发）等。内地喜庆活动送花要送双数，意即"好事成双"，但要避免"4"，在丧葬仪式上送花则要送单数，以免"祸不单行"；香港数字上也忌"4"，而以"8、6、9"为最好；欧美人忌"13"；日本人忌"4"、"6"、"9"几个数字，因为它们的发音分别近似"死"、"无赖"和"苦"，都是不吉利的。在俄罗斯，送给朋友的花应为单数，双数一般用于吊唁亡者。但他们也忌讳"13"，认为这个数字是凶险和死亡的象征，"7"是他们最喜欢的数字，意味着幸运和成功。

（三）动植物和色彩的禁忌

在不同的国家和地区，对动植物、花卉和色彩有不同的象征意义。因此，也就产生了不同国家和地区对这些方面的禁忌。这些要求组织在涉外活动的宣传及进行出口商品的包装、贴商标等时必须注意。

1. 动物

美国人忌蝙蝠，认为它是凶神的象征。欧美人忌大象和孔雀，因为它们是蠢笨和祸鸟的标志。英国人忌山羊，认为它是不正经男人的象征；英国人最忌讳用白象作图案，白象的英文是 White Elephant，象征好吃懒做，有大而无用之意；同时还忌讳孔雀这种图案，认为孔雀是祸鸟、淫鸟，认为孔雀开屏是一种自我炫耀的不良习惯。日本人对饰有狐狸或獾图案的物品很反感，认为二者是贪婪狡猾的象征。法国人忌仙鹤，认为它是蠢汉和淫妇的象征。匈牙利人忌黑猫，认为它是不祥之物。在东南亚一些国家中，人们十分讨厌鹤和龟两种动物，它们的图案很被忌讳。在英美西方人面前不要随意贬低和诅咒狗和猫，因为它们常常是备受宠幸的。

2. 花卉和色彩禁忌

百合花在中国象征"百年好合"，是婚礼用花，在法国象征着权力和地位更是深受喜爱，但是在英国则意味着死亡。中国人喜爱菊花，因为它有傲骨，高风亮节，喜欢用它来做摆设，非洲菊还是婚礼用花；德国人和荷兰人也偏爱菊花，到朋友家做客，送菊花会受到欢迎；日本是鲜花消费大国，中国出口日本的菊花赚了不少外汇，日本皇室家徽就是菊花，葬礼必有菊花，但是菊花不用来送礼，也不用来作室内装饰；在法国，菊花也是葬礼用花，切忌送人；比利时、西班牙、墨西哥人同样不喜欢菊花，认为它是不吉祥的象征；意大利人和许多拉丁美洲人将菊花视为"妖花"，他们忌用菊花装饰房间，忌以菊花为礼。中国人喜爱"出于污泥而不染"的荷花，它在泰国同样得到喜爱，可是，在日本却表示死亡，在印度是祭祀之花。茉莉花香气诱人，深受菲律宾和泰国人喜爱，泰国人通常在客人脖子上挂一个美丽的茉莉花环以示欢迎；可是，茉莉与中文"没利"谐音，不宜送给做生意的人，尤其是中国台湾、广东商人更加讲究。在中国，郁金香是爱的表白，也是婚礼常用花；荷兰人特别珍爱郁金香，并将其视作富贵吉祥的象征；在德国，它是无情之花。在中国，送一些带根的花或者盆栽花，朋友会很高兴地带回去精心种养，可是日语的"根"与"困"谐音，有一睡不起之意，所以探病时忌送带根的花。黄色是中国古代皇权的象征，在现代，黄色的花也比较受人欢迎，如黄菊花。但是，很多西方国家情况恰恰相反，法国人认为黄色花象征着不忠诚；在俄罗斯送黄色的蔷薇花意味着绝交；巴西、埃及、埃塞俄比亚等国人视黄色为凶丧之色，总讳黄色鲜花；在英国，黄玫瑰象征亲友分离，送黄色的香石竹意味着轻视对方；埃及人也忌送黄色花；伊斯兰教国家对黄色特别反感。摩洛哥人认为白色是贫穷；欧美人认为黑色是丧礼色；土耳其人认为花色是凶兆；比利时人认为蓝色是不幸；泰国人忌红色；西欧人、日本人忌绿色和紫色；阿拉伯人不喜欢大面积的火红颜色。

（四）体语的禁忌

英美喝彩用鼓掌和吹口哨，而中国吹口哨是喝倒彩；跷二郎腿在中国被认为没有教养；接吻拥抱在中国的公共场合是禁忌的；吐痰在国外是一种侮辱性的行为。印度、印度尼西亚、缅甸、巴西、阿拉伯国家不许左手与人握手和传递东西。在佛教国家，不能随便摸小孩头顶。英国人不喜欢别人拍肩，巴基斯坦更忌拍打后背，在日本忌手心向下招呼人过来，澳大利亚人认为竖起大拇指是一种污辱。

在中国，对别人表示赞许时会竖起大拇指，在欧美很多国家的公路旁看到这样的手势就知道此人要求坐顺风车，在某些国家，如希腊，向前的拇指大多是在说对方"吃多了撑的"。美国人的大拇指向下表示"差、糟糕"，中国人则用小手指表达同样的意思，而在日本，小手指有代表"情人"的说法。OK手势（拇指和食指合成一个圈，其余3个手指头伸直或者略屈）在英美等地方都表示"成"、"已经准备好"、"没问题"、"没事"、"可以"等意思，在法国则表示"没有"或者"零"，在日本、缅甸、韩国表示"金钱"，在突尼斯表示"傻瓜"，在印度表示"正确"，在泰国表示"没问题"，在印度尼西亚表示"不成功"，在巴西常用以指责别人作风不正，在葡萄牙人眼里，这个手势表示你要和别人妻子发生不正当男女关系。如果你对一名希腊男子做"OK"手势，他会认为你想告诉他你是同性恋，或者你把他当成了同性恋。在土耳其人眼中，这一手势带有强烈的侮辱性，因为这代表"肛门"。在阿拉伯国家，这一手势也很少见，因为当地人对它的理解为"威胁恐吓"或"猥琐下流"的意思。

相关链接 11.17

各国体语的差异

20世纪50年代，理查德·尼克松在当选为美国总统之前，曾经访问过拉美诸国，其本意是美好的，他希望能够通过此次访问缓和美国与拉美国家之间的紧张关系。当尼克松走出机舱时，他向当地等候的人群做出一个美国式的"OK"手势以示友好。结果，让他万万没有想到的是，下面的人们对他嘘声一片。尼克松不知道拉美地区与美国的肢体语言在某些地方有着天壤之别。在当地人眼中，"OK"的手势代表的意思是"你就是一堆狗屎"。

（资料来源：http://data.book.hexun.com/chapter-1502-3-11.shtml）

即问即答 11.11

进行跨文化交流，每到一地，是否应该入乡问俗？

小　结

公共关系工作中，最重要的传播与沟通媒介就是语言。公共关系是组织与公众之间的传播沟通行为，它所使用的最重要的方法和手段之一就是语言传播。在公共关系实务活动中，只有不断优化语言，提高语言艺术水平，才能引起公众愉悦性的互动，形成相互理解、相互协调、相互支持的友好气氛，产生最佳的社会效应。

公共关系人员应该掌握的公共关系语言艺术原则有准确、真诚、切境、得体、有效。准确就是语言的形式与信息内容之间要高度统一，保证有效地引导公众在理解信息时，与组织要表达的信息相一致。真诚就是真实可信，它要求公共关系组织如实地向公众传递真实而可靠的信息。切境就是要求公共关系语言的运用与所处的特定的语言环境相切合、相适应。得体就是语言运用恰当、妥切、恰到好处，把对语言表达手段、语言材料的选择放置在一种既保持话语内部各组成成分与风格色彩的统一，又和题旨情境相切合的双重适应关系中去考虑，衡量得失利弊，寻求最佳表达方式。有效就是公共关系语言的运用要达到预期的目的，收到预期的效果。有效原则既是公共关系语言的原则，也是对公共关系语言效果进行检测的标准。

公共关系语言艺术的主要方法有接近的语言艺术，说服的语言艺术，应急的语言艺术，拒绝的语言艺术，批评的语言艺术等。接近的语言艺术包括：介绍得体，称谓合适；善于提问，投其所好；学会转移话题和情绪。说服的语言艺术有：循循善诱，鼓动激励；借此说彼，侧击暗示；心理接触，融情动心；设置"陷阱"，请君入"彀"。应急的语言艺术有：因势利导，顺势牵连；有意岔题，巧释逆境；借题发挥，反口诘问。拒绝的语言艺术有：推托拖延；诱导对方自我否定；先表示同情而后拒绝；隐晦曲折；避实就虚。批评的语言艺术有：将犯错误的人和人犯的错误分开，寓教育于批评中；维护对方自尊，控制谈话气氛；与表扬相辅，采取过渡与含蓄批评法。

公共关系人员在运用公共关系语言艺术时，除了掌握和熟练运用有声语言外，非自然语言的把握也是公共关系活动中语言交流不可缺少的辅助语言手段。非自然语言即无声语言，主要包括表情语言、动作语言、体姿语言。公共关系人员要全面、准确地理解对方的非自然语言，恰当地运用非自然语言。

在公共关系中，不同文化背景的成员或组织之间的沟通就是跨文化沟通。公共关系人员要了解跨文化对语言沟通的制约，掌握跨文化沟通中的语言运用，熟悉跨文化沟通中的语言禁忌，成功进行涉外公共关系。

知识掌握题

1. 公共关系语言艺术有哪些原则？
2. 公共关系语言艺术有哪些主要方法？
3. 列举公共关系活动中非自然语言表现。
4. 跨文化对语言沟通有哪些制约？

自测题

1. 下列不属于公共关系语言艺术的一般原则的是（　　）。
   A. 真诚　　　　　　B. 切境　　　　　C. 准确　　　　　D. 生动
2. 接近的语言艺术不包括（　　）。
   A. 善于提问，投其所好　　　　　B. 介绍得体，称谓合适
   C. 心理接触，融情动心　　　　　D. 学会转移话题和情绪。
3. 下列不属于拒绝语言艺术的是（　　）。
   A. 避实就虚　　　　　　　　　　B. 设置"陷阱"，请君入"彀"
   C. 诱导对方自我否定　　　　　　D. 推托拖延
4. 下列不属于非自然语言的是（　　）。
   A. 空间距离　　　　B. 表情语言　　　C. 动作语言　　　D. 体姿语言
5. "OK"手势法国则表示（　　）。
   A. "差、糟糕"　　　　　　　　　B. "没问题"、"没事"、"可以"

C. "没有"或者"零"   D. "不成功"

知识应用与课堂讨论题

让客人体面地下台

某日晚 10 时左右,南京某著名涉外星级饭店值班经理佩挂的呼叫器急促地响着,娱乐厅服务员汇报说,三号台上一只烟灰缸不翼而飞,原先的客人还没走。

在三号台就座的是 6 位外宾,刚刚有 4 位去舞池跳舞,一位到酒吧台看酒。据服务员提供的情况,那只烟灰缸很可能是一直坐着未动的老夫人拿的,但这仅是可能,证据不足。

值班经理于是上前主动与客人寒暄,询问客人来本地旅游是否顺利,在饭店睡觉、吃饭是否满意,印象如何等。在融洽的气氛中逐步接近核心问题,询问客人房间里还差些什么,方便不方便,真诚地请他们提出宝贵意见。一刻钟过去了,客人们陆续起身要回房间休息。那位老夫人走到电梯口,突然停住转身招呼值班经理:你们饭店的烟灰缸是在哪儿买的?多少钱?我非常喜欢,很希望能得到一个。说着那只不见的烟灰缸出现在她手上。值班经理顺水推舟说:喔,您喜欢这种烟灰缸,我们客房中心能提供,您只要在房间里拨个电话,提出您的要求,他们会为您服务的。老夫人顺手把烟灰缸摆在桌上,然后满意地进了电梯。后经了解,这位客人确实通过客房中心买了一只那样的烟灰缸。

一个烟灰缸值不了几个钱,但如果担心得罪客人而不过问,那也未必能给对方留下良好印象,反倒使人认为饭店管理有漏洞,从而诱发类似的现象,并且对内部员工的责任心产生不良的影响。

本例中这位值班经理的处理方法富有艺术性,既照顾了老夫人在同伴前的面子,又满足了她的心理需求,同时还避免了饭店的损失。说明了在公共关系工作中,不仅要具有高度的责任心,诚挚友好的态度,还要有高超的语言技巧。可以设想,即使那位老夫人当时不动声色走进了电梯,值班经理也会想出办法予以妥善处理的;而假如对方是一个不要面子的盗窃犯,那么问题反倒简单了。

生活中常会遇到这类"两难"的情形,我们在训练一项技能的同时,还应注意培养自己的整体素质,其中首要的是高超的语言技巧及高度的责任心和诚挚友好的态度。

思考:

1)值班经理运用的公共关系语言艺术的一般原则有哪些?

2)值班经理的语言艺术有哪些值得借鉴的方法和技巧?

3)请你为值班经理设计寒暄语及交谈台词。

情景模拟题

仿照案例材料,以小组为单位,每次上场 2 人练习,分别扮演饭店宾客和值班经理,其余同学同时在一旁观摩并评分。练习内容可参考下列事件,并可事先做成卡或抽取上场顺序号。

1）一位客人预订了去外地的机票，可第二天饭店接到通知，客人预订的那一航班因团体包机临时取消个人票。服务员打电话到客房，不料那位客人一天未归。第三天早上，客人来取票才知道此事，他顿时大发雷霆。

2）一位港台地区老年宾客已住进饭店多日，服务员知道她是总经理的朋友，是来本地治病的。一天上午她到总台结了账，可12点过后仍然没有要走的迹象。

3）有一位内地的推销员，他是饭店的常客。某日他结账离开房间后，服务员发现墙上的一幅小型工艺挂毯不见了，她马上打电话给值班经理。

4）一位外宾饮酒过量，提出要服务员陪他继续饮酒，遭到拒绝后，他大喊大叫起来，还摔坏了一只酒杯。

5）一只老鼠窜进某外宾住的房间，将客人的皮包咬破。服务员向他道歉，他根本不听，还生气地说，回国后要向新闻界透露，要转告他的亲戚朋友以后不住这家饭店。

6）有位外宾对饭店高水平的服务质量表示怀疑。临走时，他于下午 2 时去结账，却故意不按国际惯例付费，并与服务员吵嚷。

7）有一位客人刚刚结完账，正赶上一位老朋友来探望。他带朋友回到房间后想取点饮料招待，却发现服务员已将冰箱锁闭，于是找到服务员大发脾气。

8）有一位客人来到饭店登记住宿，服务员此时正在为先到的一位外宾办理登记手续，耐心回答问题。这位内宾等了半天，不禁焦急地冲着服务员大喊大叫起来。

表演结束后请全班同学分别给各小组评分。

项目 \ 得分	优（90～100分）	良（80～89分）	中（70～79分）	及格（60～69分）	不及格（60分以下）
态度					
创新水平					
语言技巧					
非自然语言技巧					
综合效果					

最后由指导老师进行点评和总结。

实践训练题

1. 实训项目

访问学校附近的大机关或大企业。

2. 实训目的

通过访问学校附近的大机关或大企业，了解接待部门公共关系语言（包括有声语言和非自然语言，下同）存在的问题，提出改进的方法或对策。

3. 实训内容

1）访问学校附近的大机关或大企业。

2）写一份关于如何提高机关或企业公共关系语言水平的建议书。

4. 实训组织

把全班同学分成3～4人一组，各个组分别走访调查学校附近的大机关或大企业。

5. 实训考核

1）要求每组学生写出访问报告或小结。

2）要求学生填写实训报告。其内容包括：①实训项目；②实训目的；③实训内容；④本人承担任务及完成情况；⑤实训小结。

3）教师评阅后写出实训评语，将实训体会在全班交流。

【课下补充参考资料】

http://wenku.baidu.com.

http://info.txooo.com.

http://book.qq.com.

http://blog.china.alibaba.com.

http://www.0512ghost.cn.

http://women.sohu.com.

http://www.boraid.com/.

http://www.ycwb.com.

http://data.book.hexun.com.

http://english.cersp.com.

参 考 文 献

丹尼尔·莫斯. 1996. 公共关系实务：案例分析. 上海：复旦大学出版社.

德莱玛. 2007. 公共关系历史经典与当代杰作. 上海：复旦大学出版社.

弗兰克林·杰弗金斯. 1993. 最新公共关系技巧. 北京：北京大学出版社.

弗雷泽·P. 西泰尔. 2004. 公共关系实务. 8版. 梁浚洁，罗惟正，江林译，北京：机械工业出版社.

居延安. 2008. 公共关系学. 上海：复旦大学出版社.

卡特利普. 2001. 有效公共关系. 明安香译. 北京：华夏出版社.

李道平. 2002. 公共关系学. 北京：经济科学出版社.

栗玉香. 2005. 公共关系. 大连：东北财经大学出版社.

迈克尔·里杰斯特. 1995. 危机公关. 上海：复旦大学出版社.

萨姆·布莱克. 2000. 公共关系新论. 上海：复旦大学出版社.

沈瑞山，张洪波. 2008. 实用公共关系. 大连：大连理工大学出版社.

熊卫平. 2008. 现代公关礼仪. 北京：高等教育出版社.

熊源伟. 1998. 公共关系案例. 合肥：安徽人民出版社.

游昌乔. 2006. 危机公关：中国危机公关典型案例回放及点评. 北京：北京大学出版社.

张百章. 2005. 公关礼仪. 大连：东北财经大学出版社.

张国良. 2005. 传播学原理. 上海：复旦大学出版社.

张岩松. 2000. 公共关系案例精选精析. 北京：经济管理出版社.

甄珍等. 2006. 公共关系实务. 北京：北京大学出版社.

周安华，苗晋平. 2008. 公共关系：理论、实务与技巧. 2版. 北京：中国人民大学出版社.

周朝霞. 2005. 公共关系：理论与实务. 北京：高等教育出版社.